CW01654482

ТРИДЦАТЬ ТРИ НЕСЧАСТЬЯ

ЛЕМОНИ СНИКЕТ

СКВЕРНОЕ НАЧАЛО

ЗМЕИНЫЙ ЗАЛ

ОГРОМНОЕ ОКНО

ЗЛОВЕЩАЯ ЛЕСОПИЛКА

ИЗУВЕРСКИЙ ИНТЕРНАТ

ЛИПОВЫЙ ЛИФТ

ГАДКИЙ ГОРОДИШКО

КОШМАРНАЯ КЛИНИКА

КРОВОЖАДНЫЙ КАРНАВАЛ

СКОЛЬЗКИЙ СКЛОН

УГРЮМЫЙ ГРОТ

ПРЕДПОСЛЕДНЯЯ ПЕРЕДРЯГА

КОНЕЦ

Лемони Сникет

Тридцать три несчастья

Том 3

Превратности судьбы

АЗБУКА

Санкт-Петербург

УДК 087.5
ББК 84(4Вел)-44
С 53

Lemony Snicket
A Series of Unfortunate Events:
THE HOSTILE HOSPITAL
Text copyright © 2001 by Lemony Snicket
Illustrations copyright © 2001 by Brett Helquist
THE CARNIVOROUS CARNIVAL
Text copyright © 2002 by Lemony Snicket
Illustrations copyright © 2002 by Brett Helquist
THE SLIPPERY SLOPE
Text copyright © 2003 by Lemony Snicket
Illustrations copyright © 2003 by Brett Helquist
All rights reserved
Published by arrangement with HarperCollins Children's Books,
a division of HarperCollins Publishers.

Перевод с английского *Наталии Рахмановой, Азы Ставиской,*
Анастасии Бродоцкой
Иллюстрации в тексте *Бретта Хелквиста*
Серийное оформление *Виктории Манацковой*

Сникет Л.

С 53 Тридцать три несчастья. Том 3 : Превратности судьбы : повести / Лемони Сникет; пер. с англ. Н. Рахмановой, А. Ставиской, А. Бродоцкой. — СПб. : Азбука, Азбука-Аттикус, 2019. — 640 с.

ISBN 978-5-389-15554-1

Вот мы и встретились вновь, дорогой читатель! И если ты надеешься, что на этот раз у Вайолет, Клауса и Солнышка Бодлер все наладится, то ошибаешься. В жизни несчастных детей по-прежнему нет ни одного проблеска. Сейчас сироты Бодлер вынуждены скрываться от всех, кто читает газеты, в которых их провозгласили самыми настоящими убийцами. Впереди детей ждет пребывание в Кошмарной клинике, путешествие по опасной горной цепи и очередные нападки Графа Олафа и его свиты. Однако Бодлеры не сдаются: они во что бы то ни стало хотят выяснить правду о своих родителях, и никакие трудности их не остановят.

Мрачные юмористические истории о приключениях детей Бодлер стали настолько популярны во всем мире, что легли в основу фильма «Лемони Сникет. 33 несчастья», в котором сыграли Джим Керри, Джуд Лоу и Мэрил Стрип. Совсем недавно компанией «Netflix» был снят и одноименный сериал. Главные роли в нем исполнили Нил Патрик Харрис, Малина Вайсман и Луи Хайнс. Третий сезон мрачной истории вышел в январе 2019 года. Во второй том «Превратности судьбы» вошли три повести цикла: «Кошмарная клиника», «Кровожадный карнавал» и «Скользкий склон».

УДК 087.5
ББК 84(4Вел)-44

© Н. Л. Рахманова, перевод, 2005
© А. А. Ставиская (наследник), перевод, 2005
© А. М. Бродоцкая, перевод, 2005
© А. А. Кузнецова, стихотворный перевод, 2019
© Издание на русском языке, оформление.
ООО «Издательская Группа
„Азбука-Аттикус“», 2019
Издательство АЗБУКА®

ISBN 978-5-389-15554-1

Кошмарная клиника

Посвящается Беатрис

Без тебя летом холодно, как зимой.
А зимой — еще холоднее.

Дорогой читатель!

Прежде чем вы швырнете эту ужасную книжку на землю и убежите прочь как можно дальше, вам, вероятно, не мешало бы узнать, почему вы так поступите. Эта книга является единственной, в которой до малейших деталей описывается злополучное пребывание бодлеровских детей в Кошмарной клинике, и это делает ее одной из самых устрашающих книг на свете.

Много чего есть на свете приятного, о чем можно прочесть, но в этой книге нет ничего приятного. На ее страницах читатель найдет лишь тягостные подробности о недоверчивом хозяине лавки, ненужной операции, системе внутренней связи, наркозе, воздушных шариках в форме сердца и убийственном известии о пожаре. Ясно, что читать про такое ни к чему.

Я поклялся расследовать всю эту историю и в меру своих способностей записать ее, поэтому кому, как не мне, знать, что книгу лучше оставить там, где она, скорее всего, и валялась.

Со всем подобающим почтением,

Лемони Сникет

ПОСЛЕДНИЙ ШАНС
СЕЛЬСКАЯ ЛАВКА
ОТКРЫТО
КУПИ

Глава ПЕРВАЯ

СУЩЕСТВУЕТ две причины, почему писателю может захотеться закончить фразу словом «точка», написанным целиком заглавными буквами (ТОЧКА). Первая — когда автор пишет телеграмму, то есть закодированное сообщение, передаваемое по электрическим проводам. В телеграмме слово «точка», изображенное заглавными буквами (ТОЧКА), обозначает конец фразы. Но есть и другая причина, почему автору может захотеться окончить фразу словом «ТОЧКА», состоящим из заглавных букв, а именно в том случае, когда он хочет предупредить читателя, что книга, которую он читает, невыносимо мучительна и, едва взяв ее в руки, самое лучшее — тут же бросить читать, остановиться, поставить на этом ТОЧКУ. В данной книге описывается особенно тяжкий период в злополучной жизни Вайолет, Клауса и Солнышка Бодлер. И если у вас есть хоть капля здравого смысла, вы немедленно захлопнете книгу, подниметесь с ней на высокую гору и бросите ее вниз с самой вершины. И ТОЧКА. Причин прочесть хотя бы еще одно слово про несчастья, коварство и горести, предстоящие троим Бодлерам, у вас не больше, чем выбежать на улицу и броситься под колеса автобуса, поставив на вашей жизни ТОЧКУ. Фраза со словом «ТОЧКА» на конце — ваш последний шанс сделать вид, что ТОЧКА есть знак предупреждения, заменяющий СТОП, то есть знак остановиться и остановить поток несчастий, ожидающий вас в этой книге, уберечь себя от душераздирающих ужасов, которые начинаются на следующей же странице, то есть повиноваться знаку ТОЧКА, сказать себе «СТОП» и на этом остановиться.

И бодлеровские сироты остановились. Дети шли вот уже несколько часов по плоской незнакомой равнине. Они испытывали жажду и чувство потерянности, они выбились из сил, а этих трех причин вполне достаточно, чтобы не продолжать утомительного путешествия. Но при этом они испытывали страх и отчаяние оттого, что где-то поблизости есть люди, которые хотят расправиться с ними, а это вполне достаточная причина, чтобы продолжать путь. Брат и сестры уже давно прекратили все разговоры, чтобы сохранить остатки энергии, позволяющей им переставлять ноги. Но тут они поняли, что надо остановиться хотя бы на минуту и обсудить, как быть дальше.

Дети оказались перед сельской лавкой, которая называлась «Последний шанс» — единственное строение, какое попалось им за весь долгий и тяжелый ночной переход. Снаружи вся лавка была обклеена выцветшими объявлениями, и в нереальном зловещем свете полумесяца Бодлеры увидели, что в ней продаются свежие лимоны, пластиковые ножи, мясные консервы, белые конверты, леденцы со вкусом манго, красное вино, кожаные бумажники, журналы мод, круглые аквариумы для золотых рыбок, спальные мешки, вяленый инжир, картонные ящики, сомнительные витамины и многое другое. Однако здесь не было ни одного объявления, предлагавшего помощь, а именно в помощи нуждались Бодлеры.

— Я думаю, надо зайти внутрь, — заметила Вайолет и достала из кармана ленту, чтобы подвязать волосы. Вайолет, старшая из Бодлеров, была, вероятно, лучшим четырнадцатилетним изобретателем в мире. Она всегда стягивала волосы лентой, когда хотела решить какую-то проблему. А сейчас она как раз пыталась разрешить труднейшую проблему из всех, с какими до сих пор сталкивались она и ее младшие брат и сестра. — Вдруг там найдется кто-нибудь, кто нам поможет.

— А если там найдется кто-то, кто видел наши фотографии в газете, — возразил Клаус, средний Бодлер, который недавно провел свой тринадцатый день рождения в гадкой тюремной камере. Клаус обладал редкой способностью помнить почти каждое слово практически из тысяч прочитанных им книг. Сейчас он нахмурился, припоминая кое-какие лживые слова, недавно увиденные в газете. — Если они читали «Дейли пунктилио», — продолжал он, — они, возможно, поверили всем ужасам, написанным про нас. И тогда они не станут нам помогать.

— Эйджери! — вмешалась в разговор Солнышко.

Она была совсем крошкой, и, как у большинства детишек, разные части ее тела росли с разной скоростью. У нее, например, было только четыре зуба, но все острые, как у взрослого льва. И хотя младшая из Бодлеров недавно уже научилась ходить, она еще только овладевала способностью говорить так, чтобы взрослые могли ее понимать. Однако Клаус и Вайолет сразу сообразили, что она хочет сказать «Не можем ведь мы идти так вечно», и кивнули в знак согласия.

— Солнышко права, — сказала Вайолет. — Лавка называется «Последний шанс», и, судя по названию, на мили и мили вокруг больше нет ни одного строения. Возможно, это наш единственный шанс получить помощь.

— Да, и поглядите, — Клаус указал на объявление, приклеенное в верхнем углу стены, — мы можем послать из лавки телеграмму и таким образом получить помощь.

— Кому же мы пошлем телеграмму? — спросила Вайолет, и снова Бодлеры остановились и задумались.

Если вы человек, как все другие, у вас имеется уйма друзей и родных, к кому вы можете обратиться в беде. Если вы, например, проснулись среди ночи и увидели женщину в маске, пытающуюся влезть к вам в окно спальни, вы можете позвать на помощь маму или папу, чтобы они выпихнули ее наружу. Или же, если вы безнадежно заблудились в незнакомом городе, вы можете попросить полицейского подвезти вас куда надо. А если вы писатель, и вас заперли в итальянском ресторане, и он медленно заполняется водой, вы могли бы призвать на помощь знакомого слесаря, пекаря или специалиста по производству губок. Но несчастья бодлеровских детей начались с известия, что их родители погибли в ужасном пожаре, так что Вайолет, Клаус и Солнышко не могли призвать их на помощь. Не могли дети и обратиться за помощью в полицию, поскольку полицейские относились к числу тех, кто гнался за ними весь вечер. Не обратиться им было и к знакомым, так как по большей части те не в состоянии были им помочь. После смерти родителей сироты часто оказывались на попечении многочисленных опекунов. Одни были жестокие. Некоторых убили. А один, некий Граф Олаф, жадный и коварный негодяй, как раз и являлся главной причиной того, что дети глубокой ночью стояли сейчас перед лавкой «Последний шанс» и мучились вопросом, к кому же обратиться за помощью.

— По, — выпалила Солнышко. Она имела в виду мистера По, банковского чиновника, который постоянно кашлял и на котором после гибели родителей Бодлеров лежала обязанность заботиться о детях. Помощь от него была ничтожная, но все-таки он не был жестоким, не был убит и не был Графом Олафом. Так что уже эти три причины давали основание обратиться к нему.

— Да, пожалуй, можно попробовать, — согласился Клаус. — В худшем случае он скажет «нет».

— Или закашляется, — добавила Вайолет с полуулыбкой.

Ее младшие брат и сестра тоже улыбнулись, и все трое, толкнув скрипучую дверь, вошли внутрь.

— Лу, это ты? — послышался голос, но, кому он принадлежал, детям не было видно.

Внутри лавки «Последний шанс», так же как и на наружных стенах, места живого не осталось. Каждый дюйм пространства был заставлен вещами, предназначенными для продажи. На полках громоздились банки консервированной спаржи, на стеллажах — подставки с авторучками вперемешку с бочонками лука и корзинами с павлиньими перьями. На стенах висела кухонная утварь, с потолка свисали люстры, пол был выложен тысячами самых разных плиток, и на каждой имелся ценник.

— Ты принес утреннюю газету? — спросил голос.

— Нет, — ответила Вайолет.

Троица попыталась пробраться туда, откуда доносился голос. С трудом перешагнув через картонку с кошачьим кормом, они завернули за ближайший угол, но там бесконечные ряды рыбацких сетей перегородили им дорогу.

— Меня это не удивляет, Лу, — продолжал голос, между тем как дети повернули в обратную сторону и направились мимо батареи зеркал и груды носков в проход, заставленный по бокам горшками с плющом и заваленный коробками спичек. — Я никогда не жду «Дейли пунктилио» раньше прибытия Группы Поющих Волонтеров.

Бодлеры на миг прекратили поиски обладателя голоса и переглянулись — все одновременно подумали о своих друзьях, Дункане и Айседоре Квегмайр. Дункан и Айседора были тройняшки и, подобно Бодлерам, потеряли своих родителей, а также брата Куигли во время ужасного пожара. Квегмайры уже не раз попадались в лапы Олафа, и только недавно им удалось спастись. Однако Бодлеры не знали, увидят ли они когда-нибудь своих друзей и узнают ли тайну, которую раскрыли тройняшки и внесли в свои записные книжки. Тайна заключалась в заглавных буквах «Г.П.В.», но от записных книжек, где таилась вся информация, в руках Бодлеров осталось лишь несколько обрывков страниц, да и те детям некогда было изучить как следует. А что, если Группа Поющих Волонтеров и есть ответ, который они ищут?

— Нет, это не Лу! — крикнула Вайолет. — Мы — трое детей, и нам надо отправить телеграмму.

— Телеграмму? — переспросил голос, и, обогнув еще один угол, Бодлеры едва не налетели на человека, который с ними разговаривал.

Очень маленького роста, ниже Вайолет и Клауса, он выглядел так, как будто очень давно не спал и не брился. На нем было два разных башмака с ценниками и несколько рубах и шляп одновременно. Он до такой степени был скрыт под всеми этими вещами, что и сам почти превратился в вещь. Отличали его лишь дружелюбная улыбка и грязные ногти.

— Да, конечно, вы не Лу, — проговорил он. — Лу — один упитанный парень, а вы — трое худеньких детей. Что вы тут делаете в такую рань? Здесь, знаете ли, небезопасно. Я слышал, что в утреннем выпуске «Дейли пунктилио» сегодня напечатано про троих убийц и они скрываются где-то в наших местах. Но сам про них я еще не читал.

— Газеты иногда искажают факты, — нервно сказал Клаус.

Хозяин лавки нахмурился.

— Чепуха, — отрезал он. — «Дейли пунктилио» не печатает неправды. Если в газете сказано, что кто-то убийца, значит он убийца — и все тут. Так вы говорите, вам нужно послать телеграмму?

— Да, — ответила Вайолет, — в город, мистеру По из Управления Денежных Штрафов.

— Это далеко, телеграмма в город будет стоить немалых денег, — предупредил хозяин, и Бодлеры обменялись унылыми взглядами.

— У нас с собой вообще нет денег, — признался Клаус. — Мы — сироты, и нашими деньгами ведает мистер По. Пожалуйста, сэр!

— SOS![1] — выпалила Солнышко.

— Сестра хочет сказать, что ситуация чрезвычайная, — пояснила Вайолет. — И так оно и есть.

Лавочник с минуту глядел на детей, а потом развел руками.

— Ну, если и впрямь чрезвычайная, то я не возьму с вас денег. Я никогда не беру за что-то очень важное.

---

[1] SOS — международный сигнал бедствия. — *Здесь и далее примеч. перев.*

Например, с Группы Поющих Волонтеров, когда они тут останавливаются. Я даже даю им бензин даром, ведь они так замечательно трудятся.

— А что именно они делают? — поинтересовалась Вайолет.

— Ну как же, помогают людям бороться с болезнью, — ответил хозяин лавки. — Они останавливаются здесь каждое утро спозаранку по дороге в клинику. И там ежедневно, не жалея сил, подбадривают больных. Да мне совесть не позволяет брать с них деньги за что бы то ни было.

— Вы очень добрый человек, — сказал Клаус.

— Спасибо, ты очень любезен, — отозвался хозяин лавки. — Хорошо, телеграфный аппарат вон там, около фарфоровых котят. Я вам помогу.

— Мы справимся сами, — сказала Вайолет. — Такой аппарат я построила, когда мне было семь лет, так что я знаю, как замкнуть электрическую цепь.

— А я прочел две книжки про азбуку Морзе, — добавил Клаус, — так что могу перевести наше сообщение на язык электросигналов.

— Помощь! — выкрикнула Солнышко.

— Какая одаренная компания! — Лавочник улыбнулся. — Ладно, оставляю вас одних. Надеюсь, этот мистер По окажет помощь в вашей чрезвычайной ситуации.

— Спасибо огромное, — поблагодарила его Вайолет. — Я тоже надеюсь.

Хозяин лавки махнул им рукой и скрылся за выставкой картофелечисток. Бодлеры взволнованно посмотрели друг на друга.

— Группа Поющих Волонтеров? — шепнул Клаус старшей сестре. — Как ты считаешь, может, мы наконец узнали настоящее значение букв «Г.П.В.»?

— Жак! — выпалила Солнышко.

— Действительно, до того как его убили, Жак упоминал про то, что работал волонтером, — подтвердил Клаус. — Вот бы успеть сейчас взглянуть на странички из квегмайровских книжек. Они так и лежат у меня в кармане.

— Нет, — остановила его Вайолет, — в первую очередь посылаем телеграмму мистеру По. Как только Лу доставит утренний выпуск «Дейли пунктилио», хозяин перестанет думать о нас как об одаренных детях и начнет думать как об убийцах.

— Ты права, — согласился Клаус. — У нас будет время поразмыслить об этом после того, как мистер По вызволит нас из этой передряги.

— Тросслик, — добавила Солнышко. Она хотела сказать что-то вроде «Ты хочешь сказать — *если* вызволит».

Старшие брат и сестра с мрачным видом кивнули и пошли к телеграфному аппарату. Он представлял собой устройство из циферблатов, проволок и непонятных металлических деталей. Я бы ни за что не решился даже дотронуться до них, но Бодлеры подошли к аппарату совершенно безбоязненно.

— Я уверена, что мы сумеем привести его в действие, — сказала Вайолет. — На вид это совсем не сложно. Смотри, Клаус, вот этими двумя металлическими пластинками ты выстукиваешь сообщение морзянкой, а я замыкаю цепь. Солнышко, ты встаешь здесь и надеваешь наушники, чтобы знать, проходит ли сигнал. Приступаем.

И дети приступили, что в данном случае означает «заняли свои места около телеграфного аппарата». Вайолет крутанула диск, Солнышко надела наушники, а Клаус протер очки, чтобы как следует видеть, что делает. Дети кивнули друг другу, и Клаус начал выстукивать сообщение, произнося его вслух: «Мистеру По, Управление Денежных Штрафов. От Вайолет, Клауса и Солнышка Бодлер. Пожалуйста, не верьте истории про нас в „Дейли пунктилио" ТОЧКА. Граф Олаф жив, мы его не убивали ТОЧКА».

— Что передавать дальше? — спросил Клаус.

«Вскоре после нашего прибытия в Г.П.В. нам сообщили, что Граф Олаф пойман ТОЧКА, — продиктовала Вайолет. — Хотя у арестованного на щиколотке имелся вытатуированный глаз и одна бровь вместо двух, человек этот не был Графом Олафом ТОЧКА. Его звали Жак Сникет ТОЧКА».

«На следующий день его нашли убитым, и в город приехал Граф Олаф со своей подружкой Эсме Скволор ТОЧКА, — продолжал отстукивать Клаус. — Для осуществления своего замысла — украсть наследство, оставленное нам родителями, Граф Олаф переоделся детективом и убедил горожан Г.П.В., что мы убийцы ТОЧКА».

— Укнер, — добавила Солнышко, и Клаус, переведя слово на английский, отстучал его морзянкой.

«При этом мы обнаружили место, где Олаф прятал тройняшек Квегмайр, и помогли им бежать ТОЧКА. Квегмайры сумели передать нам несколько страничек из своих записных книжек, чтобы помочь узнать настоящее значение букв „Г.П.В.“ ТОЧКА».

«Нам удалось бежать из города, когда жители хотели сжечь нас на костре за убийство, которого мы не совершали ТОЧКА», — продиктовала Вайолет, и Клаус быстро отстучал это, после чего добавил: «Пожалуйста, ответьте немедленно ТОЧКА. Нам угрожает серьезная опасность ТОЧКА».

Клаус простучал последнюю букву и перевел взгляд на сестер.

— Нам угрожает серьезная опасность, — повторил он, не дотрагиваясь до рычажков.

— Ты уже передал эту фразу, — поправила его Вайолет.

— Я знаю, — тихо проговорил Клаус. — Я не посылал ее еще раз, а просто повторил вслух. Я как-то не сознавал, насколько серьезна опасность, пока не передал телеграмму.

— Илими, — сказала Солнышко и сняла наушники, чтобы положить головку Клаусу на плечо.

— Мне тоже страшно, — призналась Вайолет и погладила сестру по спине. — Но я уверена, что мистер По нам поможет. Мы же не в состоянии решить эту проблему сами.

— Но ведь именно сами мы всегда и решали наши проблемы, — возразил Клаус. — Со дня пожара. А мистер По только и делал, что посылал нас из одного дома в другой, где нас одна за другой преследовали беды.

— А на этот раз поможет, — сказала Вайолет, впрочем не слишком уверенным тоном. — Следи за аппаратом. Мистер По может прислать ответ в любую минуту.

— А что, если не пришлет? — предположил Клаус.

— Чонекс, — пробормотала Солнышко и прильнула к своим старшим. Она хотела сказать нечто вроде «Тогда мы окажемся совсем одни».

Звучит это довольно нелепо, когда находишься рядом с братом и сестрой посреди лавки, битком набитой товарами, так что буквально шагу негде ступить. Но Бодлерам, которые сидели, тесно прижавшись друг к другу, и не спускали глаз с телеграфного аппарата, фраза эта не показалась нелепой. Их окружали нейлоновые веревки, мастика для пола, суповые миски, оконные занавески, деревянные лошадки-качалки, шляпы, стекловолоконный кабель, розовая губная помада, курага, увеличительные стекла, черные зонтики, тонкие кисточки, французские рожки[1], и к тому же бодлеровские сироты были вместе, тем не менее, пока они сидели так и ждали ответа на телеграмму, их все сильнее охватывало чувство одиночества.

---

[1] Имеется в виду музыкальный инструмент.

Глава

ВТОРАЯ

ИЗ ВСЕХ нелепых выражений, употребляемых людьми (а люди употребляют массу нелепых выражений), одним из самых нелепых я считаю «отсутствие новостей — хорошая новость». Это должно означать: если кто-то не дает о себе знать, стало быть, у него все обстоит прекрасно. Нетрудно сразу увидеть всю бессмысленность этого утверждения, поскольку «все обстоит прекрасно» — лишь одно из многих-многих объяснений того, что кто-то не дает о себе знать. Возможно, он лежит связанный по рукам и ногам. А может быть, он окружен злобными хорьками или застрял между двумя холодильниками и ему не выбраться на свободу. Выражение это с успехом можно заменить на «отсутствие

новостей — плохая новость», за исключением тех случаев, когда человек не дает о себе знать, так как его в это время, скажем, коронуют на царство или же он участвует в спортивных состязаниях. В сущности, выяснить, почему кто-то не подает о себе вестей, не удастся до тех пор, пока он не даст о себе знать и не объяснит, в чем дело. Вот почему осмысленным могло бы стать выражение «отсутствие новостей — значит нет новостей», но тогда смысл его настолько очевиден, что и выражением это не назовешь.

Так или иначе, а по-другому положение Бодлеров, после того как они послали отчаянную телеграмму мистеру По, не опишешь. Вайолет, Клаус и Солнышко час за часом сидели, уставясь на телеграфный аппарат, в ожидании ответа от банковского чиновника. Время шло и шло, и дети стали по очереди задремывать, прислонясь к окружавшим их товарам лавки «Последний шанс». Они все еще надеялись получить хотя бы какой-то отклик от человека, который заведовал делами сирот. Но когда в окно заглянули первые солнечные лучи и осветили все ценники, единственной новостью, полученной детьми, явилось известие, что хозяин лавки испек свежие булочки с клюквенным джемом.

— Я испек свежие булочки с клюквенным джемом! — объявил хозяин лавки, выглядывая из-за башни ситечек для просеивания муки. На каждой руке у него было надето по крайней мере по две кухонные рукавицы, и он нес на стопке разноцветных подносов теплые булочки. — Обычно я их выставляю на продажу между патефонными пластинками и садовыми граблями, но я и подумать не могу, чтобы вы, дети, отправились дальше без завтрака, да еще когда в окрестностях бродят злобные убийцы. Так что берите, угощаю вас бесплатно.

— Вы очень добры, — сказала Вайолет, и каждый из Бодлеров взял по булочке с верхнего подноса. Они ничего не ели с тех пор, как покинули город Г.П.В., поэтому быстро расправились с булочками, то есть съели все до последней теплой сладкой крошки.

— Ну и проголодались же вы! — удивился хозяин. — Удалось вам отправить телеграмму? Получили ответ?

— Нет еще, — отозвался Клаус.

— Пусть это не тревожит ваши детские головки, — посоветовал лавочник. — Помните: отсутствие новостей — хорошая новость.

— Отсутствие новостей — хорошая новость? — раздался где-то голос. — А у меня, Милт, как раз для тебя есть новости. Про тех самых убийц.

— Лу! — с восторгом воскликнул хозяин лавки и повернулся к детям. — Простите, — сказал он. — Там Лу принес «Дейли пунктилио».

Он стал продираться сквозь ковры, свисающие гроздью с потолка, а Бодлеры в испуге уставились друг на друга.

— Что делать? — шепнул Клаус. — Если хозяин прочтет в газете, что мы убийцы?.. Надо скорее бежать.

— Если мы убежим, мистер По не сможет связаться с нами, — возразила Вайолет.

— Гикри! — выкрикнула шепотом Солнышко, желая сказать «У него была для этого целая ночь, но он так и не прислал ответа».

— Лу! — позвал хозяин. — Где ты, Лу?

— Тут, где перечницы, — откликнулся разносчик газет. — Погоди, сейчас прочтешь историю про трех убийц того графа. Тут есть фотографии, и вообще. Мне по дороге попались полицейские, так они сказали, что стягивают кольцо. Пропустили только меня и волонтеров. Полиция вот-вот поймает ребятишек и отправит в тюрьму.

— Ребятишек? — переспросил хозяин. — Так убийцы — дети?

— Ага, — ответил разносчик. — Смотри сам!

Дети в ужасе воззрились друг на друга. Солнышко пискнула от страха. Они услышали шуршание бумаги, а затем взволнованный голос лавочника:

— Я их знаю! Они у меня в лавке! Я их только что угостил булочками!

— Угостил булочками убийц? — воскликнул Лу. — Это ты неправильно сделал, Милт. Преступников надо наказывать, а не булочками кормить.

— Я же не знал, что они убийцы, — оправдывался лавочник. — Зато теперь знаю. Тут в «Дейли пунктилио» так прямо и сказано. Звони в полицию, Лу! А я их задержу, чтоб не удрали.

Не теряя времени, Бодлеры бросились в другую сторону, прочь от голосов, по проходу с английскими булавками и полосатыми леденцами.

— Держим направление на керамические пепельницы, — прошептала Вайолет. — По-моему, там можно выбраться.

— А когда выберемся, что будет? — шепнул в ответ Клаус. — Разносчик сказал, что полицейские стягивают кольцо.

— Мьюлик! — ввернула Солнышко, что означало «Обсудим это позже!»

— Ах черт! — послышался удивленный возглас хозяина лавки за несколько рядов от них. — Лу, ребятишек тут нету! Ищи их!

— Как они выглядят? — отозвался разносчик газет.

— С виду невинные детишки, — ответил хозяин. — Но на самом-то деле они опасные преступники. Будь осторожен.

Дети завернули за угол, нырнули в следующий проход, прижались к стойке с цветной бумагой и консервированным горошком и прислушались к быстрым шагам разносчика.

— Где вы прячетесь, убийцы? — крикнул он. — Лучше сдавайтесь!

— Мы не убийцы! — не выдержала расстроенная Вайолет.

— А кто же еще! — отозвался хозяин лавки. — Сказано же в газете!

— Между прочим, если вы не убийцы, — насмешливо фыркнул разносчик, — чего вы прячетесь и бегаете?

Вайолет хотела было ответить, но Клаус зажал ей рот рукой.

— Они по голосу поймут, где мы, — шепнул он. — Пусть говорят между собой, а мы попробуем удрать.

— Лу, ты их видишь? — крикнул хозяин лавки.

— Нет, но не будут же они прятаться вечно. Пойду поищу около нижних рубашек.

Бодлеры посмотрели перед собой и увидели кипу белых рубах, приготовленных для продажи. Задыхаясь от страха, дети бросились в противоположную сторону и попали в проход, где полки были уставлены тикающими часами.

— Попробую поискать в часовом отделе! — крикнул лавочник. — Не могут же они прятаться вечно!

Дети помчались по проходу, проскочили мимо полки с вешалками для полотенец и вереницы свинок-копилок и обогнули выставку скромных клетчатых юбок.

Наконец над верхней полкой в том ряду, где ничего, кроме домашних шлепанцев, не было, Вайолет заметила верхушку двери и молча вытянула в ту сторону палец.

— Спорю, они в колбасном отсеке! — сказал хозяин.

— Спорю, они около выставки ванн! — отозвался разносчик.

— Им не удастся прятаться вечно! — крикнул лавочник.

Бодлеры набрали воздуха в легкие и ринулись к выходу. Но едва они очутились снаружи лавки «Последний шанс», как тут же поняли, что ее хозяин прав. Солнце ползло вверх, постепенно открывая плоскую безлюдную равнину, по которой они шли целую ночь. Скоро всю окрестность зальет солнечным светом и на плоскости детей будет видно издалека как на ладони. Да, они не могли прятаться вечно. Стоявшим перед лавкой «Последний шанс» Вайолет, Клаусу и Солнышку почудилось, что им не удастся прятаться ни одной минутой дольше.

— Глядите! — Клаус показал туда, где всходило солнце. Неподалеку стоял серый квадратный фургон, и на боку у него виднелась надпись «Г.П.В.».

— Должно быть, это и есть Группа Поющих Волонтеров, — сказала Вайолет. — Разносчик говорил, что только ему и волонтерам разрешили находиться в этом районе.

— Значит, фургон — единственное средство спрятаться, — сказал Клаус. — Если нам удастся проникнуть в него — мы уйдем от полиции, во всяком случае на какое-то время.

— Но на этот раз Г.П.В. может оказаться настоящим Г.П.В., — запротестовала Вайолет. — И если волонтеры эти причастны к зловещей тайне, о которой пытались сказать нам Квегмайры, мы попадем из огня да в полымя.

— Или же это приблизит нас к решению загадки Жака Сникета, — в свою очередь возразил Клаус. — Вспомните, прежде чем его убили, он сказал, что работал волонтером.

— Если нас посадят за решетку, решение загадки Жака Сникета нам ничего не даст, — сказала Вайолет.

— Блусин, — проговорила Солнышко, имея в виду нечто вроде «У нас, собственно, нет выбора». И неуверенными шажками она направилась впереди всех к фургону.

— Но как нам в него попасть? — Вайолет зашагала рядом с сестрой.

— И что мы скажем волонтерам? — спросил Клаус, нагнав сестер.

— Импро, — ответила Солнышко, и это означало «Что-нибудь придумаем».

Но на этот раз детям не пришлось ничего придумывать. В тот момент, когда они подошли к фургону, какой-то бородатый мужчина, державший в руках гитару, высунулся из окошка и окликнул их.

— Мы вас чуть не забыли, брат, и вы, сестры! — произнес он. — Мы как раз заправились бесплатным бензином и готовы ехать в больницу.

Волонтер улыбнулся, отпер дверь и, распахнув ее, поманил детей.

— Запрыгивайте! — пригласил он. — Мы не хотим терять наших волонтеров, когда мы еще и первого куплета не спели. Ведь, говорят, в наших местах скрываются убийцы.

— Вы прочли это в газете? — нервно спросил Клаус.

Бородатый засмеялся и взял жизнерадостный аккорд.

— Нет-нет, мы не читаем газет. Чтобы не огорчаться. Наш девиз «Отсутствие новостей — хорошая новость». Вы, наверное, новички, раз этого не знаете. Ну, запрыгивайте.

Но Бодлеры все медлили. Как вы наверняка знаете, не очень благоразумно садиться в машину с кем-то совсем незнакомым, особенно если этот кто-то верит в такую чепуху, как «отсутствие новостей — хорошая новость». Но совсем уж неблагоразумно стоять на виду посреди плоской безлюдной равнины, когда туда со всех сторон стягиваются полицейские силы, чтобы арестовать вас за преступление, которого вы не совершали. Поэтому трое детей стояли на месте, решая, что выбрать: то, что не очень благоразумно, или то, что совсем неблагоразумно. Они поглядели на бородача с гитарой. Затем друг на друга. А потом оглянулись на лавку «Последний шанс» и увидели, что из дверей выскочил хозяин и бросился по направлению к фургону.

— О'кей, — сказала Вайолет, — запрыгиваем.

Бородатый улыбнулся, дети залезли в фургон и закрыли за собой дверь. Но хотя бородатый волонтер приглашал их запрыгнуть, они не стали прыгать. Ведь люди прыгают в радостные моменты своей жизни. Водопроводчик, например, может запрыгать, починив особо сложную протечку в ванной. Скульптор запрыгает, завершив скульптуру «Четыре бассета[1], играющие в карты». А я запрыгал бы, как никто и никогда, если бы мог каким-то образом вернуться в тот ужасный четверг и не пустить Беатрис на файв-о-клок[2], где она впервые повстречала Эсме Скволор.

Однако Вайолет, Клаус и Солнышко и не подумали прыгать, поскольку не были ни водопроводчиками, заделывающими протечку, ни скульпторами, завершающими свое произведение искусства, ни авторами, мановением пера вычеркивающими из чьей-то жизни целую полосу несчастий. Они были тремя доведенными до отчаяния детьми, которых ложно обвинили в убийстве, и поэтому им пришлось сбежать из лавки и кинуться в неизвестно чей фургон, чтобы не попасть в руки полиции. Бодлеры не запрыгали, даже когда заработал мотор и фургон начал удаляться от лавки «Последний шанс», невзирая на отчаянно жестикулирующего хозяина, который пытался остановить его. И даже когда фургон Г.П.В. покатил по безлюдной местности, бодлеровские сироты продолжали сомневаться, что когда-либо жизнерадостно запрыгают.

---

[1] Порода собак.

[2] Чай между ланчем и обедом.

Глава

ТРЕТЬЯ

Мы волонтеры, мы бьемся с болезнью,
Дарим веселье весь день напролет.
Кто попрекнет нас печалью и ленью,
Тот однозначно и нагло соврет.

Мы навещаем больных и недужных,
Чтоб улыбнулись они хоть разок,
Даже сквозь кашель сухой и натужный,
Даже сквозь сопли и мокрый платок.

Тра-ла-ла-ла, тра-ла-ла-лей,
А ну поправляйся быстрей.
Тра-ла-ла-ла, э-ге-ге-гей,
Держи скорей шарик и не болей.

Приходим к тому, кто недомогает,
Чтоб над болячкой смеялся он сам,
Даже когда доктора обещают
Ловко его распилить пополам.

Песня повсюду разносится звонко,
Поем мы куплеты ночью и днем.
Поем для мальчишки с разбитой коленкой
И для девчонки с ангиной поем.

Тра-ла-ла-ла, тра-ла-ла-лей,
А ну поправляйся быстрей.
Тра-ла-ла-ла, э-ге-ге-гей,
Держи скорей шарик и не болей.

Поем мужику с неизвестной хворобой,
Домохозяйке поем с ОРЗ,
Если ты кладезь смертельных микробов,
Наверняка мы споем и тебе.

Тра-ла-ла-ла, тра-ла-ла-лей,
А ну поправляйся быстрей.
Тра-ла-ла-ла, э-ге-ге-гей,
Держи скорей шарик и не болей[1].

Один мой коллега по имени Уильям Конгрив когда-то написал очень грустную пьесу. Она начинается строкой: «И чары музыки смягчают волнение души».

[1] Перевод песни Анастасии Кузнецовой.

Фраза эта в данном случае означает — если вы взволнованы или выведены из душевного равновесия, послушайте музыку, и она вас успокоит и ободрит. Сейчас, например, когда я скорчился позади алтаря в соборе одной, как говорят, святой, мой друг играет сонату на органе, чтобы успокоить меня и чтобы прихожане не услышали стука моей пишущей машинки. Скорбная тема сонаты напоминает мне мелодию, которую любил напевать мой отец, когда мыл посуду, и, слушая ее, я на время забываю о полудюжине неприятностей.

Однако успокоительное воздействие музыки на взволнованную душу, безусловно, зависит от характера музыки, и я с сожалением должен сказать, что бодлеровские сироты, слушавшие распеваемую волонтерами песню, не почувствовали ни малейшего успокоения или бодрости. Очутившиеся в фургоне Вайолет, Клаус и Солнышко до такой степени были озабочены тем, как избежать ареста, что на первых порах даже не огляделись вокруг. Но когда они отъехали на порядочное расстояние от лавки «Последний шанс» и хозяин ее превратился в пятнышко на плоской безлюдной равнине, дети обратили внимание на свое новое убежище. В фургоне ехало человек двадцать, и все без исключения были невероятно жизнерадостны. Жизнерадостные мужчины, жизнерадостные женщины, горстка жизнерадостных детей и очень жизнерадостный водитель, который время от времени отрывал взгляд от дороги и, обернувшись, одарял пассажиров веселой улыбкой. Раньше, когда Бодлерам доводилось совершать долгое путешествие в автомобиле, они обычно читали или смотрели на окружающий пейзаж и при этом думали о чем-то своем. Но тут, едва фургон отъехал от лавки, бородач начал играть на гитаре и петь, вовлекая в пение всех волонтеров, однако каждое веселое «тра-ла-ла» вызывало у Бодлеров лишь еще большую тревогу. Когда волонтеры затянули куплет про носы, из которых идет кровь, дети только и ждали, что вот-вот кто-нибудь перестанет петь и воскликнет: «Постойте! Этих троих в фургоне раньше не было! Они не наши!» Когда поющие дошли до куплета, где доктор обещал кого-то распилить пополам, дети не сомневались, что сейчас кто-нибудь перестанет петь и скажет: «Стойте! Эти трое не знают слов! Они не наши!» А когда жизнерадостные пассажиры запели ту часть песни, где речь шла о смертельных микробах, Бодлеры окончательно уверились, что сейчас кто-нибудь перестанет петь и скажет: «Стойте-ка! Эти трое детей — убийцы, про них написано в „Дейли пунктилио". Они не из наших!»

Но жизнерадостные волонтеры предавались радости без перерыва. Они так твердо были уверены, что «отсутствие новостей — хорошая новость», что никто не подумал читать «Дейли пунктилио». Они пели с огромным увлечением и не заметили, что Бодлеры не из их числа.

— Ох и люблю я эту песню! — провозгласил бородач, когда был пропет последний куплет. — Так бы и пел ее всю дорогу до самой больницы. Но пожалуй, надо поберечь голос для трудового дня. Давайте-ка просто посидим и весело поболтаем.

— Потрясно, — заявил один из волонтеров, и все остальные закивали, выражая согласие. Бородатый отложил гитару и подсел поближе к Бодлерам.

— Надо придумать себе другие имена, — шепнула Клаусу Вайолет, — чтобы никто не догадался, кто мы такие.

— В «Дейли пунктилио» и так перепутали наши имена, — шепотом ответил Клаус, — может, нам лучше называться своими, настоящими?

— Так, давайте познакомимся, — бодро заявил бородатый. — Я хочу знать всех своих волонтеров до единого.

— Меня зовут Салли, — начала Вайолет, — я...

— Нет-нет, — остановил ее бородатый. — Мы в Г.П.В. не пользуемся именами. Называем друг друга просто «сестра» или «брат». Мы считаем, что все люди — сестры и братья.

— Я как-то не понимаю, — сказал Клаус. — Я всегда думал, что братья и сестры — это те, у кого одни родители.

— Не обязательно, брат, — отозвался бородатый. — Иногда это люди, объединенные общим делом.

— Значит ли это, брат, — спросила Вайолет, попробовав применить новое слово «брат» в новом значении, но чувствуя, что ей это совсем не нравится. — Значит ли это, что вы не знаете имен тех, кто с вами в фургоне?

— Ты угадала, сестра, — ответил бородатый.

— И вы не знали по имени никого, кто когда-либо служил в Группе Поющих Волонтеров? — поинтересовался Клаус.

— Ни одного имени, — подтвердил бородач. — А почему это вас интересует?

— Мы знакомы с одним человеком, — осторожно выбирая слова, ответила Вайолет, — он, как нам кажется, мог быть членом Г.П.В. У него была одна бровь вместо двух и на щиколотке вытатуирован глаз.

Бородатый наморщил лоб:

— Никого не знаю такой наружности, а ведь я с Поющими Волонтерами с самого начала.

— Бред! — выпалила Солнышко.

— Сестра хочет сказать, — объяснил Клаус, — что мы разочарованы. Мы надеялись узнать побольше об этом человеке.

— А вы уверены, что он был членом Группы Поющих Волонтеров? — осведомился бородатый.

— Нет, — признался Клаус. — Знаем только, что он работал волонтером чего-то там.

— Ну так волонтеров чего-то там полным-полно, — ответил бородач. — Вам, ребятки, нужно какое-нибудь хранилище документов.

— Хранилище документов? — переспросила Вайолет.

— В хранилище документов содержится официальная информация. Там можно найти список всех до единой волонтерских организаций в мире. Или же поищите сведения именно об этом, интересующем вас лице, проверьте, существует ли его досье. Может, узнаете, где он работал.

— Или откуда знал наших родителей, — нечаянно подумал вслух Клаус.

— Ваших родителей? — Бородатый завертел головой. — Они тоже тут?

Бодлеры обменялись взглядами. Вот если бы родители были здесь, в фургоне, пусть бы и пришлось тогда обращаться с нелепыми «брат» к отцу и «сестра» — к маме! Порой детям казалось, будто прошли сотни и сотни лет с того ужасного дня на пляже, когда мистер По сообщил им страшную новость. Но не менее часто им казалось, будто с тех пор прошло всего несколько минут. Вайолет представила себе, как отец сидит рядом и, возможно, показывает на что-то интересное за окном фургона. Клаус представил себе, как мама улыбается и покачивает головой, потому что ее позабавили нелепые слова песни волонтеров. А Солнышко представила себе, как все пятеро Бодлеров опять собрались вместе и не надо спасаться от полиции, никого не обвиняют в убийстве, никто не ломает себе голову над решением разных загадок и, главное, никто не погибает во время страшного пожара. Но представлять себе что-то — это одно, а реальность — совсем другое. Бодлеров-родителей в фургоне не было. Дети посмотрели на бородатого мужчину и печально помотали головой.

— Ух, какие мрачные! — сказал бородатый. — Ну ничего, не беспокойтесь. Где бы ваши родители сейчас ни находились, они наверняка довольны жизнью, так что долой хмурые лица. Быть жизнерадостным — вот смысл организации Поющих Волонтеров, помогающих бороться с болезнями.

— А что конкретно мы будем делать в больнице? — задала вопрос Вайолет, чтобы переменить тему.

— Именно то, чем занимается Г.П.В. Мы — волонтеры, и мы будем бороться с болезнями.

— Надеюсь, нам не придется делать уколы, — заметил Клаус. — Мне всегда как-то не по себе от вида шприцев.

— Конечно не придется, — успокоил его бородатый. — Мы делаем все только жизнерадостное. В основном мы бродим по коридорам, поем для больных и дарим им воздушные шарики в форме сердца.

— Но каким образом это помогает бороться с болезнью? — с недоумением спросила Вайолет.

— Получив жизнерадостный шарик, легче представить себе, что ты поправляешься, а если что-то представлять себе, оно становится реальностью, — объяснил бородатый. — В конце концов, жизнерадостное отношение ко всему — самое эффективное средство против болезни.

— А я думал, такое средство — антибиотики, — вставил Клаус.

— Эхинацея! — добавила Солнышко. Она хотела сказать «Или хорошо проверенные лекарственные травы».

Но бородатый мужчина перестал обращать внимание на детей и уставился в окно.

— Волонтеры, подъезжаем! — крикнул он. — Вот и больница! — Он повернулся к Бодлерам и показал пальцем в окно. — Правда красивое здание?

Дети выглянули наружу и решили, что могут согласиться с бородатым волонтером лишь наполовину по той простой причине, что больница представляла собой лишь половину здания или в лучшем случае две трети. Левая сторона больницы была белой и сияющей, с рядом высоких колонн и небольшими барельефами — портретами знаменитых врачей над каждым окном. Перед зданием имелась аккуратно подстриженная лужайка с пятнами ярких полевых цветов. Но правую сторону больницы никак нельзя было пока назвать зданием, и тем более красивым. Это было сооружение из наспех сколоченных планок, образующих что-то вроде клеток. Вместо пола были набросаны доски, стены и окна отсутствовали, а все вместе выглядело как скелет больницы. Не было в помине колонн, никаких изображений врачей, лишь кое-где развевались на ветру большие куски пластиката, и вместо лужайки перед зданием простиралась пустая грязная площадка. Создавалось впечатление, будто отвечавший за строительство архитектор, не достроив здание, вдруг решил поехать на пикник, да так оттуда и не вернулся. Водитель припарковал фургон под вывеской, которая тоже была не закончена: половина слова «больница» выведена красивыми золотыми буквами на поверхности чистой деревянной доски, вторая же половина нацарапана шариковой ручкой на куске картона, оторванного от старой коробки.

— Уверен, что когда-нибудь ее закончат, — сказал бородатый. — А пока мы можем представлять себе, как будет выглядеть другая половина здания, а когда представляешь что-то, оно может стать реальностью. Итак, представим себе, как мы выходим из фургона.

Троим Бодлерам не понадобилось ничего представлять, они просто взяли и вышли вслед за бородачом и остальными волонтерами на лужайку перед более привлекательной половиной больницы. Члены Г.П.В. некоторое время потягивались, расправляя руки и ноги после долгой поездки, потом помогли бородачу вытащить из глубины фургона огромную связку воздушных шаров. Дети просто стояли рядом и с тревогой гадали, что делать дальше.

— Куда нам деться? — размышляла вслух Вайолет. — Если бродить по коридорам и петь, кто-нибудь может узнать нас.

— Это верно, — согласился Клаус. — Не все же доктора, медсестры, администраторы и больные считают, что «отсутствие новостей — хорошая новость». Нет сомнений, что кто-нибудь из них уже прочел утренний выпуск «Дейли пунктилио».

— Аронек, — добавила Солнышко, что означало «Пока мы ничего не узнали ни про Г.П.В., ни про Жака Сникета».

— Ты права, — сказала Вайолет. — Может быть, надо найти хранилище документов, как советовал бородатый мужчина.

— Где же его искать? — возразил Клаус. — Мы находимся невесть где.

— Не ходить, — заявила Солнышко.

— Мне тоже больше не хочется без конца бродить, — сказала Вайолет, — но что нам еще остается?

— А ну-ка, волонтеры! — позвал бородатый. Он вынул из фургона гитару и взял несколько знакомых жизнерадостных аккордов. — Каждый берет по воздушному сердечку и начинает петь!

Мы волонтеры, мы бьемся с болезнью,
Дарим веселье весь день напролет.
Кто попрекнет нас печалью и ленью,
Тот однозначно и нагло соврет.

— Внимание! — прервал его голос, который шел откуда-то с неба. Голос был женский, но очень хриплый и слабый, казалось, женщина говорит сквозь налепленную на рот фольгу. — Прошу внимания!

— Тихо все! — скомандовал бородач, перестав петь. — Это Бэбс, зав человеческими ресурсами. Должно быть, какое-то важное объявление.

— Внимание! — повторил голос. — Говорит Бэбс, Зав Человеческими Ресурсами. Я хочу сделать важное объявление.

— Где она? — спросил Клаус, обеспокоенный тем, что вдруг среди волонтеров Г.П.В. она узнает троих обвиняемых в убийстве.

— Где-то в больнице, — ответил бородатый. — Она предпочитает общаться по аппарату внутренней связи.

Слова «внутренняя связь» в данном случае означают, что кто-то где-то говорит в микрофон, а голос выходит из динамика совсем в другом месте. Дети и в самом деле заметили ряд квадратных ящичков, помещенных над барельефами врачей на завершенной половине здания.

— Внимание! — снова раздался голос, теперь еще более хриплый и тихий, как будто женщина с фольгой, налепленной на рот, свалилась в бассейн, наполненный газированной водой.

Не самая приятная манера говорить, и тем не менее, едва бодлеровские сироты услышали сделанное Бэбс заявление, на их взволнованные души снизошло умиротворение, словно слабый и скрипучий голос был успокоительной музыкой. Бодлеры, однако, почувствовали себя лучше не из-за того, как звучал голос Бэбс. Их взволнованные души успокоились от того, что именно она сказала.

— Мне требуются три человека из Группы Поющих Волонтеров, если они готовы получить новое назначение, — сказал голос. — Эти три человека должны немедленно явиться в мой офис, семнадцатая дверь слева от входа в завершенную половину больницы. Вместо того чтобы бродить по коридорам и петь для больных, эти трое будут работать в хранилище документов здесь, в больнице.

Глава ЧЕТВЕРТАЯ

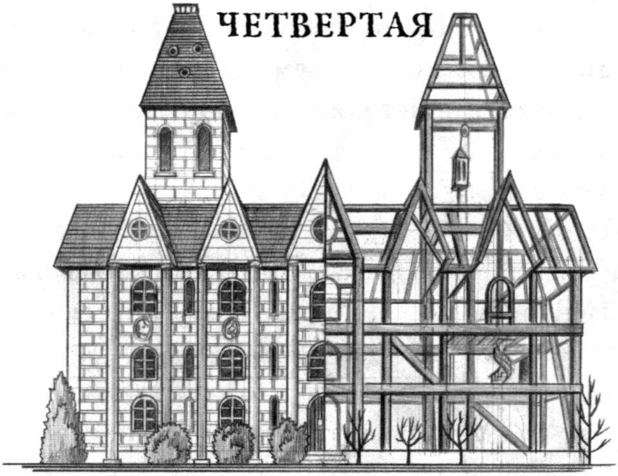

СТОИТЕ ЛИ вы перед дверью директора школы, вызванные за то, что бросали мокрые бумажные полотенца в потолок — посмотреть, прилипнут они к потолку или нет, или ждете приема к зубному врачу с целью упросить его высверлить вам дупло в зубе, чтобы пронести одну страничку из вашей последней книги мимо контроля в аэропорту, — в любом случае стоять перед дверью какого угодно кабинета всегда неприятно. Пока бодлеровские сироты стояли перед дверью с надписью «Кабинет зава человеческими ресурсами», они вспоминали все неприятные кабинеты, которые им довелось посещать в последнее время. В день поступления в Пруфрокскую подготовительную школу, когда они еще не познакомились с Айседорой и Дунканом Квегмайр, Бодлеры посетили кабинет завуча Ниро и узнали все суровые и несправедливые правила этого учебного заведения. Когда они работали на лесопилке «Счастливые запахи», детей вызвали в кабинет хозяина и тот им обрисовал их ужасную ситуацию. И естественно, Вайолет, Клаусу и Солнышку приходилось много-много раз бывать в кабинете банкира мистера По, где он кашлял, разговаривал по телефону и принимал решения относительно судьбы Бодлеров — решения, которые ни к чему хорошему не приводили. Но даже если бы у детей и не было такого печального опыта по части кабинетов, все равно они долго стояли перед семнадцатой дверью слева и собирались с духом, прежде чем постучаться.

— Я не уверена, должны ли мы рисковать, — проговорила Вайолет. — Если Бэбс прочла утром «Дейли пунктилио», она сразу же нас узнает. Стучать в эту дверь — все равно что стучаться в дверь тюремной камеры.

— Но возможно, хранилище документов — наша единственная надежда, — запротестовал Клаус. — Нам необходимо выяснить, кем был Жак Сникет, где он работал, откуда знал нас. Если мы добудем какие-то факты, мы сможем убедить людей в том, что Граф Олаф жив, а мы не убийцы.

— Кьюрой, — добавила Солнышко, что значило «Кроме того, тройняшки Квегмайр далеко-далеко отсюда, и у нас всего несколько страничек из их записных книжек. А нам нужно непременно выяснить настоящее значение букв „Г.П.В.“».

— Солнышко права, — подтвердил Клаус. — Возможно, в хранилище документов нам даже удастся разрешить загадку подземного туннеля, который ведет от квартиры Джерома и Эсме Скволор прямо к пепелищу бодлеровского дома.

— Аффику, — заключила Солнышко. Она имела в виду что-то вроде «А единственный способ попасть в хранилище — это поговорить с Бэбс. Выходит, надо рискнуть».

— Хорошо. — Вайолет с улыбкой поглядела на младшую сестру. — Ты меня убедила. Но если Бэбс начнет смотреть на нас с подозрением, мы тут же уходим. Договорились?

— Договорились, — ответил Клаус.

— Да, — отозвалась Солнышко и постучала в дверь.

— Кто там? — послышался голос Бэбс.

— Трое из Группы Поющих Волонтеров, — ответила Вайолет. — Мы готовы работать в хранилище документов.

— Входите, — приказала Бэбс. Дети открыли дверь и вошли в кабинет. — Без конца жду, когда кто-нибудь придет, — продолжала зав человеческими ресурсами. — Я как раз прочла утренний выпуск газеты. Про то, как трое ужасных детей появляются в нашем округе и убивают людей.

Бодлеры переглянулись и только хотели броситься к двери, как заметили нечто, отчего раздумали спасаться бегством. Кабинет зава человеческими ресурсами был небольшой — небольшой стол, два небольших стула, небольшое окошко с двумя маленькими занавесками. На подоконнике стояла маленькая ваза с желтыми цветами, а на стене висел изящный портретик мужчины, ведущего лошадь к маленькому пруду. Но не меблировка комнаты, не цветочное украшение и не изящное произведение искусства остановили троих сирот.

Голос Бэбс шел со стороны стола, как и ожидали дети, но вот чего они не ожидали, так это того, что Бэбс не было ни за столом, ни на столе, ни даже под столом. Вместо этого в центре стола стоял маленький квадратный динамик — точно такой, какие размещались на наружной стене больницы, и именно оттуда раздавался голос. Странно было слушать голос, исходивший от динамика, а не от человека, но дети быстро сообразили, что Бэбс их не видит и, значит, не может узнать. Вот почему они остались в комнате.

— Мы тоже трое детей, — начала Вайолет, обращаясь к динамику и стараясь, насколько возможно, придерживаться правды. — Но мы предпочитаем работать волонтерами в больнице, а не становиться на путь преступлений...

— Если вы дети, то помолчите! — грубо оборвал ее голос Бэбс. — По моему мнению, детей может быть видно, но не должно быть слышно. Я — взрослый человек, а значит, меня должны слышать, но не видеть.

Вот почему я имею дело исключительно с микрофоном. А вы будете иметь дело исключительно с самой важной частью работы, которую мы делаем в больнице. Догадываетесь, что это?

— Лечение больных? — высказал предположение Клаус.

— Молчать! — приказал динамик. — Детей можно видеть, но их не должно быть слышно, запомнили? Я не могу вас видеть, но это не повод, чтобы вы болтали про больных. Нет, ошибаетесь. Самое важное в нашей больнице — работа с документами, поэтому вы будете работать в хранилище документов, расставлять бумаги. Не сомневаюсь, работать вам будет трудно, дети не обладают административным опытом.

— Хенд, — не согласилась Солнышко.

Только Вайолет хотела объяснить, что сестра имела в виду нечто вроде «По правде говоря, я как раз работала помощником администратора в Пруфрокской подготовительной школе», но динамик уже настроился относиться к Бодлерам критически, то есть в данном случае «кричать при каждом удобном случае „Молчать!“». Поэтому он закричал:

— Молчать! Вместо того чтобы тараторить попусту, сейчас же отправляйтесь в хранилище документов. Оно расположено в подвальном этаже, лестница рядом с моим кабинетом. Будете являться прямо туда каждое утро, когда фургон прибывает в больницу, и уезжать с фургоном в конце каждого дня. Фургон будет отвозить вас домой. Есть вопросы?

У Бодлеров, разумеется, накопилось множество вопросов, но они не стали их задавать. Дети знали — скажи они хоть слово, динамик прикажет им замолчать. Кроме того, им не терпелось попасть в хранилище, где они надеялись отыскать ответы на жизненно важные для них вопросы.

— Отлично! — одобрил динамик. — Вы, я вижу, учитесь быть увиденными, но не услышанными. А теперь убирайтесь из кабинета.

Дети убрались оттуда и быстро нашли лестницу, про которую говорил динамик. Бодлеры были рады, что дорогу в хранилище документов так легко запомнить, ибо в этом здании заблудиться ничего не стоило. Лестница извивалась то туда, то сюда, от нее отходило множество коридоров со множеством дверей, и через каждые три метра под динамиками был прибит весьма запутанный план больницы с кучей стрелочек, звездочек и других знаков, незнакомых Бодлерам. Время от времени навстречу им попадался кто-то из работников лечебницы. Хотя ни Поющие Волонтеры, ни зав человеческими ресурсами не узнали троих детей, кто-то в больнице наверняка уже читал «Дейли пунктилио», и, поскольку Бодлерам не хотелось быть увиденными или услышанными, приходилось отворачиваться к стене, делая вид, будто они изучают план.

— Пронесло, — с облегчением вздохнула Вайолет, когда мимо прошла группа врачей; они болтали о чем-то между собой и внимания на них не обратили.

— Да, проскочили, — подтвердил Клаус. — В другой раз может и не повезти. Не думаю, что сегодня нам следует возвращаться к фургону, да и в другие вечера тоже.

— Ты прав, — согласилась Вайолет. — Чтобы добраться до фургона, пришлось бы каждый день проходить через всю больницу. Но как быть ночью? Людям покажется странным, если трое детей будут ночевать в хранилище документов.

— Половина, — подсказала Солнышко.

— Неплохая идея, — похвалила ее Вайолет. — Мы могли бы спать в недостроенной половине здания. Ночью никому не придет в голову идти туда.

— Спать там одним, в недостроенном помещении? — ужаснулся Клаус. — Там будет темно и холодно.

— Вряд ли намного хуже, чем в Сиротской лачуге в Пруфрокской школе, — возразила Вайолет.

— Данья, — добавила Солнышко, что означало «Или в спальне в доме Графа Олафа».

Клаус вздрогнул, припомнив то ужасное время, когда Граф Олаф был их опекуном.

— Вы правы, — сдался Клаус. Он остановился у двери с надписью «Хранилище документов». — В недостроенном крыле больницы хуже не будет.

Бодлеры постучали в дверь, которая почти мгновенно отворилась, и за ней обнаружился один из самых старых старичков, каких они встречали в своей жизни. На носу у него сидели самые маленькие очки, какие им доводилось видеть. Стеклышки были не крупнее горошины, и старичку пришлось сильно прищуриться, чтобы разглядеть детей.

— Зрение у меня уже не то, что раньше, — проговорил старичок, — но, кажется, вы — дети. И что-то в вас есть очень знакомое. Я уверен, что уже где-то видел ваши лица.

Бодлеры в панике переглянулись, не зная, броситься ли вон из комнаты или попытаться убедить старичка, что он ошибается.

— Мы — новые волонтеры, — сказала Вайолет. — Не думаю, чтобы мы встречались.

— Бэбс поручила нам работу в хранилище документов, — добавил Клаус.

— Что ж, вы попали куда надо. — Старичок сморщил личико в улыбке. — Меня зовут Хэл, я работаю в этом хранилище так много лет, что и считать неохота. Боюсь, что зрение у меня уже не то, вот я и попросил Бэбс прислать кого-нибудь из волонтеров на подмогу.

— Уолик, — сказала Солнышко.

— Сестра говорит, что мы с радостью вам поможем, — перевела Вайолет. — И это так и есть.

— Что ж, приятно слышать, — ответил Хэл. — Работы тут тьма. Входите, я объясню, что от вас требуется.

Бодлеры шагнули внутрь и очутились в маленькой комнате, где на маленьком столике стояла ваза со свежими фруктами.

— Это и есть хранилище? — удивился Клаус.

— Нет-нет, это проходная комната, здесь я держу фрукты. Если в течение дня проголодаетесь, берите, что захочется. И здесь же стоит динамик, на случай если Бэбс вздумает сделать объявление.

Старичок подвел их к небольшой двери и вытащил из кармана пиджака большую связку ключей — сотни ключей на веревочной петле, которые качались и тихонько звякали друг о друга. Хэл быстро нашел нужный ключ и отпер дверь.

— Вот и хранилище документов. — Он слегка улыбнулся.

Потом он провел детей в тускло освещенную комнату с очень низким потолком — настолько низким, что седые волосы Хэла почти касались его. Зато комната была громадная. Хранилище простиралось так далеко, что Бодлеры едва различали противоположную стену, равно как и правую, и левую. Они видели перед собой только большие металлические шкафы с выдвижными ящиками, на которых аккуратно наклеенные этикетки оповещали о содержащихся там документах. Ряды этих шкафов уходили вдаль, насколько хватал глаз. Проходы между ними были настолько узкими, что детям пришлось идти за Хэлом гуськом, пока он проводил экскурсию по комнате.

— Всю эту систему придумал я, — сообщил он. — В хранилище документов содержится информация не только о больнице, но обо всем на свете — от поэзии до пилюль, от песен до пирамид и от пудинга до психологии. Мы сейчас как раз идем по проходу «П».

— Удивительное место, — сказал Клаус. — Сколько тут всего можно узнать, если прочесть все документы.

— Нет, нет, нет. — Хэл с суровым видом затряс головой. — Наше дело сортировать информацию, а не читать документы. Ни в коем случае не разрешаю вам трогать папки с информацией. Вы только расставляете по местам поступающие документы. Потому я и запираю все шкафы крепко-накрепко. Так, а теперь я покажу, где вы будете работать сегодня.

Хэл подвел их к дальней стене и показал на небольшое прямоугольное отверстие, в которое могла бы протиснуться разве что Солнышко или в крайнем случае Клаус. Рядом с дырой стояла корзина, а в ней — толстая пачка бумаг и чашечка со скрепками.

— Представители властей вкладывают бумаги с разной информацией в специальное окошко снаружи больницы, откуда по лотку они скатываются вниз, прямо сюда, — объяснил Хэл. — Мне требуются двое помощников, чтобы расставлять поступающие документы по своим местам. Делать вы должны следующее. Сперва отцепляете скрепки и кладете их в чашечку. Затем смотрите на поступившую информацию и соображаете, куда ее поместить. Помните, читать вы должны как можно меньше. — Он замолчал, раскрепил тоненькую пачку бумаг и, прищурившись, всмотрелся в верхнюю страницу. — Вот, например, — продолжал он, — достаточно прочесть первые несколько слов — и вы поймете, что речь тут идет о погоде на прошлой неделе близ Дамокловой пристани, которая находится на берегу какого-то озера. Стало быть, вы просите меня отпереть шкафы в проходе «Д» (Дамоклова), или «П» (погода), или даже «О» (озеро). Выбирайте сами, куда класть.

— Но разве это не затруднит поиски нужной информации? — осведомился Клаус. — Ведь люди не будут знать, смотреть им на букву «Д», или на «П», или на «О».

— Значит, посмотрят на все три. Не всегда сразу ясно, где находится нужная информация. Помните, работа с документами — самое главное, что мы делаем в нашей больнице, так что ваша работа очень важна. Вы уверены, что сумеете правильно разложить бумаги? Я бы хотел, чтобы вы приступили к работе немедленно.

— Думаю, мы справимся, — ответила Вайолет. — А что будет делать третий волонтер?

Хэл на минуту замешкался с ответом, но потом приподнял кверху связку ключей.

— Я потерял несколько ключей от шкафов, — признался он. — Мне нужно что-то острое, чтобы открыть эти шкафы.

— Я! — выпалила Солнышко.

— Моя сестра имеет в виду, что эта задача как раз для нее — у нее очень острые зубы, — пояснила Вайолет.

— Твоя сестра? — Хэл поскреб голову. — Я почему-то знал, что вы родственники. Я уверен, что недавно где-то читал о вас.

Дети опять переглянулись, и в желудках у них затрепетало от волнения.

— Вы читаете «Дейли пунктилио»? — робко спросил Клаус.

— Конечно нет, — возмутился Хэл. — Это худшая газета из всех, которые мне известны. Почти все, что они печатают, — абсолютная ложь.

Бодлеры с облегчением улыбнулись.

— Мы не можем передать вам, как рады это слышать, — сказала Вайолет. — Пожалуй, пора приступить к работе.

— Да-да, — отозвался Хэл. — Пойдем, малютка, я тебе покажу, какие шкафы не отпираются, а вы начинайте раскладывать бумаги. Хорошо бы все-таки вспомнить... — Голос Хэла замер, но он тут же щелкнул пальцами и улыбнулся.

Если вы, скажем, слушаете приятную музыку, то вполне можете щелкнуть пальцами и улыбнуться, показывая, что музыка обладает чарами, способными успокоить вашу взволнованную душу. Если вы работаете шпионом, то вполне можете щелкнуть пальцами и улыбнуться, передавая секретное сообщение с помощью кода, который состоит в щелчке и улыбке. Но вы также можете щелкнуть пальцами и улыбнуться, когда, промучившись в попытках что-то вспомнить, вы вдруг это вспоминаете. Хэл не слушал музыку в хранилище документов, и после девяти месяцев шести дней и четырнадцати часов проведенных мною расследований я с относительной уверенностью могу сказать, что Хэл не был шпионом. Стало быть, разумно сделать вывод, что он кое-что вспомнил.

— Я кое-что сейчас вспомнил. Я знаю, почему вы мне знакомы, — сказал Хэл, продолжая вести Солнышко по другому проходу, чтобы показать ей, где пригодятся ее зубы. Голос его долетал до старших Бодлеров, как будто он говорил в микрофон. — Я, разумеется, не прочел всю информацию, но я заметил кое-какие сведения о вас в досье о сникетовских пожарах.

Глава ПЯТАЯ

— ПРОСТО ничего не понимаю, — сказал Клаус, что говорил нечасто.

Вайолет кивнула и произнесла фразу, которую тоже говорила не так-то часто.

— Боюсь, эту загадку нам не решить.

— Пиетрисикамоллавиадельрехиотемек-сити, — выговорила Солнышко.

Слово это она произнесла до сих пор только однажды. Значило оно нечто вроде «Должна признаться, я не имею ни малейшего понятия о том, что происходит». Первый раз младшая из Бодлеров произнесла его, когда ее только что принесли домой из родильного дома, где она появилась на свет, и она глядела на брата с сестрой, склонившихся над ее кроваткой. На сей раз она сидела в недостроенном крыле больницы, где работала, и глядела на брата с сестрой, которые пытались догадаться, что имел в виду Хэл, говоря о сникетовских пожарах. Если бы я находился с ними рядом, то рассказал бы им длинную и страшную историю о мужчинах и женщинах, которые вступили в когда-то благородную организацию, а в результате жизнь их оказалась загублена алчным человеком и равнодушной к истине газетой. Но дети были совсем одни, и от той истории у них осталось лишь несколько страничек из квегмайровских записных книжек.

Наступил вечер, и бодлеровские сироты, проработавшие весь день в хранилище документов, постарались устроиться в недостроенной части больницы со всем возможным, я бы сказал, комфортом, если бы о комфорте вообще могла идти речь. Вайолет нашла несколько электрических фонариков, с помощью которых строители работали в темных углах, но, когда она приладила их так, чтобы осветить окружающее, они осветили лишь его неприглядность. Клаус подобрал несколько больших тряпок, которыми маляры прикрывали пол, чтобы не заляпать его краской, но когда он завернулся в них и закутал сестер, тряпки нисколько не спасали от безжалостно резкого ледяного ветра, задувавшего за пластикат, прибитый к доскам. Солнышко накрошила зубами несколько фруктов из вазы Хэла, чтобы сделать на обед что-то вроде фруктового салата, но с каждой съеденной горстью нарезанных фруктов становилась нагляднее вся неуместность житья в таком неуютном уединенном месте. Но если детям было ясно, каким грязным, холодным и неподходящим было их новое жилье, то все остальное яснее не делалось.

— Мы хотели использовать хранилище документов для того, чтобы узнать побольше о Жаке Сникете, — сказала Вайолет, — но, кажется, в результате узнаем больше только о самих себе. Как вы думаете, что написано про нас в досье, о котором упоминал Хэл?

— Не знаю, — отозвался Клаус. — Не думаю, чтобы и Хэл это знал. Он ведь сказал, что не читает бумаг.

— Сиирг, — произнесла Солнышко, что означало «Я побоялась его расспрашивать».

— Я тоже, — призналась Вайолет. — Нам нельзя привлекать к себе внимание. В любой момент Хэл может узнать, что нас разыскивают как убийц, и нас потащат в тюрьму, прежде чем мы успеем что-нибудь разведать.

— Один раз мы выбрались из тюремной камеры, — заметил Клаус, — но вряд ли это получится снова.

— Я подумала, если нам удастся просмотреть страницы из записных книжек Дункана и Айседоры, — сказала Вайолет, — мы найдем там ответы на наши вопросы. Только записи их очень трудно разобрать.

Клаус нахмурился и повертел туда-сюда обрывки страниц, как будто складывал кусочки головоломки.

— Гарпун разодрал их в клочья, — сказал он. — Послушайте, что пишет Дункан: «Жак Сникет работал в Г.П.В., что означает Группа...», а дальше на середине фразы разорвано.

— А на этой странице, — подхватила Вайолет, беря в руки страничку, о которой я даже и думать не хочу, — написано:

И перед объективом, и перед толпой
Предпочитает Сникет всегда стоять спиной.

Видите — рифмованное двустишие, наверное, его написала Айседора.

— А на этом клочке стоит «квартира», — продолжал Клаус, — и еще изображено что-то вроде половины карты. Возможно, речь идет о квартире, где мы жили у Джерома и Эсме Скволор.

— Не напоминай. — Вайолет содрогнулась при мысли о всех злоключениях, пережитых в доме № 667 на Мрачном проспекте.

— Рабейв. — Солнышко показала еще на один обрывок.

— Тут два имени, — подтвердила Вайолет. — Одно — Аль Фонкут.

— Это который написал ту противную пьесу, в которой Граф Олаф заставил нас участвовать, — напомнил Клаус.

— Да, знаю, но второе имя мне незнакомо: Ана Грамма.

— Ну, раз Квегмайры расследовали злодейский умысел Графа Олафа, это может быть кто-то из его помощников.

— Вряд ли крюкастый, — усомнилась Вайолет, — и не лысый с длинным носом. Ана — не мужское имя.

— Может, оно принадлежит одной из напудренных женщин, — предположил Клаус.

— Орландо![1] — выкрикнула Солнышко, что означало «Или тот, который не то мужчина, не то женщина».

— Или кто-то, кого мы еще не встречали. — Вайолет вздохнула и перешла к следующему листку. — Эта страница цела, но тут только длинный список дат. Получается, как будто нечто происходило каждые три месяца.

Клаус взял самый маленький обрывок и показал сестрам. Глаза его за стеклами очков сделались очень грустными.

— Здесь стоит только одно слово: «пожар», — произнес он тихо, и все трое Бодлеров повесили головы. С каждым словом у людей что-то связано, то есть у них возникает подсознательная ассоциация, а попросту говоря, определенные слова заставляют вас думать о каких-то определенных вещах, даже если вам этого не хочется. Так, слово «пирог» вызывает в памяти ваш день рождения. А слова «тюремный надзиратель» могут напомнить о человеке, которого вам давно уже не приходилось видеть. Слово «Беатрис» вызывает в моей памяти волонтерскую организацию, которая погрязла в коррупции, а слово «полночь» напоминает мне о том, что я должен побыстрее писать эту главу, пока я не утонул. У Бодлеров было множе-

[1] Персонаж комедии Шекспира «Сон в летнюю ночь», где девушка переодевается юношей.

ство подсознательных ассоциаций со словом «пожар», и все до одной неприятные. Слово это навело детей на мысль о Хэле, который упоминал про сникетовские пожары, когда они днем работали в хранилище документов. Слово «пожар» напомнило им также о Дункане и Айседоре Квегмайр, чьи родители и брат Куигли погибли во время пожара. И конечно же, слово «пожар» вызвало в их памяти пожар, который уничтожил их дом и с которого начались злополучные странствия, приведшие их в недостроенное крыло больницы. Дети сидели, прижавшись друг к другу, закутанные в тряпье, и думали обо всех пожарах в их жизни и обо всем, что рождало подсознательные ассоциации, и чувствовали, как холод сковывает их снаружи и изнутри.

— В том досье должны содержаться ответы на все загадки, — сказала наконец Вайолет. — Необходимо выяснить, кем был Жак Сникет и почему у него была такая же татуировка, как у Графа Олафа.

— И почему его убили, — добавил Клаус, — и еще раскрыть тайну букв «Г.П.В.».

— Мы! — сказала Солнышко, что значило «И надо узнать, почему в досье есть наша фотография».

— Мы должны найти это досье, — заключила Вайолет.

— Сказать легче, чем сделать, — возразил Клаус. — Хэл специально нас предупредил, чтобы мы не трогали бумаг, с которыми не работаем, а он все время рядом с нами в хранилище.

— Значит, надо придумать какой-то способ, — заключила Вайолет. — А сейчас постараемся выспаться как следует, чтобы утром встать бодрыми и попробовать завладеть документом «Сникетовские пожары».

Клаус и Солнышко кивнули и постарались устроить из тряпок подобие постели, Вайолет погасила один за другим фонарики, и трое Бодлеров проспали, прижавшись друг к другу, остальную часть ночи, насколько это было возможно на грязном полу, под порывами холодного ветра, продувавшего их столь неподходящее жилье. Утром они позавтракали остатками фруктового салата, перешли в достроенную половину здания, осторожно спустились по бесконечным ступеням мимо динамиков и запутанных планов, и, когда добрались до хранилища, Хэл был уже там и отпирал шкафы ключами из своей большой связки. Вайолет с Клаусом тут же принялись раскладывать информацию, которая поступила ночью через лоток, а Солнышко тут же пустила в ход зубы, обратив внимание на те шкафы, которые следовало открыть. Но мысли Бодлеров были сосредоточены не на сортировке разных документов, не на запертых шкафах с разными папками, а на одном-единственном досье.

Почти ко всему на свете применимо выражение «легче сказать, чем сделать», ко всему, кроме «Клара украла у Карла кларнет», — это сделать легче, чем сказать. Но каждый раз, как жизнь напоминает вам, что легче сказать, чем сделать, вас это огорчает. Водворяя бумагу, содержавшую информацию о каракатице, в шкаф под буквой «М» (моллюски), Вайолет сказала себе: «Сейчас я пройду по проходу „С“ и посмотрю Сникета», но Хэл был уже тут как тут, стоял в проходе «С» и расставлял изображения собачьих ошейников, и Вайолет не удалось сделать то, что она собиралась. Убирая перечень наперстков разного типа в шкаф под буквой «П» (предохранение пальцев), Клаус сказал себе: «Сейчас пойду по проходу „П“ и поищу „пожары“». Но к этому времени Хэл тоже успел перейти туда и отпирал шкаф, чтобы привести в порядок биографии знаменитых польских поваров. Солнышко же, орудуя зубами, чтобы открыть один из запертых шкафов в проходе «Б», в то же время думала, не здесь ли находится нужный им документ на букву «Б» (Бодлеры). Но когда наконец после ланча замок был сломан и младшая из Бодлеров открыла дверцу, она увидела, что шкаф абсолютно пуст.

— Ноль, — сказала она, когда дети собрались в проходной комнате на короткий фруктовый перерыв.

— У меня тоже, — сказал Клаус. — Да и как тут завладеешь документом, когда Хэл вечно торчит рядом.

— Может, нам просто попросить его самого найти для нас досье? — предложила Вайолет. — В обыкновенной библиотеке нам помог бы библиотекарь, а в хранилище документов, вероятно, следует просить Хэла.

— Спрашивайте у меня что угодно, — сказал Хэл, открывая дверь в проходную комнату, — но сперва я у вас кое-что спрошу. — Он подошел поближе и ткнул пальцем в один из фруктов. — Это слива или хурма? Зрение у меня, боюсь, уже не то, что прежде.

— Слива, — ответила, подавая ему сливу, Вайолет.

— А-а, прекрасно. — Хэл оглядел сливу, проверяя, нет ли пятен. — Я как раз не в настроении есть хурму. Так в чем состоит ваш вопрос?

— Нас интересует один документ, — осторожно начал Клаус, не желая вызвать у Хэла подозрения. — Я знаю, что документы читать не полагается, но, если нам это очень нужно, нельзя ли сделать исключение?

Хэл откусил кусочек сливы и нахмурился:

— Зачем вам читать именно этот документ? Дети должны читать веселые книжки с яркими картинками, а не официальную информацию из хранилища документов.

— Но нам нужна именно официальная информация, — вмешалась Вайолет, — а мы так заняты раскладыванием бумаг, что не успеваем их читать. Поэтому мы и надеялись взять одну из них с собой и почитать дома.

Хэл покачал головой.

— Канцелярская работа — самое важное, что мы делаем в нашей больнице, — сурово ответил он. — Вот почему бумаги разрешено выносить из хранилища только по особо важным причинам. Например...

Но Бодлерам не суждено было узнать, какой пример собирался привести Хэл, — его прервал голос, шедший из динамика.

— Внимание! — произнес голос, и дети повернули головы к маленькому квадратному ящичку. — Внимание! Внимание!

Трое детей, испуганные и потрясенные, уставились друг на друга, а потом на стену, где висел динамик. Это не был голос Бэбс. Он был неясный и к тому же скрипучий, но он не был голосом зава человеческими ресурсами. Этот голос Бодлеры слышали везде, где бы ни оказывались, независимо от того, где они жили и кто пытался их защитить. И хотя дети слышали его много-много раз, они все равно не могли привыкнуть к его издевательским интонациям. Казалось, будто обладатель голоса рассказывает шутку, последняя реплика в которой до ужаса жестока.

— Внимание! — произнес тот же голос, но сиротам не нужно было напоминать о внимании, когда они слышали гадкий голос Графа Олафа. — Бэбс ушла в отставку, — сказал голос, и дети так и видели перед собой бессердечную улыбку, какая всегда появлялась на лице Олафа, когда он лгал. — Она решила заняться спортивными прыжками и начала с прыжков из окон. Меня зовут Маттатиас, и теперь я тут босс и зав человеческими ресурсами. Я провожу полную ревизию всех до единого служащих больницы и начинаю прямо сейчас. На этом все.

— Ревизия! — хмыкнул Хэл, доедая сливу. — Чепуха какая. Лучше бы закончили строить другую половину здания, чем зря время на ревизии тратить.

— В чем состоит ревизия? — спросила Вайолет.

— Да являются и разглядывают вас, — пренебрежительно сказал Хэл и отправился назад в хранилище. — Давайте-ка вернемся к работе. Надо расставить уйму информации.

— Сейчас идем, — пообещал Клаус. — Я еще не закончил есть яблоко.

— Хорошо, только поскорей.

Как только Хэл покинул комнату, Бодлеры с тревогой и испугом воззрились друг на друга.

— Он снова нас разыскал, — тихонько, чтобы не расслышал Хэл, произнесла Вайолет. Она почти не слышала своих слов, так громко стучало у нее от страха сердце.

— Видимо, он знает, что мы здесь, — согласился Клаус. — Поэтому и проводит ревизию — чтобы нас найти и захватить.

— Сказать! — выпалила Солнышко.

— Кому же мы скажем? — отозвался Клаус. — Все считают, что Графа Олафа нет в живых. Они не поверят трем детям, если те заявят, что он замаскировался Маттатиасом, новым завом человеческими ресурсами.

— В особенности если их фотографии помещены на первой странице «Дейли пунктилио» и к тому же они разыскиваются за убийство, — добавила Вайолет. — Нет, наш единственный шанс — раздобыть сникетовское досье и посмотреть, нет ли там фактов, позволяющих привлечь Олафа к суду.

— Но бумаги из хранилища выносить нельзя, — напомнил Клаус.

— Значит, мы их прочтем прямо здесь.

— Это легче сказать, чем сделать, — заметил Клаус. — Мы даже не знаем, под какой буквой его искать, а Хэл будет с нами весь день.

— Ночь! — выпалила Солнышко.

— Правильно, Солнышко, — похвалила ее Вайолет. — Хэл проводит тут весь день, но на ночь уходит домой. Когда стемнеет, мы прокрадемся сюда из недостроенного крыла. Это единственный способ раздобыть досье.

— Ты кое-что забываешь, — остановил ее Клаус. — Хранилище документов на ночь закрывается крепко-накрепко. Хэл, как ты помнишь, сам запирает все шкафы.

— Я об этом не подумала, — призналась Вайолет. — Одну отмычку я могу изобрести, но не уверена, что у меня хватит времени изобрести отмычки ко всем шкафам.

— Дишью! — проговорила Солнышко, желая сказать нечто вроде «А у меня уходит несколько часов на то, чтобы открыть зубами один шкаф!» — Без ключей нам документа не добыть, — подытожил Клаус, — а без него не победить Графа Олафа. Что же нам делать?

Дети вздохнули и глубоко задумались, глядя прямо перед собой. И пока они так глядели, они увидели предмет, который подал им идею. Предмет был маленький, круглый, с яркой блестящей кожицей, и дети поняли, что это хурма. Но они знали: если у кого-то зрение уже не то, что прежде, он может принять хурму за сливу. Бодлеровские сироты сидели и смотрели на хурму, и у них созревал план, как обмануть кое-кого, чтобы он принял одну вещь за другую.

Глава
ШЕСТАЯ

ЭТО не рассказ о Лемони Сникете. Бессмысленно рассказывать сникетовскую историю, поскольку происходило все очень давно и никто уже не может ничего изменить. Поэтому единственной причиной моих, я бы сказал, записей на полях может служить желание сделать книгу еще более невыносимой, жуткой и неправдоподобной, чем она уже есть. Нет, это рассказ о Вайолет, Клаусе и Солнышке Бодлер и о том, как они нашли кое-что в больничном хранилище документов, что полностью перевернуло их жизнь и до сих пор вызывает у меня мурашки, когда я остаюсь ночью один ТОЧКА.

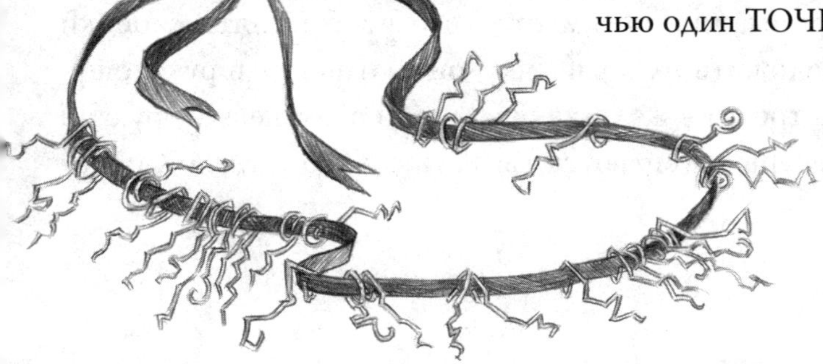

Но если бы в книге речь шла обо мне, а не о трех детях, которым скоро встретится некто, кого они надеялись больше никогда не видеть, я бы задержался на минуту и поведал вам о поступке, совершенном мною много лет назад, но до сих пор тревожащем мою совесть. Сделать это было необходимо, но это был некрасивый поступок, и даже теперь, стоит мне только вспомнить о нем, внутри у меня все сжимается от стыда. Я могу в этот момент чем-то наслаждаться — гулять по верхней палубе судна, или любоваться в телескоп северным сиянием (*aurora borealis*), или входить в книжный магазин и ставить написанные мною книжки на самую верхнюю полку, чтобы никто не соблазнился купить и прочесть их, но неожиданно я вспоминаю о том давнем поступке и задаю себе вопрос: «Было ли это действительно необходимо? Было ли абсолютно необходимо красть у Эсме Скволор сахарницу?»

Похожие муки совести испытывали и бодлеровские сироты в тот вечер, когда заканчивали дневную работу в хранилище. Каждый раз, как Вайолет ставила какой-то документ на соответствующее место, она трогала свою ленту в кармане и ощущала трепет в желудке при мысли о том, что затевают они с братом и сестрой. Клаус вынимал стопку бумаг из корзины, стоявшей перед лотком, по которому поступала информация, но вместо того чтобы снять скрепки и положить их в чашечку, он сжимал их в руке, ощущая трепет в желудке при мысли о штуке, которую он и сестры собираются сыграть с Хэлом. Едва Хэл поворачивался к детям спиной, Клаус передавал скрепки Солнышку. Младшая из Бодлеров тоже начинала ощущать трепет при мысли о нечестном способе, с помощью которого они собирались возвратиться в хранилище ночью. К тому времени как Хэл начал запирать на ночь шкафы ключами, висевшими у него на длинной петле, у троих Бодлеров уже накопилось в желудке столько трепета, что им впору было бы участвовать в Фестивале трепетных желудков, если бы таковой состоялся в округе в тот день.

— Абсолютно необходимо это делать? — тихо спросила Вайолет, обращаясь к Клаусу, когда все трое выходили вслед за Хэлом из хранилища в проходную комнату. Вайолет достала из кармана ленту и хорошенько разгладила ее, чтобы не было узлов. — Это некрасивый поступок.

— Знаю, — ответил Клаус и протянул руку, чтобы Солнышко отдала ему скрепки. — У меня в желудке все дрожит, когда я думаю об этом. Но это единственный способ заполучить досье.

— Олаф, — мрачно проговорила Солнышко. Она хотела сказать «Раньше, чем Маттатиас заполучит нас». И едва она закончила фразу, как в динамике раздался скрипучий голос Маттатиаса.

— Внимание! Внимание! — произнес голос, и Хэл с Бодлерами устремили взгляды на квадратный ящичек. — Говорит Маттатиас, новый зав человеческими ресурсами. Инспекции на сегодня закончены, но продолжатся завтра.

— Какая чепуха, — пробормотал Хэл, кладя на стол связку ключей, Бодлеры посмотрели друг на друга, а потом на ключи.

Маттатиас тем временем продолжал:

— Кроме того, если у кого-то в больнице имеются ценные вещи, попрошу принести их в кабинет зава человеческими ресурсами на хранение. Спасибо.

— Моя ценная вещь — очки. — Хэл снял с носа очки. — Но я не собираюсь их туда относить. Чего доброго, я их тогда вообще больше не увижу.

— Да, вполне возможно, — Вайолет покачала головой, дивясь такой наглости со стороны Маттатиаса, иначе говоря — «попытке украсть ценные вещи у работников больницы в дополнение к бодлеровскому наследству».

— И потом, — Хэл улыбнулся детям и потянулся за пальто, — никто не собирается у меня ничего красть. Вы единственные, кого я вижу в больнице, и я вам полностью доверяю. Да, где же мои ключи?

— Вот они, — сказала Вайолет, и трепет у нее в желудке усилился.

Она протянула ему свою ленту, которая теперь была завязана петлей, чтобы напоминать веревочную. С ленты свисали многочисленные скрепки, которым Солнышко, когда Хэл на нее не смотрел, успела придать разную форму, пустив в ход острые зубы. Получилось нечто похожее на хэловскую связку ключей, правда в той же мере, в какой лошадь похожа на корову или женщина в зеленом платье на сосну. Вряд ли кто-нибудь, взглянув на ленту с прицепленными к ней изжеванными металлическими скрепками, принял бы их за связку ключей — разве что зрение у него было уже не то, что прежде. Дети ждали, пока Хэл, прищурившись, рассматривал то, что держала перед ним Вайолет.

— Это мои ключи? — с сомнением спросил Хэл. — Мне казалось, я их клал на стол.

— Нет-нет, — быстро ответил Клаус, заслонив собой стол, чтобы Хэл не заметил настоящих ключей, — они у Вайолет.

— Вот они, — проговорила Вайолет, то приближая связку, то отодвигая, чтобы Хэлу было еще труднее разглядывать их. — Давайте я положу их прямо вам в карман?

— Спасибо, — сказал Хэл, когда Вайолет опустила связку в карман его пальто. Он поглядел на Бодлеров, в его глазках светилась благодарность. — Вот вы и снова помогли мне. Зрение мое, знаете ли, уже не то, что прежде, я рад, что могу довериться таким милым волонтерам. Доброй ночи, детки. Увидимся завтра.

— Доброй ночи, Хэл, — отозвался Клаус. — Мы тут съедим еще по фрукту.

— Не испортите себе аппетит перед обедом, — посоветовал Хэл. — Сегодня ожидается холодный вечер, не сомневаюсь, ваши родители приготовили вкусный горячий ужин.

Хэл с улыбкой закрыл за собой дверь, и дети остались одни, со связкой настоящих ключей от хранилища документов. Ощущение трепета в желудках не проходило.

— Когда-нибудь, — тихо проговорила Вайолет, — мы извинимся перед Хэлом за то, что сыграли с ним такую шутку, и объясним, почему нарушили правила. Мы поступили некрасиво, хотя это и было необходимо.

— И съездим в лавку «Последний шанс», — подхватил Клаус, — и объясним хозяину, почему нам пришлось убежать.

— Твисп, — твердо сказала Солнышко, что означало «Но не раньше, чем заполучим документ, раскроем все тайны и докажем нашу невиновность».

— Ты права, Солнышко, — со вздохом согласилась Вайолет. — Давайте начнем. Клаус, попробуй подобрать ключ к двери в хранилище.

Клаус кивнул и пошел с ключами к двери. Не очень давно, когда Бодлеры жили у Тети Жозефины на берегах озера Лакримозе, Клаус оказался в ситуации, когда ему пришлось в страшной спешке подбирать ключ к запертой двери. И с тех пор он очень преуспел в этом деле. Клаус взглянул на замок, скважина которого была очень узкой, потом на связку ключей, на которой имелся один узкий ключ, — и вот дети уже стояли в хранилище и всматривались в полутемные проходы между шкафами.

— Я запру дверь изнутри, — сказал Клаус. — На тот случай, чтобы никто ничего не заподозрил, если вдруг войдет в проходную комнату.

— Например, Маттатиас, — содрогнувшись, проговорила Вайолет. — В микрофон он сказал, что на сегодня прекращает инспекцию, но я уверена, что на самом деле он все еще рыщет по больнице.

— Вейпи, — заметила Солнышко, что означало «Тогда поторопимся».

— Начнем с прохода «С», — предложила Вайолет. — Со Сникета.

— Правильно. — И Клаус запер дверь.

Найдя проход «С», дети двинулись вдоль шкафов, читая наклеенные на них этикетки, чтобы понять, который надо отпереть.

— Саксифраге[1] тире сауна, — прочел вслух Клаус. — Это значит, что слова, находящиеся по алфавиту между «саксифраге» и «сауной», стоят в этом шкафу. Это бы подходило, если бы нам был нужен «самолет» или «саркофаг».

— Или «саранча», — подхватила Вайолет. — Пошли дальше.

Дети двинулись дальше. Звук шагов отдавался от низких потолков.

— Сказка тире скарабей[2], — прочел Клаус. Солнышко и Вайолет помотали головой, и все трое пошли дальше.

— Седло тире секретарь, — прочла Вайолет. — Никак не дойти.

— Калм, — проговорила Солнышко, что означало «Я читаю неважно, но, по-моему, тут написано „секвойя“ и „селезенка“».

---

[1] Род хвойных.

[2] Род жуков-навозников, обитают на юге Европы, в Средней Азии и Северной Африке.

— Молодец, Солнышко, — Клаус одобрительно улыбнулся. — Опять не то, что надо.

— Сентиментальность тире сердцебиение, — прочла Вайолет.

— Сердцеед тире серебро, — прочел Клаус, идя дальше по проходу.

— Сигнализация тире силуэт.

— Симпатия тире синяк.

— Скамья тире скиталец.

— Слава тире смеркаться.

— Снадобье тире снисхождение.

— Сновидение тире собрание.

— Сонет тире специальность.

— Стой! — закричал Клаус. — Мы проскочили! «Сникет» должен быть между «снадобьем» и «снисхождением».

— Ты прав. — Вайолет вернулась назад. — Меня совсем запутали все эти трудные слова. Я даже забыла, что мы ищем. Вот: «снадобье — снисхождение». Будем надеяться, что досье находится здесь.

Клаус осмотрел замок и уже с третьей попытки подобрал к нему ключ из связки.

— Он должен быть в нижнем ящике, — сказал Клаус, — ближе к «снисхождению». Сейчас посмотрим.

Бодлеры посмотрели. Слово «снисхождение» означает «сжалиться над кем-нибудь, не наказывать слишком жестоко». По соседству есть сколько угодно слов в алфавитном порядке, и дети нашли их в большом количестве. Тут было слово «снимать», имевшее не одно значение — и брать внаем, и сдирать, и фотографировать. Тут был закон Снелля, который гласит, что луч света, проходящий из одной однородной среды в другую, имеет постоянное соотношение между синусом угла падения и синусом угла преломления. И Клаус это уже знал. Имелась информация об изобретателе сникерсов, которого Вайолет очень уважала. Но они не нашли ни одной бумаги со словом «Сникет». Дети, разочарованные, вздохнули, задвинули ящик, и Клаус запер шкаф.

— Попробуем проход под буквой «Ж» — Жак, — предложила Вайолет.

— Ш-ш-ш, — прошипела Солнышко.

— Нет, Солнышко, — мягко возразил Клаус. — Я не думаю, что нам подходит буква «Ш». С какой стати Хэл держал бы Жака Сникета под буквой «Ш»?

— Ш-ш-ш, — продолжала настаивать Солнышко, показывая при этом на дверь. И тогда старшие Бодлеры сразу сообразили, что неправильно ее поняли. В другой раз Солнышко, говоря «ш-ш-ш», могла иметь в виду нечто вроде «Я думаю, стоит поискать нужный нам документ в проходе „Ш“». Но тут она, скорее, хотела сказать: «Тихо. По-моему, кто-то входит в проходную комнату хранилища документов».

И впрямь — Бодлеры замерли и услышали какие-то странные цокающие шажки, как будто кто-то ступал на очень тонких ходулях. Шаги приближались, приближались, затем прекратились. Дети затаили дыхание и услышали, что дверь в хранилище затряслась, словно кто-то пытался ее открыть.

— Может, это Хэл, — прошептала Вайолет. — Пытается отпереть дверь скрепкой.

— А может быть, Маттатиас, — шепнул Клаус. — Ищет нас.

— Сторож, — прошептала Солнышко.

— Не важно, — сказала Вайолет, — кто бы он ни был, скорее бежим к проходу «Ж».

Бодлеры на цыпочках прокрались к проходу «Ж» и быстро пошли по нему, читая этикетки на шкафах.

— Жабо[1] тире жаворонок.

— Жадность тире жажда.

— Это тут! — прошептал Клаус. — «Жак» должен быть рядом с «жакерией»[2] и «жалюзи».

— Будем надеяться, — проговорила Вайолет.

Дверь опять затряслась. Клаус поспешил выбрать ключ из связки и отпереть шкаф. Дети выдвинули верхний ящик в поисках слова «Жак». Насколько знала Вайолет, «жалюзи» означало шторы из пластинок на окнах. А «жакерия», насколько знал Клаус, означала крестьянские восстания во Франции в 1358 году. И опять-таки между этими словами нашлось еще много информации о Жаккаре, банкире Наполеона III, о говорящем попугае жако из лесов Экваториальной Африки, о жакете — короткой верхней женской одежде в талию, но Жака там не было.

---

[1] Кружевные или кисейные оборки у горла или на груди на женском платье и на мужских рубашках.

[2] «Жакерия» происходит от слова «Жак». Так французские аристократы презрительно называли крестьян.

— «Пожар»! — шепнул Клаус, закрывая и запирая шкаф. — Бежим к проходу «П»!

— И поскорее, — добавила Вайолет. — Похоже, кто-то пытается взломать замок.

И правда. Бодлеры на миг замерли и услышали негромкое царапанье в той стороне, где находилась дверь, как будто в скважину засунули что-то длинное и тонкое и пытаются отомкнуть замок. Вайолет знала еще с той поры, как они жили у Дяди Монти, что работа с отмычкой занимает довольно много времени, даже когда она сделана одним из лучших в мире изобретателей. Тем не менее дети постарались быстро, насколько это возможно на цыпочках, перебежать в проход «П».

— Пакость тире палаццо[1].

— Памятник тире паника.

— Парис[2] тире патология[3].

— Пейзаж тире перчатки.

— Пищик тире Последний день Помпеи[4].

— Здесь!

И опять Бодлеры подобрали соответствующий ключ, а потом соответствующий ящик и затем соответствующую папку. Что касается картины «Последний день Помпеи», то художник имел в виду извержение Везувия, в результате которого город Помпеи[5]

---

[1] Дворец *(ит.)*.

[2] Один из героев «Илиады» легендарного древнегреческого поэта Гомера.

[3] Ненормальность.

[4] Имеется в виду картина Карла Брюллова.

[5] Помпеи — современное название города.

оказался погребен под пеплом и лавой. Пищик — это такая дудочка, с помощью которой охотники приманивают птиц, и визгливый звук, раздававшийся за дверью, очень походил на писк дудочки. Дети лихорадочно искали слово «пожар», но между «пищиком» и «Последним днем Помпеи» не было ничего, имеющего отношение к пожару.

— Что нам делать? — спросила Вайолет, в то время как дверь опять затрясли. — Где еще он может стоять?

— Давайте подумаем, — сказал Клаус. — Что говорил Хэл про досье? Мы знаем, что оно касается Жака Сникета и пожара.

— Прем! — высказалась Солнышко. Означало это «Но мы уже смотрели на Сникета, на Жака и на Пожар».

— Должно быть что-то еще, — проговорила Вайолет. — Мы должны найти этот документ. В нем наверняка содержится важнейшая информация о Жаке Сникете и Г.П.В.

— И о нас, — добавил Клаус. — Не забывайте об этом.

Дети уставились друг на друга.

— Бодлеры! — прошептала Солнышко.

Без дальнейших разговоров сироты бросились к проходу «Б», пробежали мимо шкафа «бабочка — Бавария», «бактерия — балет» и «бамбук — Баскервиль»[1], остановились около «бат-мицва — борщ». Пока от дверей шел визжащий звук, Клаус перепробовал

[1] Фамилия взята из повести Конан Дойла «Собака Баскервилей».

девять ключей, прежде чем отпер шкаф, и там, между еврейской церемонией совершеннолетия девочек и вкусным русским супом, дети нашли папку, помеченную «Бодлеры».

— Здесь, — сказал Клаус, вынимая ее из ящика трясущимися руками.

— Что там? Что там говорится? — в возбуждении спрашивала его Вайолет.

— Смотрите, — сказал Клаус, — снаружи есть примечание.

— Читай, — с отчаянием прошептала Солнышко, потому что дверь начала страшно сотрясаться на петлях. Видимо, попытки стоявшего за дверью потерпели неудачу.

Клаус приподнял папку повыше, чтобы прочесть при тусклом освещении: «Все тринадцать страниц сникетовского досье забраны из хранилища документов для официального расследования». Клаус поднял голову, и сквозь стекла его очков сестры увидели слезы.

— Вот когда, наверное, Хэл видел наши фотографии — когда вынимал документы и отдавал их для официального расследования. — Клаус уронил папку на пол и в полном отчаянии сел рядом. — Тут ничего нет.

— Нет есть! — возразила Вайолет. — Глядите!

Бодлеры посмотрели на раскрывшуюся папку и увидели один-единственный листок.

— Страница тринадцать, — продолжала Вайолет, глядя на цифру, напечатанную в углу страницы. — Ее, наверное, не взяли случайно.

— Вот почему так важно скреплять бумаги, объединенные общей темой, даже когда складываешь их в одну папку, — сказал Клаус. — Но что там написано?

Раздалось продолжительное «кря-а-ак», и дверь хранилища с громким «бум» слетела с петель и, словно в обмороке, грохнулась на пол огромной комнаты. Однако дети не обратили на это ни малейшего внимания. Вайолет, Клаус и Солнышко сидели и глядели на тринадцатую страницу досье, пораженные увиденным до такой степени, что даже не прислушивались к странным неровным шажкам, — вторгшийся в комнату уже шел по проходам вдоль шкафов.

Тринадцатая страница бодлеровского досье не изобиловала информацией: одна фотография, прикрепленная скрепкой, и над ней надпись, напечатанная на машинке. Но порой достаточно одной фотографии и одной фразы, чтобы автор этой книги плакал, пока не уснул, годы спустя после того, как был сделан снимок. Или чтобы трое детей сидели и безотрывно глядели на страницу, как будто на ней была напечатана целая книга.

На снимке четверо людей стояли перед зданием, которое Бодлеры узнали мгновенно. Это был дом № 667 по Мрачному проспекту, где они короткое время жили у Джерома и Эсме Скволор, пока дом не сделался еще одним ненадежным пристанищем, в котором оставаться стало опасно. Первым на снимке был Жак Сникет, он смотрел на фотографа и улыбался. Рядом, отвернувшись от камеры, стоял мужчина — лица его не было видно, только одна из рук, в которой он сжимал блокнот и перо, как будто был писателем или журналистом. Дети не видели Жака Сникета с тех пор, как он умер, а писателя, судя по всему, не видели никогда. Но рядом с этими двумя людьми стояли еще двое, кого дети не чаяли больше видеть. Упрятанные в длинные пальто, замерзшие, но со счастливыми лицами стояли родители Бодлер.

«Основываясь на фактах, обсуждаемых на странице девять, — гласила надпись над снимком, — эксперты подозревают, что в пожаре, скорее всего, уцелел один человек, однако местонахождение оставшегося в живых неизвестно».

Глава
СЕДЬМАЯ

— ВОТ уж не думала, что доживу до этого дня, — проговорила Вайолет и опять устремила взгляд на тринадцатую страницу.

Родители Бодлер тоже глядели на нее, и ей на миг показалось, что сейчас отец выступит из фотографии и скажет: «Привет, Эд. Ты где была?» Эд — сокращение от Томаса Алвы Эдисона, одного из величайших изобретателей всех времен, и Эдом называл Вайолет только отец. Но на снимке он, конечно, не шевельнулся, а только стоял и улыбался перед домом № 667 по Мрачному проспекту.

— Я тоже, — сказал Клаус, — не думал, что мы еще увидим наших родителей.

Он вглядедся в мамино пальто. Во внутреннем кармане мама обычно держала карманный словарик и доставала всякий раз, как ей встречалось незнакомое слово. Поскольку Клаус был великий любитель чтения, мама пообещала когда-нибудь отдать ему словарик, и сейчас ему показалось, что мама вот-вот сунет руку во внутренний карман пальто и протянет ему маленькую книжечку в кожаном переплете.

— И я тоже, — повторила за ними Солнышко.

Она смотрела на улыбающихся родителей, и ей вдруг вспомнилась, впервые со дня пожара, песенка, которую мама с отцом пели вместе, когда Солнышку приходило время ложиться спать. Песня называлась «Мясник»[1], и родители пели ее поочередно, мама высоким голосом с придыханием, а отец низким и глубоким, как пароходная сирена. Песня как нельзя лучше убаюкивала Солнышко, и ей было уютно и не страшно в своей детской кроватке.

— Наверно, фотография сделана давно, — заметила Вайолет. — Смотрите, какие они тут молодые. Даже еще без обручальных колец.

«На основании фактов, обсуждаемых на странице девять, — снова вслух прочел Клаус фразу, напечатан-

[1] Существуют фильм и книга под таким названием.

ную над фотографией, — эксперты подозревают, что в пожаре, скорее всего, уцелел один человек, однако местонахождение оставшегося в живых неизвестно». Клаус остановился и посмотрел на сестер.

— Что это значит? — спросил он еле слышным голосом. — Кто-то из наших родителей жив?

— Так-так-так! — раздался знакомый издевательский голос, и дети услышали, как странные неровные шажки направляются прямо к ним. — Смотрите, кто тут у нас!

Бодлеровские сироты настолько были ошарашены своей находкой, что совсем забыли про неизвестную личность, которая взломала замок в хранилище документов. И теперь, подняв головы, они увидели высокую тощую фигуру, идущую по проходу «Б» ТОЧКА. Эту особу они видели совсем недавно и надеялись никогда больше не увидеть. Можно дать разные определения этой особе, включая «подружка Графа Олафа», «бывшая опекунша бодлеровских сирот», «шестой по важности городской финансовый советник», «бывшая обитательница дома № 667 по Мрачному проспекту» и еще ряд определений, слишком скверных, чтобы быть напечатанными в книге. Но накрашенный рот прорычал имя, которое она предпочитала всем другим:

— Я — Эсме Джиджи Женевьев Скволор, — представилась Эсме Джиджи Женевьев Скволор, хотя Бодлеры, как ни старайся, и без того не могли ее забыть.

Она встала перед Бодлерами, и они сразу поняли, почему шаги ее были такими странными и неуверенными. С тех пор как дети ее узнали, Эсме Скволор всегда была рабыней моды, что в данном случае означает «одевалась в невероятно дорогие и часто невероятно нелепые наряды». Этим вечером на ней было длинное пальто, сшитое из меха большого количества животных, убитых самыми неприятными способами; в руке она держала сумочку, имевшую форму глаза, точь-в-точь как татуировка на левой щиколотке у ее дружка. Еще на ней была шляпа с вуалью, падавшей ей на лицо, как будто она сморкалась в черный шелковый платок, а потом забыла убрать его, а на ногах — туфли с каблуками-стилетами. Стилет — это небольшой, с тонким лезвием нож наподобие кинжала, каким мог бы пользоваться карнавальный актер либо убийца. Слово «стилет» иногда употребляют для описания женских туфель на очень высоких и острых каблуках. Но в данном-то случае речь шла о паре туфель с настоящими узкими ножами вместо каблуков. Стилеты были обращены вниз, так что с каждым шагом Эсме вонзала каблуки в пол хранилища документов. Иногда стилеты застревали, и тогда злодейке приходилось останавливаться и выдергивать их из пола, чем и объяснялись странные неровные шаги. Такие туфли считались, что называется, последним писком моды, но у Бодлеров были дела поважнее, чем листать журналы с перечислением того, что в моде и что вышло из моды, поэтому они глядели во все глаза на туфли Эсме и удивлялись, зачем она носит такую агрессивную и вместе с тем непрактичную обувь.

— Какой приятный сюрприз, — сказала Эсме. — Олаф велел мне взломать дверь в хранилище и уничтожить бодлеровское досье, ну а теперь мы можем уничтожить заодно и Бодлеров.

Дети переглянулись, потрясенные услышанным.

— Вам с Олафом известно про досье? — произнесла Вайолет.

Эсме рассмеялась особенно мерзким смехом и улыбнулась из-под вуали особенно мерзкой улыбкой.

— Естественно, мы знаем, — отрезала она. — Потому я и здесь — чтобы уничтожить все тринадцать страниц. — Она сделала странный неровный шажок в сторону Бодлеров. — Поэтому мы уничтожили Жака Сникета. — Она еще раз вонзила в пол каблуки, делая шажок вперед. — И поэтому уничтожим вас. — Она взглянула вниз на туфель и яростно дернула ногой, чтобы вытащить острие. — В здешней больнице будет еще три новых пациента, — сказала она, — но, боюсь, врачи не успеют спасти им жизнь.

Клаус вслед за сестрами стал отступать от приближающейся рабыни моды, а та медленно надвигалась на них.

— Кто уцелел во время пожара? — спросил Клаус Эсме, поднимая страницу вверх. — Кто-то из наших родителей остался в живых?

Эсме нахмурилась и мелкими шажками заспешила вперед, пытаясь вырвать у него страницу.

— Вы прочли досье? — страшным голосом вопросила она. — Что говорится в досье?

— Вы никогда этого не узнаете! — крикнула Вайолет и повернулась к младшим. — Бежим!

Бодлеры бросились бежать по проходу, мимо остальных шкафов под буквой «Б», завернули за последний шкаф с этикеткой «бригантина — Брюссель» и нырнули в секцию с картотекой на букву «В».

— Мы бежим не в ту сторону, — сказал Клаус.

— Эгресс, — подтвердила Солнышко, что означало нечто вроде «Клаус прав — выход в противоположной стороне».

— Эсме тоже, — отозвалась Вайолет. — Нам надо каким-то образом обогнуть ее.

— Я до вас доберусь! — выкрикнула Эсме, и голос ее донесся до них поверх шкафов. — Вам не удрать, сироты!

Бодлеры задержались около шкафа с надписью «вальс — ваниль» (первое — бальный танец, а второе — специя, применяемая в кулинарии) и прислушались к цоканью каблуков.

— Какая удача, что на ней эти дурацкие туфли, — заметил Клаус. — Нам гораздо легче бежать, чем ей.

— Да, пока она не догадается снять их, — сказала Вайолет. — Она почти так же хитра, как и жадна.

— Ш-ш-ш! — прошептала Солнышко, и Бодлеры заметили, что шаги Эсме внезапно стихли.

Дети прижались друг к другу, услышав, как олафовская подружка что-то бормочет себе под нос, а затем до них донеслась череда устрашающих звуков. Сначала раздалось долгое скрипучее «кряк», потом грохочущее «бум», потом опять долгое скрипучее «кряк» и опять грохочущее «бум», и эти два рода звуков продолжали следовать в том же порядке, становясь раз от раза громче и громче. Дети в недоумении уставились друг на друга, и вдруг, в последнюю минуту, старшую из Бодлеров осенило:

— Она опрокидывает шкафы! — крикнула Вайолет, показывая поверх шкафа «вокализ[1] — Волосы Вероники»[2]. — Они валятся, как домино!

Клаус с Солнышком взглянули туда, куда показывала сестра, и увидели, что она права. Эсме толкнула один шкаф с картотекой, он повалился на следующий, а тот — на стоящий перед ним, и тяжелые металлические шкафы пошли рушиться на детей, как волна обрушивается на берег. Вайолет схватила за руки младших и потащила их прочь от падающих шкафов. Издав «кряк» и «бум», шкаф грохнулся на пол, где только что стояли дети. Трое Бодлеров с облегчением перевели дух — они были на волосок от того, чтобы оказаться раздавленными информацией о галлюциногенах[3], гельминтологии[4], глагольных рифмах и о двух сотнях иных понятий.

— Сейчас я вас раздавлю! — крикнула Эсме, принимаясь за следующий ряд шкафов. — У нас с Олафом будет оригинальный завтрак — блинчики из Бодлеров!

---

1 Упражнение для голоса без слов.
2 Созвездие в Северном полушарии.
3 Лекарства, способные вызвать галлюцинации.
4 Наука о паразитических червях и заболеваниях.

СЛАБОСТЬ
ОЗЕРО ЛАКРИМ
СМЕРТОНОСНАЯ ЗМЕЯ
СНАДОБЬЕ
СЛАВА
ОБЫКНОВЕННАЯ АКЦИЯ
Управление Денежных Штрафов
СНАДОБЬЕ • СНЕЖОК
РОЗЫСК
СИЛУЭТ • СИНЯК

— Бежать! — крикнула Солнышко, но старших понукать не требовалось. Все трое опрометью бросились дальше по проходу к букве «Г», а вокруг них со всех сторон крякали и бухались шкафы.

— Куда дальше? — спросила Вайолет.

— В проход «Д»! — ответил Клаус, но тут же передумал, увидев, как накренился еще один ряд шкафов. — Нет! Проход «Е»!

— Какой? — переспросила Вайолет, не расслышав из-за грохота.

— «Е!» — прокричал Клаус. — Как в слове «ехать»!

Бодлеры ринулись по проходу «Е», как в слове «ехать», но, когда добежали до последнего шкафа, оказалось, что бежать надо в сторону «Ж», как в «Женевьев Эсме Скволор», а затем к «З», как в «Зачем мы бежим в ту сторону?», а потом к «И», как в «И каким образом мы отсюда выберемся?». И не успели дети оглянуться, как оказались далеко от проходной комнаты и выхода — дальше некуда. Вокруг валились шкафы, Эсме бешено хохотала и вонзала острия каблуков в пол, гоняясь за детьми. В результате они вдруг очутились в той части хранилища, куда по лотку поступала информация. Под треск и грохот рушившихся шкафов дети сперва уставились на корзину с бумагами, затем перевели взгляд на чашку со скрепками для бумаг, потом на дыру, ведущую наружу, и наконец друг на друга.

— Вайолет, — нерешительно произнес Клаус, — не могла бы ты изобрести что-нибудь с помощью скрепок и корзины, чтобы вызволить нас отсюда?

— Этого не требуется, — ответила Вайолет. — Выходом послужит желоб.

— Но тебе там не поместиться, — возразил Клаус. — Даже не уверен, что я туда влезу.

— Вам не уйти отсюда живыми, болваны безмозглые! — заорала Эсме страшным голосом страшные слова.

— Придется попробовать, — сказала Вайолет. — Солнышко, ты первая.

— Прапил, — с сомнением проговорила Солнышко, но с легкостью заползла в круглое отверстие и оттуда выглянула из темноты на старших.

— Теперь ты, Клаус, — сказала Вайолет, и Клаус, сняв очки, чтобы не разбить, последовал за младшей сестрой. Отверстие было узкое, но все же после некоторого маневрирования средний Бодлер ухитрился залезть внутрь.

— Ничего не получится, — сказал он старшей сестре, оглядевшись вокруг. — У лотка такой крутой наклон, что ползти вверх будет очень трудно. А тебе тут вообще не поместиться.

— Значит, я найду другой путь, — ответила Вайолет. Голос ее звучал спокойно, но Клаус и Солнышко видели в дыру, что глаза ее расширены от страха.

— Об этом и речи быть не может, — сказал Клаус. — Мы вылезаем обратно и будем спасаться все вместе.

— Мы не можем идти на такой риск, — возразила Вайолет. — Если мы разделимся, Эсме будет труднее нас ловить. Вы берете тринадцатую страницу и ползете вверх по желобу, а я выбираюсь каким-нибудь другим способом. Встретимся в недостроенном крыле.

— Нет! — выкрикнула Солнышко.

— Солнышко права, — поддержал ее Клаус. — Именно так получилось с Квегмайрами, помните? Мы оставили наших друзей одних, и их похитили.

— А теперь Квегмайры в безопасности, — напомнила Вайолет. — Не беспокойтесь, я изобрету какой-то выход из положения.

Старшая из Бодлеров слабо улыбнулась брату и сестре и сунула в карман руку, чтобы достать ленту, завязать волосы повыше и таким образом привести в действие рычажки и колесики своего изобретательского мозга. Но ленты в кармане не оказалось. И тут, лихорадочно ощупывая пустой карман, она спохватилась, что использовала ленту, когда делала фальшивую связку ключей, чтобы одурачить Хэла. Вайолет ощутила трепет в желудке, но долго терзаться по поводу своего обмана ей не пришлось. Она вдруг с ужасом услышала позади себя «кряк» и еле успела отскочить в сторону, чтобы избежать «бума» падающего на нее шкафа. Озаглавленный «лингвистика — львы» шкаф ударился о стену и заблокировал ход в лоток.

— Вайолет! — закричала Солнышко.

Они с братом попытались оттолкнуть шкаф в сторону, но силы тринадцатилетнего мальчика и малолетней сестры уступали тяжести металлического шкафа, содержавшего информацию о науке о языке и о крупных плотоядных кошачьих, которые водятся южнее Сахары и в некоторых областях Индии.

— Вайолет! — вскрикнула Солнышко.

— Я в порядке! — отозвалась Вайолет.

— Ненадолго! — прорычала Эсме за несколько проходов от девочки.

Клаус и Солнышко сидели в темной норе и слышали слабый голос сестры.

— Выбирайтесь! — настойчиво проговорила она. — Встретимся в нашем грязном холодном неподходящем жилье.

Младшие Бодлеры сидели, тесно сжавшись в узкой трубе, и было бы лишним описывать, как они были напуганы и в какое впали отчаяние. Нет смысла описывать, как страшно им было слышать мечущиеся шаги Вайолет по хранилищу документов или странные неровные шажки Эсме, преследовавшей старшую из Бодлеров на своих каблуках-кинжалах, а также треск и грохот падавших шкафов после каждого кинжального шажка. Нет необходимости описывать трудности передвижения стиснутых со всех сторон Клауса и Солнышка по узкому желобу с таким крутым наклоном, что двоим сиротам казалось, будто они ползут по большой горе, покрытой льдом, а не по довольно короткому желобу, по которому доставляли информацию. Бесполезно было бы описывать, как чувствовали себя двое детей, когда достигли другого конца трубы — еще одной дыры, пробитой в наружной стене больницы, и убедились, что Хэл был прав, предрекая особенно холодный вечер. И абсолютно бесполезно — иначе говоря, ненужно и бесплодно, потому что незачем описывать, каково им было сидеть в недостроенной части больницы, завернувшись в тряпки, чтобы не замерзнуть, с расставленными вокруг зажженными фонариками для компании и ждать, когда появится Вайолет. Незачем, ибо ни о чем перечисленном выше Клаус и Солнышко не думали.

Они сидели рядышком, сжимая в руках тринадцатую страницу бодлеровского досье, время шло, приближалась ночь, но они не думали ни о шуме, доносившемся из хранилища документов, ни о путешествии по желобу, ни даже о ледяном ветре, раздувавшем куски полиэтилена и пронизывавшем Бодлеров до костей. Клаус и Солнышко размышляли только о том, что сказала Вайолет, увидев листок бумаги, который они сейчас сжимали в руках. «Вот уж не думала, что доживу до этого дня», — сказала она. Младшие Бодлеры знали, что это можно выразить по-другому, например: «Я очень удивлена», или: «Я в высшей степени ошеломлена», или: «Я просто обалдела от удивления». Но сейчас, пока младшие, волнуясь все больше и больше, ждали сестру, они стали опасаться, что фраза, которую употребила Вайолет, более уместна, чем она могла тогда предполагать. Когда первые бледные лучи утреннего солнца начали освещать недостроенную половину больницы, младшими Бодлерами овладел страх, что сестра и впрямь не доживет до этого дня.

Глава ВОСЬМАЯ

БОЛЬНИЦЫ этой нынче не существует, и вряд ли ее отстроят заново. Если захотите посетить ее, придется сперва убедить какого-нибудь фермера дать вам взаймы мула, поскольку никто в округе не согласится подойти к развалинам ближе чем на двенадцать миль. И как только вы побываете там сами, вы вряд ли этих людей осудите. Немногие уцелевшие останки здания облеплены густой и колючей разновидностью плюща под названием «кудзу», из-за чего трудно вообразить, как выглядела больница в то время, когда Бодлеры прибыли туда в фургоне Г.П.В. Запутанные схемы помещений на стенах вдоль провисших лестниц изгрызли мыши, и теперь уже не представить, какие муче-

ния доставляло путешествие по больничному лабиринту. И система внутренней связи давно разрушилась, лишь кое-где среди покрытых золой развалин валяются квадратные динамики. Поэтому невозможно уразуметь, в какой ужас повергло Клауса и Солнышко последнее объявление Маттатиаса.

— Внимание! Внимание! Говорит Маттатиас, зав человеческими ресурсами. Я отменяю дальнейшее инспектирование. Мы нашли то, что хотели. — Последовала пауза. Маттатиас отодвинулся от микрофона, и напряженно вслушивавшиеся Клаус и Солнышко разобрали слабые звуки торжествующего визгливого смеха зава человеческими ресурсами. — Извините, — продолжал тот, когда приступ смеха окончился. — Продолжаю. Пожалуйста, имейте в виду, что в больнице замечены двое из трех убийц — Клаус и Сол... то есть Клайд и Сьюзи Бодлер. Если увидите детей, чьи лица вам знакомы по «Дейли пунктилио», пожалуйста, хватайте их и уведомьте полицию.

Маттатиас замолчал и опять принялся хихикать. Дети услышали шепот Эсме Скволор: «Любимый, ты забыл выключить микрофон». После чего раздался щелчок и все стихло.

— Они ее поймали, — сказал Клаус.

Солнце уже взошло, и в недостроенной части больницы стало не так холодно, но среднего Бодлера все равно била дрожь.

— Это и имел в виду Маттатиас: они нашли то, что искали...

— Опасность, — мрачно проронила Солнышко.

— Да, Вайолет в опасности, — подтвердил Клаус. — Мы должны спасти ее, пока не поздно.

— Вирм, — заметила Солнышко, что означало «Но мы не знаем, где она».

— Где-то в больнице, — предположил Клаус, — иначе Маттатиаса здесь бы уже не было. Наверное, они с Эсме надеются поймать и нас тоже.

— Ранс, — добавила Солнышко.

— И заполучить досье, — согласился Клаус, доставая тринадцатую страницу из кармана, где хранил ее вместе с обрывками записных книжек Квегмайров. — Пойдем, Солнышко. Мы должны найти сестру и вызволить ее.

— Линдерстоу, — ответила Солнышко. Она хотела сказать: «Это будет нелегко. Придется обходить всю больницу и искать Вайолет, а другие будут обходить больницу и искать нас».

— Да, знаю, — хмуро проговорил Клаус. — Стоит кому-нибудь узнать нас по фотографиям, помещенным в «Дейли пунктилио», — и мы окажемся в тюрьме раньше, чем поможем Вайолет.

— Переодеться? — предложила Солнышко.

— Уж не знаю во что, — ответил Клаус, оглядывая недостроенное помещение. — У нас тут только и есть что фонарики да несколько тряпок. Может, если завернуться в тряпки и поставить себе на голову фонарики, мы могли бы попытаться выдать себя за груды строительных материалов?

— Гидууст, — возразила Солнышко, что означало «Но груды строительных материалов не расхаживают по больницам».

— Значит, придется войти в больницу как есть, — ответил Клаус. — Просто надо соблюдать крайнюю осторожность.

Солнышко закивала с большим воодушевлением, и в данном случае это означало, что она считает соблюдение крайней осторожности превосходным планом. А Клаус с воодушевлением закивал ей в ответ, но когда они покинули недостроенное крыло здания, воодушевление по поводу дальнейших действий начало с каждым шагом убывать. С того ужасного дня на пляже, когда мистер По принес им известие о пожаре, все трое Бодлеров соблюдали крайнюю осторожность, когда жили у Графа Олафа, и тем не менее Солнышко в конце концов очутилась в клетке, раскачивающейся за окном олафовской башни. Они соблюдали крайнюю осторожность, когда работали на лесопилке «Счастливые запахи», и все равно Клауса загипнотизировала доктор Оруэлл. И теперь Бодлеры вели себя осторожнее некуда, но больница оказалась таким же враждебным миром, каким были все места, где детям довелось жить. Едва Клаус и Солнышко вошли в достроенную половину больницы, причем ноги их двигались все с меньшим воодушевлением, а сердца бились быстрее и быстрее, как услышали нечто, успокоившее их взволнованные души:

Мы волонтеры, мы бьемся с болезнью,
Дарим веселье весь день напролет.

Кто попрекнет нас печалью и ленью,
Тот однозначно и нагло соврет.

И тут же из-за угла показалась Группа Поющих Волонтеров — они шли по коридору, распевали свою веселую песню и несли огромные связки воздушных шаров в форме сердца. Клаус и Солнышко переглянулись и бросились за ними вдогонку: где лучше укрыться, как не среди людей, которые считают, что «отсутствие новостей — хорошая новость», и поэтому не читают газет?

Мы навещаем больных и недужных,
Чтоб улыбнулись они хоть разок,
Даже сквозь кашель сухой и натужный,
Даже сквозь сопли и мокрый платок.

К их великому облегчению, волонтеры не обратили на Клауса и Солнышко никакого внимания, когда те просочились в их ряды, то есть скользнули в середку поющих людей. Лишь одна особенно жизнерадостная певунья их заметила и немедленно протянула по воздушному шарику. Клаус и Солнышко пошли дальше, прикрывая шариками лица, так чтобы любой встречный увидел двух волонтеров с блестящими, наполненными гелием шарами, а не двух преступников, прячущихся среди Г.П.В.

Тра-ла-ла-ла, тра-ла-ла-лей,
А ну поправляйся быстрей.
Тра-ла-ла-ла, э-ге-ге-гей,
Держи скорей шарик и не болей.

Дойдя до припева, волонтеры вошли в палату с намерением вселить в больных жизнерадостность. В палате на двух неудобных койках лежали мужчина с обеими ногами в гипсе и женщина с обеими руками на перевязи. Не прекращая петь, один из волонтеров протянул мужчине шарик, а другой шар прицепил женщине на гипсовую повязку, поскольку та не могла держать его сломанными руками.

— Простите, — хриплым голосом обратился к волонтеру больной, — не позовете ли сиделку? Утром мне полагалось принять обезболивающие таблетки, но никто ко мне не заходил.

— А мне бы стакан воды, — слабым голосом попросила женщина, — если вам не очень трудно.

— Извините, — ответил бородач, после того как сперва настроил гитару. — Нам некогда заниматься такими пустяками. Надо обойти все палаты до единой, мы спешим.

— А кроме того, — добавил другой волонтер, улыбаясь во весь рот, — жизнерадостное настроение более эффективно в борьбе с болезнью, чем обезболивающие лекарства или стакан воды. Не унывайте, и пусть вас радуют воздушные шарики. — Волонтер сверился с листом, который держал в руках. — Следующий по списку — Бернар Риё, палата сто пять в Чумном отделении. Вперед, братья и сестры!

Члены Г.П.В. громогласно попрощались с больными и, выйдя из палаты, снова запели.

Клаус и Солнышко выглянули из-за шариков и с надеждой посмотрели друг на друга.

— Если мы обойдем все палаты, — шепнул Клаус, — мы наверняка найдем Вайолет.

— Мушульм, — шепнула в ответ Солнышко, что означало «Согласна, только не слишком-то приятно видеть столько больных людей».

Приходим к тому, кто недомогает,
Чтоб над болячкой смеялся он сам,
Даже когда доктора обещают
Ловко его распилить пополам.

У Бернара Риё оказался сильнейший сухой кашель, который сотрясал его тело так, что он с трудом удерживал воздушный шарик. Бодлерам подумалось, что хороший увлажнитель воздуха помог бы ему больше, чем жизнерадостное настроение. Члены Г.П.В. заглушили кашель, затянув следующий куплет, а Клаус с Солнышком чуть было не бросились на поиски увлажнителя, но спохватились, что Вайолет подвергается гораздо большей опасности, чем тот, кто кашляет, и поэтому остались и дальше прятаться среди волонтеров.

Песня повсюду разносится звонко,
Поем мы куплеты ночью и днем.
Поем для мальчишки с разбитой коленкой
И для девчонки с ангиной поем.

Следующей в списке стояла Синтия Вейн, молодая женщина с невыносимой зубной болью. Она, возможно, хотела бы съесть что-нибудь холодное и мягкое, а не получать воздушный шарик в форме сердца, но, хотя детям было жалко смотреть на ее мучения, на искривленный от боли рот, они не посмели бежать за яблочным пюре или за мороженым. Ведь не исключено, что она уже прочла «Дейли пунктилио», чтобы как-то развлечься, лежа в больничной палате, и могла их узнать, если они покажут свои лица.

Тра-ла-ла-ла, тра-ла-ла-лей,
А ну поправляйся быстрей.
Тра-ла-ла-ла, э-ге-ге-гей,
Держи скорей шарик и не болей.

Волонтеры шли все дальше и дальше, и Клаус с Солнышком шагали вместе с ними, но с каждым «ха-ха-ха», «хи-хи-хи» все больше падали духом. Они следовали за волонтерами по лестницам, вверх и вниз, видели множество запутанных схем на стенках, динамиков и больных, но нигде не было видно их сестры. Они посетили палату 201 и попели Ионе Мэпплу, страдавшему морской болезнью; в палате № 714 подарили шарик Чарли Эндерсону, с которым произошел несчастный случай; навестили Клариссу Дэллоуэй, у которой с виду ничего не болело, она только все время стояла у окна своей палаты № 1308 и печально глядела на улицу. Но нигде, ни в одной палате, где перебывали волонтеры, не было Вайолет Бодлер, а именно она, как опасались Клаус и Солнышко, страдала больше других пациентов.

— Сиюн, — шепнула Солнышко, когда волонтеры стали подниматься еще по одной лестнице. Она имела в виду что-то вроде «Мы все утро бродим по больнице, но ни на шаг не продвинулись в спасении нашей сестры». И Клаус мрачно кивнул в ответ.

— Да, знаю, — сказал он, — но ведь волонтеры непременно посетят всех больных до единого. И в конце концов мы найдем Вайолет.

— Внимание! Внимание! — раздался голос, и члены Г.П.В. бросили петь и собрались вокруг ближайшего динамика, чтобы послушать, что скажет Маттатиас. — Внимание! — повторил Маттатиас. — Сегодня важнейший день в истории этой больницы. Ровно через час один из врачей произведет первую в мире краниоэктомию девочке. Мы все надеемся, что эта очень опасная операция пройдет с успехом. На этом все.

— Вайолет, — пробормотала Солнышко.

— Я тоже так думаю, — сказал Клаус. — Мне не нравится название операции. «Кранио» значит «череп», а «эктомия» — медицинский термин, означающий, что кому-то что-то отрезают.

— Обезглав? — с ужасом прошептала Солнышко. Она хотела сказать «Думаешь, они собираются отрезать Вайолет голову?»

— Не знаю. — Клаус вздрогнул. — Но больше мы не можем ходить с поющими волонтерами. Надо срочно найти Вайолет.

— О'кей! — крикнул один из волонтеров, справившись со списком. — Следующая пациентка Эмма Бовари, палата две тысячи шестьсот одиннадцать. У нее пищевое отравление, так что ей особенно полезно жизнерадостное настроение.

— Простите, брат, — обратился к нему Клаус, с большой неохотой применяя слово «брат» по отношению к человеку, которого едва знал. — Я хотел узнать, нельзя ли мне на время получить ваш список больных.

— Пожалуйста, — отозвался волонтер. — Да мне и неохота читать про всех пациентов — уж очень тоскливо делается. Лучше шарики держать. — И он с жизнерадостной улыбкой протянул Клаусу длинный список и забрал у него воздушный шарик в виде сердца. В это время бородач перешел к следующему куплету:

Поем мужику с неизвестной хворобой,
Домохозяйке поем с ОРЗ,
Если ты кладезь смертельных микробов,
Наверняка мы споем и тебе.

Теперь лицо Клауса оставалось открытым, поэтому, чтобы просмотреть список, ему пришлось спрятаться за шар, который держала Солнышко.

— Тут сотни больных, — сказал он тихонько сестре, — и список составлен не в алфавитном порядке, а по палатам. Прямо тут, в коридоре, все их не прочесть. Да еще надо лицо прятать за одним шариком.

— Дамаджат. — Солнышко показала куда-то дальше по коридору. Под этим словом она разумела что-то вроде «Давай спрячемся вон в той кладовой».

И в самом деле, в конце коридора, на некотором расстоянии от двух остановившихся поболтать врачей, под одной из запутанных схем виднелась дверь с надписью «Кладовая». В тот момент, когда члены

Г. П. В. приступили к припеву, направляясь к палате, где лежала Эмма Бовари, Клаус и Солнышко отделились от волонтеров и с осторожностью двинулись в сторону кладовой, старательно прикрывая свои лица одним воздушным шариком. К счастью, врачи так увлеченно обсуждали какое-то спортивное событие, виденное ими по телевизору, что не обратили внимания на двух преступников, обвиняемых в убийстве, которые крались по коридору их больницы. И когда волонтеры затянули

Тра-ла-ла-ла, тра-ла-ла-лей,
А ну поправляйся быстрей.
Тра-ла-ла-ла, э-ге-ге-гей,
Держи скорей шарик и не болей,

Клаус и Солнышко незаметно проскочили в кладовую.

Подобно церковному колоколу, гробу и бочонку с растаявшим шоколадом, кладовая не самое удобное место для того, чтобы спрятаться, и данная кладовая не была исключением. Младшие Бодлеры очутились в маленькой тесной комнатке, освещенной мигающей лампочкой, одиноко свисавшей с потолка. На одной стене висели на крючках белые халаты, на противоположной имелась ржавая раковина, над которой можно было вымыть руки перед осмотром пациента. Остальное пространство заполняли огромные жестянки с супом-алфавитом[1], даваемым пациентам на

[1] Суп, в котором содержатся макаронные изделия в виде букв алфавита.

ланч, а также небольшие коробки с резиновыми полосами, назначения которых дети не знали.

— Так, — сказал Клаус, — не очень уютно, но, по крайней мере, тут нас никто не обнаружит.

— Пеш, — выпалила Солнышко, имея в виду что-то вроде «Во всяком случае, пока кому-то не понадобятся резиновые бинты, суп-алфавит, белые халаты или чистые руки».

— Ну, будем одним глазом поглядывать на дверь, — сказал Клаус, — а другим — на список. Он очень длинный, но все-таки сейчас у нас есть кой-какое время и мы успеем найти имя Вайолет.

— Верно, — одобрила Солнышко.

Клаус положил список на одну из жестянок с супом и торопливо начал перелистывать страницы. Как он уже заметил, фамилии стояли не в алфавитном порядке, а по отделениям, так что детям пришлось изучать каждую страницу в надежде заметить имя Вайолет Бодлер в списке всех больных. Однако, после того как они просмотрели список под заголовком Отделение больного горла и внимательно изучили имена в Отделении сломанных шей, прочесали весь список больных, находящихся в Отделении заразной сыпи, Клаусу и Солнышку показалось, что они попали в Отделение упавших духом, ибо нигде им не попалось имени Вайолет. При свете мигающей лампочки двое Бодлеров лихорадочно листали страницу за страницей, но не находили ничего, что помогло бы им определить, где спрятана сестра.

— Ее здесь нет, — заключил Клаус, откладывая последнюю страницу Отделения пневмонии. — В списке нет ее имени. Как же отыскать ее в этой огромной больнице, когда нам неизвестно, в какой она палате?

— Псевдоним, — подсказала Солнышко, желая сказать «Может быть, она записана под другим именем?»

— Правильно, — согласился Клаус и снова взглянул на список. — Ведь у Маттатиаса настоящее имя Граф Олаф. Может, он придумал и для Вайолет новое имя, чтобы мы не могли ее освободить. Но где тут настоящая Вайолет? Она может быть кем угодно, от Михаила Булгакова до Харуки Мураками[1]. Что нам делать? Где-то тут, в больнице, готовятся делать абсолютно ненужную операцию нашей сестре, а мы...

Клауса прервал трескучий смех, раздавшийся над головой у Бодлеров. Они подняли глаза и увидели на потолке квадратный динамик.

— Внимание! — сказал, отсмеявшись, Маттатиас. — Доктор Флакутоно, пожалуйста, явитесь в Хирургическое отделение для подготовки к краниоэктомии.

— Флакутоно! — повторила Солнышко.

— Да, я тоже вспомнил это имя, — проговорил Клаус. — Этим фальшивым именем пользовался один из сообщников Графа Олафа, когда мы жили в Полтривилле.

— Тайофрек! — с отчаянием произнесла Солнышко. Она хотела сказать «Вайолет грозит серьезная

---

[1] *Михаил Булгаков* (1891—1940) — русский писатель и драматург. *Харуки Мураками* (род. 1949) — японский писатель и переводчик.

опасность, надо немедленно найти ее». Но Клаус не отозвался. Его глаза за стеклами очков были полузакрыты, как и всегда, когда он старался вспомнить что-то из прочитанного.

— Флакутоно, — повторил он. — И еще раз, с расстановкой: — Фла-ку-то-но. — Затем он сунул руку в карман, где хранил все важные бумаги, какие Бодлерам удалось собрать. — Аль Фонкут, — сказал он и вынул одну из страниц квегмайровской записной книжки. Там были написаны слова «Ана Грамма», которые показались Бодлерам бессмысленными, когда они все вместе разглядывали эту страницу. Клаус посмотрел на страницу из записной книжки, потом на список больных, потом опять на страницу. Затем он взглянул на Солнышко, и она увидела, как глаза его расширились. Так происходило всегда, если Клаусу удавалось решить очередную задачу.

— Я, кажется, догадался, как найти Вайолет, — медленно проговорил он. — Нам понадобятся твои зубы, Солнышко.

— Готова, — отозвалась Солнышко и открыла рот. Клаус улыбнулся и показал на стопку жестянок.

— Открой одну, — попросил он, — и поскорее.

— РЕКАЦИР? — спросила ошарашенная Солнышко.

Слово «ошарашенная» означает здесь «изумленная тем, что Клаус именно сейчас вздумал есть суп-алфавит», а «рекацир» в данном случае означает «Клаус, почему тебе вздумалось есть суп-алфавит именно сейчас?».

— Мы не будем его есть, — ответил Клаус, вручая Солнышку одну из жестянок. — Мы почти весь выльем в раковину.

— Пиетрисикамоллавиадельрехиотемек-сити, — выговорила Солнышко, что, как вы, вероятно, помните, приблизительно означает «Признаюсь, я не имею ни малейшего понятия о том, что происходит». Солнышко произносила это словосочетание трижды за свою жизнь и начинала подозревать, что с возрастом ей придется произносить его все чаще и чаще.

— В прошлый раз ты это сказала, когда мы пытались расшифровать страницы, оставшиеся от Квегмайров. — Клаус улыбнулся, протянул одну страницу Солнышку и показал ей на слова «Ана Грамма». Мы тогда думали — это чье-то имя. Но это своего рода шифр. Анаграмма — это когда ты переставляешь буквы в слове или словах таким образом, чтобы получилось другое слово или слова.

— Все равно пиетрисикамоллавиадельрехиотемексити, — со вздохом сказала Солнышко.

— Сейчас я все тебе объясню, — утешил ее Клаус. — Граф Олаф использует анаграммы, когда хочет что-то скрыть. Сейчас он скрывает нашу сестру. Уверен, что она есть в этом списке, только буквы в ее имени перемешаны. Алфавитный суп поможет расставить буквы по местам.

— Как? — спросила Солнышко.

— Анаграмму трудно разгадать, если нельзя попереставлять по-всякому каждую букву в отдельности, — объяснил Клаус. — Самое лучшее — это детские кубики или маленькие плитки с буквами для игры в «Эрудит», но и алфавитные макаронные буквы сойдут. Давай открывай поскорее жестянку.

Солнышко улыбнулась, оскалила свои острые-преострые зубы, а затем, с размаху опустив голову, впилась в край банки. Солнышко вспомнила тот день, когда сама научилась вскрывать жестяные банки. Произошло это не так уж давно, но казалось далеким прошлым, поскольку случилось до того, как сгорел дом Бодлеров, в те времена, когда вся семья жила счастливо вместе. Был мамин день рождения, она еще спала, а все остальные возились с тортом в подарок маме. Вайолет взбивала яйца, масло и сахар в миксере своего изобретения. Клаус просеивал муку с корицей, поминутно останавливаясь, чтобы протереть очки. А отец готовил свой знаменитый творожный крем, чтобы густо смазать им пирог. Все шло хорошо, пока не сломалась электрическая открывалка для консервов, а у Вайолет не нашлось нужных инструментов для починки. Отцу до зарезу требовалось открыть банку со сгущенным молоком для глазури, и казалось уже, что торт погиб безвозвратно. И тут вдруг Солнышко, все это время тихо игравшая на полу, произнесла свое первое слово «кус», сказала и впилась зубами в жестянку. В крышке образовались четыре маленькие дырочки, откуда потекло густое сладкое молоко. Бодлеры засмеялись и зааплодировали, мама услышала их и спустилась со второго этажа, и с тех пор Солнышко использовали, когда требовалось открыть банку с чем угодно, кроме свеклы, пятна от которой трудно отстирать. И вот сейчас, прокусывая верх банки с алфавитным супом, самая младшая из Бодлеров размышляла — действительно ли кто-то из родителей уцелел во время пожара и можно ли возлагать на это надежды на основании лишь одной фразы на тринадцатой странице сникетовского досье. Солнышко гадала, соберется ли когда-нибудь семья Бодлер воедино, будет ли смеяться и хлопать в ладоши и трудиться вместе, приготовляя что-то сладкое и вкусное...

— Готово, — объявила наконец Солнышко.

— Молодец, Солнышко, — похвалил ее Клаус. — А теперь попробуем составить из лапшинок имя Вайолет.

— В? — спросила Солнышко.

— Правильно, — подтвердил Клаус. — В-а-й-о-л-е-т Б-о-д-л-е-р.

Дети стали по очереди запускать руку в банку с супом и копаться в кубиках моркови, резаного сельдерея, слегка проваренного картофеля, жареных перцев, горошка на пару — все это плавало в густом сливочном отваре, приготовленном по неизвестному рецепту из смеси трав и специй. Они искали нужные им макаронные изделия в холодном, проведшем в кладовой не один месяц супе. Иногда они вылавливали нужную букву, но она тут же разламывалась или же выскальзывала из липких пальцев обратно в жестянку. Но все-таки в конце концов они отыскали В-А-Й-О-Л-Е-Т-Б-О-Д-Л-Р, а вместо еще одной Е, которая им так и не попалось, они решили использовать кусочек морковки.

— Так, — сказал Клаус, когда они выложили все лапшинки на крышку другой банки, чтобы удобнее было передвигатъ их. — Взглянем еще раз на список больных. Маттатиас объявил, что операция будет произведена в Хирургическом отделении, так что давай посмотрим в этом разделе списка — не найдется ли там подходящих имен.

Солнышко вылила остаток супа в раковину и кивнула. Клаус быстро нашел хирургический раздел и прочитал фамилии пациентов:

ЛАЙЗА Н. ЛУТНДЭЙ
АЛЬБЕРТ Е. ДЕВИЛОЙА
ЛИНДА РОЛДИН
АДА О. ЮБЕРВИЛЛЕТ
ЭД ВЭЛИАНБРУ
ЛОРА В. БЛЕДОТЕЙ
МОНТИ КЕНСИКЛ
НЕД Г. РИРГЕР
ЭРИК БЛУТЕТТС
РУТ ДЁРКРАУМП
ЭЛ БРИСНОУ
КЕРРИ Е. ЭЙБЕЛАБУДАЙТ

— Ну и ну! — воскликнул Клаус. — Тут что ни имя, то готовая анаграмма. Как нам успеть разобраться с каждым, пока не поздно?

— В! — выпалила Солнышко.

— Ты права. Имена, в которых нет буквы «В», не могут быть анаграммами Вайолет Бодлер. Мы их сразу можем вычеркнуть, то есть могли бы, будь у нас чем писать.

Солнышко задумчиво полезла в один из белых халатов, интересуясь, что держат врачи в карманах, и обнаружила хирургическую маску, какая отлично закрывает лицо, пару резиновых перчаток, какие отлично защищают руки, и на самом дне кармана — шариковую ручку, которой отлично можно вычеркнуть имена, не являющиеся нужными анаграммами. С довольной улыбкой Солнышко протянула ручку Клаусу, и он поспешил вычеркнуть имена без буквы «В». После чего список стал выглядеть так:

~~ААЙЗА Н. ЛУТНДЭЙ~~
АЛЬБЕРТ Е. ДЕВИЛОЙА
~~ЛИНДА РОЛДИН~~
АДА О. ЮБЕРВИЛЛЕТ
ЭД ВЭЛИАНБРУ
ЛОРА В. БЛЕДОТЕЙ
~~МОНТИ КЕНСИКА~~
~~НЕД Г. РИРГЕР~~
~~ЭРИК БЛУТЕТТС~~
~~РУТ ДЁРКРАУМП~~
~~ЭА БРИСНОУ~~
~~КЕРРИ Е. ЭЙБЕЛАБУДАЙТ~~

— Уже легче, — заметил Клаус. — Теперь передвинем буквы в имени Вайолет и посмотрим, можно ли составить из них «Альберт Е. Девилойа».

Как можно осторожнее, стараясь не сломать, Клаус принялся двигать макаронные буквы, выловленные из супа, и вскоре выяснил, что «Альберт Е. Девилойа» не годится в качестве анаграммы «Вайолет Бодлер». У этих имен было много общего, но не все буквы совпадали.

— Должно быть, Альберт Е. Девилойа — настоящий больной, — разочарованно протянул Клаус. — Давай попробуем Аду О. Юбервиллет.

И опять в кладовой послышались тихие шлепающие звуки, напомнившие детям что-то скользкое, вылезающее из болота. И все же эти звуки были куда приятнее, чем те, которые прервали их занятие.

— Внимание! Внимание! — Голос Маттатиаса над головой у Бодлеров прозвучал особенно фальшиво. — Хирургическое отделение закрывается на краниоэктомию. Вход до наступления смерти… в смысле до окончания операции разрешен только доктору Флакутоно и его коллегам. На этом все.

— Скорость! — выкрикнула Солнышко.

— Я знаю, что надо спешить! — крикнул в ответ Клаус. — Но быстрее двигать буквы не могу! Ада О. Юбервиллет тоже не подходит! — Клаус снова схватился за список — посмотреть, кто следующий, и нечаянно сшиб локтем одну букву. С влажным «шмяк» она шлепнулась на пол. Солнышко подобрала ее, но буква распалась надвое. Вместо «О» у Бодлеров остались две скобки.

— Ничего, — торопливо сказал Клаус. — Следующее по списку имя — Эд Вэлианбру, все равно в нем нет «О».

— О! — вскрикнула Солнышко.

— О! — согласился Клаус.

— О! — настойчиво повторила Солнышко.

— Ох! — воскликнул Клаус. — Понял, что ты имеешь в виду! Если в имени нет «О», то имя не может быть анаграммой Вайолет Бодлер. В таком случае в списке остается одно имя: Лора В. Бледотей. И это то, что мы ищем.

— Проверка! — выпалила Солнышко и, затаив дыхание, стала следить, как Клаус передвигает макаронные буквы. За несколько секунд имя старшей сестры выглядело как Лора В. Бледотей, если вычесть «О», кусочки которого Солнышко все еще сжимала в кулачке, и второе «Е», остававшееся кусочком морковки.

— Это она, все в порядке, — с торжествующей улыбкой объявил Клаус. — Мы нашли Вайолет.

— Асклу, — проговорила Солнышко, что означало «Мы никогда бы ее не нашли, если бы ты не догадался, что Олаф использует анаграммы».

— На самом деле догадались об этом тройняшки Квегмайр, — возразил Клаус, помахивая страничкой из записной книжки. — Зато ты вскрыла банку с супом и облегчила нашу задачу. Ладно, хватит хвалить друг друга, надо спасать сестру. — Клаус взглянул на список пациентов. — Мы найдем Лору В. Бледотей в палате девятьсот двадцать два Хирургического отделения.

— Гвито, — заметила Солнышко, желая сказать «Но ведь Маттатиас закрыл Хирургическое отделение».

— Значит, придется открыть его, — мрачно проговорил Клаус и оглядел кладовую. — Давай наденем белые халаты. Если мы будем выглядеть как доктора, может, нам удастся проникнуть в отделение. Можно воспользоваться хирургическими масками и скрыть наши лица — как делал пособник Олафа на лесопилке.

— Квегмайры, — с сомнением произнесла Солнышко, желая сказать «Когда Квегмайры попробовали замаскироваться, им не удалось провести Олафа».

— Зато когда маскировался Олаф, — возразил Клаус, — он одурачивал всех.

— Нас, — возразила Солнышко.

— Всех, кроме нас, — подтвердил Клаус. — Но мы ведь не себя должны одурачить.

— Так, — согласилась Солнышко и сняла с крючков два белых халата.

Поскольку врачи по большей части взрослые люди, халаты оказались детям очень велики и напомнили им про огромные костюмы в полоску, которые купила для них Эсме Скволор, когда была их опекуншей. Клаус помог Солнышку закатать рукава, а Солнышко помогла Клаусу завязать маску на затылке, и через несколько минут маскарад был завершен.

— Пошли, — сказал Клаус и взялся за ручку двери. Но не стал открывать ее. Он повернулся к сестре, и оба Бодлера посмотрели друг на друга.

Несмотря на белые халаты и хирургические маски, они не выглядели как врачи. Они выглядели как двое детей в белых халатах и в хирургических масках. Их маскировка казалась поддельной — слово, означающее здесь «не имевшая отношения к настоящим врачам», хотя она была не более поддельной, чем все обличья, которые принимал Олаф, начиная с первой же попытки украсть бодлеровское наследство. Клаус и Солнышко смотрели друг на друга, и им хотелось надеяться, что олафовская тактика сработает и поможет им выкрасть сестру, поэтому без дальнейших слов они открыли дверь и вышли из кладовой.

— Как? — спросила Солнышко, желая сказать «Но каким образом мы отыщем Хирургическое отделение? Ведь схемы больничного здания такие запутанные».

— Надо найти кого-нибудь, кто тоже идет туда, — ответил Клаус. — Или, во всяком случае, выглядит так, как будто идет именно в Хирургическое отделение.

— Силата, — возразила Солнышко. Она имела в виду что-то вроде «Но здесь так много людей».

И в самом деле, хотя Поющие Волонтеры куда-то запропастились, в коридорах больницы было полным-полно народу. Любой больнице требуется множество разного рода специалистов и много разного рода оборудования для успешной работы, и пока Клаус с Солнышком разыскивали Хирургическое отделение, им повстречались самые разнообразные больничные служащие с самой разнообразной аппаратурой и инструментами в руках. Врачи со стетоскопами спешили послушать сердцебиение пациентов, акушерки спешили принять роды, рентгенологи с рентгеновскими аппаратами спешили по коридорам, готовясь разглядеть внутренности пациентов, глазные хирурги с лазерной техникой в руках спешили проникнуть внутрь их органов зрения. Медсестры со шприцами спешили сделать больным уколы. Служащие из администрации с большими блокнотами спешили поскорее взяться за важную канцелярскую работу. Но сколько Бодлеры ни озирались, они не видели никого, кто бы наверняка спешил в Хирургическое отделение.

— Я не вижу хирургов, — с отчаянием произнес Клаус.

— Пейпикс, — подтвердила Солнышко, что означало «Я тоже».

— Все с дороги! — потребовал голос в конце коридора. — Я — ассистент хирурга, несу инструменты доктору Флакутоно!

Все сотрудники больницы посторонились, пропуская обладательницу голоса — высокую особу в белом халате и хирургической маске, ступавшую странными неуверенными шажками.

— Я сию же минуту должна попасть в Хирургическое отделение! — заявила особа и прошла мимо Бодлеров, не обратив на них никакого внимания.

Зато Клаус и Солнышко обратили внимание на нее. Они увидели, что из-под длинного белого халата выглядывают туфли на каблуках-стилетах, и в руке у нее заметили сумочку в форме глаза. Дети разглядели черную вуаль, спускавшуюся со шляпки на маску, а в нижней части маски заметили пятна помады, пропитавшие марлю там, где находились губы.

Разумеется, эта особа только изображала ассистента хирурга, и в руке она несла нечто, лишь изображавшее хирургический инструмент, но дети с одного взгляда разгадали фальшивость того и другого. В особе, удалявшейся нетвердыми шажками по коридору, Бодлеры признали Эсме Скволор, злодейскую подружку Графа Олафа, а в предмете, который она несла в руке, оба Бодлера узнали большой, ржавый, в зазубринах нож, который как нельзя лучше подходил для краниоэктомии.

Глава
ДЕСЯТАЯ

ЗДЕСЬ я должен прервать ужасную историю, которую пишу, и рассказать про то, что случилось с моим добрым знакомым по имени мистер Сирин[1]. Мистер Сирин был лепидоптеристом, что обычно означает «человек, изучающий бабочек». Однако в данном случае слово «лепидоптерист» означает «человек, которого преследуют разгневанные служители закона», и как раз в тот вечер, о котором идет речь, они гнались за мистером Сириным по пятам. Он оглянулся, чтобы понять, на каком они расстоянии — четве-

[1] Очередная шутка Сникета: Сирин — псевдоним известного русско-американского писателя В. В. Набокова. Он всю жизнь изучал бабочек, но в тюрьме никогда не сидел.

ро агентов в ярко-розовой униформе, каждый с фонариком в левой руке и с большой сеткой в правой, — и сообразил, что сейчас они его настигнут и арестуют вместе с шестью любимыми бабочками, которые, отчаянно размахивая крыльями, летели бок о бок с ним. Мистера Сирина не волновало, что схватят его (он уже сидел в тюрьме четыре с половиной раза за свою долгую и непростую жизнь), но он волновался из-за бабочек. Он сознавал, что эти шесть хрупких созданий наверняка погибнут в тюрьме для насекомых, где ядовитые пауки, жалящие пчелы и другие преступники разорвут их в клочья. И вот, когда сотрудники секретной службы окружили мистера Сирина, он как можно шире разинул рот и проглотил всех бабочек, так что они быстро очутились в темном, но безопасном убежище — в его пустом желудке. Не очень, конечно, было приятно ощущать внутри трепыхание шести бабочек, но мистер Сирин продержал их там три года, питаясь только самой легкой пищей, какую ему могли предоставить в тюрьме, так как боялся зашибить нежных насекомых комком брокколи или печеной картошкой. Когда срок заключения кончился, мистер Сирин отрыгнул благодарных бабочек и продолжил свои занятия лепидоптерией в другом округе, где общество более дружелюбно относилось к натуралистам и объектам их изучения.

Я рассказываю вам эту историю не только ради того, чтобы продемонстрировать храбрость и силу воображения одного из моих любимых друзей, но также чтобы помочь вам вообразить, как чувствовали себя Клаус и Солнышко, когда Эсме Скволор, изображавшая ассистента доктора Флакутоно, шла по коридору больницы и несла длинный ржавый нож, замаскированный под хирургический инструмент, предназначенный для Вайолет. Дети поняли, что их единственный шанс найти Хирургическое отделение и спасти сестру — это попытаться одурачить жадную злодейку на каблуках-стилетах. Но, приблизившись к ней, они, подобно мистеру Сирину, отсиживавшему пятый, и последний, срок в тюрьме, ощутили весьма неприятное трепыхание бабочек у себя в желудке.

— Извините, мэм, — проговорил Клаус, стараясь, чтобы голос его звучал не как у тринадцатилетнего подростка, а хотя бы как у юноши, окончившего медицинский факультет, — вы, кажется, сказали, что являетесь ассистентом доктора Флакутоно?

— Отстаньте от меня, — огрызнулась Эсме. — Если у вас со слухом плохо, идите в Ушное отделение.

— Со слухом у меня все в порядке, — ответил Клаус. — Мы — помощники доктора Флакутоно.

Эсме остановилась, не успев вонзить в пол каблук, и вгляделась в детей. Клаус и Солнышко видели, как сверкают за вуалью ее глаза.

— А я-то думаю, куда вы подевались, — сказала она наконец. — Пошли со мной, я отведу вас к пациентке.

— Пэтси, — буркнула Солнышко.

— Она говорит, — быстро добавил Клаус, — что мы очень беспокоимся насчет Лоры В. Бледотей.

— Ну, вам уже недолго о ней беспокоиться, — отозвалась Эсме, заворачивая за угол в следующий коридор. — Нате, несите нож.

Злобная олафовская подружка отдала Клаусу нож и, наклонившись к его уху, прошептала:

— Я рада, что вы обе здесь. Младших щенков еще не поймали, и досье о сникетовских пожарах у нас тоже пока нет. Власти забрали его для расследования. Босс говорит, может, придется поджечь все заведение.

— Жечь? — перепросила Солнышко.

— Об этом Маттатиас сам позаботится. — Эсме оглядела коридор, желая убедиться, что их никто не слышит. — Ваше дело — ассистировать при операции. Поторопимся.

Эсме стала подниматься по лестнице со всей быстротой, какую дозволяли ее туфли, и взволнованные дети последовали за нею. Клаус держал в руках ржавый зазубренный нож. Они открывали дверь за дверью, переходили из коридора в коридор, поднимались по лестницам, и все это время дети со страхом ждали, что в любую минуту Эсме разгадает обман и узнает их. Но жадная злодейка была поглощена выдергиванием каблуков из пола и не замечала, что двое неожиданно возникших сообщников доктора Флакутоно удивительно похожи на детей, которых она старается поймать. Наконец Эсме привела их к двери с табличкой «Хирургическое отделение», где на страже стоял некто, кого дети узнали без промедления. На нем была куртка с надписью «Больница» и фуражка с надписью «Охрана» — большими черными буквами. Но Клаус с Солнышком сразу увидели, что это еще одно поддельное обличье. Они уже сталкивались с этим субъектом на Дамокловой пристани, когда опекуншей у них была бедная Тетя Жозефина. Они готовили на него обед, когда жили у Графа Олафа. Этот поддельный охранник был не кто иной, как громадина, то ли мужчина, то ли женщина, который содействовал Графу Олафу во всех его гнусных начинаниях с тех самых пор, как Бодлерам приходилось от них спасаться. Существо посмотрело на детей, а дети посмотрели на него (или на нее) в полной уверенности, что он (или она) сейчас разоблачит их. Но олафовский приспешник только кивнул и открыл дверь.

— Старшую сироту уже усыпили, — сказала Эсме, — так что вам, девушки, надо только сходить в палату и отвезти ее в операционную. А я пока попытаюсь найти этого плаксу-книгочея и глупую малявку с зубищами. Маттатиас предоставил мне самой решать, кого разодрать в клочья, а кого оставить живым, чтоб вырвать у мистера По их наследство.

— Отлично, — отозвался Клаус, стараясь говорить как можно более свирепым и злодейским тоном. — А то надоело гоняться за этими молокососами.

— Мне тоже, — согласилась Эсме, а громадный страж одобрительно кивнул. — Но я уверена, этот раз — последний. Как только мы уничтожим досье, никто уже не сможет обвинить нас в преступлениях, а как только покончим с сиротами, состояние — наше.

Злодейка замолчала, огляделась, убедилась, что никто посторонний ее не слышит, и, довольная, торжествующе расхохоталась диким смехом. Громадина тоже расхохотался, и его смех походил на визг и на рев одновременно. Оба Бодлера запрокинули головы и сделали вид, что тоже смеются, хотя смех у них был таким же поддельным, как их наряд. Клаусу и Солнышку показалось, что они не смеются, а их тошнит оттого, что они притворяются такими же злобными и жадными, как Граф Олаф и его команда. Бодлеры никогда не задумывались над тем, *как* ведут себя эти жуткие люди, когда им не надо притворяться хорошими, и теперь брат с сестрой пришли в ужас от всех кровожадных речей Эсме. Бодлеры слушали хохот Эсме и громадины, и в желудке у них все сильнее трепыхались бабочки. И какое же облегчение они почувствовали, когда Эсме наконец перестала смеяться и впустила их в Хирургическое отделение.

— Оставляю вас, девушки, на попечение наших компаньонов, — сказала она, и Бодлеры с ужасом поняли, кого Эсме имеет в виду. Она закрыла за собой дверь, и дети очутились лицом к лицу еще с двумя гнусными сообщниками Графа Олафа.

— А-а-а, привет, — сказал один зловещим голосом, тыча рукой чудно́го вида в их сторону. Один палец у него загибался под странным углом, а другие свисали, как вывешенные сушиться носки.

Клаус и Солнышко тут же догадались, что это крюкастый пособник Олафа и он надел резиновые перчатки, чтобы прикрыть свои фантастические и опасные конечности. Позади него стоял человек, чьи руки были им не столь знакомы, но Клаус и Солнышко с той же легкостью узнали его по безобразному парику. Парик был мягкий, белый и курчавый и походил на клубок дохлых червей. Такой парик не забудешь, и дети действительно помнили его с той поры, как жили в Полтривилле. Поэтому они сразу догадались, что это лысый с длинным носом, который помогал Графу Олафу с самого начала бодлеровских несчастий. Крюкастый и лысый с длинным носом были самыми гадкими в олафовской команде, но, в отличие от большинства гадких людей, эти были еще и очень хитрыми, поэтому, пока Бодлеры ждали, хватит ли у тех хитрости разгадать их маскарад, бабочки в желудках обоих Бодлеров затрепыхались с беспримерной силой, что в данном случае означает «еще гораздо, гораздо сильнее».

— Я сразу разгадал ваш маскарад, — так встретил их крюкастый, кладя одну из своих поддельных рук Клаусу на плечо.

— Я тоже, — присоединился к нему лысый, — но, думаю, никто больше не разгадает. Не знаю уж, девушки, как вам это удалось, но в белых халатах вы кажетесь меньше ростом.

— И лица в масках кажутся не такими белыми, — добавил крюкастый. — Это лучшие маскарадные костюмы, какие изобретал Олаф... я хочу сказать, *Маттатиас.*

— Некогда болтать, — прервал их Клаус, надеясь, что голоса его они тоже не узнают. — Надо скорее добраться до палаты девятьсот двадцать два.

— Да, правильно, — согласился крюкастый. — Идите за нами.

Олафовские сообщники зашагали по коридору, а Клаус с Солнышком с облегчением переглянулись.

— Гуит, — пробормотала Солнышко, желая сказать «Они тоже нас не узнали».

— Да, — шепнул Клаус, — они принимают нас за двух женщин с напудренными лицами, переодетых ассистентами доктора Флакутоно, а не за двух детей, переодетых женщинами с напудренными лицами, которые переодеты ассистентами доктора Флакутоно.

— Прекратите шептаться про переодевания, — остановил их лысый. — Чего доброго, услышит кто-нибудь, и нам конец.

— Нам, а не Лоре В. Бледотей, — хихикнул крюкастый. — С тех самых пор, как ей удалось увернуться от брака с Маттатиасом, я прямо дождаться не мог, когда она попадется мне в крючья.

— Попалась! — выпалила Солнышко, старательно изображая хихиканье.

— Вот именно, попалась, — поддержал ее лысый. — Я уже дал ей наркоз, так что она без сознания. Осталось только доставить ее в операционную, а там — отпиливайте ей голову.

— Никак не могу понять, почему надо убивать ее на глазах у всех врачей, — пробурчал крюкастый.

— Чтобы это выглядело как несчастный случай, идиот, — огрызнулся лысый.

— Я не идиот. — Крюкастый остановился, сверля свирепым взглядом сообщника. — Я страдаю только физическим недостатком.

— Физический недостаток еще не признак ума, — возразил лысый.

— А если на тебе уродский парик, — нашелся крюкастый, — это не значит, что ты имеешь право меня оскорблять.

— Хватит пререкаться! — оборвал их Клаус. — Чем скорее прооперируем Лору В. Бледотей, тем скорее разбогатеем.

— Да! — выпалила Солнышко.

Злодеи уставились на Бодлеров, а затем с виноватым видом кивнули друг другу.

— Девушки правы, — сказал крюкастый. — Не следует вести себя так непрофессионально. Правда, времечко последние месяцы выдалось напряженное.

— Да уж, — вздохнул лысый. — Ловим, ловим сирот проклятых, а они в последнюю минуту вдруг выскальзывают у нас из рук. Давай сосредоточимся на работе, а выяснять наши личные проблемы будем потом, когда все закончим. Ну вот мы и пришли.

Замаскированная четверка дошла до конца коридора и очутилась перед дверью с надписью «Палата № 922». Ниже скотчем был приклеен кусочек бумаги с именем Лора В. Бледотей. Лысый вынул из кармана халата ключ и с торжествующей ухмылкой отпер дверь.

— Вот она, — сказал он. — Наша маленькая спящая красавица.

Дверь отворилась с долгим жалобным скрипом, и дети вошли в небольшую квадратную комнату с плотными шторами на окнах, отчего в помещении царил полумрак. Но даже при этом тусклом свете дети разглядели свою сестру и чуть не ахнули от ее плачевного вида.

Когда лысый упомянул спящую красавицу, он имел в виду сказку, которую вы, вероятно, слышали тысячу раз. Как и все волшебные сказки, рассказ о Спящей красавице начинается словами «жила-была», и дальше повествуется о глупенькой юной принцессе, которая очень рассердила одну фею, после чего заснула и спала до тех пор, пока ее не разбудил поцелуем ее дружок и не уговорил выйти за него замуж. На этом сказка заканчивается словами «жили счастливо до конца своих дней». Сказка обычно сопровождается красивыми иллюстрациями: спящая принцесса всегда нарядна и элегантна, с аккуратно расчесанными волосами, в длинном шелковом платье, в котором она уютно спит себе год за годом. Но когда Клаус и Солнышко увидели Вайолет в палате № 922, все выглядело совсем иначе.

Старшая из Бодлеров лежала на каталке, то есть металлической койке на колесах. На таких в больницах возят больных. Эта каталка была такая же ржавая, как нож, который Клаус держал в руке; простыни были рваные и в пятнах. Олафовские сообщники положили

Вайолет на каталку в каком-то грязном белом халате и связали ей ноги. Волосами закрыли лицо, чтобы никто не узнал ее по фотографии в «Дейли пунктилио», руки свисали с каталки вниз, а одна почти касалась пола. Лицо было бледное, такое же бледное и лишенное выражения, как поверхность Луны, рот слегка приоткрыт, а на лице застыла бессмысленная гримаса, как будто ей снилось, что ее укололи булавкой. Казалось, что Вайолет упала на каталку с большой высоты, и, если бы не медленное и ровное дыхание, тихонько приподнимавшее грудь, можно было бы подумать, что она не перенесла этого падения. Клаус и Солнышко в ужасе молча смотрели на нее, стараясь не заплакать при виде беспомощной сестры.

— Хорошенькая, — проговорил крюкастый, — даром что без сознания.

— И не глупа, — подхватил лысый. — Хотя ум мало чем поможет, когда ей оттяпают ее умную головку.

— Давайте поскорее в операционную, — спохватился крюкастый, толкая каталку к дверям. — Маттиас говорил, наркоз действует недолго, так что пора начинать краниоэктомию.

— А я не против, если бы она очнулась посреди операции, — хихикнул лысый. — Правда, тогда весь план провалится. Вы, девушки, беритесь за тот конец, где голова. Мне неохота глядеть на ее хмурую физиономию.

— Нож не забудьте, — напомнил крюкастый. — Доктор Флакутоно и я будем руководить, а операцию будете делать вы.

Дети молча кивнули — они боялись, что голос выдаст их, боялись, что пособники Олафа заметят их тревогу и что-то заподозрят. Не проронив ни звука, они заняли свои места у каталки, где неподвижно лежала их сестра. Младшим Бодлерам хотелось легонько потрясти ее за плечи, или шепнуть ей что-нибудь на ухо, или даже убрать ей волосы с глаз — сделать что угодно, лишь бы помочь сестре, лежавшей без сознания. Но дети знали: любой ласковый жест выдаст их, и поэтому они просто шли рядом с каталкой по коридорам Хирургического отделения, неся нож, а двое олафовских пособников шагали впереди. Клаус и Солнышко не спускали глаз с сестры в ожидании хоть какого-нибудь признака того, что действие наркоза заканчивается. Но лицо Вайолет оставалось неподвижным, застывшим, как лист бумаги, на котором я печатаю сейчас эту повесть.

Хотя младшие Бодлеры больше думали о ее изобретательских способностях и даре общения, чем о ее наружности, они не могли не заметить, что (как правильно сказал крюкастый) Вайолет действительно хорошенькая. И если бы аккуратно расчесать ей волосы, а не спутать их и одеть в элегантное и красивое платье, а не в грязный халат, она и в самом деле выглядела бы как иллюстрация к «Спящей красавице». Однако себя-то двое младших Бодлеров никоим образом не чувствовали персонажами волшебной сказки. Их несчастья начались не со слов «жили-были», а с ужасающего пожара, уничтожившего их дом, и сейчас, следуя за олафовскими приспешниками к металлической квадратной двери в конце коридора, Клаус и Солнышко опасались, что конец жизни у них тоже будет не такой, как в сказке. Дощечка на двери гласила «Операционный театр», и, когда крюкастый открыл дверь своей искривленной перчаткой, двое детей и представить не могли, чтобы история их закончилась словами «жили счастливо до конца своих дней».

Глава
ОДИННАДЦАТАЯ

ОПЕРАЦИОННЫЕ театры далеко не так популярны, как драматические театры, музыкальные театры и кинотеатры, и легко понять — почему. Драматический театр — это большой темный зал, где актеры представляют пьесу, и, если вы находитесь в числе зрителей, вы можете наслаждаться диалогом и созерцанием театральных костюмов. Музыкальный театр — это большой темный зал, где музыканты исполняют симфонии, и, находясь в числе слушателей, вы можете наслаждаться музыкой и созерцать, как дирижер машет палочкой. Кинотеатр — это большой темный зал, где механик показывает вам фильм, и если вы находитесь в числе зрителей, то можете наслаждаться, поедая жареную кукурузу и сплетничая о кинозвездах. Но операционный театр — это большой темный зал, где врачи демонстрируют разные хирургические методики, и, если вы оказались в числе зрителей, самое лучшее будет немедленно уйти, так как на дисплее вы не увидите ничего, кроме боли, страданий и мук, отчего операционные театры по большей части закрывают или превращают в рестораны.

С сожалением, однако, должен сообщить, что операционный театр в нашей больнице в те времена, о которых идет речь, был все еще очень популярен. Войдя вслед за двумя переодетыми олафовскими помощниками через металлическую дверь, Клаус и Солнышко увидели большой темный зал, заполненный людьми. Ряды врачей в белых халатах, жаждущих наблюдать уникальную операцию. Медсестры, сбившиеся кучками, возбужденно обсуждали первую в мире краниоэктомию. Большая Группа Поющих Волонтеров, готовых, если понадобится, разразиться песней. И еще множество людей, которые, казалось, зашли в операционный зал случайно, любопытствуя, какое дают здесь представление. Четверо замаскированных вкатили каталку на небольшой помост с лампой, свисающей с потолка, и, как только лампа осветила безжизненное тело Вайолет, в зале раздались крики «ура» и аплодисменты. Рев толпы вызвал у Клауса и Солнышка еще большую тревогу, но два олафовских помощника перестали толкать каталку, подняли кверху руки и отвесили несколько поклонов.

— Большое спасибо! — закричал крюкастый. — Врачи, медсестры, волонтеры, репортеры из «Дейли пунктилио», почетные гости и рядовые зрители, добро пожаловать в операционный зал нашей больницы! Я — доктор О. Лукафонт, я буду вашим медицинским гидом на сегодняшней показательной операции.

— Да здравствует доктор Лукафонт! — крикнул один врач, толпа опять зааплодировала, а крюкастый поднял кверху руки в резиновых перчатках и снова поклонился.

— А я — доктор Флакутоно, — объявил лысый, видимо позавидовав крюкастому, снискавшему столько аплодисментов. — Я тот хирург, который изобрел краниоэктомию, и испытываю волнение оттого, что буду оперировать сегодня на глазах у всех вас, таких чудесных и привлекательных.

— Да здравствует доктор Флакутоно! — выкрикнула одна сиделка, и толпа опять захлопала. Кое-кто из репортеров даже свистнул, когда лысый низко поклонился, придерживая одной рукой свой кудрявый парик.

— Хирург прав, — добавил крюкастый. — Вы все чудесные и привлекательные. А ну, похлопайте и себе как следует!

— Да здравствуем мы все! — выкрикнул один из волонтеров, и публика опять захлопала. Бодлеры впились глазами в сестру, надеясь, что шум разбудит ее. Но Вайолет не шевельнулась.

— А вот эти две милые девушки — мои помощницы, их зовут доктор Токуна и медсестра Фло, — продолжал лысый. — Почему я не слышу аплодисментов, какими вы приветствовали нас?

Клаус и Солнышко так и ждали, что в толпе кто-то крикнет: «Никакие они не ассистенты! Они те двое детей, которых разыскивают за убийство!», но толпа опять захлопала, и детям поневоле пришлось нехотя помахать зрителям. Хотя они и почувствовали облегчение оттого, что их не узнали, бабочки трепыхались у них в желудках все сильнее по мере того, как присутствовавшие в операционном зале все с большим нетерпением ждали начала операции.

— А теперь, когда вы познакомились со всеми нашими потрясающими исполнителями, — продолжал крюкастый, — мы начнем показ. Доктор Флакутоно, вы готовы начать?

— Само собой, — отозвался лысый. — Леди и джентльмены, как вы, наверное, знаете, краниоэктомия — операция, состоящая в том, что пациенту удаляют голову. Ученые выяснили, что многие проблемы со здоровьем гнездятся в мозгу, поэтому лучшим выходом для больного будет удалить мозг. Однако операция эта столь же опасна, сколь необходима. Есть вероятность, что в процессе краниоэктомии Лора В. Бледотей может умереть, но, чтобы излечить болезнь, бывает приходится идти на риск ценой несчастного случая со смертельным исходом.

— Смерть пациента была бы, разумеется, ужасным событием, доктор Флакутоно, — подал реплику крюкастый.

— Еще бы, доктор О. Лукафонт, — подхватил лысый. — Вот почему я поручаю оперировать моим ассистенткам, а сам буду руководить операцией. Доктор Токуна и медсестра Фло, начинайте.

Толпа захлопала, а олафовские сообщники принялись кланяться и рассылать воздушные поцелуи во все концы зала. Дети в ужасе уставились друг на друга.

— Как нам быть? — пробормотал Клаус, поглядывая на толпу. — Мы окружены людьми, которые только и ждут, когда мы отпилим Вайолет голову.

Солнышко бросила взгляд на Вайолет, все еще лежавшую без сознания на каталке, а потом на брата, который держал длинный ржавый нож, полученный от Эсме.

— Тяни, — сказала она.

Слово «тяни» имеет два значения, но, как водится с большинством слов, имеющих двойной смысл, вы сможете разобраться, в каком из значений употреблено слово, рассмотрев ситуацию в целом. Слово «тяни» можно, например, употребить в ситуации, когда кто-то провалился в болото. Но Клаус-то сразу понял, что Солнышко, скорее, хотела сказать: «Надо как можно дольше оттягивать операцию», поэтому брат молча кивнул в ответ. Он сделал глубокий вдох и закрыл глаза, пытаясь придумать, как бы оттянуть краниоэктомию. И внезапно вспомнил кое о чем, что читал когда-то.

Если читаешь столько, сколько читал Клаус, то накапливается большое количество информации, в которой довольно долгое время вы не нуждаетесь. Вы, скажем, прочли книгу, из которой узнали все про исследование космоса, но до своих восьмидесяти лет космонавтом пока не стали. Вы можете прочесть книжку про то, как делать на коньках разные трюки на льду, а потом никто вас и не заставляет делать их в течение нескольких недель. Вы можете прочесть книгу на тему, как вести себя, чтобы ваш брак оказался удачным, но единственная женщина, которую вы любите всю жизнь, выходит замуж за другого, а потом в один ужасный день погибает. Клаус, хотя и читал книги по исследованию космоса, про трюки на льду и про технику удачного брака, пока что не нашел применения этой информации, но все-таки он узнал много такого, что сейчас ему очень даже могло пригодиться.

— Прежде чем я сделаю первое рассечение, — объявил Клаус, употребив это специальное слово, чтобы выглядеть профессионалом, — я думаю, нам с медсестрой Фло стоит немного поговорить об инструментарии, который мы используем.

Солнышко бросила лукавый взгляд на брата.

— Нож? — спросила она.

— Правильно, — ответил Клаус. — Вот нож...

— Мы все знаем, что это нож, доктор Токуна, — прервал его крюкастый, улыбаясь публике, в то время как лысый пригнулся к Клаусу и прошипел:

— Ты что делаешь? Отпиливай девчонке голову, и дело с концом.

— Настоящий врач никогда не станет делать уникальную операцию без разъяснений, — шепнул в ответ Клаус. — Придется прочесть небольшую лекцию, иначе они нам не поверят.

Олафовские приспешники с минуту глядели на Клауса и Солнышко, и те уже приготовились удирать вместе с каталкой и Вайолет, если их сейчас наконец разоблачат. Но после некоторого колебания двое замаскированных негодяев переглянулись и кивнули.

— Может, ты и права, — согласился крюкастый и обратился к аудитории. — Извините за задержку, братцы. Мы, как вы знаете, профессиональные врачи и должны все объяснять. Давайте дальше, доктор Токуна.

— Краниоэктомия будет выполнена с помощью ножа, — продолжал Клаус. — Нож — древнейший хирургический инструмент. — Клаус лихорадочно вспоминал раздел о ножах в «Полной истории хирургических инструментов», которую прочел в одиннадцать лет. — Самые первые ножи были найдены в египетских гробницах и храмах племен майя, где их использовали в обрядовых целях, и они были, как правило, каменные. Постепенно их стали делать из бронзы и железа, хотя в некоторых культурах применяли резцы убитых животных.

— Зубы, — пояснила Солнышко.

— Существуют разные типы ножей, — продолжал Клаус, — включая перочинные ножи, карманные ножи, ножи для ошкуривания деревьев. В данном случае для краниоэктомии требуется охотничий нож Боуи, названный так по имени полковника Джеймса Боуи, жившего в Техасе.

— Великолепное разъяснение, не правда ли, леди и джентльмены? — вмешался крюкастый.

— Еще бы, — отозвалась репортерша в сером костюме, которая, говоря в микрофон, не переставала жевать жвачку. — Так и вижу заголовок: «*Хирург и медсестра рассказывают историю ножей*». Вот погодите, когда это прочтут читатели «Дейли пунктилио»!

Зрители одобрительно захлопали, операционный театр наполнился криками и аплодисментами, и по телу Вайолет пробежала дрожь. Рот у нее еще чуть-чуть приоткрылся, а одна из безвольно свисавших рук слабо дернулась. Движения были едва уловимыми, и только Клаус и Солнышко заметили их и с надеждой посмотрели друг на друга. Удастся ли им тянуть время, пока наркоз совсем не отойдет?

— Хватит болтовни, — шепнул лысый детям. — Конечно, морочить голову доверчивым людям — сплошное удовольствие, но пора приступать к операции, пока сирота не проснулась.

— Прежде чем сделать первое рассечение, — заговорил опять Клаус, по-прежнему обращаясь к аудитории, как будто и не слышал лысого, — я бы хотел сказать несколько слов о ржавчине. — Он на секунду умолк, вспоминая сведения, вычитанные в книге «Что происходит с влажным металлом», подаренной мамой. — Ржавчина — это красновато-коричневый налет, образующийся на некоторых металлах, когда они окисляются. Окисление, или оксидация, — научный термин, означающий химическую реакцию в случае контакта железа или стали с влагой. — Клаус поднял кверху ржавый нож, показывая публике. Краешком глаза он уловил легкое движение руки Вайолет. — Процесс оксидации неизбежен при краниоэктомии в связи с окислительными процессами в клеточных митохондриях и с косметической демистификацией. — Клаус старался употребить все сложные слова, какие только приходили ему в голову.

— Хлоп! — крикнула Солнышко, и аудитория опять принялась аплодировать, хотя на этот раз не так громко.

— Очень впечатляюще, — проговорил лысый, сердито сверкнув глазами на Клауса поверх маски. — Но, я думаю, этим милым людям весь процесс станет понятнее, когда голова будет уже отрезана.

— Разумеется, — отозвался Клаус. — Но сперва необходимо размягчить позвоночник, чтобы легче было производить отсечение. Медсестра Фло, поскребите шею Ва... то есть Лоре В. Бледотей.

— Есть. — Солнышко улыбнулась, так как поняла, к чему клонит Клаус. Приподнявшись на цыпочки, младшая из Бодлеров несколько раз куснула сестру за шею, рассчитывая, что это разбудит Вайолет. Когда зубы Солнышка начали скрести ей кожу, Вайолет дернулась и прикрыла рот, но и только.

— Ты что творишь? — в бешенстве прошипел крюкастый. — Немедленно делай операцию, а то Маттатиас взбесится.

— Ну разве не замечательно действует медсестра Фло? — обратился Клаус к публике, но в ответ послышалось лишь несколько хлопков и ни одного одобрительного возгласа. Собравшиеся в операционном зале явно устали от объяснений и жаждали видеть наконец саму операцию.

— Я считаю, шея достаточно размягчена, — вмешался лысый. Голос его звучал дружелюбно и профессионально, но глаза буравили детей с явным подозрением. — Приступаем к краниоэктомии.

Клаус кивнул и, сжав обеими руками нож, занес его над своей беспомощной сестрой. Он глядел на неподвижное тело Вайолет и прикидывал в уме, сможет ли он сделать легкий порез на шее, который бы разбудил Вайолет, но не нанес ей вреда. Он взглянул на ржавый клинок, прыгающий в его дрожащих руках, а потом на Солнышко, которая перестала покусывать шею Вайолет и теперь смотрела на брата широко раскрытыми глазами.

— Не могу, — прошептал Клаус и обратил взгляд вверх, к потолку. Там, высоко над ними, висел динамик, которого он не заметил раньше, и это зрелище навело его на кое-какую мысль. — Я не могу этого сделать, — объявил он вслух. Толпа ахнула.

Крюкастый сделал шаг к каталке и протянул к Клаусу мягкую искривленную перчатку. Средний Бодлер увидел острый кончик крюка, прорвавший резину и торчавший, словно морское существо, вылезающее из воды.

— Почему? — тихо спросил крюкастый.

Клаус проглотил комок в горле и сказал, надеясь, что голос его по-прежнему звучит как у настоящего профессионала, а не как у испуганного ребенка:

— Прежде чем я произведу первый надрез, необходимо сделать еще одно — то, что считается главным в нашей больнице.

— И что же это такое? — осведомился лысый. Его маска поехала вниз, потому что он нахмурился и бросил на детей зверский взгляд. Но у Солнышка маска поехала вверх, потому что она заулыбалась, поняв, о чем говорит Клаус.

— Документация! — выкрикнула Солнышко, и, к восторгу Бодлеров, публика снова зааплодировала.

— Ура! — завопил член Г.П.В. из задних рядов операционного театра под шум аплодисментов. — Да здравствует документация!

Двое олафовских приспешников в расстройстве мрачно воззрились друг на друга, в то время как Бодлеры поглядели друг на друга с облегчением и радостью.

— В самом деле, да здравствует документация! — воскликнул Клаус. — Мы не можем оперировать, пока не проверено досье пациентки.

— Прямо не пойму, как мы про это забыли! Об этом и на минуту нельзя забывать! — воскликнула одна из медсестер. — Документация — ведь это самое главное, чем мы занимаемся в нашей больнице!

— Так и вижу заголовок, — проговорила все та же репортерша. — *«В больнице едва не забыли про документацию!»* Погодите, вот прочтут газету «Дейли пунктилио» читатели!..

— Кто-нибудь, позовите Хэла, — предложил один из врачей. — Он заведует хранилищем документов, это его дело — заниматься документацией.

— Я сейчас приведу Хэла, — вызвалась та же сестра, выходя из зала. Толпа захлопала в знак поддержки.

— Незачем звать Хэла. — Крюкастый поднял руки в перчатках, пытаясь успокоить толпу. — О документах уже позаботились, уверяю вас.

— Но все документы, касающиеся хирургических операций, должны проверяться Хэлом, — не сдавался Клаус. — Таков принцип здешней больницы.

Лысый со злобой впился глазами в детей и страшным шепотом произнес:

— Вы что творите? Вы все погубите!

— Мне думается, доктор Токуна права, — проговорил еще один врач. — Таков наш принцип.

Толпа снова захлопала, и Клаус с Солнышком переглянулись. Они, естественно, понятия не имели, в чем заключается этот самый принцип в отношении хирургической документации, но уразумели, что толпа поверит буквально всему, если, по их мнению, говорит профессиональный медик.

— Хэл уже идет, — объявила, вернувшись, медсестра. — Кажется, в хранилище документов какие-то неполадки, но Хэл придет, как только все уладит раз и навсегда.

— Чтобы все уладить раз и навсегда, не требуется Хэла, — раздался голос в дальнем конце зала, и, обернувшись, Бодлеры увидели долговязую фигуру Эсме Сквалор, которая нетвердой походкой шагала прямо к ним на своих высоченных каблуках, а за ней послушно следовали двое. Эти двое были одеты в белые халаты и хирургические маски — в точности как Бодлеры. Но выше масок Клаус и Солнышко разглядели белые лица и сразу поняли, что это две напудренные женщины из шайки Олафа. — Вот *настоящая* доктор Токуна, — Эсме указала на одну из женщин, — а это *настоящая* медсестра Фло. А те двое на помосте — самозванцы.

— Ничего подобного, — возмутился крюкастый.

— Не вы двое, — раздраженно оборвала его Эсме, сердито глядя поверх хирургической маски на двоих олафовских приспешников. — Я имею в виду двух других. Они одурачили всех. Врачей, медсестер, волонтеров, репортеров и даже меня. То есть дурачили до тех пор, пока я не нашла настоящих ассистентов доктора Флакутоно.

— Как профессиональный медик, — прервал ее Клаус, — я считаю, что эта женщина лишилась ума.

— Ничего я не лишилась ума, — злобно огрызнулась Эсме, — а вот вы, Бодлеры, скоро лишитесь головы.

— Бодлеры? — переспросила репортерша из «Дейли пунктилио». — Те самые, которые убили Графа Омара?

— Олафа, — поправил лысый.

— У меня все перепуталось, — жалобно простонал один из волонтеров. — Как-то очень много народу притворяется кем-то другим.

— Разрешите мне объяснить. — Эсме поднялась на возвышение. — Я такой же профессиональный медик, как доктор Флакутоно, доктор О. Лукафонт, доктор Токуна и медсестра Фло. Сами видите — на нас белые халаты и хирургические маски.

— Тоже! — крикнула Солнышко.

Маска на лице Эсме изогнулась вверх в злобной усмешке.

— Уже нет, — бросила она и быстрым движением сорвала маски с обоих Бодлеров. Маски полетели на пол, толпа охнула, и двое детей увидели, что все врачи, сестры, репортеры и просто люди смотрят на них с ужасом. Одни только Поющие Волонтеры, считавшие, что «отсутствие новостей — хорошая новость», не узнали детей.

— Это *они*, Бодлеры! — в изумлении воскликнула одна из медсестер. — Я читала про них в «Дейли пунктилио»!

— И я тоже! — вскричал кто-то из врачей.

— Всегда приятно слышать голос наших читателей, — скромно отозвалась репортерша.

— Но убийц должно быть *трое*, а не двое, — вмешался другой врач. — Где же старшая?

Крюкастый проворно заслонил собой каталку с Вайолет.

— Она уже в тюрьме, — быстро ответил он.

— Ничего подобного! — крикнул Клаус и отбросил волосы с лица Вайолет, чтобы все могли видеть, что она не Лора В. Бледотей. — Эти страшные люди выдали ее за больную, чтобы отрезать ей голову!

— Не говори чепухи, — оборвала его Эсме. — Это *ты* собирался отрезать ей голову. Ты же до сих пор держишь нож.

— Совершенно верно! — воскликнула репортерша. — Так и вижу заголовок «*Убийца пытается убить убийцу!*» Вот погодите, пусть только читатели «Дейли пунктилио» прочтут газету!

— Твиим! — взвизгнула Солнышко.

— Мы не убийцы! — в отчаянии повторил за сестрой Клаус.

— Если вы не убийцы, — репортерша выставила вперед микрофон, — тогда зачем вы в переодетом виде пробрались в больницу?

— Думаю, я могу вам это объяснить, — произнес еще один знакомый голос, и, повернувшись, все увидели входящего в зал Хэла. В одной руке он держал связку ключей, сделанных Бодлерами из скрепок и прицепленных к ленте, принадлежащей Вайолет, а другой гневно указывал на детей. — Эти трое Бодлеров, эти убийцы, притворились волонтерами, чтобы получить работу в хранилище документов.

— Да что вы? — ахнула медсестра, и вся публика затаила дыхание. — Значит, они не только убийцы, но еще и фальшивые волонтеры?

— Немудрено, что они не знали слов песни! — воскликнул один из поющих волонтеров.

— Пользуясь моим плохим зрением, — продолжал Хэл, показывая на свои очки, — они изготовили поддельные ключи, подменили ими настоящие и проникли внутрь хранилища, чтобы уничтожить документы, свидетельствующие об их преступлениях!

— Мы не собирались уничтожать досье, — возразил Клаус, — мы хотели очистить себя от подозрений. Я сожалею, что мы обманули вас, Хэл, и сожалею, что некоторые шкафы опрокинулись, но...

— Опрокинулись? — повторил Хэл. — Вы не просто опрокинули шкафы. — Он посмотрел на детей, тяжко вздохнул и потом повернулся лицом к аудитории. — Эти дети совершили поджог, — сказал он. — В эту минуту горит хранилище документов.

Глава

ДВЕНАДЦАТАЯ

ЭТИМ вечером я сижу в одиночестве, и одинок я в результате жестокого поворота судьбы. Выражение это в данном случае подразумевает, что все в моей жизни пошло не так, как я ожидал. Когда-то я был всем доволен, у меня был уютный дом, успешная карьера, любимая женщина и надежнейшая пишущая машинка. Но все это у меня отняли, и от тех счастливых дней осталась лишь татуировка на левой щиколотке. Я сижу сейчас в тесной каморке, пишу печатными

буквами большущим карандашом, и мне кажется, что вся моя жизнь — не что иное, как печальная пьеса, поставленная для чужого развлечения, и что драматург, сочинивший этот жестокий поворот судьбы, находится где-то высоко надо мной и покатывается со смеху, глядя на свое творение.

Испытывать такое ощущение неприятно, и вдвойне неприятно, если такой жестокий поворот судьбы свершается, когда вы и в самом деле стоите на подмостках и кто-то высоко над вами покатывается со смеху, как это и происходило с Бодлерами в операционном театре больницы. Дети едва успели выслушать обвинение Хэла в поджоге, как тут же услышали знакомый грубый смех, исходивший из динамика у них над головой. Дети уже слышали этот смех, когда Маттатиас первый раз поймал тройняшек Квегмайр и когда он запер Бодлеров в Камере люкс. Это был торжествующий смех того, кто придумал дьявольский план и преуспел в нем, и звучал смех всегда так, будто некто отпустил удачную шутку. Маттатиас смеялся по скрипучей системе внутренней связи, и потому голос его звучал точно через алюминиевую фольгу, и все же настолько громко, что способствовал выветриванию наркоза, и Вайолет что-то забормотала и пошевелила руками.

— Ух ты! — С этим возгласом Маттатиас оборвал смех, так как сообразил, что микрофон включен. — Говорит Маттатиас, зав человеческими ресурсами. Важное сообщение. В больнице бушует пожар. Он начался в хранилище документов, которое подожгли убийцы Бодлеры, и теперь пламя уже охватило Отделение больного горла, Отделение отдавленных пальцев ног и Отделение нечаянно проглоченных вещей. Сироты пока не пойманы, поэтому делайте все, чтобы найти их. После того как поджигатели и убийцы будут схвачены, вы имеете возможность попробовать спасти оставшихся больных, окруженных огнем. На этом все.

— Так и вижу заголовок, — проговорила репортерша, — *«Убийцы Бодлеры сжигают документацию»*. Вот погодите, когда это увидят читатели «Дейли пунктилио»!

— Пусть кто-нибудь сообщит Маттатиасу, что мы поймали детей! — ликующе прокричала одна из медсестер. — Вам, щенкам несчастным, не поздоровится! Вы одновременно и убийцы, и поджигатели, и поддельные врачи...

— Это неправда... — начал было Клаус, но, оглядевшись вокруг, понял, что вряд ли кто-нибудь ему поверит.

Он посмотрел на поддельную связку ключей в руках Хэла, благодаря которой он и сестры проникли в хранилище документов. Он посмотрел на белый халат, позволивший ему выдавать себя за врача. Он посмотрел на ржавое лезвие, которое только что держал над сестрой. Вспомнил, как он и его сестры в пору их пребывания у Дяди Монти вручили мистеру По несколько предметов в качестве доказательства олафовского коварного замысла, и в результате Олафа арестовали. И теперь Клаус очень опасался, что то же случится и с ними.

— Окружайте их! — скомандовал крюкастый, указывая на детей искривленной перчаткой. — Но будьте осторожны — книжный червяк все еще держит нож!

Олафовские приспешники начали медленно подступать к детям. Солнышко захныкала от страха, и Клаус поднял ее и посадил на каталку.

— Арестуйте Бодлеров! — закричал какой-то врач.

— А мы что делаем, болван! — раздраженно ответила Эсме. Но когда она повернулась лицом к Бодлерам, они увидели, что Эсме им подмигивает. — Мы схватим только одного из вас, — сказала она тихо, чтобы не услышала публика. Она наклонилась и обеими когтистыми руками взялась за каблуки-стилеты. — Эти каблуки не только позволяют мне выглядеть шикарной и женственной. — Она сняла туфли и направила их стилетами на детей. — Ими можно отлично перерезать детям горло. Двое отродий будут убиты при попытке бежать от правосудия, а малявка достанется нам — через нее мы добьемся наследства.

— Никогда вам не добраться до нашего наследства, — отозвался Клаус, — и до нашего горла тоже.

— Это мы еще посмотрим! — И Эсме сделала выпад туфлей в сторону Клауса, точно шпагой. Тот быстро присел и услышал над головой пронзительное «вжжж!».

— Она хочет нас убить! — закричал Клаус в толпу. — Разве вы не видите? Они и есть настоящие убийцы!

— Никто вам не поверит, — зловещим шепотом ответила Эсме и сделала выпад правой туфлей в сторону Солнышка, которая вовремя увернулась.

— Я вам не верю! — закричал Хэл. — Зрение у меня не то, что раньше, но я вижу на вас украденные докторские халаты.

Эсме махнула обеими туфлями одновременно, но они столкнулись в воздухе, не достав до детей.

— Чего не сдаетесь? — прошипела Эсме. — Мы вас поймали с поличным, как вы ловили Олафа все предыдущие разы.

— Теперь вы знаете, каково быть злодеем, — хихикнул лысый. — А ну, все, сдвигайтесь теснее! Маттатиас мне сказал — кто первый их схватит, тот будет выбирать, куда сегодня пойдем ужинать!

— Правда? — обрадовался крюкастый. — Ну так я сегодня не прочь отведать пиццы. — Он сделал попытку ударить Клауса крюком в резиновой перчатке, тот отшатнулся, стукнулся о каталку, отчего она чуть отъехала и оказалась вне досягаемости для негодяя.

— А мне больше охота чего-нибудь китайского, — сказала одна из женщин с напудренным лицом. — Давайте пойдем в то местечко, где мы праздновали похищение Квегмайров.

— Нет, я хочу в кафе «Сальмонелла», — злобно заявила Эсме, расцепляя каблуки.

Клаус не знал, куда толкать каталку — олафовские приспешники наступали со всех сторон. Он по-прежнему держал ржавый нож кверху, но делал это для самообороны, он и не мыслил, чтобы пустить его в ход даже против таких зловредных личностей. Если бы в ловушке оказался Граф Олаф, он бы, конечно, не колеблясь, обратил ржавый клинок против окружающих его людей. Но Клаус, несмотря на слова лысого, не чувствовал себя злодеем. Он чувствовал себя как человек, который мечтает спастись. И, во второй раз толкая каталку, он уже знал, как это сделать.

— Назад! — закричал он. — Нож очень острый!

— Всех нас не убьешь, — отозвался крюкастый. — Да и сомневаюсь, что у тебя хватит храбрости и одного-то убить.

— Чтобы убить, храбрости не требуется, — ответил Клаус. — Требуется полное отсутствие нравственного стержня.

Услышав слова «отсутствие нравственного стержня», что здесь означает «крайний эгоизм в сочетании с агрессивностью», олафовские сообщники в восторге захохотали.

— На этот раз твои ученые словечки тебя не спасут, грубиян! — выкрикнула Эсме.

— Это верно, — согласился Клаус. — Что меня сейчас спасет, так это кровать на колесиках для перевозки больных.

И без дальнейших слов Клаус швырнул ржавый нож на пол, отчего олафовские приспешники в испуге отскочили. Круг людей с полным отсутствием нравственного стержня немного раздался — всего на миг, но и этого Клаусу хватило. Он вспрыгнул на каталку, и от толчка она быстро покатилась к металлической квадратной двери, в которую недавно вошли Бодлеры. Они промчались мимо олафовской шайки, и в публике поднялся крик.

— Держите их! — завопил крюкастый. — Они уйдут!

— От меня не уйдут! — пообещал Хэл и схватился за край каталки, когда она как раз достигла дверей.

Каталка приостановилась, и на миг Солнышко оказалась лицом к лицу со стариком. Бабочки затрепетали в желудке у младшей из Бодлеров, когда она увидела сердитый взгляд сквозь крошечные очки. В отличие от олафовских пособников, Хэл, конечно, не был злым человеком. Просто он очень любил хранилище документов и поэтому пытался задержать тех, кто, по его мнению, устроил поджог. Солнышко огорчило то, что он считает ее злостным преступником, когда на самом деле она просто несчастливый ребенок. Но она понимала, что объяснять Хэлу происходящее сейчас некогда. Некогда даже сказать хотя бы одно слово, и тем не менее именно это и сделала младшая из Бодлеров.

— Простите, — сказала Солнышко Хэлу и слабо ему улыбнулась. Затем она приоткрыла рот и совсем легонько куснула Хэла за руку, чтобы он отпустил каталку, но при этом не пострадал.

— Ой! — сказал Хэл и отпустил каталку. — Девочка укусила меня! — объявил он.

— Вам больно? — спросила одна из медсестер.

— Нет, — ответил Хэл, — но я выпустил каталку. Они уже в дверях.

Каталка выкатилась в коридор. Веки у Вайолет задрожали, и она открыла глаза. Клаус управлял каталкой. Солнышко изо всех сил старалась не свалиться с нее. Дети покатили по коридорам Хирургического отделения, объезжая попадавшихся навстречу удивленных врачей и других больничных служащих.

— Внимание! — раздался в динамиках голос Маттатиаса. — Говорит Маттатиас, зав человеческими ресурсами! Убийцы и поджигатели Бодлеры сбежали на каталке. Схватить их немедленно! Пожар распространяется по всей больнице! Возможна эвакуация.

— Нориц! — выкрикнула Солнышко.

— Быстрее не могу! — крикнул Клаус. Он свесил ноги на одну сторону каталки, чтобы отталкиваться ими. — Вайолет, проснись, пожалуйста! Ты могла бы помочь.

— Я пы-та-юсь, — пробормотала Вайолет, щурясь на свет. После наркоза все вокруг казалось неотчетливым, расплывчатым, она почти не могла говорить, а тем более двигаться.

— Дверь! — выкрикнула Солнышко, показывая на выход из Хирургического отделения.

Клаус направил каталку туда и пронесся мимо раскормленного олафовского пособника — то ли мужчины, то ли женщины, — который все еще стоял в одежде поддельного охранника. С диким ревом он кинулся вдогонку громадными неуклюжими шагами, в то время как каталка приближалась к небольшой Группе Поющих Волонтеров. Бородач, наигрывавший что-то очень знакомое на гитаре, поднял голову и увидел пролетавшую мимо каталку.

— Наверно, это и есть убийцы, про которых говорил Маттатиас! — крикнул он. — А ну-ка, давайте поможем охраннику поймать их!

— С удовольствием, — отозвался другой волонтер. — А то мне, по правде говоря, немного надоела наша песня.

В тот момент, когда волонтеры присоединились к раскормленному детине, Клаус направил каталку за угол.

— Проснись! — умолял Клаус старшую сестру, которая осматривалась вокруг с ошеломленным видом. — Ну пожалуйста, Вайолет.

— Вниз! — Солнышко показала рукой на лестницу.

Клаус повернул каталку туда, и она заскакала вниз со ступеньки на ступеньку. Езда была быстрая и ненадежная и напомнила детям о том, как они съезжали по перилам дома № 667 на Мрачном проспекте или как столкнулись с автомобилем мистера По, когда жили с Дядей Монти. На одном из лестничных поворотов Клаус заскреб ногами по полу, чтобы затормозить, и нагнулся поближе к стене, вглядываясь в одну из запутанных схем больничного здания.

— Я соображаю, заезжать нам в дверь, на которой висит табличка «Отделение заразной сыпи», или продолжать спуск.

— Длин! — вскрикнула Солнышко, желая сказать «Мы не можем продолжать спуск — смотри!»

Клаус посмотрел, и даже Вайолет, с трудом сосредоточив взгляд, посмотрела вниз, куда показывала Солнышко. Там, ниже следующей площадки, колыхалось оранжевое зарево, как будто оттуда, из подвала больницы, вставало солнце, а вверх уже вились струйки черного дыма, похожие на щупальца какого-то призрачного существа. Именно такое зловещее зрелище преследовало Бодлеров во сне с того рокового дня на пляже, с которого начались все их беды. Трое детей в оцепенении глядели на оранжевое зарево и черные щупальца и размышляли обо всем, что они утратили именно из-за того, на что смотрели.

— Пожар, — слабым голосом пробормотала Вайолет.

— Да, — ответил Клаус. — Он ползет вверх по лестнице. Придется повернуть назад.

Сверху до Бодлеров донесся рев толстяка и голос бородатого волонтера:

— Мы вам поможем их поймать. Идите вперед, сэр... или мадам? Не разберу.

— Нельзя, — сказала Солнышко.

— Да, знаю, — ответил Клаус. — Нельзя подняться наверх, и нельзя спуститься вниз. Остается идти в Отделение заразной сыпи.

Приняв такое опрометчивое, стремительное, как высыпание сыпи, решение, Клаус завернул каталку и вкатил ее в дверь, как раз когда в динамике зазвучал голос Маттатиаса.

— Говорит Маттатиас, зав человеческими ресурсами, — заговорил он торопливо. — Все помощники доктора Флакутоно продолжают искать детей! Все остальные собираются перед зданием больницы. Либо мы поймаем убийц, когда они попробуют выбраться из здания, либо они сгорят дотла!

Дети въехали в Отделение заразной сыпи и увидели, что Маттатиас прав. Каталка мчалась по коридору, в конце которого виднелось еще одно оранжевое зарево. Позади себя дети опять услышали рев, это раскормленный громадина ковылял вниз по лестнице. Дети попали в ловушку — они застряли в середине коридора, который вел либо к гибели в огне, либо в лапы Олафа.

Клаус спустил ноги и остановил каталку.

— Надо спрятаться, — сказал он, спрыгивая на пол. — Дольше разъезжать становится слишком опасно.

— Где? — спросила Солнышко, когда Клаус снял ее с каталки.

— Где-нибудь поблизости, — ответил он, беря Вайолет за руку. — Наркоз отходит медленно, Вайолет далеко не пройти.

— Я... попробую, — пробормотала Вайолет и, пошатываясь, сошла с каталки, опираясь на Клауса.

Оглядевшись, дети увидели на ближайшей двери табличку «Кладовая».

— Глейноп? — спросила Солнышко.

— Придется, — с сомнением ответил Клаус и открыл дверь одной рукой, так как другой поддерживал Вайолет. — Не знаю уж, что там делать, но, по крайней мере, укроемся на несколько минут.

Клаус с Солнышком помогли старшей сестре войти туда, после чего заперли дверь изнутри. Если не считать небольшого окошка в углу, кладовая выглядела точно так же, как та, где Клаус и Солнышко расшифровывали анаграмму в списке больных. Помещение было небольшое, с потолка свисала одна тусклая лампочка, на крючках висели белые халаты, имелась ржавая раковина, стояли большие жестяные банки с супом-алфавитом и небольшие коробки с резиновыми бинтами. Но на этот раз все эти запасы не казались младшим Бодлерам средствами для разгадывания анаграмм или для перевоплощения в профессиональных медиков. Клаус и Солнышко смотрели то на все эти предметы, то на свою старшую сестру и с чувством облегчения замечали, что лицо у Вайолет уже не такое бледное и глаза более осмысленные, и это были добрые признаки. Однако старшей из Бодлеров требовалось как можно скорее окончательно прийти в себя, так как предметы, заполнявшие кладовую, все меньше походили на больничные запасы и все больше — на изобретательские материалы.

Глава
ТРИНАДЦАТАЯ

В ПЯТИЛЕТНЕМ возрасте Вайолет Бодлер впервые победила в состязании изобретателей. С помощью сломанных оконных жалюзи и шести пар роликовых коньков она изобрела автоматическую скалку. Вешая ей на шею золотую медаль, одна из судей сказала: «Пари держу, ты способна изобретать даже со связанными за спиной руками», и Вайолет гордо улыбнулась. Она, конечно, поняла, что судья не собиралась ее связывать, она просто имела в виду ее мастерство, которое позволит ей изобретать даже в неблагоприятных обстоятельствах, то есть «несмотря ни на какие помехи».

Правоту судьи Вайолет доказала десятки раз, изобретая что угодно — начиная с отмычки и кончая паяльной лампой — в самых неблагоприятных обстоятельствах, как то: страшная спешка или отсутствие необходимых инструментов. Но сейчас Вайолет сознавала, что более неблагоприятных обстоятельств, чем медленно отходивший наркоз, мешавший ей разглядывать предметы в кладовой и вникать в то, что говорят ее младшие родственники, у нее еще не было.

— Вайолет, — сказал Клаус, — я понимаю, что наркоз еще не совсем отошел, но без тебя нам не изобрести кое-что важное.

— Да, — слабым голосом отозвалась Вайолет, протирая глаза руками. — Я... знаю.

— Мы тебе поможем, чем сможем, — продолжал Клаус. — Говори только, что делать. Вся больница охвачена огнем, надо выбираться отсюда как можно скорее.

— Раллам, — добавила Солнышко, что означало «И за нами гонятся пособники Олафа».

— Откройте... окно, — с трудом выговорила Вайолет, показывая на окошко в углу.

Клаус прислонил Вайолет к стене, а сам подошел к окошку и выглянул наружу.

— Кажется, мы на третьем этаже, а может, на четвертом. В воздухе полно дыма, не понять. Не очень высоко, но не выпрыгнуть.

— Лезть? — спросила Солнышко.

— Прямо под нами динамик, — сказал Клаус. — Можно было бы схватиться за него и спуститься в кусты, но тогда придется это делать на виду у всей толпы. Врачи и сестры помогают больным спасаться из огня, там же Хэл и репортерша из «Дейли пунктилио» и...

Среднего Бодлера прервали негромкие звуки, доносившиеся снизу:

Мы волонтеры, мы бьемся с болезнью,
Дарим веселье весь день напролет.
Кто попрекнет нас печалью и ленью,
Тот однозначно и нагло соврет.

— ...и волонтеры, — закончил Клаус. — Они ждут перед больницей, как им велел Маттатиас. Можешь ты изобрести что-нибудь, чтобы перелететь через них?

Вайолет нахмурилась и закрыла глаза. Она стояла совершенно неподвижно, пока волонтеры продолжали петь:

Мы навещаем больных и недужных,
Чтоб улыбнулись они хоть разок,
Даже сквозь кашель сухой и натужный,
Даже сквозь сопли и мокрый платок.

— Вайолет, — окликнул ее Клаус. — Ты не заснула?

— Нет, — ответила Вайолет. — Я... думаю. Нам... надо... отвлечь толпу... чтобы спуститься.

Дети услышали негромкий рев где-то за дверью кладовой.

— Кесалф, — проговорила Солнышко, подразумевая под этим «Это сообщник Олафа. Похоже, он уже в Отделении заразной сыпи. Надо спешить!»

— Клаус! — Вайолет открыла глаза. — Распечатай коробки с резиновыми бинтами. Начни их... связывать... друг с другом... делай веревку.

Тра-ла-ла-ла, тра-ла-ла-лей,
А ну поправляйся быстрей.
Тра-ла-ла-ла, э-ге-ге-гей,
Держи скорей шарик и не болей.

Клаус взглянул в окно, наблюдая за тем, как волонтеры раздают шары больным, эвакуированным из больницы.

— Но как нам отвлечь толпу? — спросил он.

— Не... знаю, — ответила Вайолет и опустила глаза. — Мне... трудно... собраться... с мыслями.

— Помощь, — сказала Солнышко.

— Бесполезно звать на помощь, Солнышко, — остановил ее Клаус. — Никто нас не услышит.

— Помощь! — настаивала Солнышко. Она сняла с себя белый халат, широко разинула рот и, впившись зубами в материю, оторвала полоску. После чего протянула ее Вайолет. — Лента, — выговорила она, и Вайолет устало ей улыбнулась. Непослушными пальцами она подвязала кверху волосы, чтобы не мешали, потом снова прикрыла глаза и кивнула.

— Я знаю... это глупо, — проговорила она. — Но кажется, помогло, Солнышко. Клаус, продолжай связывать... резиновые бинты. Солнышко... можешь ты открыть... банку с супом?

— Трин, — ответила Солнышко, что означало «Да, я уже открывала такую банку, чтобы расшифровать анаграммы».

— Отлично. — Теперь, когда волосы у Вайолет были завязаны лентой, пусть даже ненастоящей, голос ее окреп и звучал увереннее. — Нам нужна... пустая жестянка... как можно... скорее.

Приходим к тому, кто недомогает,
Чтоб над болячкой смеялся он сам,
Даже когда доктора обещают
Ловко его распилить пополам.

Песня повсюду разносится звонко,
Поем мы куплеты ночью и днем.
Поем для мальчишки с разбитой коленкой
И для девчонки с ангиной поем.

Пока члены Г.П.В. распевали свою жизнерадостную песню, Бодлеры трудились, не теряя ни минуты. Клаус вскрыл коробку с резиновыми бинтами и начал их связывать. Солнышко начала грызть верхушку банки с супом, а Вайолет подошла к раковине и поплескала себе на лицо, чтобы окончательно прийти в себя. К тому времени, когда волонтеры дошли до припева

Тра-ла-ла-ла, тра-ла-ла-лей,
А ну поправляйся быстрей.
Тра-ла-ла-ла, э-ге-ге-гей,
Держи скорей шарик и не болей,

у ног Клауса, свернувшись, точно змея, лежала длинная веревка из резиновых бинтов, Солнышко успела отгрызть верхнюю крышку суповой жестянки и вылить суп в раковину. Вайолет же с беспокойством уставилась на нижний край двери, из-под которой выползала тоненькая струйка дыма.

— Огонь добрался до коридора, — сказала она, и дети опять услышали рев, — и олафовский прихвостень тоже. У нас есть всего несколько минут.

— Веревка готова, — объявил Клаус. — Но как отвлечь толпу с помощью пустой жестянки?

— Теперь это не пустая жестянка, — объяснила Вайолет, — это уже поддельный динамик. Солнышко, сделай в донышке одну дырку.

— Пиетрисикамоллавиадельрехиотемек-сити, — отозвалась Солнышко, но все ж таки сделала, как просила Вайолет, — проткнула самым острым зубом дно жестянки.

— Теперь, — продолжала Вайолет, — поднесите ее к окну. Встаньте так, чтобы вас не было видно. Там должны думать, будто мой голос идет из динамика.

Клаус и Солнышко поднесли пустую жестянку из-под супа к окну, и Вайолет засунула в нее голову, как в маску. Она глубоко вздохнула, собирая все свое мужество, и заговорила. Голос ее, проходя через банку, звучал слабо и хрипло, как будто она говорила через фольгу, чего, собственно, Вайолет и добивалась.

— Внимание! — объявила Вайолет, опередив волонтеров, которые как раз собирались запеть куплет про ветеранов, заболевших корью. — Говорит Бэбс. Маттатиас ушел в отставку по личным причинам, я снова — зав человеческими ресурсами. Убийцы и поджигатели Бодлеры замечены в недостроенном крыле больницы. Нам требуется помощь всех и каждого, чтобы наверняка не дать им сбежать. Прошу немедленно перейти туда. На этом все.

Вайолет вытянула голову из жестянки и взглянула на брата с сестрой.

— Как вы думаете — сработает?

Солнышко открыла рот, чтобы ответить, но остановилась, услышав голос бородатого волонтера.

— Слышали? — сказал он. — Преступники в недостроенной половине. Все туда!

— Может, кому-нибудь из нас лучше на всякий случай остаться тут и покараулить? — Бодлеры узнали голос Хэла.

Вайолет опять засунула голову в банку.

— Внимание! — объявила она. — Говорит Бэбс, зав человеческими ресурсами. Ни один не должен оставаться у главного входа. Это опасно. Немедленно переходите к недостроенному крылу. На этом все.

— Так и вижу заголовок, — произнесла репортерша из «Дейли пунктилио»: — *«Убийцы пойманы в недостроенной половине больницы хорошо организованными медиками-профессионалами»*. Дайте срок, это прочтут читатели!

В толпе раздались одобрительные возгласы, затихавшие по мере того, как толпа удалялась от входа.

— Сработало, — проговорила Вайолет. — Мы их провели. Мы не хуже Олафа научились дурачить людей.

— И маскироваться, — поддержал ее Клаус.

— Анаграммы, — добавила Солнышко.

— И лгать, — напомнила Вайолет, думая о Хэле и хозяине лавки «Последний шанс», а также обо всех поющих волонтерах. — А вдруг мы действительно становимся злодеями?

— Не говори так, — остановил ее Клаус. — Мы не злодеи. Мы хорошие люди. Просто нам приходится пускаться на хитрости, чтобы уцелеть.

— И Олаф тоже пускается на хитрости, чтобы уцелеть, — возразила Вайолет.

— Другое, — вставила Солнышко.

— А может, и не другое, — с грустью проронила Вайолет, — может...

Ее прервал злобный рев, раздавшийся совсем рядом с дверью. Перекормленный олафовский приспешник добрался до кладовки и теперь дергал ручку двери своими неуклюжими ручищами.

— Обсудим это позже, — сказал Клаус. — Сейчас надо быстрее выбираться.

— По такой плоской резиновой веревке сползать невозможно, — сказала Вайолет. — С ее помощью мы спрыгнем.

— Прыг? — с сомнением произнесла Солнышко.

— Многие прыгали с большой высоты на длинных резиновых веревках для развлечения, — пояснила Вайолет. — Ну а мы проделаем это ради спасения своей жизни. Я привяжу резину к водопроводному крану узлом «язык дьявола», и мы по очереди будем выпрыгивать из окна. Резина будет нас поддергивать, не давая упасть на землю сразу, — сперва опустит, потом поддернет, затем опять опустит — и так несколько раз, и с каждым разом все более плавно. В конце концов каждый благополучно приземлится, а потом закинет резину вверх для следующего.

— Рискованно, — заметил Клаус. — Я не уверен, что хватит длины.

— Да, риск есть, — согласилась Вайолет, — но пожар хуже.

Олафовский сообщник бешено замолотил в дверь, и около замка образовалась большая щель. В нее начал просачиваться черный дым, как будто громадина вливал в нее чернила. Вайолет поспешно привязала веревку к крану и потянула за нее, чтобы проверить прочность.

— Я прыгну первая, — сообщила Вайолет. — Я это изобрела, мне и пробовать.

— Нет, — запротестовал Клаус. — По очереди не будем.

— Вместе, — подтвердила Солнышко.

— Никто здесь не останется, — твердо повторил Клаус. — На этот раз — нет. Или спасаемся все вместе, или ни один из нас.

— Но если никто не спасется, — опечаленно проговорила Вайолет, — тогда Бодлеров не останется вообще, и значит, Олаф победит.

Клаус полез в карман и достал листок бумаги. Он развернул его, и сестры увидели, что это тринадцатая страница из сникетовского досье. Клаус показал на фотографию Бодлеров-родителей и фразу внизу. «Основываясь на фактах, обсуждаемых на странице девять, — прочел Клаус вслух, — эксперты подозревают, что во время пожара, скорее всего, уцелел один человек, однако местонахождение оставшегося в живых неизвестно». Мы тоже должны уцелеть, чтобы выяснить до конца, что произошло, и привлечь Олафа к суду.

— Но если прыгать по очереди, — не сдавалась Вайолет, — все-таки больше шансов, что кто-то из нас останется в живых.

— Мы никого здесь не оставим, — твердо повторил Клаус. — И этим мы отличаемся от Олафа.

Вайолет задумалась на минутку и затем кивнула.

— Ты прав, — сказала она.

Олафовский пособник ударил в дверь ногой, и щель еще больше расширилась. Дети увидели оранжевый свет в коридоре и поняли, что огонь и сообщник достигли двери одновременно.

— Мне страшно, — призналась Вайолет.

— Боюсь, — сказал Клаус.

— Жутко, — проговорила Солнышко. И в этот самый момент громадина опять пнул дверь и в щель залетели искры.

Бодлеры переглянулись, каждый схватился одной рукой за резиновую веревку, а другой за кого-то из членов своей семьи, и без дальнейших слов выпрыгнули из окна больницы

ТОЧКА.

Много чего есть на свете, о чем я не знаю. Я не знаю, каким образом бабочкам удается выбраться из кокона, не повредив себе крыльев. Не знаю, почему овощи варят, хотя жареные они гораздо вкуснее. Я не знаю, как делать оливковое масло, и не знаю, почему собаки перед землетрясением лают. И я не знаю, почему некоторые люди по собственной воле поднимаются на вершины гор, где ледяной воздух мешает дышать, или почему люди селятся в пригородах, где кофе жидкий, а все дома одинаковые. Я не знаю, где сейчас дети Бодлер, в порядке ли они и вообще живы они или нет. Но кое-что я все-таки знаю и, в частности, знаю, что окно кладовой в Отделении заразной сыпи находилось не на третьем или четвертом этаже, как думал Клаус, а на втором, поэтому, когда дети прыгнули прямо в густой дым, вцепившись в резиновую веревку, изобретение Вайолет сработало как нельзя лучше. В точности как игрушка «попрыгунчик», дети попрыгали немножко вниз-вверх, пошаркали подошвами об один из кустов, росших перед больницей, и после нескольких таких прыжков благополучно приземлились и на радостях крепко обнялись.

— Получилось! — проговорила Вайолет. — Мы были на волосок от смерти, но выжили.

Бодлеры оглянулись на больницу и увидели, каким тонким был этот волосок. Здание выглядело как огненный призрак, из окон буйно вырывалось пламя, из громадных зияющих дыр в стенах валили клубы дыма. Слышался звон лопающихся от огня стекол и рушащихся деревянных перекрытий. Детям вдруг пришло в голову, что их родной дом, должно быть, выглядел так же в тот день, когда случился пожар. Они отошли от пылающего здания и прижались друг к другу. Дым и пепел сгустились в воздухе и скрыли больницу.

— Куда нам идти? — спросил Клаус, стараясь перекричать рев огня. — Вся эта толпа вот-вот сообразит, что нас нет в недостроенной половине, и вернется сюда.

— Бежать! — выкрикнула Солнышко.

— Но вокруг даже не видно, куда идти! — воскликнула Вайолет. — Все пространство заполнено дымом!

— Опуститесь на колени! — скомандовал Клаус, становясь сам на колени и начиная ползти. — В энциклопедии «Как вести себя при пожаре» автор пишет, что ближе к земле — больше кислорода и поэтому легче дышать. Но нам как можно скорее требуется укрытие.

— Где нам найти укрытие в таком пустынном месте? — отозвалась Вайолет, ползя вслед за братом. — Больница была единственным зданием на мили вокруг, но скоро она сгорит дотла!

— Не знаю, где найти, — Клаус громко закашлялся, — но дышать долго нам тут не удастся!

— Скорее! — услышали вдруг Бодлеры голос в гуще дыма. — Сюда!

Перед глазами Бодлеров вдруг возникло что-то длинное и черное, и они разглядели автомобиль, который только что остановился перед больницей. Автомобиль, разумеется, неплохое укрытие, но дети замерли на месте и прижались к земле.

— Скорее! — повторил голос Олафа. — Торопись, а то оставлю тебя здесь!

— Иду, иду, любимый, — услышали Бодлеры позади себя голос Эсме Скволор. — Со мной Лукафонт и Флакутоно, и нас догоняют обе женщины. Я им велела забрать побольше докторских халатов, вдруг опять понадобятся для маскировки.

— Хорошая мысль, — ответил Олаф. — Можешь разглядеть машину в этом дыму?

— Могу, — отозвалась Эсме. Голос ее все приближался. Дети услышали странные звуки шагов, приближающихся по мере того, как она подходила на своих каблуках-стилетах. — Открой багажник, милый, мы положим туда костюмы.

— Ладно, — неохотно ответил Олаф, и дети разглядели длинную фигуру своего врага, вышедшего из машины.

— Олаф, подожди! — крикнул лысый.

— Болван! — отозвался Олаф. — Говорил я тебе, называй меня Маттатиас, пока мы на территории больницы. Давай скорее, залезай в машину. Сникетовского досье в хранилище документов не нашлось, но, кажется, я догадываюсь, где оно может быть. Как только мы уничтожим те тринадцать страниц, нам уже ничто не помешает.

— Но еще предстоит уничтожить Бодлеров, — добавила Эсме.

— Уже уничтожили бы, если б вы не провалили мой план. Ну да ладно, сейчас надо поскорей сматываться, пока полиция не пожаловала.

— Но твой самый могучий помощник все еще в Отделении заразной сыпи — охотится за щенками, — напомнил лысый и, судя по звукам, открыл дверцу.

Затем послышался голос крюкастого, дети разглядели сквозь дым его странные очертания, когда он полез в машину вслед за лысым:

— Отделение заразной сыпи полностью сгорело. Надеюсь, толстяк успел выбраться.

— Мы не собираемся тут торчать — выяснять, жив этот тупица или нет, — огрызнулся Олаф. — Как только женщины изволят положить костюмы в багажник, мы тут же выметаемся. Запалить больницу было, конечно, приятно, но теперь надо поскорее найти сникетовское досье до того, как его найдут Сами-Знаете-Кто.

— Г.П.В.! — хихикнула Эсме. — Настоящие Г.П.В., а не эти дурацкие певцы.

Багажник со скрипом открылся, дети разглядели его крышку, отскочившую вверх. Она была испещрена дырочками — очевидно, следами пуль, выпущенных полицейскими, когда те преследовали пассажиров автомобиля. Олаф обошел машину, продолжая отдавать приказания.

— Убирайтесь с переднего сиденья, идиоты, — рявкнул он. — Тут сидит моя подружка. Остальные запихивайтесь назад.

— Есть, босс, — отозвался лысый. — Мы несем костюмы, Маттатиас, — послышался в гуще дыма слабый голос одной из напудренных женщин. — Еще минутку, мы сейчас подойдем.

Вайолет придвинулась к младшим как можно ближе и тихо, чтобы никто не услышал, шепнула:

— Мы должны туда попасть.

— Куда? — прошептал Клаус.

— В багажник, — ответила Вайолет. — Это наш единственный шанс выбраться отсюда, прежде чем нас схватят или произойдет еще что-нибудь похуже.

— Кулеч! — испуганно прошептала Солнышко, желая сказать что-то вроде «Лезть в багажник — это все равно что быть пойманными!».

— Необходимо найти остальные страницы сникетовского досье до Олафа, — объяснила Вайолет, — иначе нам никогда не снять с себя подозрений.

— И не предать Олафа суду, — добавил Клаус.

— Изан, — проговорила Солнышко, что означало «И не выяснить, остался ли в живых после пожара кто-то из наших родителей».

— И единственный способ все это сделать, — докончила Вайолет, — это забраться в багажник автомобиля.

Сквозь дым к ним приплыл голос Олафа, коварный и опасный, как пламя.

— Сию минуту в машину! — приказал он. — На счет «три» я отъезжаю.

Бодлеры до боли крепко сжали друг другу руки.

— Вспомните все, что мы пережили вместе, — шепнула Вайолет. — Мы испытали бесчисленные несчастья и в конце концов опять остались одни. Если жив хоть кто-то из наших родителей, значит все было не зря. Мы должны найти того, кто остался в живых, даже если это будет последнее, что мы сделаем в жизни.

— Раз!

Клаус посмотрел на распахнутый багажник, похожий на зияющую пасть какого-то темного зверя, который сейчас сожрет его и сестер.

— Ты права, — пробормотал он наконец. — Мы не можем дольше сидеть в этом густом дыму, тут нам грозит удушье. Укрыться в багажнике — наша единственная надежда.

— Так! — шепнула Солнышко.

— Два!

Бодлеры встали, быстро перебежали к машине и нырнули в багажник. Там было влажно и стоял отвратительный запах, но дети все равно заползли в самую глубину, где их не могли заметить.

— Подождите меня! — крикнула напудренная, и Бодлеры почувствовали, что на них плюхнулись халаты. — Я не хочу остаться тут! Я не могу дышать!

— А мы сможем тут дышать? — тихонько спросила Вайолет у брата.

— Да, — ответил Клаус. — Воздух поступает через пулевые отверстия. Я не такое укрытие имел в виду, но и это сойдет.

— Голош, — пискнула Солнышко, что означало «Должно сойти, пока не найдется что-нибудь получше», и брат с сестрой кивнули.

— Три! Багажник захлопнулся, дети оказались в полной темноте, их убежище загрохотало и затряслось, поскольку Олаф завел мотор, и двинулось в путь все по той же плоской безлюдной равнине. Но Бодлеры, естественно, ее не видели. Они вообще ничего не могли видеть в черном нутре багажника. Они только слышали собственное судорожное дыхание, когда ловили воздух, врывавшийся в дырки от пуль, и ощущали во всем теле дрожь от страха. Это никоим образом не было тем убежищем, о котором им мечталось, но они понимали, что сейчас сойдет и такое. Для бодлеровских сирот (если они все еще были сиротами) багажник олафовской машины должен был сойти за убежище, пока не подвернется что-то получше.

УБИ
МАДАМ ЛУ

Моему любезному редактору

Надеюсь, что это письмо не будет испорчено свирепыми и неумолимыми... я прячусь теперь... в тысяче трехстах девятнадцати с половиной милях от ресторана, где вы так недавно отмечали свой день рождения... можете обменять в ближайшей прачечной или в ювелирной лавке на... ищите... с длинными усами. Она передаст вам законченную рукопись под названием «Кровожадный карнавал», а также ранец с... вы ни в коем случае не должны исправлять... очень важно, чтобы... последний... оставшийся в живых Бодлер... набросок волчонка Чабо и Мадам Лулу... или, по крайней мере, то, что осталось от...

Помните, вы моя последняя надежда на то, что история бодлеровских сирот будет рассказана широкой публике.

Со всем подобающим почтением,

Лемони Сникет

ТРИДЦАТЬ ТРИ НЕСЧАСТЬЯ * ЛЕМОНИ СНИКЕТ

Кровожадный карнавал

Посвящается Беатрис

*Наша любовь разбила сердце мне
и остановила твое.*

Дорогой читатель!

Слово «кровожадный», которое присутствует в названии книги, относится к тем существам, которые «жаждут крови», и достаточно прочесть это свирепое слово, чтобы дальше уже не читать. В этой кровожадной книге рассказывается столь прискорбная история, что содержимое ее может оказать гораздо более тошнотворное действие, чем даже самая нездоровая пища.

Во избежание расстройства желудка я лучше не буду перечислять будоражащие ингредиенты этой истории, в частности зашифрованную карту, личность с равнодействующими руками и ногами, буйную толпу, деревянную доску и волчонка Чабо.

Как это ни печально для меня, я провожу время, исследуя и записывая все огорчительные и даже удручающие события в жизни бодлеровских сирот. Но вы можете заполнить ваше время чем-то более аппетитным, например поедать овощные блюда или кормить ими кого-нибудь другого.

Со всем подобающим почтением,

Лемони Сникет

МАДАМ ЛУЛУ
·КАРНАВАЛ КАЛИГАРИ·
ЧТО ХОЧЕШЬ УСЛЫШАТЬ – ТО И УСЛЫШИШЬ!
IH8 ORFNS

Глава **ПЕРВАЯ**

КОГДА мой рабочий день закончен и я уже захлопнул блокнот, убрал перо и просверлил дырки во взятом напрокат каноэ, чтобы оно утонуло и не выдало моего местоположения, я люблю поболтать вечерком с немногими оставшимися в живых друзьями. Порой мы ведем литературные разговоры. Иногда говорим о людях, пытающихся нас погубить, и о том, есть ли способ спастись от них. А порой беседуем об опасных, наводящих страх диких животных, которые, возможно, водятся поблизости. И эта тема всегда вызывает разногласия: мы спорим о том, какая именно часть зверя наиболее опасна и внушает страх. Одни говорят — зубы, потому что зубами можно загрызть ребенка, а то и родителей, а потом сгрызть их кости. Другие говорят — когти, поскольку когтями можно разорвать человека в клочья. А третьи утверждают, что опаснее всего шерсть, так как она заставляет чихать людей с аллергией.

Я же всегда настаиваю на том, что самая страшная часть дикого зверя — его чрево: если вы видите чрево, иначе говоря, брюхо зверя изнутри, значит вы уже познакомились с его зубами, когтями и даже шерстью и теперь вы попались и вряд ли можете на что-то надеяться. Вот почему выражение «у зверя в чреве» означает «в некоем ужасном месте, откуда едва ли можно рассчитывать благополучно выбраться», и случая применить это выражение вряд ли кто-нибудь ждет с нетерпением.

С сожалением должен сказать, что в книге, которую вы держите в руках, выражение «у зверя в чреве» будет использовано три раза. Я не считаю тех двух раз, когда я уже успел его применить: так просто хотел предупредить, что выражение «у зверя в чреве» будет употреблено в книге трижды. Трижды на протяжении моего повествования главные персонажи окажутся в ужасных местах, откуда у них будет мало шансов спастись. Вот почему я бы отложил эту книгу в сторону и таким образом поскорее благополучно спасся, ибо эта горестная история настолько мрачна и уныла, что читающему может показаться, будто он сам находится у зверя в чреве (этот раз тоже не считается).

Бодлеровские сироты как раз находились у зверя в чреве — в данном случае в темном и тесном багажнике длинного черного автомобиля. Если вы не являетесь небольшим портативным предметом, вы, вероятно, предпочитаете во время поездки сидеть, откинувшись на мягкую спинку сиденья, поглядывать в окно на проносящийся за окном пейзаж и, накрепко пристегнувшись ремнем, чувствовать себя в полной безопасности. Но Бодлеры-то не имели возможности откинуться назад, тела их ныли оттого, что вот уже несколько часов они лежали, плотно притиснутые друг к другу. Окон, чтобы выглядывать наружу, не было, лишь несколько дырок от пуль в стенках багажника говорили о каком-то вооруженном столкновении, расследовать которое я не решился. И дети никоим образом не ощущали себя в безопасности, когда думали об остальных пассажирах внутри машины, и старались представить себе, куда машина направляется.

За рулем сидел некий Граф Олаф, злобный тип с одной-единственной бровью вместо двух, обуреваемый жаждой денег, вместо того чтобы быть обуреваемым уважением к другим людям. Впервые Бодлеры познакомились с Графом Олафом после того, как узнали о гибели своих родителей во время ужасающего пожара, и очень скоро поняли, что его интересует только громадное состояние, оставленное им родителями в наследство. С неиссякаемым упорством (что в данном случае означает «где бы дети ни очутились») Граф Олаф преследовал их, используя один за другим разные подлые методы, для того чтобы наложить лапы на их наследство. До сих пор ему это не удавалось, хотя большую помощь ему оказывали его подружка Эсме Скволор, особа не менее злобная, но более приверженная моде, сидевшая сейчас рядом с ним на переднем сиденье, а также сборище разнообразных помощников, включая лысого с непомерно длинным носом, двух женщин, имевших обыкновение покрывать лица белой пудрой, и гнусного типа с крюками вместо рук. Все они сейчас сидели на заднем сиденье, и до детей сквозь рев мотора и шуршание колес по каменистой почве доносились их разговоры.

Казалось бы, зачем Бодлерам такая скверная компания? Им стоило бы выбрать какой-то другой способ путешествовать, а не забираться в багажник. Но дело в том, что дети хотели избегнуть еще более устрашающей и опасной ситуации, чем поездка с Олафом и его пособниками, поэтому привередничать не приходилось. Однако, по мере того как продолжалась поездка, Вайолет, Клаус и Солнышко испытывали все большее и большее беспокойство. Солнце, заглядывавшее в пулевые отверстия, начало гаснуть, дорога стала еще более каменистой и тряской, и Бодлерам оставалось только гадать — где они едут и что будет, когда они доберутся до места. Долгую тишину прервал голос крюкастого:

— Ну, скоро?

— Я тебе говорил, перестань спрашивать! — рявкнул Олаф. — Когда доедем, тогда доедем, и все тут.

— А нельзя сделать короткую остановку? — попросила одна из женщин. — Я заметила знак — место отдыха в нескольких милях отсюда.

— Некогда останавливаться, — отрезал Олаф. — Надо было в туалет зайти до отъезда.

— Но ведь больница уже горела, — жалобно отозвалась женщина.

— Да, давайте остановимся, — поддержал ее лысый. — Мы с ланча ничего не ели, в животе урчит от голода.

— Мы не будем здесь останавливаться, — заявила Эсме. — В Пустошах нет модных ресторанов.

Вайолет, старшая из Бодлеров, с трудом высвободила руку, положила ее Клаусу на занемевшее плечо и покрепче прижала к себе младшую, Солнышко, словно желая без слов сообщить им что-то важное. Эсме Сквологр вечно твердила про что угодно — модно, не модно вместо слов «элегантно», «стильно». Но детям сейчас было интересно услышать совсем другое — где они едут. Пустоши, обширная пустынная местность, начинались далеко от окраины города, и в них на сотни миль вокруг не попадалось ни одной деревушки. Родители Бодлер давно уже обещали свозить туда детей полюбоваться тамошними знаменитыми закатами. Клаус, ненасытный книгочей, прочел вслух описание этих закатов, и с тех пор вся семья мечтала туда попасть. А Вайолет, наделенная изобретательским даром, даже начала создавать работающую на солнечной энергии печь, чтобы всем вместе лакомиться запеченными сэндвичами с сыром, пока солнце будет медленно опускаться за далекие снежные Мертвые горы и зловещий темно-синий свет заливать кактусы. Дети и представить себе не могли, что окажутся в Пустошах одни, без родителей, в тесном багажнике автомобиля, принадлежащем злобному негодяю.

— Босс, а ты уверен, что безопасно забираться в такую даль? — осведомился крюкастый. — Если за нами сюда явится полиция, тут нигде не спрячешься.

— Что нам стоит опять замаскироваться? — отозвался лысый. — В багажнике все для этого есть.

— Нам незачем прятаться, — ответил Олаф, — и маскироваться тоже. Благодаря глупой репортерше из «Дейли пунктилио» весь мир думает, что я мертв, забыли?

— Ты мертв, — Эсме противно хихикнула, — а трое бодлеровских отродий — убийцы. Нам незачем прятаться, надо это отпраздновать.

— Праздновать рано, — возразил Олаф. — Осталось сделать еще два дела. Первое — уничтожить последнюю улику, из-за которой мы можем угодить в тюрьму.

— Сникетовское досье, — добавила Эсме, и дети вздрогнули. Они нашли одну страничку из сникетовского досье, и она сейчас лежала в кармане у Клауса. Конечно, по одной страничке трудно судить, но, видимо, все досье содержало какую-то информацию о ком-то, уцелевшем во время пожара, и Бодлеры мечтали найти остальные страницы раньше, чем их найдет Олаф.

— Само собой, — поддакнул крюкастый, — надо найти досье. А какое второе дело?

— Найти Бодлеров, болван! — рявкнул Олаф. — Без них не заполучить бодлеровское наследство, а тогда все мои планы пойдут насмарку.

— А я не нахожу, что насмарку, — вмешалась одна из напудренных женщин. — Мне в них участвовать — сплошное удовольствие, хоть наследства мы пока и не заполучили.

— Думаешь, всем троим соплякам удалось выбраться из горящей больницы? — поинтересовался лысый.

— Эти отродья на редкость везучие, — отозвался Граф Олаф. — Скорей всего, они живехоньки, но было бы, конечно, проще, если хотя бы двое сгорели. Нам для получения наследства живым требуется только один.

— Надеюсь, это будет Солнышко, — сказал крюкастый. — Вот потеха была, когда мы ее в клетку посадили. С удовольствием засажу ее туда еще разок.

— Я лично надеюсь, что уцелела Вайолет, — возразил Олаф, — все-таки она хорошенькая.

— А мне наплевать, кто из них уцелеет, — заявила Эсме, — я хочу знать одно — где они.

— Вот это и будет знать Мадам Лулу, — ответил Олаф. — С помощью хрустального шара она нам скажет, где сироты, где досье и вообще все, что мы захотим узнать.

— Я никогда не верила в хрустальные шары и всякое такое, — заметила одна из напудренных женщин, — но когда эта Мадам Лулу стала сообщать, где искать Бодлеров, каждый раз, как они сбегали, я поверила в гадание.

— Держись меня, и узнаешь уйму нового, — заявил Олаф. — А-а, вот и поворот на Малоезженую дорогу. Мы почти доехали.

Машина резко вильнула влево, и Бодлеры вильнули вместе с ней, перекатившись на левую сторону багажника, и туда же перекатилось изрядное количество предметов, которые Олаф возил с собой для выполнения своих гнусных планов. Вайолет еле удержалась, чтобы не закашлять, когда одна из олафовских фальшивых бород попала ей в рот. Клаус заслонил лицо рукой, чтобы ящик с инструментами не разбил ему очки. А Солнышко плотно сжала губы, чтобы в зубах у нее не запуталась грязная нижняя рубаха Олафа. Малоезженая дорога оказалась еще ухабистее, чем главная, по которой они до этого ехали, и машина так грохотала, что дети перестали слышать разговоры внутри машины. Наконец Олаф нажал на тормоза, и автомобиль со скрипом остановился.

— Еще не доехали? — послышался голос крюкастого.

— Разумеется, доехали, болван, — огрызнулся Олаф. — Видишь, вывеска: «Карнавал Калигари».

— А где Мадам Лулу? — осведомился лысый.

— А ты как думаешь? — фыркнула Эсме, и все расхохотались.

Дверцы автомобиля со скрежетом открылись, и машина снова накренилась, когда все стали вылезать.

— Доставать вино из багажника, босс? — спросил лысый.

Дети замерли.

— Нет, — ответил Олаф, — у Мадам Лулу найдется для нас угощение.

Дети лежали не шевелясь и прислушивались к удалявшимся шагам Олафа с его труппой... Шаги становились все тише, тише, и когда они совсем стихли и лишь вечерний ветерок засвистел, залетая в дырки от пуль, дети наконец осмелились заговорить друг с другом.

— Что нам делать? — прошептала Вайолет, отпихивая бороду.

— Меррилл, — выпалила Солнышко. Подобно многим людям ее возраста, младшая из Бодлеров иногда употребляла слова, которые людям посторонним было трудно понять. Но ее старшие брат с сестрой сразу догадались, что она хочет сказать нечто вроде «Хорошо бы выбраться из багажника».

— И как можно скорее, — согласился Клаус. — Ведь мы не знаем, когда вернутся Олаф с труппой. Вайолет, не изобретешь ли что-нибудь, чтобы открыть багажник изнутри?

— Думаю, большого труда это не составит, тут столько всего напихано. — Вайолет протянула руку и стала ощупывать все вокруг, пока не нашарила механизм, запиравший багажник. — Я знакома с этим типом замков, — сказала она. — Чтобы открыть его, нужно сделать петлю из чего-то крепкого вроде шпагата. Поройся тут, Клаус, не найдется ли чего-нибудь такого.

— Что-то обмоталось у меня вокруг левой руки, — сказал, поворочавшись, Клаус. — Похоже на то, из чего был сделан олафовский тюрбан, когда Олаф изображал учителя Чингиза.

— Он слишком толстый, — возразила Вайолет, — а мне надо просунуть его внутрь замка.

— Семжа! — воскликнула Солнышко.

— Это шнурок на моем башмаке, Солнышко, — отозвался Клаус.

— Оставим его на крайний случай, — сказала Вайолет, — иначе, если придется бежать, ты будешь спотыкаться на каждом шагу. Погодите, кажется, я что-то нащупала под запасной покрышкой.

— Что это?

— Не знаю. Похоже на тонкий шнурок с чем-то круглым и плоским на конце.

— Бьюсь об заклад, это монокль, — обрадовался Клаус. — Помнишь, такая занятная штука, Олаф вставлял ее в глаз, когда притворялся аукционером.

— Наверно, ты прав. Вот и хорошо — монокль помог Олафу выполнить свой замысел, а теперь он поможет нам. Солнышко, я попробую открыть замок.

Солнышко, извиваясь, отползла подальше, и Вайолет, протянув руку поверх брата и сестры, просунула шнурок от монокля в замок. Все трое прислушивались, пока Вайолет водила своим изобретением туда-сюда внутри замка, и через несколько секунд услышали тихое «щелк!» — и крышка багажника с долгим «кряк!» отскочила. Внутрь ворвался прохладный воздух, но дети продолжали лежать не двигаясь — они опасались, как бы скрип открывающейся крышки не привлек внимания Олафа, однако тот со своими пособниками был, очевидно, уже далеко. Дети слышали лишь стрекотание вечерних сверчков и далекий собачий лай. Бодлеры переглянулись, щурясь в сумеречном свете, затем Вайолет и Клаус без дальнейших слов выбрались из багажника и вынули оттуда младшую сестру. Уже наступил вечер. Знаменитый закат в Пустошах подходил к концу, и все вокруг было окутано густо-синим светом, как будто Граф Олаф завез их в глубины океана. Они увидели на столбе поблизости вывеску с надписью «Карнавал Калигари»[1], выведенную старинным шрифтом, и с выцветшим изображением льва, преследующего испуганного мальчугана. За столбом стоял киоск с объявлением о продаже билетов и телефонная будка, поблескивающая в синем свете. Дальше возвышались громадные «американские горки» — то есть крутые и страшные сооружения, по которым вверх и вниз по рельсам на маленьких, прицепленных друг к другу тележках неизвестно зачем катаются люди. Даже в убывающем свете было видно, что на них давно никто не катался — и рельсы и тележки заросли плющом и прочими вьющимися растениями, отчего аттракцион казался врастающим в землю. По другую сторону «американских горок» стояли в ряд большие

[1] Доктор Калигари — зловещий персонаж немого фильма 1920-х гг.

палатки, дрожавшие на вечернем ветру, точно медузы, а рядом с каждой палаткой стоял крытый фургон, то есть повозка, которая служит домом на колесах для тех, кто много путешествует. Стены фургонов и палаток были всячески разрисованы, но Бодлеры сразу догадались, какой фургон принадлежит Мадам Лулу, так как на нем красовалось изображение громадного глаза. В точности такого же, как на татуировке на олафовской левой щиколотке, которую Бодлеры повидали уже много раз за свою жизнь. Они содрогнулись при мысли о том, что этот глаз следит за ними даже в Пустошах.

— Так, — сказал Клаус, — из багажника мы выбрались, теперь надо выбираться из этих мест. Олаф с труппой могут вернуться в любой момент.

— Но куда мы пойдем? — в недоумении проговорила Вайолет. — Мы же в Пустошах. Сказал ведь помощник Олафа, что тут негде спрятаться.

— Значит, надо найти такое место, — возразил Клаус. — Там, где Олафа любят и принимают, бродить опасно.

— Глаз! — подтвердила Солнышко, показывая пальчиком на фургон Мадам Лулу.

— Но и плутать по всему краю опасно, — запротестовала Вайолет. — В прошлый раз мы вздумали скитаться в незнакомой местности, и сами знаете, что это плохо кончилось.

— А может, удастся позвонить в полицию из здешней телефонной будки? — предложил Клаус.

— Драгнет! — заявила Солнышко, что означало «Но ведь полиция считает нас убийцами!».

— Пожалуй, можно попробовать дозвониться до мистера По, — предложила Вайолет. — Правда, он не ответил на нашу телеграмму о помощи, но вдруг с телефоном больше повезет.

Трое детей обменялись безнадежными взглядами. Мистер По был вице-президентом отдела большого городского банка; отдел занимался делами сирот в Управлении Денежных Штрафов, и поэтому мистер По ведал бодлеровским наследством после пожара. Сам он не был злым человеком, но совершал ошибку за ошибкой, неоднократно погружая их в пучину зла, поскольку отдавал в руки таких злокозненных личностей, что и сам почти не отличался от настоящих злодеев. Поэтому детям не особенно хотелось снова обращаться к нему, но ничего лучше они придумать не могли.

— Конечно, надежда на то, что он как-то поможет, слабая, — заключила Вайолет, — но что нам терять?

— Ну, не будем думать о худшем. — Клаус пошел к телефонной будке. — А вдруг мистер По на этот раз выслушает наши объяснения до конца?

— Вериз, — произнесла Солнышко, что означало нечто вроде «Чтобы позвонить, нужны деньги».

— У меня нету. — Клаус пошарил в карманах. — А у тебя, Вайолет?

Та покачала головой:

— Попробуем соединиться с телефонисткой и узнать, нельзя ли заказать разговор бесплатно.

Клаус кивнул, открыл дверцу, и все трое втиснулись в будку. Вайолет сняла трубку и набрала ноль, а Клаус приподнял Солнышко, чтобы она тоже слышала весь разговор.

— Оператор слушает, — раздался голос телефонистки.

— Добрый вечер, — начала Вайолет, — мы с братом и сестрой хотели бы заказать разговор.

— Пожалуйста, опустите соответствующую монету.

— У нас нет соответствующей монеты, — ответила Вайолет, — у нас вообще нет денег. Но ситуация чрезвычайная.

В трубке послышался слабый свистящий звук, и Бодлеры поняли, что телефонистка вздыхает.

— Какого рода чрезвычайность?

Вайолет взглянула на обращенные к ней лица брата и сестры и увидела в очках Клауса и на зубах у Солнышка отражение последних синих отблесков заката. В обступившей затем темноте чрезвычайность ситуации показалась им такой непомерной, что потребовалась бы целая ночь, чтобы объяснить все телефонистке как следует. Поэтому старшая из Бодлеров постаралась сообразить, как бы суммировать все покороче, иначе говоря, рассказать их историю так, чтобы убедить телефонистку разрешить им бесплатно поговорить с мистером По.

— Так вот, — начала она. — Меня зовут Вайолет Бодлер, рядом мой брат Клаус и моя сестра Солнышко.

Может быть, наши имена вам немного знакомы: газета «Дейли пунктилио» недавно напечатала статью, там нас называют Вероника, Клайд и Сьюзи и утверждают, будто мы убили Графа Омара. Но на самом деле Граф Омар — это Граф Олаф, и он вовсе не умер. Он подстроил свою смерть, убив другого человека с такой же татуировкой, и свалил убийство на нас. Пытаясь нас поймать, он сжег больницу, но потом мы спрятались в багажнике его машины, когда он уезжал со своими приспешниками. Сейчас мы выбрались из багажника и очень хотим связаться с мистером По, чтобы он помог нам раздобыть сникетовское досье. В нем мы думаем найти разгадку букв Г.П.В. и понять, действительно ли кто-то из наших родителей уцелел в пожаре. Я знаю, история очень запутанная и может показаться вам невероятной, но мы в Пустошах совсем одни и не знаем, что делать.

История была такой ужасной, что Вайолет даже всплакнула немножко во время своего рассказа, но потом смахнула слезы и приготовилась слушать ответ телефонистки. Однако телефон молчал. Бодлеры старательно прислушивались, но в трубке звучал лишь едва слышный фон.

— Алло, — сказала наконец Вайолет.

Телефон молчал.

— Алло, — повторила Вайолет. — Алло. Алло.

Телефон ничего не отвечал.

— Алло! — сказала она еще раз, так громко, насколько смела.

— Наверное, лучше повесить трубку, — мягко посоветовал Клаус.

— Но почему никто не отвечает? — возмутилась Вайолет.

— Не знаю. Думаю, телефонистка нам не поможет.

Вайолет повесила трубку и открыла дверцу телефонной будки. Теперь, когда солнце зашло, в вечернем воздухе похолодало, и Вайолет дрожала на ветру.

— Кто же нам поможет? — спросила она. — Кто о нас позаботится?

— Придется самим позаботиться о себе, — ответил Клаус.

— Эфраи, — проговорила Солнышко, разумея под этим «Вот теперь наши дела действительно плохи».

— Еще бы, — отозвалась Вайолет. — Мы находимся невесть где, спрятаться тут невозможно, и весь мир считает нас преступниками. А как должны преступники заботиться о себе в Пустошах?

И словно в ответ, Бодлеры тут же услышали взрыв смеха. Смеха еле слышного, но в вечерней тишине заставившего детей вздрогнуть. Солнышко показала пальцем, и все трое увидели свет в одном из окошек фургона Мадам Лулу. За стеклом мелькали тени, и дети представили себе, как там, внутри, болтают и смеются Граф Олаф и его компания, в то время как бодлеровские сироты дрожат от холода в полной темноте.

— Пошли посмотрим, — сказал Клаус. — Поучимся, как должны заботиться о себе преступники.

Глава
ВТОРАЯ

«ПОДСЛУШИВАТЬ» здесь означает «прислушиваться к интересным беседам, участвовать в которых вас не приглашали». Подслушивать — очень полезное занятие, а зачастую и приятное, но подслушивание считается признаком невоспитанности, и, как бóльшая часть невоспитанных поступков, подслушивание неизменно влечет за собой неприятности, если вас застигнут за этим занятием. Однако бодлеровские сироты, как вам известно, имели в этом отношении богатый опыт и научились не попадаться. Они знали, как бесшумно прокрасться на территорию Карнавала Калигари, как притаиться под окном фургона Мадам Лулу.

Случись вам оказаться там в этот зловеще-синий вечер (а ничто в моих расследованиях не указывает на ваше присутствие), вы бы не услышали ни малейшего шороха, когда Бодлеры подслушивали разговоры своих врагов.

Зато Граф Олаф вместе с труппой шумели вовсю.

— Мадам Лулу! — заорал Граф Олаф, как раз когда дети прижались к стенке фургона, стараясь стать как можно незаметнее в вечернем сумраке. — Мадам Лулу, налей-ка нам вина! После поджога и бегства от полиции меня всегда мучит жажда.

— А мне хочется пахтанья[1] в бумажном стаканчике, — потребовала Эсме. — Это новый модный напиток.

— Пять бокалов вина и стаканчик пахтанья, сейчас, пожалуйста, — ответил женский голос со знакомым акцентом. Совсем недавно, когда Эсме Скволор была опекуншей Бодлеров, Олаф изображал человека, который плохо говорит по-английски, и для этого объяснялся с якобы иностранным акцентом, очень похожим на тот, который они услышали сейчас. Бодлеры попытались заглянуть в окно, чтобы увидеть гадалку, но занавески у Мадам Лулу были плотно сдвинуты. — Я испытываю радость, пожалуйста, видеть тебя, мой Олаф. Добро пожаловать ко мне в фургон. Какая твоя жизнь?

— Дел по горло, — ответил крюкастый, имея в виду, что они беспрерывно гоняются за невинными детьми. — Никак не изловить этих троих сирот.

[1] Сыворотка, остающаяся при сбивании сливочного масла.

— Не волнуйтесь про детей, пожалуйста, — успокоила гостей Мадам Лулу. — Хрустальный шар говорит: мой Олаф одолеет.

— Если это означает «прикончит невинных деток», — вмешалась одна из напудренных женщин, — то это будет самая радостная новость за сегодняшний день.

— «Одолеет» значит «победит», — отозвался Олаф, — но в данном случае слово имеет смысл «прикончит Бодлеров». Когда именно, говорит хрустальный шар, это произойдет?

— Очень скоро, пожалуйста. А какие подарки ты мне привез, мой Олаф, после путешествия?

— Хм, давай посмотрим, — ответил Олаф. — Есть премилое жемчужное ожерелье, я его украл у медсестры в больнице.

— Но ты обещал отдать его *мне*! — перебила Эсме. — Отдай ей одну из вороньих шляп, которые ты прихватил в Городе Почитателей Ворон.

— Должен тебе сказать, Лулу, — продолжал Олаф, — ты потрясающая гадалка. Я бы нипочем не додумался, что Бодлеры скрываются в том дурацком городишке, а вот твой шар сразу сообразил.

— Магия есть магия, пожалуйста, — отозвалась Лулу. — Еще вино, мой Олаф?

— Спасибо. А теперь, Лулу, нам снова нужно, чтобы ты погадала.

— Бодлеровские отродья опять улизнули, — пояснил лысый, — вот босс и думает, не сможешь ли ты сказать, куда они делись.

— А заодно, — добавил крюкастый, — нам надо знать, где сникетовское досье.

— И еще надо знать, действительно ли остался в живых кто-то из бодлеровских родителей, — раздался голос Эсме. — Так считают сироты, но твой шар мог бы сказать наверняка, так это или нет.

— А я хочу еще вина, — добавила одна из женщин с белым лицом.

— Много просьб, пожалуйста, — проговорила Мадам Лулу. — Мадам Лулу вспоминает время раньше, тогда мой Олаф приезжал для моей компании.

— Сегодня не до того, — поспешно ответил Олаф. — Не могла бы ты поспрашивать свой хрустальный шар прямо сейчас?

— Ты знаешь правило шара, мой Олаф, — отозвалась Лулу. — Ночью хрустальный шар обязан спать в гадательной палатке, а на восходящем солнце можно спросить один вопрос.

— Значит, утром я задам первый вопрос, — распорядился Олаф. — И мы будем тут жить, пока я не получу ответы на все вопросы.

— О нет, мой Олаф, — запротестовала Мадам Лулу. — Карнавал Калигари имеет плохие времена, пожалуйста. Поместить Карнавал в Пустошах давал плохой бизнес, мало людей идет и смотрит Мадам Лулу и хрустальный шар. Фургон сегодня имеет негодные сувениры. У Мадам Лулу, пожалуйста, мало уродов для Шатра уродов. Ты приезжаешь, мой Олаф, и твоя труппа, живете много дней, пьете мое вино и едите все закуски.

— Жареная курочка прямо восхитительна, — одобрил крюкастый.

— Мадам Лулу не имеет деньги, пожалуйста, — продолжила Лулу. — Гадать для тебя трудно, мой Олаф, Мадам Лулу такая бедная. Крыша в моем фургоне течет, Мадам Лулу необходимо много денег, пожалуйста, делать ремонт.

— Я уже тебе говорил — как только приберем к рукам бодлеровское наследство, твоему карнавалу перепадет уйма денег.

— Ты говорил так же самое про наследство Квегмайров, мой Олаф, — не сдавалась Мадам Лулу, — и про состояние Сникета. Но Мадам Лулу не видела ни один пенни. Надо думать, пожалуйста, чтобы в карнавал Калигари ходил большой народ. Мадам Лулу думала, чтобы труппа моего Олафа сделала такой шоу вроде «Удивительная свадьба», — тогда придут много людей.

— Боссу некогда возиться с театром, — заметил лысый. — Составление планов полностью занимает его время.

— А кроме того, я отошла от шоу-бизнеса, — заявила Эсме. — Теперь я хочу быть только подружкой Графа Олафа.

Последовало молчание, из фургона Лулу до детей донесся лишь хруст — кто-то грыз куриные косточки. Затем послышался долгий вздох, и Лулу произнесла тихим голосом:

— Ты не говорил, мой Олаф, что Эсме тебе подружка. Возможно, Мадам Лулу не станет разрешать тебе и твоя труппа оставаться в моем карнавале.

— Ну, будет, будет, Лулу, — проговорил Граф Олаф, и подслушивавшие дети похолодели — Олаф заговорил тоном, который дети слышали много раз, когда он старался кого-нибудь одурачить, выдавая себя за доброго порядочного человека. Даже плотно задернутые занавески не помешали Бодлерам представить себе, как Олаф улыбается Мадам Лулу, выставив все свои зубы, и как глаза его горят ярким блеском, как будто он собирается отпустить шутку. — Рассказывал я тебе, каким образом я сделался актером?

— История увлекательная, — вставил крюкастый.

— А то как же, — подтвердил Олаф. — Налей-ка мне еще винца, и я тебе расскажу. Так вот, когда я учился в школе, я был самым красивым среди учеников, и вот один раз молодая директриса...

С Бодлеров этого хватило. Они столько времени провели в обществе этого негодяя, что знали: раз уж он начал говорить о себе, то будет продолжать вечно, что в данном случае означает «пока не кончится вино». Поэтому они отошли на цыпочках от фургона и крадучись направились обратно к машине, чтобы все обсудить, не боясь быть услышанными. В вечерней темноте длинный черный автомобиль выглядел как громадная дыра, и детям казалось, что она вот-вот засосет их. Они принялись придумывать, что делать дальше.

— Пожалуй, лучше отсюда уйти, — нерешительно проговорил Клаус. — Тут очень опасно, но куда денешься в Пустошах, ума не приложу. На мили и мили вокруг полное безлюдье, мы можем умереть от жажды или подвергнуться нападению диких зверей.

Вайолет поспешно огляделась вокруг, как будто сию минуту ждала нападения, но единственным диким зверем поблизости был нарисованный на вывеске лев.

— Даже если мы кого-нибудь встретим, — возразила она, — они, чего доброго, решат, что мы убийцы, и вызовут полицию. Да и Мадам Лулу обещала завтра утром ответить на вопросы Олафа.

— Неужели ты думаешь, хрустальный шар и вправду отвечает на вопросы? — удивился Клаус. — Мне еще ни в одной книге не попадалось никаких подтверждений, что гадание — реальная вещь.

— Но ведь Мадам Лулу все время подсказывает Графу Олафу, где нас искать, — возразила Вайолет. — Берет же она где-то информацию. Если она в самом деле способна обнаружить, где сникетовское досье, или выяснить, жив ли кто-то из наших родителей...

Она не договорила, но ей и не требовалось договаривать фразу до конца. Все трое понимали, что ради возможности выяснить, уцелел ли кто-то во время пожара, стоило рискнуть и остаться тут.

— Сандовер, — проговорила Солнышко, имея в виду «Значит, остаемся тут».

— Так и быть, на эту ночь, — сдался наконец Клаус. — А где мы спрячемся? Если где-нибудь не укрыться, нас могут узнать.

— Ургон? — вопросительно произнесла Солнышко.

— Нет! Люди в фургонах работают на Мадам Лулу, — возразил Клаус. — Кто знает, захотят ли они нам помочь?

— У меня идея. — Вайолет подошла к багажнику, подняла крышку, которая издала «кряк», и заглянула внутрь.

— Чушь! — выпалила Солнышко. Она хотела сказать «По-моему, Вайолет, это не очень здравая идея».

— Солнышко права, — поддержал ее Клаус. — Олаф со своими пособниками могут вернуться в любой момент, чтобы взять вещи из багажника. Там нельзя прятаться.

— А мы и не станем прятаться. Ведь Олаф и члены его труппы никогда не прячутся, а их все равно не узнают. Мы замаскируемся.

— Габроха? — спросила Солнышко.

— Почему не получится? — отозвалась Вайолет. — Олаф постоянно меняет обличья, и ему удается всех обмануть. Если нам удастся обмануть Мадам Лулу и она примет нас за кого-то другого, мы сможем остаться тут и получить ответы на наши вопросы.

— Рискованный план, — заметил Клаус, — но прятаться не менее рискованно. За кого мы себя выдадим?

— Давайте посмотрим, какие здесь есть костюмы, — предложила Вайолет, — может, что-то и придумаем.

— Придется не смотреть, а пробовать на ощупь, — сказал Клаус. — Что тут увидишь в такой темноте?

Бодлеры выстроились перед багажником и запустили в него руки. Как вы, наверное, знаете сами, когда копаешься в чужих вещах, неизбежно узнаешь об их владельцах много интересного, о чем раньше не подозревал. Вы, скажем, просматриваете письма, полученные вашей сестрой в последнее время, и вдруг узнаете, что она собирается бежать с эрцгерцогом[1]. Или вы роетесь в чемоданах, принадлежащих попутчику в поезде, и выясняете, что сосед тайно фотографировал вас последние полгода. Недавно я заглянул в холодильник одной моей недоброжелательницы и узнал, что она либо вегетарианка, либо притворяется ею, либо у нее в гостях несколько дней жила вегетарианка. Так и Бодлеры, роясь в олафовском багажнике, открыли много неприятного для себя. Вайолет нащупала часть бронзовой лампы, знакомой ей по тем временам, когда они жили с Дядей Монти, и поняла, что Олаф, мало того что убил их несчастного опекуна, еще и обокрал его. Клаус нашел большой мешок из-под покупок в модном бутике и выяснил, что Эсме Скволор все так же помешана на модной одежде, как и раньше. А Солнышко нашла пару колготок, усеянных опилками, и поняла, что Олаф так и не удосужился выстирать свой маскарадный костюм регистраторши. Но самым удручающим из всего, что узнали дети, обыскивая багажник олафовской машины, явилось невиданное обилие маскарадной одежды.

[1] Принц правящего императорского дома.

Тут была и синяя шапочка, которую носил Олаф, изображая моряка, и бритва, которой он, очевидно, обрил себе голову, чтобы изобразить лаборанта. Дети обнаружили дорогие кроссовки, в которых Олаф щеголял в качестве учителя гимнастики, и спортивные туфли, которые носил, когда притворялся детективом. Но, кроме того, дети нашли еще множество маскарадных костюмов, которых не видели раньше. У них создалось впечатление, что Олаф так и будет переодеваться, повсюду следуя за Бодлерами, и, появляясь в каждом новом месте в новом обличье, никогда не будет разоблачен.

— Мы можем переодеться буквально кем угодно, — сказала Вайолет. — Глядите, вот в этом парике я буду похожа на клоуна, а вот в этом — на судью.

— Да. — Клаус приподнял кверху маленький сундучок с несколькими ящичками. — Кажется, это гримировальный набор. Тут полно всяких фальшивых усов, бровей и даже парочка стеклянных глаз.

— Туичо! — Солнышко подняла длинную белую вуаль.

— Нет уж, спасибо, — сказала Вайолет. — Я один раз уже надевала эту вуаль, когда Олаф на мне чуть не женился. Больше не хочу. Да и откуда тут в Пустошах взяться невесте?

— Посмотри, какое длинное одеяние, — сказал Клаус, — оно подошло бы раввину, только вряд ли Мадам Лулу поверит, что ее среди ночи вздумал навестить раввин.

— Джинон! — провозгласила Солнышко, обматываясь с помощью своих четырех зубов спортивными брюками. Младшая из Бодлеров имела в виду что-то вроде «Все эти вещи мне очень велики». И она была права.

— Они даже длиннее, чем костюм в полоску, который тебе купила Эсме, — добавил Клаус, помогая сестре выпутаться из брюк. — Никто не поверит, будто пара спортивных штанов разгуливает сама по себе.

— Вся одежда нам велика, — заключила Вайолет. — Посмотрите на бежевое пальто. Если мне его надеть, я буду урод уродом.

— Уроды! — выкрикнул Клаус. — Вот оно!

— Оно — что? — спросила Солнышко.

— Мадам Лулу говорила, что в Шатре уродов уродов не хватает. Если мы нарядимся во что-то уродское и скажем, что ищем работу, может, она наймет нас для участия в карнавале?

— Но что они, собственно, делают, уроды? — поинтересовалась Вайолет.

— Я читал книжку про одного человека, его звали Джон Меррик. У него от рождения были ужасные физические недостатки и страшно уродливый вид. На одном карнавале его взяли и выставили напоказ в Шатре уродов, и люди платили деньги, чтобы поглазеть на него.

— А зачем людям хочется смотреть на врожденное уродство? — проговорила Вайолет. — По-моему, это жестоко.

— Это и было жестоко, — ответил Клаус. — В мистера Меррика часто чем-нибудь кидали и всячески его обзывали. Боюсь, Шатер уродов не очень приятный сорт развлечения.

— Казалось бы, кто-то должен положить этому конец, — сказала Вайолет. — Но и Графу Олафу тоже следовало бы положить конец, однако никто этого не делает.

— Радев. — Солнышко пугливо оглянулась. Под словом «радев» она разумела «Скоро покончат с *нами*, если мы поскорее не переоденемся».

Старшие мрачно кивнули в ответ.

— Вот нарядная рубашка, — сказал Клаус. — Вся в оборках и бантиках. А вот огромные штаны с меховыми манжетами.

— А мы сможем влезть в них вдвоем? — спросила Вайолет.

— Вдвоем? — удивился Клаус. — Да, наверное, сможем, если не снимать своей одежды, чтобы олафовская сидела плотнее. Каждый будет стоять на одной ноге, а другую спрячет внутрь штанины. На ходу придется прислоняться друг к другу, но, может, и получится.

— И с рубашкой поступим так же, — подхватила Вайолет. — По одной руке просунем в рукав, а другую прижмем под рубахой к себе.

— Но голову-то нам не спрятать, — напомнил Клаус, — и если у нас будут торчать обе головы, мы будем выглядеть как...

— ...двухголовый человек, — закончила Вайолет, — а двухголовый человек — именно то, что требуется для Шатра уродов.

— Отличная мысль, — одобрил Клаус. — Двухголового человека никто не высматривает. Но тогда нам и лица нужно изменить.

— Для этого у нас есть гримировальный набор, — ответила Вайолет. — Мама, когда она играла в той пьесе про убийцу, научила меня наводить поддельные шрамы.

— А вот банка с тальком, — сказал Клаус. — Мы можем напудрить себе волосы.

— Как ты думаешь, заметит Граф Олаф, что это вещи из его багажника? — сказала Вайолет.

— Сомневаюсь, — ответил Клаус. — Там такой беспорядок. Некоторыми костюмами он, видно, давно не пользовался. Думаю, если взять все, что нужно для двухголового человека, Олаф и не хватится.

— Бериу? — поинтересовалась Солнышко. Она хотела сказать «А как насчет меня?».

— Да, все эти костюмы сшиты на взрослых, — заметила Вайолет, — но что-нибудь тебе подберем. Может, ты поместишься в башмаке, получится голова на одной ноге. Вполне уродливо.

— Челиш, — отозвалась Солнышко, желая сказать приблизительно «В башмак я уже не помещусь».

— Верно, — согласился Клаус, — прошло то время, когда ты была величиной с башмак, ты за последнее время подросла. — Он засунул руку в глубину багажника и вытащил что-то косматое, похожее на енота. —

Может, вот это подойдет. По-моему, это фальшивая борода, которую носил Олаф, когда притворялся Стефано. Борода длинная, получится короткая маскарадная одежда.

— Давайте все примерим и выясним, что получится, — предложила Вайолет, — и побыстрее.

Бодлеры устроили быструю примерку и всего за несколько минут выяснили, насколько легко превратить себя совсем в других существ. Вайолет, Клаус и Солнышко, конечно, обладали некоторым опытом по части переодеваний: Клаус и Солнышко использовали медицинские халаты, когда находились в больнице и пытались спасти Вайолет, и даже Солнышко помнила, как они все трое наряжались в разные костюмы для собственного развлечения, когда жили с родителями в своем большом особняке. Однако на сей раз Бодлеры чувствовали себя прямо-таки Графом Олафом и членами его труппы, когда быстро и бесшумно уничтожали черты своей индивидуальности. Вайолет, порывшись в гримировальном сундучке, нашла несколько карандашей, которыми обычно делают брови более выразительными, и хотя нарисовать шрамы на лице Клауса было операцией простой и безболезненной, старшей сестре показалось, что она нарушает обещание, давным-давно данное родителям, — всегда заботиться о младших брате и сестре и уберегать их от бед. Клаус помог Солнышку завернуться в фальшивую бороду Олафа, но, когда увидел выглядывавшие из спутанных косм глаз и кончики зубов, ему показалось, будто он скормил свою сестричку какому-то голодному зверьку. А когда Солнышко принялась помогать своим старшим застегнуть нарядную рубашку и присыпать тальком волосы, чтобы они выглядели седыми, ей показалось, будто Клаус и Вайолет утонули в олафовской одежде. Трое Бодлеров внимательно вгляделись друг в друга, и им почудилось, будто Бодлеров теперь нет, а есть только двое незнакомцев — один с двумя головами, а другой с головой, покрытой мехом, — и они очень одиноки, одни, совсем одни.

— Мне кажется, мы совершенно неузнаваемы, — Клаус с трудом повернулся и посмотрел на старшую сестру, — может, дело в том, что я снял очки, но, по-моему, мы абсолютно не похожи на себя.

— А ты сможешь видеть без очков? — спросила Вайолет.

— Если прищурюсь, то да, — ответил Клаус и прищурился. — Читать я не смогу, но налетать на предметы не буду. Я боюсь, что в очках Граф Олаф меня узнает.

— Тогда ходи без очков, а я не стану завязывать волосы лентой.

— Голоса нам тоже надо изменить, — продолжал Клаус, — я постараюсь говорить как можно более высоким голосом, а ты, Вайолет, низким.

— Отлично, — произнесла Вайолет самым низким голосом, на какой была способна. — А тебе, Солнышко, пожалуй, лучше всего просто рычать.

— Гррр, — попробовала Солнышко.

— Очень похоже на волка, — произнесла для тренировки своим новым голосом Вайолет. — Скажем Мадам Лулу, что ты полуволк-получеловек.

— Тяжело тебе придется, — проговорил Клаус самым высоким голосом, каким сумел. — Хотя и с двумя головами справляться тоже будет не легче.

— Мы объясним Лулу, что у нас до сих пор была очень тяжелая жизнь, но теперь, если мы будем работать на карнавале, она, как мы надеемся, изменится к лучшему. — Вайолет вздохнула. — И тут нам не придется притворяться: у нас *действительно* была тяжелая жизнь и мы *действительно* надеемся, что теперь она изменится к лучшему. Мы уже стали почти такими же уродскими, какими притворяемся.

— Не говори так, — сказал Клаус нормальным голосом, но тут же спохватился и пропищал: — Не говори так. Мы вовсе не стали уродскими. Мы как были, так и остались Бодлерами, хоть и носим одежду Олафа.

— Да, знаю, — низким голосом произнесла Вайолет, — но как-то странно притворяться совершенно другим человеком.

— Гррр, — согласилась Солнышко.

Дети убрали ненужные им олафовские вещи назад в багажник и молча побрели к фургону Мадам Лулу. Передвигаться вдвоем в одних штанах было неудобно, а Солнышку приходилось то и дело останавливаться и отбрасывать с глаз шерсть. Было и в самом деле странно притворяться кем-то совсем другим, хотя Бодлерам давно уже не приходилось быть самими собой. Вайолет, Клаус и Солнышко не считали себя детьми, созданными для того, чтобы прятаться в багажниках автомобилей, или маскироваться под кого-то другого, или добиваться работы в Шатре уродов. Но им уже и вспомнить было трудно то время, когда они жили беззаботно и занимались тем, что им больше всего нравилось. Кажется, прошла целая вечность с тех пор, как Вайолет могла просто сидеть и спокойно размышлять над изобретениями, вместо того чтобы лихорадочно создавать нечто, способное срочно вызволить их из неприятностей. Клаус с трудом вспоминал, какую книгу последний раз читал просто для своего удовольствия, а не как средство изыскать способ расстроить очередной злодейский план Олафа. Солнышко же много-много раз использовала свои четыре зуба, чтобы выпутаться из трудных ситуаций, но очень давно не кусала ничего просто для своего развлечения. По мере того как дети приближались к фургону, каждый неуклюжий шаг, казалось, уводил их все дальше от их реальной жизни в качестве Бодлеров и приближал к притворной жизни карнавальных уродов. И это было в самом деле до чрезвычайности странно.

Когда Солнышко постучала в дверь, Мадам Лулу окликнула: «Кто там?» — и впервые в жизни вопрос их очень смутил.

— Мы — уроды, — ответила Вайолет своим новым, низким голосом. — Трое... то есть двое уродов. Мы ищем работу.

Дверь со скрипом открылась, и перед детьми предстала Мадам Лулу. На ней было длинное мерцающее платье, которое переливалось всеми цветами радуги, когда она двигалась, а на голове — тюрбан, очень похожий на тот, который носил Граф Олаф в бытность учителем Пруфрокской подготовительной школы. У нее были темные глаза, пронизывающий взгляд и выразительные брови, которые она вопрошающе приподняла, с подозрением оглядывая вошедших. За спиной у нее за небольшим круглым столом сидели Граф Олаф, Эсме Скволор и олафовские сотоварищи, и все они с любопытством взирали на детей. Мало того, кроме всех этих любопытствующих глаз, на Бодлеров смотрел еще один глаз — стеклянный, висевший на цепочке на шее у Мадам Лулу. Глаз как две капли воды походил на тот, что был нарисован на фургоне, и на тот, что был вытатуирован на щиколотке у Графа Олафа. Именно этот глаз словно преследовал Бодлеров повсюду, затягивая их все дальше в глубину зловещей тайны, которая окутывала их жизнь.

— Зайдете, пожалуйста, — проговорила Мадам Лулу на своем странном английском, и замаскированные дети повиновались.

Стараясь выглядеть как можно более уродскими, бодлеровские сироты вошли внутрь и оказались на несколько шагов ближе ко всем этим пристально глядящим на них глазам и на несколько шагов дальше от той своей жизни, которую оставляли позади.

Глава
ТРЕТЬЯ

ПОМИМО получения за один день нескольких газетных вырезок или устного известия о том, что кто-то из вашей семьи продался вашим личным врагам, одно из самых неприятных испытаний в жизни — это собеседование перед устройством на работу. Рассказывать, что ты умеешь делать, рассчитывая на оплату этого умения, — большая нервотрепка. Однажды у меня было очень трудное собеседование с работодателем: я рассказывал о том, как попадаю стрелой из лука в оливку, что способен выучить наизусть целых три страницы стихов, а также определить, не пробуя, положен ли в сырную массу для фондю[1] яд, и все это я должен был еще и демонстрировать. Лучшая стра-

[1] Блюдо из расплавленного сыра.

тегия при этом — быть предельно честным, так как худшее, чем может окончиться собеседование, это что вы не получите места и проведете остальную жизнь, добывая пищу в дикой местности и укрываясь под деревьями или под навесом бездействующего кегельбана[1]. Но собеседование бодлеровских сирот с Мадам Лулу перед устройством на работу было куда более тяжелым. Честными они ни в коем случае быть не могли — они притворялись совершенно другими людьми. Самым худшим исходом было бы то, что их разоблачат Граф Олаф и его труппа и оставшуюся часть жизни дети проведут в столь ужасных условиях, что и думать про это было невыносимо.

— Садитесь, пожалуйста, Лулу будет побеседовать с вами про карнавальную работу. — И Мадам Лулу махнула рукой в сторону круглого стола, где сидели Олаф с компанией. Вайолет и Клаус с трудом уместились на одном стуле, а Солнышко взобралась на другой, и все присутствующие молча следили за ними. Актеры сидели, опершись локтями на стол и хватая угощения прямо руками. Эсме Скволор тянула свое пахтанье, а Граф Олаф, откинувшись на спинку стула, очень-очень пристально глядел на Бодлеров.

— Что-то в вас есть знакомое, — заметил он.

— Наверно, ты и раньше встречал уродов, мой Олаф, — сказала Лулу. — Какие ваши имена?

— Меня зовут Беверли, — ответила Вайолет своим новым, низким голосом, придумав себе имя с такой же

[1] Помещение, где играют в кегли.

быстротой, с какой изобрела бы, к примеру, гладильную доску. — А вторую голову зовут Эллиот.

Олаф протянул через стол руку, чтобы поздороваться, и Вайолет с Клаусом пришлось очень быстро соображать, чья рука у них торчит из правого рукава.

— Очень приятно познакомиться, — сказал Олаф. — С двумя головами, надо думать, живется нелегко.

— Ох да, — пропищал Клаус самым высоким, каким только мог, голосом. — Вы себе не представляете, до чего хлопотно найти подходящую одежду.

— Я заметила, какая на тебе рубашка, — проговорила Эсме. — Очень модная.

— То, что мы уроды, не мешает нам следить за модой, — отозвалась Вайолет.

— А как вы принимаете пищу? — осведомился Граф Олаф. Глаза его горели ярким блеском. — Надо думать, это весьма затруднительно?

— Н-ну... я бы сказал... мы... — растерялся Клаус, но, прежде чем он нашелся что ответить, Олаф схватил с тарелки большой початок кукурузы и сунул его детям под нос.

— А ну-ка поглядим, как ты справишься! — прорычал он, и приспешники его захихикали. — Ешь кукурузу, двухголовый урод!

— Да, — поддержала его Мадам Лулу, — так лучше всего проверять, как работать на карнавале. Ешь кукурузу, ешь!

Вайолет и Клаус обменялись взглядами и протянули каждый одну руку, чтобы взять початок у Олафа.

Они неуклюже держали перед собой кукурузу. Вайолет нагнулась, чтобы откусить кусок, но при этом нечаянно выдернула початок из Клаусовой руки, и кукуруза упала на стол. Зрители разразились бессердечным хохотом.

— Вы поглядите на них! — со смехом прокричала одна из напудренных женщин. — Даже кукурузу не могут есть! Вот уроды так уроды!

— А ну еще разок, — с гадкой усмешкой приказал Олаф. — Подбери со стола кукурузу, урод!

Дети повиновались и снова поднесли к губам кукурузу. Клаус скосил глаза и попытался откусить кусок, но, когда Вайолет попробовала продвинуть початок поближе к Клаусу, чтобы помочь ему, кукуруза ударила брата по лицу, отчего все вокруг (кроме, естественно, Солнышка) опять захохотали.

— Какой ты смешной, — проговорила Мадам Лулу. Она так смеялась, что у нее потекли слезы, и, когда она вытерла глаза, одна из ее выразительных бровей слегка размазалась и над глазом появилось что-то вроде синяка. — Попробуй еще раз, Беверли-Эллиот!

— Ничего смешнее не видывал, — проговорил крюкастый. — Я всегда думал, что люди с врожденными физическими недостатками чувствуют себя несчастными, а оказывается, они весельчаки.

Детям очень хотелось указать ему, что человеку с крюками вместо рук, вероятно, тоже пришлось бы туго, доведись ему есть кукурузный початок, но они понимали, что собеседование перед устройством на работу — не самое удачное время для дискуссий, поэтому они проглотили свои доводы и принялись поглощать кукурузу. Укусив початок несколько раз, дети приноровились, что в данном случае означает «начали постигать, каким образом двое людей, пользуясь каждый одной рукой, могут есть один и тот же початок кукурузы одновременно». Но все равно задача была очень трудная: початок был скользким от масла, масло оставляло влажные потеки на губах, стекало с подбородков. Иногда положение початка было идеальным для одного из детей, но при этом он утыкался в лицо другому. А время от времени початок и вовсе выскальзывал у них из рук, и окружающие опять принимались хохотать.

— Да это будет веселее, чем детей похищать! — заключил лысый помощник Олафа, весь сотрясавшийся от смеха. — Чтобы поглазеть на это, люди издалека валом повалят, а тебе, Лулу, вся затея обойдется в один початок кукурузы!

— Правда, пожалуйста, — согласилась Мадам Лулу и посмотрела на сидящих за столом Вайолет и Клауса. — Людям нравится, чтобы неряшливо ели. Вы наняты в Шатер уродов.

— А вон с тем что делать? — спросила Эсме, хихикая и стирая с губ пахтанье. — Он похож на меховой воротник

— Чабо! — проворчала Солнышко, обращаясь к сестре с братом. Она хотела сказать что-то вроде «Конечно, все это унизительно, но зато наш маскарад, кажется, удался».

Вайолет поторопилась замаскировать смысл ее рычания.

— Это Чабо, девочка-волчонок, — произнесла она низким голосом. — Ее мать была охотницей и влюбилась в красивого волка — это их горемычный ребенок.

— Вот уж не думал, что такое бывает, — сказал крюкастый.

— Грр, — заворчала Солнышко.

— Забавно бы поглядеть, как она станет есть кукурузу, — сказал лысый и, схватив еще один початок, помахал перед самым носом у младшей из Бодлеров. — А ну, Чабо! На, хватай.

Солнышко широко разинула рот, и лысый, увидев кончики зубов, торчащие сквозь длинную шерсть, в страхе отдернул руку.

— Ух ты! Да она дикая!

— Да, пока еще немножко диковатая, — подтвердил Клаус своим высоким голосом. — По правде говоря, все наши страшные шрамы на лицах оттого, что мы ее дразнили.

— Грр, — еще раз проворчала Солнышко и куснула ложку, чтобы показать, какая она дикая.

— Из Чабо будет привлекательный номер на карнавале, — объявила Мадам Лулу. — Людям всегда нравится жестокость. Ты тоже взятая на работу, Чабо, пожалуйста.

— Только держите ее подальше от меня, — вставила Эсме, — а то, чего доброго, порвет мой наряд.

— Грр! — заворчала Солнышко.

— Теперь пошли, — распорядилась гадалка. — Мадам Лулу покажет ваш фургон, пожалуйста, там будете спать.

— А мы еще посидим и выпьем вина, — заявил Граф Олаф. — Поздравляю с приобретенными уродами, Лулу. Я знал, что тебе повезет, раз я рядом.

— Всем везет, — сказала Эсме и чмокнула Олафа в щеку.

Мадам Лулу нахмурилась и вывела детей наружу, в темноту.

— Уроды, пожалуйста, за мной, — сказала она. — Вы будете жить, пожалуйста, в фургоне с другими уродами. Хьюго, Колетт и Кевин — уроды все тоже. Каждый день будете показывать себя в Шатре уродов. Беверли-Эллиот ест кукурузу. Чабо пугает публику, пожалуйста. Хотите спрашивать вопросы, уроды?

— А нам будут платить? — спросил Клаус. Он решил, что деньги пригодятся, если они получат ответы на свои вопросы и после этого им удастся сбежать.

— Нет, нет, нет, — пролепетала Мадам Лулу. — Мадам Лулу не будет давать деньги уродам, пожалуйста. Если урод, то должен быть довольным получать работу. Посмотрите на человека с крюками вместо рук. Он благодарен делать работу для Графа Олафа, хотя Олаф не даст ему деньги из богатства Бодлеров.

— Граф Олаф? — переспросила Вайолет, делая вид, будто их злейший враг ей незнаком. — Это господин с одной бровью?

— Да, он, — ответила Лулу. — Блестящий мужчина. Но не думайте сказать ему что-то неправильное, пожалуйста. Мадам Лулу считает, всегда надо давать людям, что они ждут. Вы всегда говорите Олафу, что он блестящий.

— Мы будем помнить об этом, — отозвался Клаус.

— Хорошо, пожалуйста. Вот фургон уродов. Добро пожалуйте в новый дом.

Гадалка остановилась возле фургона с небрежно написанным крупными буквами словом «УРОДЫ». Буквы стерлись, краска кое-где размазалась, как будто еще не просохла, но все слово настолько выцвело, что Бодлерам стало ясно: надпись на фургоне делали много лет назад. Рядом стояла обтрепанная палатка с дырами в парусине с вывеской «ДОБРО ПОЖАЛОВАТЬ В ШАТЕР УРОДОВ» и небольшим изображением девочки с тремя глазами. Мадам Лулу миновала палатку и постучалась в деревянную дверь фургона.

— Уроды! — позвала она. — Пожалуйста, проснитесь, пожалуйста! Тут новые уроды хотят здороваться с вами.

— Одну минутку, Мадам Лулу! — послышался из-за двери голос.

— Никаких минутка, пожалуйста! Сразу! Я — хозяйка карнавала!

Дверь распахнулась, и показался сонного вида горбун, то есть человек с бугром между лопатками, придававшим ему асимметричный вид. На нем была пижама, нарочно разорванная на спине, чтобы освободить место для горба. В руке он держал маленькую свечку и при ее свете пытался разглядеть гостей.

— Я знаю, что вы хозяйка, Мадам Лулу, — сказал он, — но сейчас глухая ночь. Разве вы не хотите, чтобы ваши уроды выспались?

— Мадам Лулу нет различия, спят уроды или нет, — надменно ответила гадалка. — Скажи новым уродам, пожалуйста, как готовить себя к представлению утром. Который с двумя головами — будет есть кукурузу, пожалуйста, а волчонок нападает на зрителей.

— Агрессивность и неряшливая манера есть, — заключил горбун и вздохнул. — Пожалуй, толпе это понравится.

— Понравится, конечно, — подтвердила Лулу, — и тогда карнавал принесет мне деньги.

— И может быть, тогда вы нам заплатите? — спросил горбун.

— И не ждите, пожалуйста, — отозвалась Мадам Лулу. — Спокойной ночи, уроды.

— Спокойной ночи, Мадам Лулу, — попрощалась Вайолет.

Она бы предпочла, чтобы ее называли по имени, пусть даже вымышленному, а не просто «урод». Но гадалка уже ушла, не оборачиваясь. Бодлеры постояли минутку в дверях, наблюдая, как Лулу растворяется в ночном мраке, а потом повернулись к горбуну и представились ему по-настоящему.

— Меня зовут Беверли, — сказала Вайолет. — Мою вторую голову — Эллиот. А это Чабо-волчонок.

— Грр! — заворчала Солнышко.

— Меня зовут Хьюго. Приятно познакомиться с новыми товарищами по работе. Заходите, я познакомлю вас с остальными.

Все еще передвигаясь с огромным трудом, Вайолет с Клаусом неуклюжей походкой последовали за Хьюго, а Солнышко поползла за ними на четвереньках, считая, что так больше подходит к ее волчьей половине. Внутри фургона было тесновато, но, насколько позволяло видеть свечное освещение, чисто и опрятно. В центре стоял небольшой деревянный стол и несколько стульев, на столе возвышалась стопка домино. В одном углу помещалась вешалка с одеждой, в том числе целым рядом одинаковых пальто, и висело большое зеркало — чтобы причесываться и проверять, прилично ли выглядишь. В другом углу стояла небольшая плита для приготовления пищи, над ней громоздились кастрюльки и сковородки. Вдоль окна, где было больше света, выстроилось несколько горшков с цветами. Вайолет с удовольствием добавила бы к этому верстак для работы над изобретениями. Клаус с удовольствием бы прищурился на книжные полки, а Солнышко с удовольствием увидела бы запас сырой моркови или иной пищи, которую приятно кусать. Но в остальном фургон выглядел вполне уютным. Единственно, чего там не хватало, это постелей. Но когда Хьюго прошел в глубину помещения, дети увидели три гамака, то есть длинные и широкие полосы материи, используемые для спанья. Они были подвешены к стене, и один из гамаков был пуст, из чего дети заключили, что там спал Хьюго. Во втором гамаке лежала и глядела сверху на Бодлеров высокая худая женщина в кудряшках, а третий гамак занимал мужчина с очень морщинистым лицом. Он спал.

— Кевин! — позвал Хьюго. — Кевин, проснись! У нас новенькие, мне нужна твоя помощь — надо подвесить гамаки.

Мужчина, проснувшись, нахмурил брови и обратил сердитый взгляд на Хьюго.

— Зачем ты меня разбудил, — недовольно проворчал он. — Мне приснился чудесный сон — будто я вовсе не урод и со мной все в порядке.

Бодлеры всмотрелись в Кевина, когда он спустился на пол, но не заметили в нем ничего уродского. Зато он уставился на Бодлеров, как будто увидел привидение.

— Ничего себе, — проговорил он. — Да вы такие же уроды, как я.

— Повежливее, Кевин, — остановил его Хьюго. — Это Беверли-Эллиот, и еще девочка-волчонок Чабо.

— Волчонок? — переспросил Кевин, пожимая Вайолет-Клаусу их общую правую руку. — Она опасна?

— Она не любит, когда ее дразнят, — сказала Вайолет.

— Я тоже не люблю, когда меня дразнят. — Кевин повесил голову. — Но где бы я ни показался, люди сразу начинают шептаться: «Вон идет Кевин с равнодействующими руками».

— Равнодействующими? — переспросил Клаус. — Значит, вы одинаково владеете и правой, и левой рукой?

— Так вы обо мне слышали? — обрадовался Кевин. — Поэтому и приехали сюда, в Пустоши? Чтобы увидеть человека, который пишет свое имя любой рукой — что левой, что правой?

— Нет, — ответил Клаус. — Просто я знал слово «равнодействующий», я прочел его в одной книжке.

— Мне так и показалось, что вы смышленые, — сказал Хьюго. — В конце концов, у вас вдвое больше мозгов, чем у других людей.

— А у меня только один, — с грустью заметил Кевин. — Один мозг, две равнодействующие руки и две равнодействующие ноги. Что я за урод!

— Все-таки это лучше, чем горб, — возразил Хьюго. — Руки у тебя, может, и уродские, зато плечи и спина абсолютно нормальные.

— Что толку, — отозвался Кевин, — руки-то от них отходят равнодействующие, любая может держать нож и вилку!

— Ох, Кевин! — Женщина вылезла из гамака и погладила его по голове. — Я знаю, такое уродство переносить трудно, но попробуй взглянуть на это с хорошей стороны. Все равно тебе лучше, чем мне. — Она повернулась к Бодлерам и застенчиво улыбнулась. — Меня зовут Колетт, и если вам хочется посмеяться надо мной, посмейтесь прямо сейчас, и покончим с этим.

Бодлеры уставились на Колетт, а потом друг на друга.

— Р-ренаф-ф, — проворчала Солнышко, желая сказать что-то вроде «В вас я тоже ничего уродского не вижу, но в любом случае не стала бы смеяться — это невежливо».

— Наверное, у волков такой смех, — сказала Колетт. — Но я не обижаюсь на Чабо за то, что она смеется над женщиной-змеей.

— Женщиной-змеей? — переспросила Вайолет.

— Да. — Колетт вздохнула. — Я могу изгибаться как угодно и принимать самые невероятные позы. Глядите!

И Колетт, еще раз вздохнув, принялась демонстрировать все возможности женщины-змеи. Сперва она согнулась пополам и просунула голову между ногами, потом свернулась клубком на полу. Затем, опершись одной ладонью об пол, приподняла все тело на нескольких пальцах, а ноги заплела спиралью. Под конец она прыжком перевернулась в воздухе, постояла чуть-чуть на голове и переплела руки и ноги вместе, точно моток шпагата, после чего с печальной гримасой взглянула на Бодлеров.

— Ну, видите, какой я урод? — сказала она.

— Вау! — воскликнула Солнышко.

— По-моему, это потрясающе, — призналась Вайолет. — И Чабо такого же мнения.

— Вы очень вежливые, — проговорила Колетт, — но мне стыдно, что я женщина-змея.

— Но если вам стыдно, — спросил Клаус, — почему же тогда не двигаться нормально?

— Потому что я работаю в Шатре уродов, Эллиот, — ответила Колетт. — Никто мне не будет платить, если я не буду извиваться.

— Интересная дилемма, — проговорил Хьюго, употребив затейливое слово вместо «проблема», но Бодлеры знали это слово из книги про законы, стоявшей в библиотеке судьи Штраус. — Мы тут все предпочли бы быть нормальными людьми, а не уродами, но завтра утром в шатер явится народ смотреть, как Колетт извивается и принимает невероятные позы, как Беверли-Эллиот ест кукурузу, Чабо рычит и кидается на толпу, Кевин пишет свое имя и той и другой рукой, а я надеваю одно из этих вот пальто. Мадам Лулу говорит, что людям надо давать то, чего они хотят, а они хотят видеть представление уродов. Ну все, уже очень поздно. Кевин, подай-ка мне руку помощи, повесим гамаки для новеньких, а потом попробуем немного поспать.

— Я подам тебе две руки помощи, — мрачно отозвался Кевин. — Обе действуют одинаково. Ах, как бы я хотел быть либо правшой, либо левшой.

— Постарайся приободриться, — мягко посоветовала Колетт. — А вдруг завтра случится чудо и все мы получим то, о чем мечтаем.

Больше никто в фургоне не произнес ни слова. Но пока Хьюго с Кевином вешали два гамака для троих Бодлеров, дети размышляли над тем, о чем сказала Колетт. Чудеса похожи на тефтели: не существует единого мнения относительно того, из чего они сделаны, откуда взялись и как часто возникают. Одни считают, что восход солнца — чудо, так как в нем есть нечто таинственное, и он часто бывает очень красивым. А другие считают восход солнца обыкновенным явлением природы, так как он случается каждый день и к тому же чересчур рано. Одни считают телефон чудом, ибо разве не достойно удивления, что разговариваешь с человеком, находящимся в тысячах миль от тебя. А другие считают телефон просто механическим продуктом фабричного производства, изготовленным из металлических деталей, состоящим из электронной схемы и проводов, которые очень легко перерезать. И, наконец, одни считают, что улизнуть из отеля — чудо, особенно когда вестибюль наводнен полицейскими. А другие считают это обыденным фактом, поскольку это случается каждый день. Таким образом, можно вообразить, будто на свете так много чудес, что не перечесть, или, наоборот, так мало, что и упоминать о них не стоит. Но это уже зависит от того, проводите ли вы вечер, любуясь красивым закатом, или же спускаетесь с задней стороны дома на веревке из гостиничных полотенец.

Однако чудо, о котором размышляли Бодлеры, лежа в гамаках и силясь заснуть, было несравненно чудеснее любых тефтелей, встречающихся на свете. Гамаки скрипели оттого, что Клаус и Вайолет ворочались, пытаясь устроиться поудобнее в одной рубахе и штанах на двоих, а Солнышко старалась пристроить олафовскую бороду так, чтобы она не царапала ей лицо. И все трое размышляли о чуде, столь удивительном и прекрасном, что сердца у них сжимались до боли. Чудо, разумеется, заключалось в том, что кто-то из их родителей жив и либо отец, либо мама каким-то образом уцелели во время пожара, который уничтожил их дом и положил начало злополучным скитаниям сирот. То, что на свете, возможно, существует еще один живой Бодлер, было бы столь непомерным, невероятным чудом, что дети прямо боялись и мечтать о нем. И все-таки мечтали. Они размышляли о словах Колетт — мол, вдруг случится чудо и они все получат то, чего больше всего желают, — и ждали утра, когда хрустальный шар Мадам Лулу вдруг подарит им чудо, о котором они мечтают.

Наконец встало солнце, как встает каждый день, и наступило раннее утро. Трое Бодлеров спали очень мало, ибо все время мечтали, наблюдали, как в фургоне постепенно светлеет, слушали, как ворочаются в своих гамаках Хьюго, Колетт и Кевин, и предавались размышлениям — вошел ли уже Граф Олаф в шатер гадалки и узнал ли что-нибудь новое. И как раз когда ожидание сделалось совсем невыносимым, они услышали торопливые шаги и громкий металлический стук в дверь.

— Просыпайтесь! Просыпайтесь! — раздался голос крюкастого.

Однако, прежде чем написать, что он сказал еще, я хочу упомянуть еще об одной черте, общей для чуда и тефтелей: и то и другое может выглядеть чем-то одним, а на поверку оказаться чем-то совсем другим.

Так однажды случилось со мной в кафетерии, когда в поданном на ланч блюде у меня обнаружилась маленькая фотокамера. Так случилось и с Вайолет,

Клаусом и Солнышком, хотя в тот момент они еще не знали, что сказанное крюкастым обернется чем-то совсем иным, а вовсе не тем, о чем они подумали, когда услышали голос за дверью фургона.

— Просыпайтесь! — опять закричал крюкастый и замолотил в дверь. — Вставайте, да поживее! У меня прескверное настроение, мне с вами некогда возиться. Работы по горло. Мадам Лулу и Граф Олаф уехали по делам, поэтому я отвечаю за Шатер уродов. Хрустальный шар обнаружил, что один из проклятых Бодлеров-родителей жив. А в фургоне с сувенирами почти не осталось статуэток.

Глава
ЧЕТВЕРТАЯ

— ЧТО? — спросил Хьюго, зевая и протирая глаза. — Что вы сказали?

— В фургоне с подарками почти закончились статуэтки, — повторил из-за двери крюкастый. — Но это вас не касается. Народ уже собрался, так что, уроды, чтоб через пятнадцать минут были готовы.

— Подождите минутку, сэр! — Вайолет вовремя спохватилась, что должна говорить измененным, низким голосом. Они как раз вылезали с Клаусом из гамака, по-прежнему деля на двоих одну пару штанов. Солнышко уже ждала на полу, изумленная до такой

степени, что даже забыла поворчать. — Вы сказали — кто-то из родителей Бодлеров жив?

Дверь фургона приотворилась, и в нее всунулась голова крюкастого с выражением подозрения на физиономии.

— А вам, уроды, какая разница? — осведомился он.

— Так ведь мы читали про Бодлеров в «Дейли пунктилио», — нашелся Клаус. — Нас очень заинтересовало дело этих малолетних жестоких убийц.

— Да вот, понимаете, — отозвался крюкастый, — родители их считались мертвыми, но Мадам Лулу поглядела в свой хрустальный шар и увидела, что один из них жив. Это длинная история. Но все это значит, что у нас куча новых хлопот. Граф Олаф и Мадам Лулу с раннего утра уехали по важным делам и оставили Шатер уродов под моим присмотром. Теперь я распоряжаюсь вами, так что шевелитесь и будьте готовы к представлению.

— Грр! — заворчала Солнышко.

— Чабо полностью готова, — объяснила Вайолет, — а нам собраться недолго.

— Мой вам совет — поторопитесь. — Крюкастый начал было закрывать дверь, но вдруг остановился. — Странно, один шрам у вас вроде как стерся.

— Шрамы заживают, вот и стираются, — ответил Клаус.

— И очень плохо, — отрезал крюкастый, — вид делается не такой уродский. — Он захлопнул дверь, и дети услышали удаляющиеся шаги.

— Жалко его, беднягу, — заметила Колетт. Она спрыгнула на пол и скрутилась в узел. — Каждый раз, как они с этим Графом приезжают, жалость берет, как посмотрю на его крюки.

— Все равно ему лучше, чем мне, — проговорил Кевин, зевая и расправляя свои равнодействующие руки. — Наверняка у него один крюк сильнее другого. А у меня обе руки и обе ноги действуют одинаково.

— А у меня они изгибаются в любом месте, — вставила Колетт. — Ладно, давайте лучше делать, как он велит, — готовиться к представлению.

— Вот и правильно, — согласился Хьюго. Он протянул руку к полке рядом с гамаком и достал зубную щетку. — Мадам Лулу говорит, мы всегда должны давать людям, что они хотят, а этот человек хочет, чтобы мы были готовы как можно скорее.

— Слушай, Чабо, — Вайолет бросила взгляд на сестру, — давай помогу тебе поточить зубы.

— Грр! — согласилась Солнышко, и старшие Бодлеры сообща нагнулись, взяли на руки младшую сестру и отошли в угол, где висело зеркало, чтобы пошептаться, пока Хьюго, Колетт и Кевин совершают утренний ритуал, иначе говоря, пока они делают все необходимое, чтобы начать свой карнавальный трудовой день.

— Ну и что вы думаете? — спросил Клаус. — Может так быть, чтобы кто-то из наших родителей остался жив?

— Не знаю, — ответила Вайолет. — С одной стороны, трудно поверить, что хрустальный шар Мадам Лулу в самом деле магический. С другой стороны, она всегда извещала Графа Олафа, где нас искать. Не знаю, что и думать.

— Тент, — шепнула Солнышко.

— Да, ты, наверно, права, Солнышко, — прошептал Клаус. — Если бы удалось проникнуть в Гадальный шатер, может, мы бы и сами обнаружили что-нибудь полезное.

— Вы ведь обо мне шепчетесь, правда? — окликнул их Кевин с другого конца фургона. — Наверняка говорите: «Ну что за урод этот Кевин — то он бреется левой рукой, то правой, и никакой разницы нет — руки-то *абсолютно одинаковые*!»

— Нет, Кевин, мы не про вас разговаривали, — ответила Вайолет. — Мы обсуждали историю с Бодлерами.

— Ничего про них не слышал, — отозвался причесывавшийся Хьюго. — Кажется, вы упоминали, что они убийцы?

— Так напечатано в «Дейли пунктилио», — ответил Клаус.

— О, я никогда не читаю газет, — заявил Кевин. — Газету приходится держать перед собой обеими одинаково сильными руками, и я при этом ощущаю себя уродом.

— Тебе лучше, чем мне, — вставила Колетт. — Я так способна извернуться, что могу подобрать газету языком. Вот это действительно уродство!

— Интересная дилемма. — Хьюго снял с вешалки одно из висящих там одинаковых пальто. — Но я считаю, мы все в равной степени уроды. Так, а теперь пошли и дадим отличное представление!

Бодлеры вышли из фургона следом за своими товарищами по работе и направились к Шатру уродов, где у входа их с нетерпением поджидал крюкастый. В одном из крюков он держал что-то длинное и мокрое.

— Заходите внутрь и дайте им отличное представление, — приказал он, показывая на откинутую полу шатра, служившую входом. — Мадам Лулу сказала, что если вы не дадите зрителям того, что они хотят, мне разрешается использовать вот эту огромную тальятеллу гранде.

— А что это такое? — поинтересовалась Колетт.

— Тальятелла — такая итальянская макаронина, — крюкастый размотал длинный мокрый предмет, — а «гранде» по-итальянски значит «большая». Тальятеллу гранде сделал для меня сегодня утром один из работников карнавала. — Олафовский приятель начал крутить большой макарониной над головой, и Бодлеры с товарищами услышали мягкое свистящее шуршание, будто рядом прополз большой земляной червь. — Не будете слушаться, — продолжал крюкастый, — я вас отлуплю тальятеллой гранде. Ощущение, говорят, не из приятных, более того, даже очень и очень противное.

— Не беспокойтесь, сэр, — проговорил Хьюго, — мы все-таки профессионалы.

— Рад это слышать. — Крюкастый насмешливо хмыкнул и последовал за ними в Шатер уродов.

Внутри шатер казался еще больше и просторнее оттого, что там стояло мало вещей: несколько складных стульев на деревянной сцене, над ней полотнище с надписью из крупных, неаккуратно выведенных букв: «Шатер уродов». За небольшой стойкой одна из женщин с напудренным лицом продавала прохладительные напитки. В шатре в ожидании представления уже слонялось человек семь-восемь. Мадам Лулу, правда, упоминала, что дела на Карнавале Калигари идут не блестяще, но все-таки Бодлеры ожидали на представлении уродов больше народу. Когда дети и их коллеги поднялись на сцену, крюкастый заговорил, обращаясь к этой небольшой кучке людей так, будто перед ним толпа:

— Леди и джентльмены, мальчики и девочки, юноши и девушки! Спешите купить вкуснейшие прохладительные напитки. Сейчас начнется представление уродов!

— Ты погляди на них! — хихикнул немолодой мужчина с крупными прыщами на подбородке. — У этого крючья вместо рук!

— Я вовсе не из числа уродов, — зарычал крюкастый. — Я просто работаю на карнавале.

— Ой, простите, — извинился мужчина. — Не в обиду вам будет сказано, приобрели бы лучше парочку искусственных рук, никто бы и не ошибался.

— Невежливо критиковать чью-то наружность в присутствии этого человека, — сурово заметил крюкастый. — А теперь, леди и джентльмены, смотрите на горбуна Хьюго и ужасайтесь — вместо обыкновенной спины у него большой горб, поэтому и вид у него уродский!

— Да, верно, — подтвердил прыщавый. Видно было, что ему все равно над кем — только бы посмеяться. — Ну и урод!

Крюкастый покрутил в воздухе тальятеллой гранде в качестве противного напоминания Бодлерам и их коллегам.

— Хьюго! — рявкнул он. — Надевай пальто!

Под хихиканье зрителей Хьюго вышел к краю сцены и попытался натянуть пальто, которое держал в руках. Обычно люди с необычной фигурой заказывают портному перешить одежду так, чтобы она сидела удобно и улучшала фигуру. Но когда Хьюго стал напяливать на себя пальто, стало ясно, что никакого портного никто не нанимал. Пальто сперва сморщилось на спине из-за горба, потом растянулось, а в конце концов лопнуло, как только Хьюго застегнул пуговицы. За какие-то считаные минуты пальто превратилось в лоскутья. Хьюго покраснел, отошел вглубь сцены и уселся на складной стул, в то время как немногочисленная публика разразилась хохотом.

— Ну разве не весело? — вскричал крюкастый. — Даже пальто ему не надеть! Вот урод так урод! Но это еще не все, леди и джентльмены! — Пособник Олафа снова потряс тальятеллой гранде, а другим крюком залез себе в карман. С гадкой улыбкой он вытащил оттуда кукурузу и показал публике, подняв высоко вверх. — Вот простой кукурузный початок, — провозгласил он. — Его может съесть любой нормальный человек. Но на Карнавале Калигари нет Шатра нормальных людей, а есть Шатер уродов, и наш новенький урод сейчас покажет, какой он уморительный грязнуля.

Вайолет и Клаус со вздохом вышли на середину сцены, и, думаю, не стоит описывать дальнейшее утомительное зрелище. Вы и сами догадаетесь, что старшим Бодлерам пришлось опять поедать початок кукурузы под хохот небольшой кучки зрителей. А Колетт пришлось извиваться и принимать всякие невообразимые позы. Кевину пришлось писать свое имя и левой и правой рукой по очереди. И под конец Солнышку пришлось-таки рычать и кидаться на публику, хотя по природе своей она отнюдь не была агрессивной и предпочла бы вежливо поздороваться со зрителями. Вы также сумеете вообразить, какова была реакция публики каждый раз, как крюкастый объявлял очередного выступающего и заставлял проделывать все перечисленное. Эти семь-восемь человек хохотали и выкрикивали всякие обидные прозвища и отпускали отвратительные, безвкусные шутки, а одна женщина даже запустила бумажным стаканчиком с прохладительным напитком в Кевина, как будто если у человека одинаково хорошо действует и правая и левая рука, следует перепачкать ему рубашку чем-то липким и мокрым. Но вот чего вам не вообразить, так это всей унизительности участия в подобном представлении. Вы можете подумать, что унижение, подобно езде на велосипеде или разгадыванию зашифрованных посланий, переносить легче после того, как вы испробовали это разок-другой. Над Бодлерами потешались больше, чем разок-другой, однако от этого им не стало легче переносить происходящее в Шатре уродов. Вайолет помнила, как над ней смеялась и всячески обзывала девчонка по имени Кармелита Спатс, когда Бодлеры учились в Пруфрокской подготовительной школе, но сейчас, когда крюкастый представил ее как уморительную грязнулю, прозвище все равно обидело ее. Клаус не забыл, как оскорбила его Эсме Скволор в доме № 667 по Мрачному проспекту, но его все равно бросало в краску, когда зрители хихикали и показывали на него пальцем каждый раз, как он ронял кукурузный початок. А Солнышко помнила все случаи, когда Граф Олаф смеялся над Бодлерами и их несчастьями, но все равно она испытывала смущение и даже тошноту, слыша, как зрители кричат ей вслед «уродский волчонок», когда она выходила вместе с остальными лицедеями из палатки после окончания представления. Бодлеровские сироты, разумеется, знали, что они не двухголовое чудище и не волчонок, но сейчас, сидя со своими товарищами в фургоне, дети испытывали унизительное чувство, будто они и в самом деле именно те уроды, за которых их принимают.

— Не нравится мне здесь, — сказала Вайолет Кевину и Колетт, сидя на одном стуле с братом, пока

Хьюго варил горячий шоколад на плите. Вайолет так расстроилась, что чуть не забыла про низкий голос. — Мне не нравится, что на меня глазеют, не нравится, что надо мной смеются. Если кому-то кажется смешным, когда роняют кукурузу, сидели бы дома и роняли кукурузу сами.

— Кивуун! — согласилась Солнышко, забыв, что должна ворчать. Она имела в виду что-то вроде «Я думала, сейчас заплачу, когда те люди называли меня уродом». К счастью, поняли ее только брат с сестрой, так что она себя не выдала.

— Не волнуйтесь, — успокоил Клаус сестер. — Думаю, мы тут надолго не задержимся. Гадальный шатер сегодня закрыт, потому что Граф Олаф с Мадам Лулу уехали по важному делу.

Среднему Бодлеру не требовалось добавлять, что сейчас самое время пробраться в палатку и выяснить, действительно ли хрустальный шар способен давать ответы на вопросы.

— Что тебе за дело — закрыта палатка Лулу или нет? — спросила Колетт. — Ты урод, а не гадалка.

— И чем вам тут не нравится? — добавил Кевин. — Карнавал Калигари в последнее время не слишком популярен, но ведь уроду податься больше некуда.

— Почему некуда? — удивилась Вайолет. — Люди с равнодействующими руками, Кевин, требуются повсюду: торговцы цветами, регулировщики уличного движения, да мало ли кто.

— Ты правда так думаешь? — спросил Кевин.

— Разумеется, — ответила Вайолет. — То же самое и люди-змеи, и горбуны. Все мы могли бы найти какую-то другую работу, где нас не считали бы уродами.

— Сомневаюсь! — крикнул Хьюго, не отходя от плиты. — Думаю, что двухголового человека повсюду сочтут уродом.

— Наверное, и того тоже, у кого равнодействующие руки, — вздохнул Кевин.

— Попробуем забыть про наши неприятности и сыграем в домино. — Хьюго принес на подносе шесть дымящихся кружек с горячим шоколадом. — Я решил, что обе головы захотят пить по отдельности. — Он улыбнулся. — Тем более что шоколад не совсем обычный. Волчонок Чабо добавила туда немножко корицы.

— Добавила? Чабо? — переспросил Клаус, и Солнышко со скромным видом заворчала.

— Да, — ответил Хьюго. — Сперва я подумал: что хорошего можно ожидать от уродского волчонка? Но оказалось, это очень вкусно.

— Удачная идея, Чабо, — похвалил Клаус и через силу улыбнулся.

Казалось, совсем недавно младшая из Бодлеров и ходить-то еще не умела и умещалась в птичьей клетке, и вот сейчас она уже проявляет собственные вкусы и может сойти за полуволка-получеловека.

— Ты должна гордиться собой, — подтвердил Хьюго. — Не будь ты уродом, Чабо, ты могла бы стать отличным шеф-поваром.

— Она и так может им стать, — возразила Вайолет. — Эллиот, ты не хочешь выйти — полакомиться горячим шоколадом на воздухе?

— Отличная мысль, — быстро ответил Клаус. — Я всегда считал, что горячий шоколад — уличный напиток. А потом заглянем в фургон с подарками.

— Грр, — заворчала Солнышко, и брат с сестрой поняли, что она хочет сказать «И я с вами». При этом она подползла к стулу, с которого неуклюже поднимались Вайолет с Клаусом.

— Только не задерживайтесь, — посоветовала Колетт. — Нам не разрешается бродить по территории карнавала.

— Мы только выпьем шоколад и вернемся, — пообещал Клаус.

— Надеюсь, вы не наживете себе неприятностей, — напутствовал их Кевин. — Не хотелось бы, чтоб вам дали как следует по обеим головам тальятеллой гранде.

Только Бодлеры хотели возразить, что удар тальятеллой гранде, возможно, совершенно безболезнен, как вдруг услышали шум куда более пугающий, чем свист большой макаронины в воздухе. Даже находясь внутри фургона, дети узнали этот оглушительный скрежет, знакомый им по долгой поездке в Пустоши.

— Похоже, вернулся друг Мадам Лулу, — заметил Хьюго. — Узнаю его машину.

— Оттуда доносятся и другие звуки, — прибавила Колетт. — Прислушайтесь.

Дети прислушались и поняли, что женщина-змея права. Кроме рева автомобиля, слышался другой рев, более густой и более грозный. Бодлеры знали, что нельзя судить о чем бы то ни было по звукам, которые оно издает, как нельзя судить о человеке лишь по его внешнему виду. Но этот рев был такой громкий, такой свирепый, что дети и подумать не могли, что он возвещает о чем-то хорошем.

Здесь я должен прервать свое повествование и рассказать другую историю, сообщив при этом кое-что важное. Эта другая история — вымышленная, ее кто-то сочинил, в противоположность бодлеровской, которую некто лишь записал, делая это преимущественно по ночам. Называется эта другая история «Повесть про королеву Дебби и ее дружка Тони». И вот как приблизительно она выглядит:

Повесть про королеву Дебби и ее дружка Тони

Жила-была вымышленная королева по имени Дебби, и правила она страной, в которой и случилась данная вымышленная история. В этой вымышленной стране повсюду росли леденцовые деревья, вымышленные певчие мыши делали всю черную работу, и свирепые вымышленные львы охраняли дворец от вымышленных врагов. У королевы Дебби был друг по имени Тони, и жил он в соседнем вымышленном королевстве. Оттого что они жили так далеко друг от друга, Дебби и Тони встречались не очень-то часто, но все-таки изредка встречались и шли куда-нибудь пообедать или в кино — посмотреть новый фильм — или делали еще что-нибудь столь же вымышленное.

Наступил день рождения Тони, но королева Дебби была занята королевскими делами и не смогла навестить его. Вместо этого она послала ему красивую открытку и скворца в блестящей клетке. Воспитанный человек, получив подарок, естественно, пишет письмо с благодарностью, но Тони был не очень воспитанным, поэтому позвонил Дебби и пожаловался.

— Дебби, это я, Тони, — сказал он. — Я получил твой подарок, но он мне совершенно не нравится.

— Жаль это слышать, — ответила королева Дебби и сорвала с дерева леденец. — Я специально выбрала для тебя скворца. А что бы ты хотел получить в день рождения?

— Я хотел бы получить от тебя горсть бриллиантов, — заявил Тони, который был личностью столь же жадной, сколь и вымышленной.

— Бриллиантов? — удивилась королева Дебби. — Но ведь скворцы способны развеселить вас, когда вам грустно. Их можно приучить садиться к вам на руку, а иногда они даже умеют говорить.

— А я хочу бриллиантов, — заупрямился Тони.

— Бриллианты — вещь ценная, — сказала королева Дебби. — Если я пошлю их тебе почтой, их могут украсть, и тогда ты останешься без подарка.

— Хочу бриллиантов, — заныл Тони, становясь невыносимо занудливым.

— Я знаю, что делать. — В голосе королевы Дебби послышались веселые нотки. — Я дам проглотить мои бриллианты королевским львам, а потом пошлю львов в твое королевство. Никто не посмеет напасть на свирепых зверей, так что бриллианты дойдут в целости и сохранности.

— Только поскорее, — ответил Тони, — все-таки день этот для меня особенный.

Поторопиться королеве Дебби ничего не стоило, поскольку певчая мышь, жившая во дворце, проделала всю подготовительную работу, и Дебби оставалось только быстренько скормить львам горсть бриллиантов, спрятав их в тунца, чтобы львы согласились их проглотить. После чего велела львам отправиться в соседнее королевство и передать подарок.

Тони в нетерпении торчал весь день на улице, поедая мороженое и праздничный торт и дразня скворца. Наконец, перед самым закатом, он увидел приближающихся львов и подбежал к ним, чтобы забрать подарок.

— Давайте сюда бриллианты, глупые твари! — крикнул Тони...

И что было дальше, рассказывать незачем. Мораль этой истории достаточно ясна: «Дареному льву в пасть не лезут». А главное вот что: бывают случаи, когда появление целой компании львов — хорошая новость, особенно если история вымышленная, а львы ненастоящие и, скорее всего, ничего плохого не сделают. А бывают случаи, как, например, в истории с королевой Дебби и ее другом Тони, когда появление львов предвещает, что дальше все пойдет намного интереснее.

С сожалением, однако, должен предупредить, что случай с бодлеровскими сиротами совсем иного толка. История с Бодлерами протекает совсем не в вымышленной стране, где на деревьях растут леденцы и певчие мыши делают всю черную работу. История Бодлеров протекает в совершенно реальном мире, где над людьми смеются только из-за того, что они обладают физическими недостатками, где дети вдруг оказываются одни на целом свете и пытаются разгадать окутывающую их зловещую тайну. И в этом реальном мире появление львов обещает, что дальше все пойдет еще гораздо хуже, и если вам не по вкусу такая история (так же как львам не по вкусу бриллианты, не вложенные в тунца), вам лучше всего повернуть назад и бежать в другую сторону. А именно этого захотелось Бодлерам, когда, выйдя из фургона, они увидели, *кого* привез с собой Граф Олаф, вернувшийся из деловой поездки.

Граф Олаф промчался в своем черном автомобиле между рядами фургонов, едва не задавив нескольких посетителей, затормозил около самого Шатра уродов и только тогда выключил мотор. После чего рычание, которое узнали дети, оборвалось, но не прекратилось другое, более злобное. Оно звучало и после того, как Олаф в сопровождении Мадам Лулу вышел из машины и взмахом руки указал на трейлер, прицепленный к автомобилю. Вернее, это была металлическая клетка на колесах, и между прутьями клетки Бодлеры увидели то, на что показывал негодяй.

В прицепе было полно львов. Их набилось туда так много, что дети даже не разобрали, сколько именно. Видно было, что львам плохо и неуютно в этой тесноте, они скребли прутья когтями, огрызались зубастой пастью друг на друга и невообразимо громко и яростно рычали. Вокруг стал собираться народ — кое-кто из олафовских приспешников, а также несколько посетителей, любопытствующих, что происходит. Олаф попытался сказать что-то, но львиный рык заглушил его слова. Негодяй нахмурился, достал из кармана хлыст и хлестнул львов сквозь прутья клетки. Подобно людям, животные, если их как следует стегать хлыстом, тоже пугаются и готовы делать, что им приказывают. Поэтому львы постепенно притихли, и Олаф смог наконец сделать свое заявление:

— Леди и джентльмены, мальчики и девочки, уроды и нормальные люди! Карнавал Калигари с гордостью объявляет о прибытии свирепых львов, которые примут участие в новом аттракционе.

— Это хорошая новость, — сказал кто-то в толпе, — а то сувениры в подарочном фургоне довольно паршивые.

— Да, новость *хорошая,* — со злобой прорычал Олаф и обернулся к Бодлерам. Глаза у него ярко блестели, и под его пристальным взглядом дети задрожали в своих маскарадных костюмах. — Потом он перевел взгляд на собирающуюся толпу и продолжил: — Теперь тут все пойдет гораздо веселее.

И бодлеровские сироты поняли, что его обещание — чистейший обман.

Глава ПЯТАЯ

КОГДА происходящее кажется чем-то на удивление знакомым, словно это уже происходило с вами ранее, такое ощущение французы называют «déjà vu»[1]. Подобно многим французским выражениям (как, например, «ennui» — жеманное словечко вместо «невыносимая скучища», или «la petite mort», передающее ощущение, будто что-то в вас умерло), выражение «déjà vu» относится к чему-то не слишком приятному, поскольку от ощущения, будто вы уже слышали или видели нечто подобное, становится как-то не по себе.

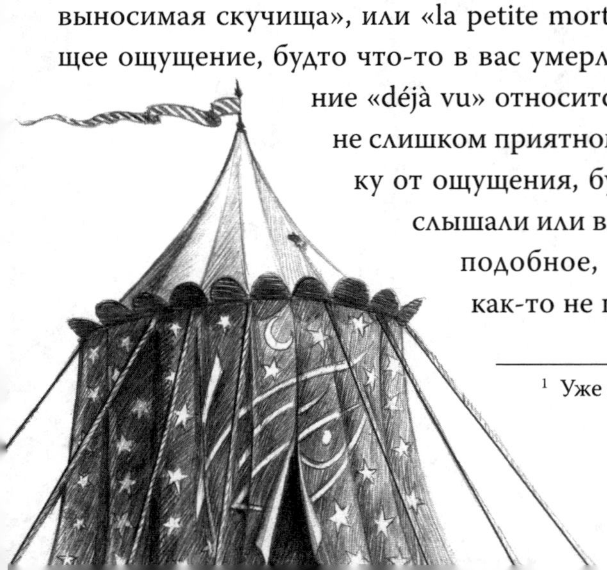

[1] Уже виденное *(фр.)*.

Глава
ПЯТАЯ

КОГДА происходящее кажется чем-то на удивление знакомым, словно это уже происходило с вами ранее, такое ощущение французы называют «déjà vu»[1]. Подобно многим французским выражениям (как, например, «ennui» — жеманное словечко вместо «невыносимая скучища», или «la petite mort», передающее ощущение, будто что-то в вас умерло), выражение «déjà vu» относится к чему-то не слишком приятному. Так же и бодлеровским сиротам было не очень приятно стоять около фургона для уродов, слушать Графа

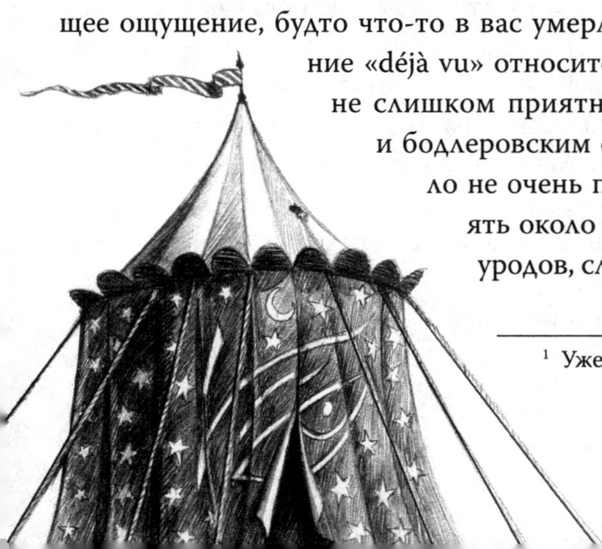

[1] Уже виденное *(фр.)*.

Олафа и испытывать тошнотворное чувство, определяемое словами «déjà vu».

— Львы станут самым волнующим аттракционом на Карнавале Калигари! — объявил Олаф, между тем как любопытные, заслышав шум и рев, все прибывали. — Если только вы не полные идиоты, то вам известно: даже упрямый мул двинется в требуемом направлении, если держать перед ним морковку, а позади палку. Он хочет получить в награду морковку и не хочет, чтобы его больно наказали. Так же будут вести себя и львы.

— Что происходит? — спросил у детей Хьюго, выходя из фургона. За ним показались Колетт и Кевин.

— «Déjà vu», — с горечью проговорила Солнышко.

Даже младшая из Бодлеров помнила жестокую историю про упрямого мула с той поры, как они жили у Олафа. Тогда злодей рассказывал про упрямого мула, чтобы вынудить Вайолет выйти за него замуж, но, к счастью, тогда план его в последнюю минуту сорвался. Сейчас та же история служила ему для того, чтобы привести в исполнение какой-то новый замысел, и дети, наблюдая, как он это делает, испытывали тошноту.

— Эти львы сделают то, что я им велю, — продолжал Граф Олаф, — так как хотят избежать наказания кнутом! — Он снова замахнулся и хлестнул по львам через прутья. Львы съежились. Кое-кто из зрителей зааплодировал.

— Если кнут — палка, то что будет морковкой? — спросил лысый.

— Морковкой? — повторил Олаф и рассмеялся особенно гадким смехом. — Наградой послушным львам будет вкуснейшая еда. Львы — плотоядные, то есть они питаются мясом. И здесь, на Карнавале Калигари, они получат мясо самого лучшего качества. — Он повернулся и ткнул хлыстом в сторону фургона уродов, где у входа стояли Бодлеры и их товарищи по работе. — Уроды, которых вы видите перед собой, не являются нормальными людьми, они ведут никчемную жизнь. Поэтому они будут счастливы развлечь публику.

— Конечно, — отозвалась Колетт. — Мы каждый день так и делаем.

— В таком случае вы не откажетесь сыграть главную роль в львином шоу, — продолжал Олаф. — Мы не станем кормить львов в их привычные часы, поэтому к началу представления они очень-очень проголодаются. Ежедневно вместо представления в Шатре уродов мы будем наугад выбирать одного из уродов и смотреть, как его пожирают львы.

Все опять захлопали — все, кроме Хьюго, Колетт, Кевина и троих детей, застывших от ужаса.

— Вот потеха будет! — выкрикнул прыщавый. — Представляете, агрессивность и неряшливая манера есть одновременно! Зрелище получится роскошное!

— Целиком с вами согласна! — подхватила стоявшая рядом женщина. — Умора была глядеть, когда двухголовый урод ел кукурузу, но еще занятнее, когда будут есть его самого!

— Нет, а я бы предпочел полюбоваться, как будут есть горбатого, — возразил кто-то из толпы, — он такой потешный! И спина не такая, как у всех!

— Веселье начнется завтра днем! — возвестил Граф Олаф. — До завтра!

— Прямо не знаю, как и дождусь, — проговорила женщина, когда толпа начала рассасываться, что означает здесь «зрители отправились покупать сувениры или стали расходиться по домам». — Сразу всем знакомым расскажу.

— А я пойду позвоню той репортерше из «Дейли пунктилио», — сказал прыщавый мужчина, направляясь к телефонной будке. — Карнавал станет теперь очень популярным, может, и в газете про него напишут.

— Вы были правы, босс, — сказал крюкастый. — Теперь дела тут пойдут на лад.

— Конечно, он прав, пожалуйста, — подтвердила Мадам Лулу. — Он блестящий, храбрый и щедрый мужчина. Он блестяще придумал представление со львами, пожалуйста. Он храбро бьет львов хлыстом, пожалуйста. И он щедрый — подарил Лулу львов.

— Он тебе их подарил?! — раздалось вдруг где-то поблизости. В голосе слышалась угроза. — Так львы — подарок?!

Большинство зрителей отправились восвояси, и Бодлерам стала видна Эсме Скволор, которая, оказывается, стояла у входа в соседний фургон и теперь направилась к Графу Олафу и Мадам Лулу. Проходя мимо прицепа со львами, она провела своими длиннющими ногтями по прутьям клетки, и львы в страхе заскулили.

— Так, значит, ты подарил Мадам Лулу львов? А мне ты что привез?

Граф Олаф со смущенным видом почесал голову костлявой рукой.

— Ничего, — признался он. — Но если хочешь, пользуйся моим хлыстом.

Мадам Лулу чмокнула Олафа в щеку.

— Он подарил мне львов, пожалуйста, за то, что я сделала такое прекрасное гадание.

— Да, надо было это видеть, Эсме, — подтвердил Олаф. — Мы с Лулу вошли в Гадальный шатер, выключили свет, и тогда хрустальный шар начал издавать магическое гудение. Затем над головой у нас сверкнула магическая молния, Мадам Лулу велела мне как следует сосредоточиться, я закрыл глаза, а она посмотрела в хрустальный шар и сказала, что кто-то из бодлеровских родителей жив и скрывается в Мертвых горах. И за это я ей подарил львов.

— Выходит, Мадам Лулу получила свою морковку? — фыркнул крюкастый.

— Завтра прямо с утра, — продолжал Олаф, — Мадам Лулу еще раз задаст вопрос шару и скажет мне, где именно находится этот старший Бодлер.

Эсме бросила злобный взгляд на Лулу:

— И что тогда ты еще ей подаришь, Олаф?

— Будь благоразумна, мое сокровище, — попытался урезонить свою подружку Граф Олаф. — Львы сделают Карнавал Калигари популярным, так что

Мадам Лулу сможет больше времени посвящать гаданию и обеспечит нас сведениями, с помощью которых мы наконец приберем к рукам бодлеровское наследство.

— Мне неловко вносить поправки, — робко заметил Хьюго, — но нельзя ли сделать Карнавал популярным, не скармливая нас львам? Признаюсь, эта перспектива меня как-то волнует.

— Слышал, как публика приняла мое сообщение о новом аттракционе? — спросил Граф Олаф. — Они ждут не дождутся, когда львы сожрут уродов. А ведь каждый из нас должен выполнить свою роль, чтобы дать людям то, что они хотят. Ваше дело — вернуться сейчас же в свой фургон и оставаться там до завтрашнего утра. Остальные займутся своим делом — будут копать яму.

— Яму? — удивилась одна из женщин с напудренным лицом. — Зачем нам яма?

— Мы будем держать там львов, — ответил Олаф, — чтобы они съедали только того из уродов, который туда спрыгнет. Копать будем около «американских горок».

— Отличная идея, босс, — одобрил лысый.

— Лопаты в фургоне, там инструменты, — сказала Лулу. — Я покажу, пожалуйста.

— Я не собираюсь копать, — заявила Эсме, когда остальные приготовились идти. — Еще ноготь сломаю. И потом, мне надо поговорить с Графом Олафом. *Наедине.*

— Ну хорошо, хорошо, — согласился Граф Олаф. — Пойдем в гостевой фургон, там нам никто не помешает.

Олаф с Эсме удалились в одну сторону, а Мадам Лулу повела олафовских приспешников в другую. Дети и их товарищи по несчастью остались одни.

— Что ж, пошли в фургон, — заметила Колетт. — Может, сумеем придумать, как не быть съеденными.

— О нет, давайте не будем думать об этих страшных тварях. — Хьюго вздрогнул. — Давайте лучше поиграем в домино.

— Мы с моей второй головой и с Чабо сейчас придем, — сказала Вайолет. — Только допьем горячий шоколад.

— Желаю получить удовольствие, — мрачно отозвался Кевин, скрываясь вслед за Хьюго и Колетт в фургоне уродов. — Может, пьем его в последний раз.

Кевин обеими руками закрыл дверь, а Бодлеры отошли в сторонку, чтобы их никто не подслушал.

— Добавить корицу в шоколад была замечательная идея, Солнышко, — проговорила Вайолет. — Только что-то мне мешает получать от него удовольствие.

— Ификат, — ответила Солнышко, что означало «Мне тоже».

— Новый замысел Графа Олафа оставил у меня неприятный привкус во рту, — добавил Клаус. — И боюсь, корица тут не поможет.

— Надо пробраться в Гадальный шатер, — сказала Вайолет. — И сейчас это, возможно, наш единственный шанс туда попасть.

— Думаешь, это правда? — спросил Клаус. — Думаешь, Мадам Лулу действительно что-то видела в хрустальном шаре?

— Не знаю, — ответила Вайолет. — Но я изучала электричество и знаю, что молнии в палатке взяться неоткуда. Что-то там творится загадочное, и необходимо выяснить, в чем дело.

— Чоу! — добавила Солнышко, имея в виду «До того, как нас бросят на съедение львам».

— Но ты думаешь, там все по-настоящему? — настаивал Клаус.

— Не знаю! — вспылила Вайолет. Слово «вспылила» означает здесь «сказала своим нормальным голосом, забыв от расстройства и тревоги про маскарад». — Я не знаю, умеет ли гадать Мадам Лулу. Не знаю, откуда Графу Олафу всегда известно, где мы. Я не знаю, где сникетовское досье, почему у кого-то еще была татуировка, как у Олафа, и что значат буквы «Г.П.В.», и откуда взялся тайный туннель, ведущий к нашему бывшему дому, и...

— ...живы ли наши родители, — перебил Клаус. — Как ты считаешь — кто-то из наших родителей в самом деле жив?

Голос среднего Бодлера задрожал, сестры обернулись к нему (что Вайолет, по-прежнему делящей с братом одну рубашку на двоих, далось нелегко) и увидели, что он плачет. Вайолет наклонилась вбок и прислонила свою голову к его голове, а Солнышко, поставив кружку на землю, подползла поближе и обхватила колени Клауса, и Бодлеры постояли немножко, не двигаясь.

Горе — это, так сказать, печаль, охватывающая человека, когда он потерял кого-то дорогого ему, и штука это неуловимая, ускользающая. Горе может на долгое время исчезнуть, а потом вдруг возвращается, когда меньше всего этого ожидаешь. Когда я выхожу ранним утром на Брайни-Бич, в самое удобное время для поисков необходимых материалов по делу Бодлеров, океан такой мирный, что я испытываю умиротворение, как будто и не горюю о женщине, которую любил и которую никогда больше не увижу. И вдруг, когда я, промерзнув, забегаю в чайную, где меня поджидает владелец, мое горе, стоит мне потянуться к сахарнице, неожиданно возвращается и я начинаю так громко рыдать, что другим посетителям приходится просить меня рыдать потише. Что касается бодлеровских сирот, то их горе было, казалось, тяжелой ношей, которую они несли по очереди, чтобы не плакать всем одновременно. Но иногда она становилась чересчур тяжела для одного, и тот один начинал плакать, и поэтому сейчас Вайолет и Солнышко прижались к брату, словно напоминая, что ношу они могут нести сообща, пока наконец не обретут безопасное пристанище и не сложат ее с себя.

— Прости, Клаус, что я вспылила, — проговорила Вайолет. — Мы не знаем столь многого, что трудно размышлять обо всем сразу.

— Читви, — пискнула Солнышко, и это означало «Но я не могу не думать о родителях».

— Я тоже, — призналась Вайолет. — Неужели действительно кто-то из них жив?

— Но если так, — вступил в разговор Клаус, — почему они прячутся неизвестно где? Почему не пытаются нас найти?

— А может, и пытаются, — тихо сказала Вайолет. — Может, они ищут нас в самых разных местах, но не могут найти — ведь мы так давно прячемся сами или выдаем себя за кого-то другого.

— А почему мама или папа не свяжутся с мистером По? — не успокаивался Клаус.

— Но мы же пытались связаться с ним, — возразила Вайолет, — он не отвечает на телеграммы, а дозвониться ему по телефону тоже не удалось. Если кто-то из наших родителей и уцелел, может, ему так же не везет, как и нам.

— Галфускин, — вмешалась Солнышко. Под этим она разумела что-то вроде «Все это одни предположения. Пошли в Гадальный шатер, посмотрим, не найдется ли там чего-нибудь более определенного. И делать это надо как можно скорее, пока остальные не вернулись».

— Правильно, Солнышко. — Вайолет поставила свою кружку рядом с кружкой сестры.

Клаус тоже поставил кружку на землю, и трое Бодлеров, не допив горячий шоколад, двинулись прочь — Вайолет и Клаус неуклюжим шагом в своих общих штанах, приваливаясь на ходу друг к другу, Солнышко — ползком, стараясь выглядеть полуволком на тот случай, если кто-то наблюдал за ними, пока они шли по территории лагеря в сторону Гадального шатра. Но никто не наблюдал за бодлеровскими сиротами. Посетители разошлись по домам, торопясь рассказать знакомым про завтрашнее львиное шоу. Товарищи по фургону сидели внутри, оплакивая свою судьбу, то есть в данном случае играя в домино, вместо того чтобы поразмыслить над выходом из трудного положения. Мадам Лулу и помощники Олафа копали яму рядом с тележками, заросшими плющом. Граф Олаф и Эсме Скволор ссорились в гостевом фургоне, расположенном на дальнем конце лагеря, где много лет назад останавливались мы с братом. Остальные работники Мадам Лулу прибирали территорию карнавала на ночь и мечтали когда-нибудь работать не в таком дрянном месте. Так что никто не видел, как дети подошли к палатке рядом с фургоном Лулу и замерли на минуту перед входом.

Гадального шатра больше нет на Карнавале Калигари, да и вообще нигде. Бродящий по этой безлюдной почерневшей местности вряд ли догадался бы, что здесь когда-то стояли палатки. Но даже если бы все выглядело точно так же, как при Бодлерах, путешественник едва ли понял бы смысл орнамента на палатке, ведь в наши дни экспертов в этой области осталось очень мало. Те же, кто еще жив, пребывают в ужасных обстоятельствах или, пытаясь, как я, исправить положение, лишь усугубляют весь его ужас. Но бодлеровские сироты, оказавшиеся, как вы помните, на карнавале только накануне вечером и не видавшие Гадального шатра при дневном свете, разглядели орнамент и остановились, пораженные.

На первый взгляд рисунок на палатке показался им просто изображением глаза. Такого же глаза, какой украшал фургон Мадам Лулу и щиколотку Графа Олафа. Такие глаза встречались детям повсюду, куда бы они ни попадали, начиная со здания в форме глаза, когда они работали на лесопилке; глаза на сумочке Эсме Скволор в те времена, когда Бодлеры скрывались в больнице, и кончая целым роем глаз, чудившихся им в кошмарных снах. Хотя Бодлеры не очень-то понимали, в чем смысл всех этих глаз, они им так надоели, что дети не стали бы специально останавливаться, чтобы смотреть на них. Однако бывает так, что многое в жизни приобретает совсем иной смысл, если всматриваться подольше, и вот, пока дети медлили перед входом в Гадальный шатер, изображение стало постепенно меняться и превратилось в некую эмблему.

Эмблема — это своего рода значок, который символизирует какую-то организацию или бизнес. Эмблема может быть самой простой — в виде, скажем, волнистой линии, что указывает на какое-то отношение организации к рекам и океанам. Эмблема может иметь форму квадрата, что ассоциируется с геометрией или с кубиками сахара. Иногда это изображение какого-то предмета, например факела, что указывает на возгораемость организации; в данном же случае изображение трехглазой девочки на наружной стенке Шатра уродов означало, что там, внутри, демонстрируют диковинных людей. Эмблема порой представляет собой часть названия организации — скажем, первые несколько букв или начальные буквы составляющих слов. Бодлеры, естественно, не занимались никаким бизнесом, если не считать того, что выдавали себя за карнавальных уродов, и, насколько они знали, не принадлежали ни к какой организации и никогда не бывали в Пустошах до тех пор, пока их не завез сюда по Малоезженой дороге олафовский автомобиль, однако трое детей продолжали стоять, не отрывая взгляда от рисунка на палатке Мадам Лулу, так как понимали, что он для них очень важен: казалось, кто-то, рисуя эмблему, знал, что они сюда попадут, и хотел завлечь их внутрь.

— Ты думаешь... — начал Клаус, но не договорил.

— Я сперва не заметила, — сказала Вайолет, — но когда я присмотрелась...

— Волу... — начала Солнышко.

И, не сговариваясь, дети приоткрыли клапан палатки и заглянули внутрь. Не увидев там никого, они сделали несколько шагов вперед. Если бы кто-то следил за ними, то он бы заметил, как дети робко, стараясь ступать как можно бесшумнее, вошли в палатку. Но за ними никто не следил. Никто не видел, как за ними закрылся дверной клапан, отчего слегка дрогнула вся палатка; никто не заметил, как при этом дрогнуло изображение на наружной стенке. Некому было наблюдать за тем, как бодлеровские сироты приближаются к ответам на все свои вопросы и к разгадке всех тайн в их жизни. Некому было и вглядываться в изображение на палатке и увидеть, что это не глаз, как могло показаться при первом взгляде, а эмблема организации, известной детям как Г.П.В.

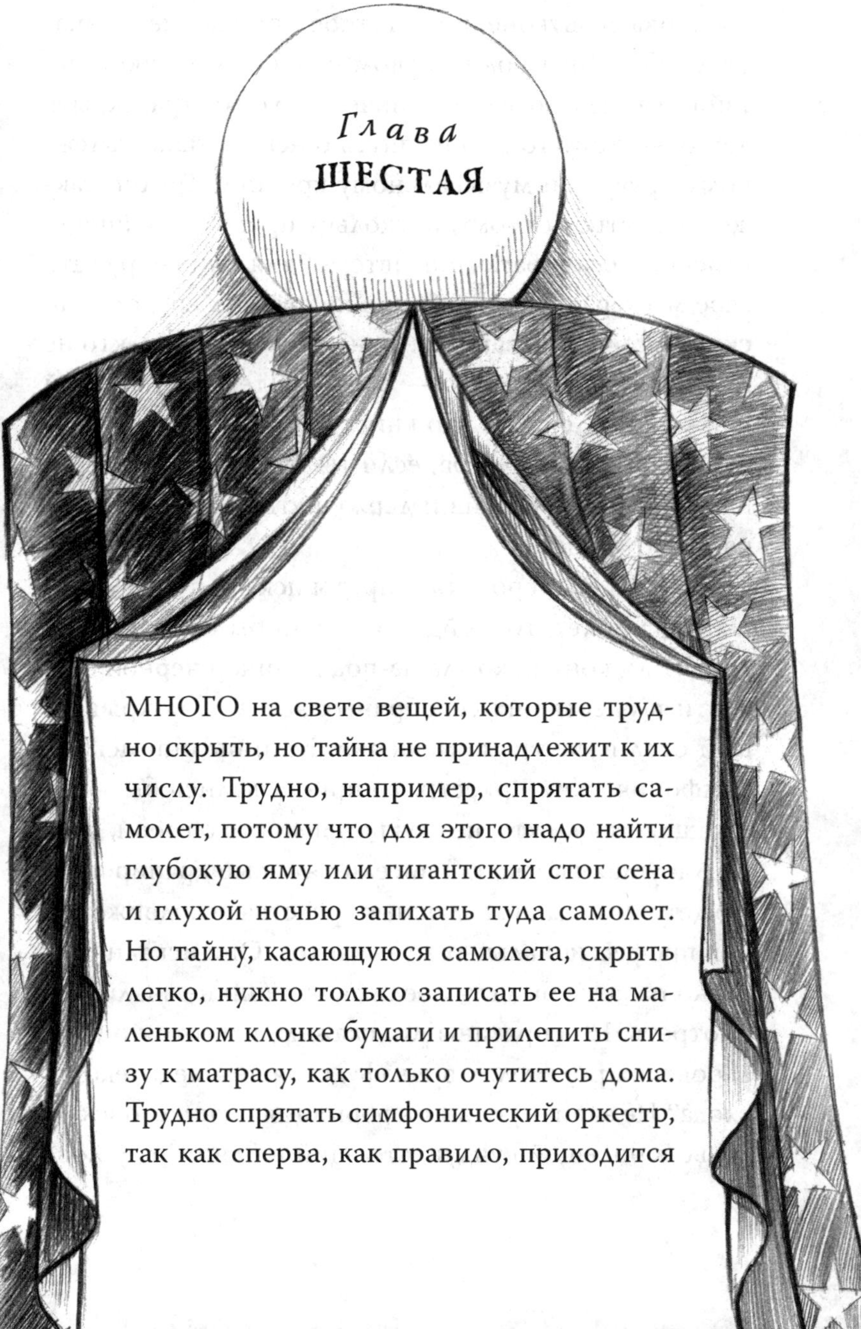

Глава

ШЕСТАЯ

МНОГО на свете вещей, которые трудно скрыть, но тайна не принадлежит к их числу. Трудно, например, спрятать самолет, потому что для этого надо найти глубокую яму или гигантский стог сена и глухой ночью запихать туда самолет. Но тайну, касающуюся самолета, скрыть легко, нужно только записать ее на маленьком клочке бумаги и прилепить снизу к матрасу, как только очутитесь дома. Трудно спрятать симфонический оркестр, так как сперва, как правило, приходится арендовать звуконепроницаемое помещение и запастись большим количеством спальных мешков, но тайну, касающуюся симфонического оркестра, скрыть легко — стоит только шепнуть о ней на ушко надежному другу или музыкальному критику. Трудно также спрятаться самому, поскольку приходится иногда втискиваться в багажник автомобиля или сооружать себе маскарадный костюм из подручных средств. Но скрыть тайну, связанную лично с вами, от тех, кто не должен ее знать, легко — расскажите о ней в своей книжке и надейтесь, что книга попадет в нужные руки. Дорогая моя сестра, если ты прочтешь эти строки, знай — я пока жив и держу путь на север, чтобы разыскать тебя.

Если бы бодлеровские сироты искали в Гадальном шатре самолет, то, войдя туда, они бы смотрели, не торчит ли кончик крыла из-под длинной черной скатерти в блестящих серебряных звездах, покрывавшей стол в центре помещения. Если бы они искали симфонический оркестр, то прислушались бы — не закашляется ли кто, не стукнется ли кто о гобой, прячась в углах шатра, где висели тяжелые драпировки. Но дети не искали воздушные средства передвижения или профессиональных музыкантов. Они искали тайну, но палатка была так велика, что они не знали, где смотреть. Не спрятаны ли, скажем, известия о бодлеровских родителях в шкафу, стоящем недалеко от входа? Не запихнута ли информация о сникетовском досье в большой сундук, стоящий в одном из углов?

И удастся ли им раскрыть значение букв Г.П.В., поглядев в хрустальный шар, помещенный в середине стола? Вайолет, Клаус и Солнышко обвели взглядом палатку, потом посмотрели друг на друга. Им казалось, что касающиеся их тайны могут таиться где угодно.

— Где, ты думаешь, надо искать? — спросила Вайолет.

— Не знаю. — Клаус, щурясь, огляделся вокруг. — Я даже не знаю, что именно надо искать.

— Ну, может, последуем примеру Олафа, — предложила Вайолет. — Он же рассказал по порядку, как происходило гадание.

— Да, помню, — подтвердил Клаус. — Сперва он вошел в шатер. Мы тоже вошли. Потом, он говорил, хозяйка выключила свет.

Бодлеры подняли головы и впервые заметили, что весь потолок усеян маленькими лампочками в форме звездочек, таких же, как на скатерти.

— Щелк! — Солнышко показала на пару выключателей, прикрепленных к одному из столбов, поддерживающих палатку.

— Молодчина, Солнышко! — похвалила ее Вайолет. — Пойдем, Клаус, я хочу рассмотреть выключатели.

Старшие Бодлеры, неуклюже переваливаясь, подошли к столбу, но, оказавшись к нему вплотную, Вайолет нахмурилась и затрясла головой.

— В чем дело? — спросил Клаус.

— Жаль, нет ленты, — ответила Вайолет. — Я бы завязала волосы. А так мне плохо думается — напудренные волосы лезут в глаза. Но моя лента осталась где-то в боль...

Голос ее замер, и Клаус увидел, что она сунула руку в карман олафовских брюк и вытащила ленту, как две капли воды похожую на ее собственную.

— Ерц, — выпалила Солнышко.

— Да это и есть моя лента. — Вайолет осмотрела ее. — Наверное, Граф Олаф сунул ее в карман, когда готовил меня к операции.

— Я рад, что ты получила ее обратно. — Клаус поежился. — Противно представлять, как Олаф своими грязными лапищами трогает наши вещи. Помочь тебе завязать? Одной рукой, наверно, трудно справиться, а вытаскивать другую руку из рубашки не советую. Не хотелось бы нарушать наш маскарад.

— Пожалуй, я справлюсь, — сказала Вайолет. — Ну вот и все. Так я себя чувствую уже не столько уродом, сколько Вайолет Бодлер. Теперь посмотрим. Оба выключателя соединены с проводами, идущими вверх к потолку. Один явно включает и выключает лампочки, а вот зачем второй?

Бодлеры опять задрали головы кверху и заметили на потолке кое-что еще. Между звездочками виднелось небольшое круглое зеркало, прикрепленное к металлической трубке под каким-то странным углом. От трубки длинная резиновая полоса вела к большому клубку из проволок и зубчатых колесиков, а клубок, в свою очередь, был прикреплен к зеркальцам, расположенным в виде колеса.

— Что? — спросила Солнышко.

— Не знаю, — ответил Клаус. — Не похоже ни на что, о чем мне приходилось читать.

— Интересное устройство, — заметила Вайолет, внимательно изучая все сооружение. Указывая на различные части непонятного механизма, она стала говорить вслух, но скорее для себя, чем для брата с сестрой: — Резиновая полоса похожа на приводной ремень, который передает усилие от автомобильного двигателя для охлаждения радиатора. Но зачем... ах, понятно. Он вращает зеркальца, а они... но как же... погодите. Клаус, видишь в верхнем углу палатки дырку?

— Без очков не вижу.

— Ну все равно. Там небольшая прореха, — объяснила Вайолет. — Если стоять лицом к дыре, то что будет в той стороне?

— Дай подумать. Вчера вечером, когда мы вылезали из машины, садилось солнце.

— Ийрат, — подтвердила Солнышко, желая сказать «Я помню — знаменитый закат в Пустошах».

— А машина там. — Клаус повернулся кругом и потянул за собой старшую сестру. — Значит, там запад, а дыра обращена на восток.

— А на востоке всходит солнце, — с улыбкой подсказала Вайолет.

— Верно, — отозвался Клаус. — Но при чем тут это?

Вайолет ничего не ответила. Она стояла и улыбалась, и Клаус с Солнышком улыбались, глядя на нее. Несмотря на фальшивые шрамы, нарисованные у Вайолет на лице, младшие Бодлеры мигом узнали ту улыбку. Именно так улыбалась Вайолет, когда ей удавалось разрешить трудную проблему, связанную обычно с каким-нибудь изобретением. Так она улыбалась, когда они все сидели в тюремной камере и Вайолет придумала, каким образом кувшин с водой поможет им вырваться на свободу. Такая улыбка появилась на ее лице, когда она нашла в чемодане улику, способную убедить мистера По в том, что их Дядю Монти убили. Именно так она улыбалась сейчас, поглядев вверх на странное устройство на потолке, а потом вниз — на два выключателя.

— Смотрите внимательно, — сказала она и щелкнула первым выключателем. Немедленно зубчатые колесики начали вращаться, длинная резиновая полоса поехала вниз — и расположенные венком зеркальца превратились в крутящийся круг.

— И к чему это все? — осведомился Клаус.

— Слушайте, — сказала Вайолет, и все трое услышали тихий гул мотора. — Вот про это гудение и рассказывал Граф Олаф. Он думал, что гул исходит от хрустального шара, но он исходил от этого устройства.

— А я еще тогда подумал, что слова «магическое гудение» звучат как-то неправдоподобно.

— Легрор? — спросила Солнышко, что означало «А откуда молния?»

— Видите, под каким углом прикреплено большое зеркало? — спросила в ответ Вайолет. — Оно расположено таким образом, чтобы отражать свет, падающий через щель в потолке.

— Но никакой свет оттуда не падает, — возразил Клаус.

— Сейчас — нет, дыра ведь обращена на восток, а сейчас вторая половина дня. Зато по утрам, когда Мадам Лулу соглашается гадать, встает солнце и свет попадает прямо на большое зеркало, оттуда отражается в маленьких зеркальцах, которые приводит в движение ремень...

— Погоди, — остановил ее Клаус. — Я не понимаю.

— Ничего страшного, — отозвалась Вайолет. — Граф Олаф тоже не понимает. Когда он утром входит в палатку, Мадам Лулу включает это устройство и комната наполняется мерцающими бликами. Помнишь, я использовала закон преломления лучей, когда сооружала сигнал бедствия на озере Лакримозе? Тут то же самое, только Лулу выдает это за магическую молнию.

— А если Граф Олаф поднимет голову и увидит, что это не магическая молния?

— Не увидит, если свет выключен. — Вайолет щелкнула другим выключателем, и звезды у них над головой погасли.

Плотная ткань, из которой была сделана палатка, не пропускала наружный свет, так что Бодлеры очутились в полной темноте. Это напомнило им спуск в шахту лифта в доме № 667 на Мрачном проспекте, только там стояла тишина, а здесь их окружал гул механизмов.

— Жуть, — проговорила Солнышко.

— Да, жутковато, — согласился Клаус. — Немудрено, что Олаф принял гудение за что-то магическое.

— Вообразите, как тут все выглядит, когда в палатке сверкает молния, — сказала Вайолет. — Такого рода фокусы и одурачивают людей, и заставляют верить в гадание.

— Значит, Мадам Лулу — обманщица, — сказал Клаус.

Вайолет щелкнула обоими выключателями, свет зажегся, а механизм отключился.

— Конечно обманщица, — подтвердила она. — Не сомневаюсь, что хрустальный шар — простое стекло. Она обманом заставила Графа Олафа поверить, будто она гадалка, чтобы он покупал ей всякие вещи — вроде львов и новых тюрбанов.

— Чезро? — Солнышко подняла лицо и вопросительно поглядела на брата и сестру. Под словом «чезро» она подразумевала «Но если она обманщица, то откуда она знает, что кто-то из наших родителей жив?», и старшие даже не сразу решились ответить ей.

— Она и не знает, — наконец тихо проговорила Вайолет. — Сведения Мадам Лулу такие же фальшивые, как и магическая молния.

Солнышко издала короткий тихий вздох, который старшие еле расслышали из-за бороды, окутывавшей личико девочки, и покрепче обняла ноги Вайолет и Клауса. Тельце ее задрожало от огорчения. Наступила ее очередь нести тяжесть их общего горя. Но долго ей не пришлось этого делать, поскольку Клаус вспомнил кое-что, отчего Бодлеры сумели взять себя в руки.

— Постойте-ка, — сказал он, — Мадам Лулу, может, и обманщица, но ее информация, очевидно, бывает настоящей. Ведь она всегда сообщала Олафу, где мы находимся, и всегда говорила правильно.

— Это верно, — спохватилась Вайолет. — Я и забыла.

— В конце концов, — Клаус с трудом добрался до кармана собственных брюк, — мы ведь тоже поверили, что кто-то из наших родителей жив, когда прочли вот это. — Он развернул листок бумаги, и сестры узнали тринадцатую страницу сникетовского досье. К странице была прикреплена фотография: на ней стояли Бодлеры-родители, рядом с ними — мужчина, которого дети мельком встречали в Городе Почитателей Ворон, и еще один человек, незнакомый детям, а под фотографией была написана фраза, которую Клаус выучил уже наизусть, и ему не требовались очки, чтобы прочесть ее. «Основываясь на фактах, обсуждаемых на странице девять, эксперты подозревают, что в пожаре, скорее всего, уцелел один человек, однако местонахождение оставшегося в живых неизвестно», — процитировал Клаус. — Может, Мадам Лулу об этом знает?

— Откуда? — усомнилась Вайолет.

— Так, давайте подумаем, — ответил Клаус. — Граф Олаф сказал, что после появления магической молнии Мадам Лулу велела ему закрыть глаза, чтобы дать ей сосредоточиться.

— Там! — Солнышко показала на стол с хрустальным шаром.

— Нет, Солнышко, — возразила Вайолет. — Шар не мог ей ничего сказать. Он не магический, ты же помнишь?

— Там! — продолжала настаивать Солнышко и пошла к столу.

Вайолет и Клаус неуклюжей походкой поковыляли за ней и увидели, на что она показывает. Внизу из-под скатерти что-то белело. Они с трудом встали на колени в своих общих штанах и увидели край бумаги.

— Как удачно, что ты ближе к полу, чем мы, Солнышко, — сказал Клаус. — Мы бы не заметили.

— Что же это? — Вайолет потянула за белый уголок.

Клаус опять с трудом добрался до кармана, достал очки и водрузил их на нос.

— Так я больше чувствую себя самим собой, а не уродом. — Он улыбнулся и принялся читать вслух: «Милейшая герцогиня, Ваш бал-маскарад обещает быть изумительным, я с нетерпением жду...» — Голос Клауса замер, и дальнейшее он пробежал глазами. — Просто записка о каком-то званом вечере, — проговорил он.

— А почему она под столом? — с недоумением сказала Вайолет.

— Мне она не кажется важной, — ответил Клаус, — но, очевидно, ее сочла важной Лулу, раз спрятала ее здесь.

— Давайте посмотрим, что еще она там прячет. — Вайолет приподняла край скатерти — и все трое Бодлеров ахнули.

Читателю может показаться странным, что под столом у Мадам Лулу скрывалась целая библиотека, но, как уже знали бодлеровские сироты, библиотек бывает почти столько же видов, сколько и читателей. Детям уже встречалась личная библиотека — в доме судьи Штраус, — которой им очень не хватало; научная библиотека в доме Дяди Монти, которого им больше никогда уже не увидеть. Они побывали в учебной библиотеке в Пруфрокской подготовительной школе, видели библиотеку на лесопилке «Счастливые запахи», которая, правда, была недоукомплектована, что в данном случае означает «состояла всего из трех книг». Существуют на свете публичные библиотеки и медицинские библиотеки, тайные и запрещенные, библиотеки пластинок и аукционных каталогов, а также архивные библиотеки, или, правильнее говоря, хранилища досье и документов. Такие архивы обычно имеются в университетах, музеях и в разных других тихих местах — под столом, например. В архивы люди могут всегда зайти и просмотреть любые документы и газеты, для того чтобы получить нужные сведения. Глядя на стопки бумаг, запиханные под стол, бодлеровские сироты поняли, что библиотека Мадам Лулу вполне может содержать информацию, которую они ищут.

— Вы только посмотрите, — сказала Вайолет. — Тут и газетные статьи, и журналы, и письма, и досье, и фотографии — все виды документов. Мадам Лулу велит людям закрыть глаза и сосредоточиться, а сама роется в бумагах и находит ответы.

— А шуршания бумаг никто не слышит, — подхватил Клаус, — из-за гудения механизма для молнии.

— Это похоже на сдачу экзамена, — добавила Вайолет, — когда шпаргалки с ответами на все вопросы у тебя в парте.

— Жулик! — выпалила Солнышко.

— Да, она обманщица, — подтвердил Клаус, — но нам это может все пригодиться.

— Смотрите, тут статья из «Дейли пунктилио»: «Город Почитателей Ворон примет участие в новой опекунской программе», — прочла вслух Вайолет, глядя через плечо Клауса на заголовок.

— «Совет Старейшин вчера объявил, что возьмет на себя заботу о трудных бодлеровских сиротах, — прочел Клаус, — в порядке участия городской администрации в новой программе, вдохновленной афоризмом „Чтобы вырастить ребенка, целый город нужен“».

— Вот каким образом Граф Олаф разыскал нас! — вскричала Вайолет. — Мадам Лулу сделала вид, что хрустальный шар сообщил ей, где мы, а на самом деле она просто прочла про нас в газете!

Клаус продолжал рыться в бумагах, пока не наткнулся на фамилию Бодлер.

— Смотрите, список новых учащихся в Пруфрокской подготовительной школе. Каким-то образом он попал в руки Мадам Лулу, и она сообщила об этом Олафу.

— Мы! — Солнышко показала своим старшим на какую-то фотографию.

Те взглянули и поняли, что младшая сестра права: на маленьком неясном снимке трое Бодлеров сидели на краю Дамокловой пристани, куда только что приехали, чтобы поселиться у Тети Жозефины. На заднем фоне виднелся мистер По, который поднимал руку, подзывая такси. Вайолет мрачно заглядывала в бумажный пакет.

— Мятные лепешки. Нам их дал мистер По, — тихо сказала Вайолет. — Я и забыла про них совсем.

— Но кто сделал снимок? — произнес Клаус. — Кто за нами следил в тот день?

— Сзади, — сказала Солнышко и перевернула фотографию. На обороте стояла неразборчивая надпись.

— По-моему, тут написано «Отсюда может выйти волк», — пробормотал Клаус.

— Или «толк», — поправила Вайолет. — Да, по-моему, скорее, «может выйти толк». И подписано одной буквой — не то «Л», не то «М». Но кому понадобилась наша фотография?

— Прямо дрожь берет, когда я думаю: кто-то нас снимал, а мы и не знали, — проговорил Клаус. — Значит, нас вообще в любой момент кто-то может сфотографировать.

Бодлеры торопливо огляделись — не прячется ли фотограф в углах палатки, но никого не заметили.

— Давайте успокоимся, — посоветовала Вайолет. — Помните, как родители ушли куда-то вечером, а мы смотрели жуткий фильм? Мы потом всю ночь нервничали, вздрагивали от любого шороха. Нам казалось, что сейчас в дом проникнут вампиры и утащат нас.

— А может, кто-то и проникал в дом, чтобы нас утащить. — Клаус показал на снимок. — Бывает же, что-то происходит у тебя под самым носом, а ты об этом и не подозреваешь.

— Мурашки, — произнесла Солнышко. Она хотела сказать нечто вроде «Давайте скорее уйдем отсюда. У меня прямо мороз по коже».

— У меня тоже, — сказала Вайолет. — Но надо забрать с собой все бумаги. Возможно, мы ухитримся их где-нибудь просмотреть. Вдруг да найдем нужную информацию.

— Не можем мы забрать с собой все материалы, — возразил Клаус. — Тут кипы бумаг и газет, это все равно что проглядеть все до одной книги в библиотеке, чтобы найти единственную, которая тебе нужна.

— Набьем их в карманы, — предложила Вайолет.

— У меня и так карманы битком набиты, — отозвался Клаус. — Там тринадцатая страница из сникетовского досье, обрывки страничек из квегмайровских записных книжек. Их я не могу выбросить, а больше в карманы ничего не влезет. Бумаг тут столько, как будто в них заключены все тайны всего света, но откуда нам знать, какие брать с собой?

— Может, все-таки быстро просмотрим бумаги прямо здесь, — предложила Вайолет, — и возьмем с собой только те, где упоминаются наши имена.

— Не лучший метод исследования, — заметил Клаус, — но, пожалуй, другого способа не остается. Ну-ка помоги мне приподнять скатерть, чтобы виднее было.

Вайолет с Клаусом начали сообща приподнимать скатерть, что в их маскарадном наряде было непросто. Так же как и поедать кукурузу, поднимать скатерть, находясь в общей рубахе, оказалось делом более сложным, чем можно было думать. Пока старшие Бодлеры сражались со скатертью, она ерзала туда-сюда, а как вы наверняка знаете, если дергать скатерть туда-сюда, то предметы, находящиеся на ней, тоже будут ерзать вместе с ней. И поэтому хрустальный шар Мадам Лулу все ближе и ближе подвигался к краю стола.

— Крах, — проговорила Солнышко.

— Солнышко права, — согласилась Вайолет. — Надо быть осторожнее.

— Правильно, — сказал Клаус, — мы же не хотим...

Чего именно они не хотели, он не успел договорить, потому что послышался глухой «бряк», а вслед за тем громкий и звонкий «дзынь!», тем закончив за него фразу.

Одна из самых досадных вещей в жизни заключается в следующем: от того, что тебе хочется или не хочется, совершенно не зависит то, что происходит или не происходит на самом деле. Например, вам хочется быть автором, который спокойно сидит себе дома и работает. Но случается нечто, отчего вы становитесь автором, который лихорадочно работает в чужих домах, причем зачастую без ведома хозяев. Вы, скажем, хотите жениться на любимой женщине, но случается нечто такое, что препятствует вашему желанию, и вы никогда больше не увидите друг друга.

Вы хотите узнать что-то важное о ваших родителях, но случается нечто такое, отчего вам еще долгое время не доведется этого узнать. И в данном случае вы очень хотите, чтобы хрустальный шар не скатился со стола и не разбился вдребезги, а если это случилось, то чтобы звонкий треск не привлек ничьего внимания. Однако печальная истина состоит в том, что ваши желания не имеют никакого значения, недаром она и зовется печальной. Несчастья могут следовать за несчастьями в жизни любого человека независимо от того, хочет он чего-то или не хочет, и хотя троим Бодлерам вовсе не хотелось, чтобы клапан палатки открылся, в тот момент, когда день на Карнавале Калигари начал клониться к вечеру, в шатер вошла Мадам Лулу, то есть произошло именно то, чего бодлеровские сироты очень не хотели.

Глава
СЕДЬМАЯ

— ЧТО вы делаете тут, пожалуйста?! — крикнула Мадам Лулу. Она бросилась к детям, глаза у нее засверкали так же злобно, как сверкал глаз, висящий у нее на шее. — Что делают уроды в шатре, пожалуйста? Что делают уроды под столом, пожалуйста? Ответьте, пожалуйста, сию же минуту, пожалуйста! Иначе вы очень-очень пожалеете, пожалуйста, спасибо!

Бодлеровские сироты подняли головы и уставились на поддельную гадалку, и тут произошла странная вещь. Вместо того чтобы задрожать от страха, или вскрикнуть от ужаса, или прижаться друг к другу, услышав крики Лулу, дети проявили непомерную

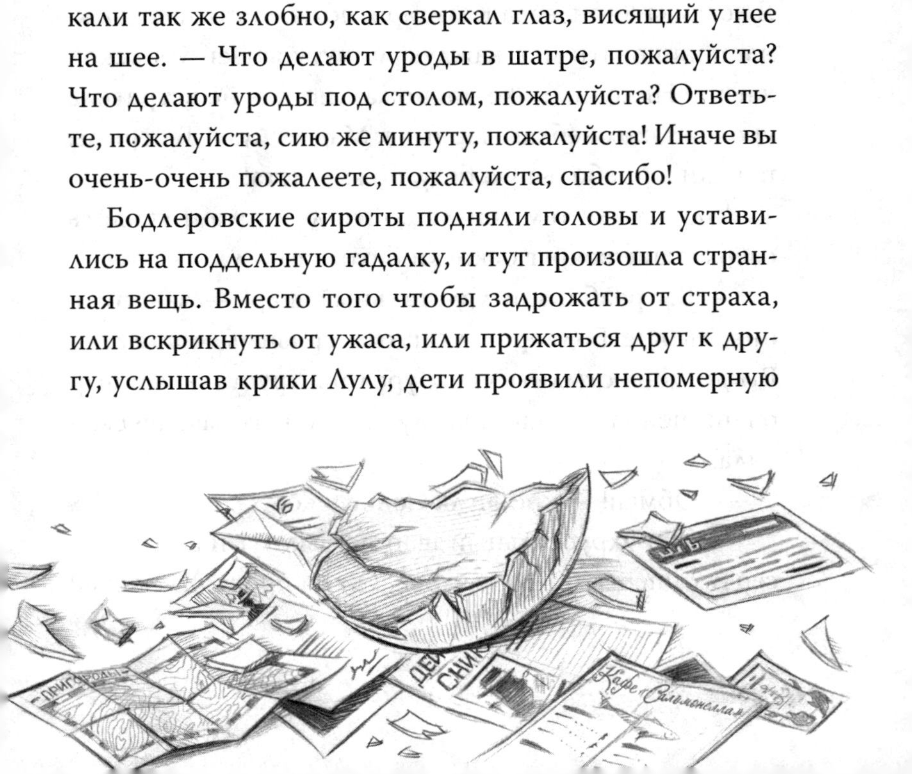

стойкость, иначе говоря, совсем не испугались. Теперь, когда они знали, что у Мадам Лулу на потолке устроен механизм, производящий молнию, а под столом — газетная библиотека и она с ее помощью изображает из себя таинственную чародейку, она для них превратилась просто в женщину со странным акцентом и плохим характером, которая владеет важными для них сведениями. Мадам Лулу продолжала бесноваться, а Вайолет, Клаус и Солнышко наблюдали за ней, не испытывая при этом ни малейшего страха. Мадам Лулу все вопила и вопила, но дети-то злились на нее не меньше, чем она на них.

— Как вы посмели, пожалуйста, ступать в шатер без разрешения Мадам Лулу?! — кричала она. — Я хозяйка Карнавала Калигари, пожалуйста, вы должны повиновать мне каждую минуту вашей уродской жизни! Никогда, никогда, пожалуйста, я не встретила уродов таких неблагодарных к Мадам Лулу! Теперь вы попали в пребольшую беду, пожалуйста!

Лулу между тем успела дойти до стола и увидеть сверкавшие вокруг осколки битого стекла.

— Вы разбивали хрустальный шар! — завопила она, тыча в Бодлеров длинным грязным ногтем. — Вы должны стыдить себя, уродов! Хрустальный шар очень ценная вещь, пожалуйста, у него магическая сила!

— Обман! — крикнула Солнышко.

— Этот хрустальный шар не был магическим! — сердито перевела Вайолет. — Он из простого стекла!

И вы никакая не гадалка! Мы осмотрели ваше устройство для молнии и нашли ваш газетный архив!

— Тут все сплошное надувательство. — Клаус обвел рукой палатку. — Это вам должно быть стыдно!

— Пожа... — начала Мадам Лулу, но тут же закрыла рот. Она посмотрела на Бодлеров, глаза ее широко раскрылись, она хлопнулась в кресло, положила голову на стол и заплакала.

— Да, я стыжусь самой себя! — запричитала она без всякого акцента. Она подняла руку, быстрым движением размотала тюрбан, так что длинные светлые волосы упали по сторонам ее заплаканного лица. — Я безмерно стыжусь себя, — выговорила она между всхлипами, и плечи ее затряслись от рыданий.

Бодлеры переглянулись, а потом опять уставились на сидящую перед ними плачущую женщину. Порядочным людям бывает трудно сердиться на плачущего человека, вот почему бывает полезно расплакаться, когда на вас кричит порядочный человек. Трое детей наблюдали, как Мадам Лулу продолжает плакать, изредка вытирая глаза рукавом, и им самим невольно взгрустнулось, хотя гнев их и не остыл.

— Мадам Лулу, — начала Вайолет твердым тоном, хотя и не таким твердым, каким бы ей хотелось, — почему вы...

— О нет! — взвыла Мадам Лулу, услышав свое имя. — Не называйте меня так! — Она поднесла руку к горлу и дернула шнурок, на котором висел глаз. Шнурок лопнул, и она бросила его на пол в кучу осколков, продолжая рыдать. — Меня зовут Оливия, — выговорила она наконец и прерывисто вздохнула. — Я не Мадам Лулу и не гадалка.

— Тогда зачем вы притворяетесь? — спросил Клаус. — Почему вы в таком наряде? Почему помогаете Графу Олафу?

— Я стараюсь помогать всем, — печально ответила Оливия. — Мой девиз: «Давайте людям то, что они хотят». Потому-то я здесь, на карнавале. Я притворяюсь гадалкой и говорю людям то, что они хотят услышать. Если сюда приходит Граф Олаф или кто-то из его соучастников и спрашивает, где находятся Бодлеры, я говорю им. Если заходит Жак Сникет или кто-то другой из волонтеров и спрашивает, жив ли его брат, я говорю им.

У Бодлеров в голове толпилось столько вопросов, что они не знали, с которого начать.

— А где вы берете ответы? — Вайолет показала на горы газет под столом. — Откуда все эти материалы?

— В основном из библиотек. — Оливия вытерла глаза. — Если хочешь, чтобы люди считали тебя гадалкой, ты должна отвечать на их вопросы, а ответы почти на все вопросы где-нибудь да записаны. Просто для этого требуется какое-то время. Мне пришлось долго собирать свою библиотеку, но у меня пока еще нет ответов на все вопросы. Поэтому изредка, если я не знаю ответа на чей-то вопрос, приходится его придумывать.

— А когда вы сказали Графу Олафу, что один из наших родителей жив, — спросил Клаус, — вы это придумали или знали ответ?

Оливия нахмурилась:

— Граф Олаф не спрашивал меня про родителей карнавальных уро... Постойте. Голоса у вас звучат по-другому. Беверли, у тебя лента в волосах, а у второй головы очки. Что происходит?

Трое детей удивленно взглянули друг на друга. Они были так увлечены разговором с Оливией, что совершенно забыли про свой маскарад. Но теперь маскарад был, пожалуй, уже ни к чему. Детям требовалось, чтобы на их вопрос ответили честно и правдиво, и, как им казалось, Оливия скорее даст честные ответы, если они сами будут честны и правдивы. Поэтому, ничего не ответив, Бодлеры встали и сняли маскарадные одеяния. Вайолет и Клаус расстегнули свою общую рубаху, освободили спрятанные внутри ее руки, вышли из брюк с меховыми отворотами, а Солнышко выпуталась из окутывавшей ее бороды. Не прошло и двух минут, как Бодлеры оказались в своей обычной одежде — все, кроме Вайолет, на которой оставался больничный халат с тех пор, как она находилась в Хирургическом отделении. А рядом с ними на полу лежала кучка маскарадной одежды. Старшие Бодлеры даже энергично потрясли головами (в смысле, стряхнули с волос пудру) и потерли лица, так что исчезли шрамы, изменявшие их наружность.

— Я не Беверли, — проговорила Вайолет, — и это не вторая голова, а мой брат. И это не волчонок Чабо. Это...

— Я знаю, кто она, — прервала ее Оливия, с изумлением их разглядывая. — Я знаю, кто вы такие. Вы — Бодлеры!

— Да, — подтвердил Клаус и улыбнулся, и сестры тоже улыбнулись. Казалось, прошло лет сто с тех пор, как их называли Бодлерами, и теперь, когда Оливия догадалась, кто они такие, они словно наконец стали самими собой, а не карнавальными уродами или еще какими-нибудь поддельными личностями. — Да, — повторил Клаус, — мы Бодлеры, и нас пока трое. Возможно, хотя мы не уверены, существует еще и четвертый. Мы предполагаем, что кто-то из наших родителей жив.

— Не уверены? — переспросила Оливия. — Разве об этом не сказано в сникетовском досье?

Клаус опять вытащил из кармана тринадцатую страницу.

— Мы стараемся отыскать остальные страницы раньше, чем их найдет Олаф. На последней говорится, что предположительно во время пожара уцелел один человек. Известно ли вам, правда это или нет?

— Понятия не имею, — призналась Оливия. — Я сама ищу сникетовское досье. Гоняюсь за каждым листком, который проносит мимо ветер.

— Но Графу Олафу вы сказали, что один из наших родителей жив, — запротестовала Вайолет, — и прячется в Мертвых горах.

— Это только моя догадка. Но если и вправду кто-то из ваших родителей жив, то, скорее всего, прячется именно там. Где-то в Мертвых горах находится последний уцелевший штаб Г.П.В. Впрочем, вы это и сами знаете.

— Нет, не знаем, — ответил Клаус. — Мы даже не знаем, что означают буквы Г.П.В.

— Тогда как вы догадались замаскироваться именно так? — удивилась Оливия. — Вы использовали все три приема маскировки, которым обучают членов Г.П.В.: вуалирующую — у вас на лицах поддельные шрамы, костюмную — различные виды маскарадной одежды и поддельную голосовую — вы говорите не своим голосом. Я вижу на вас даже маскарадные вещи вроде тех, что хранятся у меня в маскировочном сундуке.

Оливия встала и перешла в угол, где стоял сундучок. Она достала из кармана ключ, отперла сундук и начала в нем рыться. Дети следили за тем, как она вынимает одну вещь за другой, и все вещи казались детям знакомыми. Сперва она достала парик, похожий на тот, который носил Граф Олаф, когда притворялся женщиной по имени Ширли. За ним последовала деревянная нога, которую Олаф носил, когда изображал морского капитана. Потом Оливия вынула две кастрюли, которыми громыхал его лысый помощник, когда Бодлеры жили в Полтривилле. Дети узнали мотоциклетный шлем — точь-в-точь такой, как у Эсме Скволор, переодетой капитаном полиции. И, наконец,

Оливия подняла кверху мужскую рубашку с нарядными оборочками — точно такую, какая лежала на полу у ног Бодлеров.

— Вот видите, — сказала Оливия, — та же самая, что была на вас двоих.

— Но мы ее взяли из багажника Графа Олафа, — сказала Вайолет.

— Это объясняется просто, — ответила Оливия. — У всех волонтеров одинаковый комплект маскарадных принадлежностей. По всему свету люди в такой одежде пытаются найти Графа Олафа и отдать его под суд.

— Как? — выпалила Солнышко.

— Да, и я тоже совсем запутался, — проговорил Клаус. — Мы все ничего не понимаем, Оливия. Что значат буквы Г.П.В.? Иногда члены Г.П.В. кажутся хорошими людьми, а иногда плохими.

— Не все так просто, — с грустью ответила Оливия. Она достала из сундука хирургическую маску и показала детям. — То, что лежит в этом маскировочном сундучке, Бодлеры, просто вещи, и больше ничего. Можно пользоваться ими, чтобы помочь людям, а можно — чтобы принести вред, и многие используют их и для того и для другого. Иногда трудно решить, какой маскарадный костюм выбрать, а уж если надел его, то как применить.

— Не понимаю, — отозвалась Вайолет.

— Есть люди, похожие на тех львов, которых привез Олаф. Поначалу они хорошие, но скоро незаметно для себя они изменяются. Эти львы были благородными существами. Один мой приятель научил их распознавать запах дыма, что в нашей работе очень полезно. Но сейчас Граф Олаф перестал их кормить, и завтра они, возможно, сожрут кого-то из уродов. Мир — такое сумбурное место.

— Сумбур? — переспросила Солнышко.

— Сложный и беспорядочный, — объяснила Оливия. — Рассказывают, когда-то давно мир был простым и тихим, хотя, наверное, это только легенда. Но однажды в рядах Г.П.В. возник раскол — великая схватка между многими членами Г.П.В., и с тех пор я в растерянности — как себя вести. Никогда я раньше не думала, что стану помогать злодеям, а теперь помогаю. А вам разве не приходилось делать что-то такое, на что вы раньше не считали себя способными?

— Пожалуй, приходилось, — ответил Клаус и обернулся к сестрам. — Помните, мы выкрали ключи у Хэла в хранилище документов? Я никогда не думал, что стану вором.

— Флинн, — подтвердила Солнышко, желая сказать «А я никогда не думала, что стану агрессивной, но дралась же я на шпагах с доктором Оруэлл».

— Да, мы делали то, чего раньше не предполагали делать, — заключила Вайолет. — Но у нас всегда была достаточно веская причина.

— Все считают, что у них есть достаточно веская причина поступать так, а не иначе, — возразила Оливия. — Граф Олаф считает, что присвоить ваше наследство — веская причина, чтобы убить вас. Эсме

Скволор считает, что быть подружкой Графа Олафа — веская причина для того, чтобы вступить в его труппу. А когда я сообщила Олафу, где найти вас, у меня тоже была достаточно веская причина, поскольку мой девиз — «давайте людям то, что они хотят».

— Сомнение, — высказалась Солнышко.

— Солнышко не уверена, что это достаточная причина, — перевела Вайолет, — и, признаюсь, я с ней согласна. Вы причинили много горя, Оливия, многим людям, и все для того, чтобы дать Графу Олафу то, чего он хочет.

Оливия кивнула, на глаза у нее опять навернулись слезы.

— Я знаю, — подтвердила она с несчастным видом. — Мне очень стыдно. Но я не знаю, что мне еще делать.

— Вы могли бы перестать помогать Олафу, — сказал Клаус, — и вместо этого помогать нам. Вы могли бы рассказать нам все про Г.П.В. и проводить нас в Мертвые горы, чтобы проверить, вправду ли жив кто-то из наших родителей.

— Не знаю, — отозвалась Оливия. — Я так давно веду себя плохо. Но не исключено, что я могла бы еще измениться. — Она встала и с грустью оглядела полутемное помещение. — Когда-то мне было свойственно благородство. Как вы думаете, могла бы я снова стать такой?

— Не знаю, — ответил Клаус. — Давайте проверим. Мы могли бы уйти прямо сейчас, все вместе, и двинуться на север.

— Как это? — удивилась Оливия. — У нас нет ни автомобиля, ни мини-фургона, ни лошадей на четверых, ни катапульты и никакого другого способа выбраться из Пустошей. Вайолет поправила ленту на голове и, уставившись в потолок, погрузилась в размышления.

— Оливия, — проговорила она наконец, — тележки на «американских горках» еще действуют?

— Тележки? — переспросила Оливия. — Вроде бы да. Колеса крутятся, но на каждой тележке свой моторчик, и они, по-моему, заржавели.

— Мне кажется, я сумею восстановить мотор с помощью вашего устройства для молнии. В конце концов, резиновая полоса немного похожа на...

— Приводной ремень автомобильного мотора! — докончила Оливия. — Отличная идея, Вайолет.

— Я проберусь к «американским горкам» сегодня ночью, — продолжала Вайолет, — и примусь за работу. Мы уедем рано утром, когда все еще будут спать.

— Лучше не сегодня ночью, — остановила ее Оливия. — Граф Олаф или его помощники всегда шныряют по ночам. Лучше бежать днем, когда все будут в Шатре уродов. А ты можешь заняться мотором рано утром, когда Олаф явится сюда ко мне — узнавать про вас у хрустального шара.

— И как же вы поступите? — поинтересовался Клаус.

— У меня есть запасной шар. Они время от времени разбиваются.

— Я не это имел в виду, — возразил Клаус. — Вы ведь не скажете Графу Олафу, что мы здесь?

Оливия помолчала, а потом покачала головой.

— Нет, — ответила она, но голос ее звучал не очень уверенно.

— Обещание? — спросила Солнышко.

Оливия, не отвечая, долго смотрела на младшую из Бодлеров.

— Да, — произнесла она наконец очень тихим голосом. — Обещаю, если вы обещаете взять меня с собой, чтобы найти Г.П.В.

— Обещаем, — сказала Вайолет, и другие двое кивнули. — Так, а теперь начнем сначала. Что означают буквы Г.П.В.?

— Мадам Лулу! — послышался снаружи скрипучий голос. Бодлеры с испугом переглянулись, услышав поддельное имя женщины, стоящей рядом. — Мадам Лулу! Где ты?

— Я в Гадальном шатре, мой Олаф, — отозвалась Оливия, перейдя к своей прежней манере с такой же легкостью, с какой Бодлеры могли влезть в рубаху с оборочками. — Не входить, пожалуйста. Я делаю тайный ритуал с моим хрустальным шаром.

— Ладно, только поскорее, — раздраженно пробурчал Олаф. — Яма готова, меня мучит жажда. Иди налей нам вина.

— Одну минуту, мой Олаф, — проговорила Оливия, поднимая с пола ткань, чтобы свернуть тюрбан. — Почему тебе не принять душ, пожалуйста? Наверное, ты вспотел, пока копал яму. Ты примешь душ, и мы как раз вместе будем пить вино.

— Не болтай ерунду, — огрызнулся Граф Олаф. — Я принимал душ всего десять дней назад. Пойду подушусь одеколоном и буду ждать у тебя в фургоне.

— Хорошо, мой Олаф, — крикнула Оливия и принялась сооружать тюрбан на голове. Потом обернулась к детям и прошептала: — Прервем наш разговор. Вас начнут искать. Когда завтра мы отсюда уйдем, я вам расскажу все, что вы хотите.

— А нельзя рассказать сейчас хоть немножко? — спросил Клаус. Бодлеры еще никогда не оказывались так близко к получению ответов на свои вопросы и просто не в состоянии были терпеть дальше.

— Нет-нет, — решительно заявила Оливия. — Давайте я вам лучше помогу одеться как раньше, а то вас разоблачат.

Дети обменялись взглядами и вынуждены были согласиться.

— Пожалуй, вы правы, — уступила Вайолет. — Нас могут хватиться.

— Проффко, — выговорила Солнышко, что означало «Пожалуй, верно», и принялась обкручивать себя бородой. Вайолет с Клаусом натянули штаны с меховыми отворотами и застегнули пуговицы на рубахе. А Оливия тем временем снова надела ожерелье и стала снова Мадам Лулу.

— А шрамы-то, — спохватился Клаус, глядя на лицо сестры. — Мы же их стерли.

— И волосы надо напудрить, — напомнила Вайолет.

— У меня есть гримировальный карандаш, пожалуйста, — Оливия полезла в сундучок, — и пудра.

— Пока не обязательно говорить с акцентом, — заметила Вайолет, снимая ленту с головы.

— Практика полезна, пожалуйста, — возразила Оливия. — Я обязана думать о себе как о Мадам Лулу, а то, пожалуйста, забуду о своем маскараде.

— Но вы не забудете о наших взаимных обещаниях? — спросил Клаус.

— Обещаниях? — переспросила Мадам Лулу.

— Вы обещали не рассказывать Графу Олафу, что мы здесь, — сказала Вайолет, — а мы обещали взять вас с собой в Мертвые горы.

— Конечно, Беверли, — отозвалась Мадам Лулу. — Я буду сдержать обещание уродам.

— Я не Беверли, — запротестовала Вайолет, — и не урод.

Мадам Лулу улыбнулась и, нагнувшись, нарисовала шрам на лице старшей из Бодлеров.

— Но сейчас пришло время для маскарада, пожалуйста, — сказала она. — Не забывайте менять голос, а то вас узнают.

— Мы не забудем про наш маскарад, — пообещал Клаус, убирая очки в карман. — А вы не забудете про свое обещание, так ведь?

— Конечно, пожалуйста, — ответила Мадам Лулу и выпустила детей из Гадального шатра. — Не надо беспокойства, пожалуйста.

Выйдя наружу, Бодлеры окунулись в знаменитый темно-синий закат в Пустошах. Свет придал каждому из них какой-то иной, новый облик, он словно накинул на карнавальную одежду синие одеяния. Пудра на волосах Вайолет осветилась таинственным бледным светом. Поддельные шрамы на лице у Клауса выглядели в сумраке более темными и зловещими. А Солнышко казалась маленьким синим облачком, в котором посверкивали в последних солнечных лучах искры — ее зубы. И Мадам Лулу стала снова походить на гадалку — закатное солнце блестело на драгоценном камне, украшавшем тюрбан, и таинственным светом освещало ее длинное платье.

— Доброй ночи, мои уродцы, — сказала она.

И Бодлеры, глядя на эту загадочную женщину, невольно задались вопросом — действительно ли она переменила свой девиз и станет благородным человеком. «Я сдержать свое обещание», — сказала Мадам Лулу. Но бодлеровские сироты оставались в неведении — говорит ли она правду или просто говорит то, что они хотят услышать.

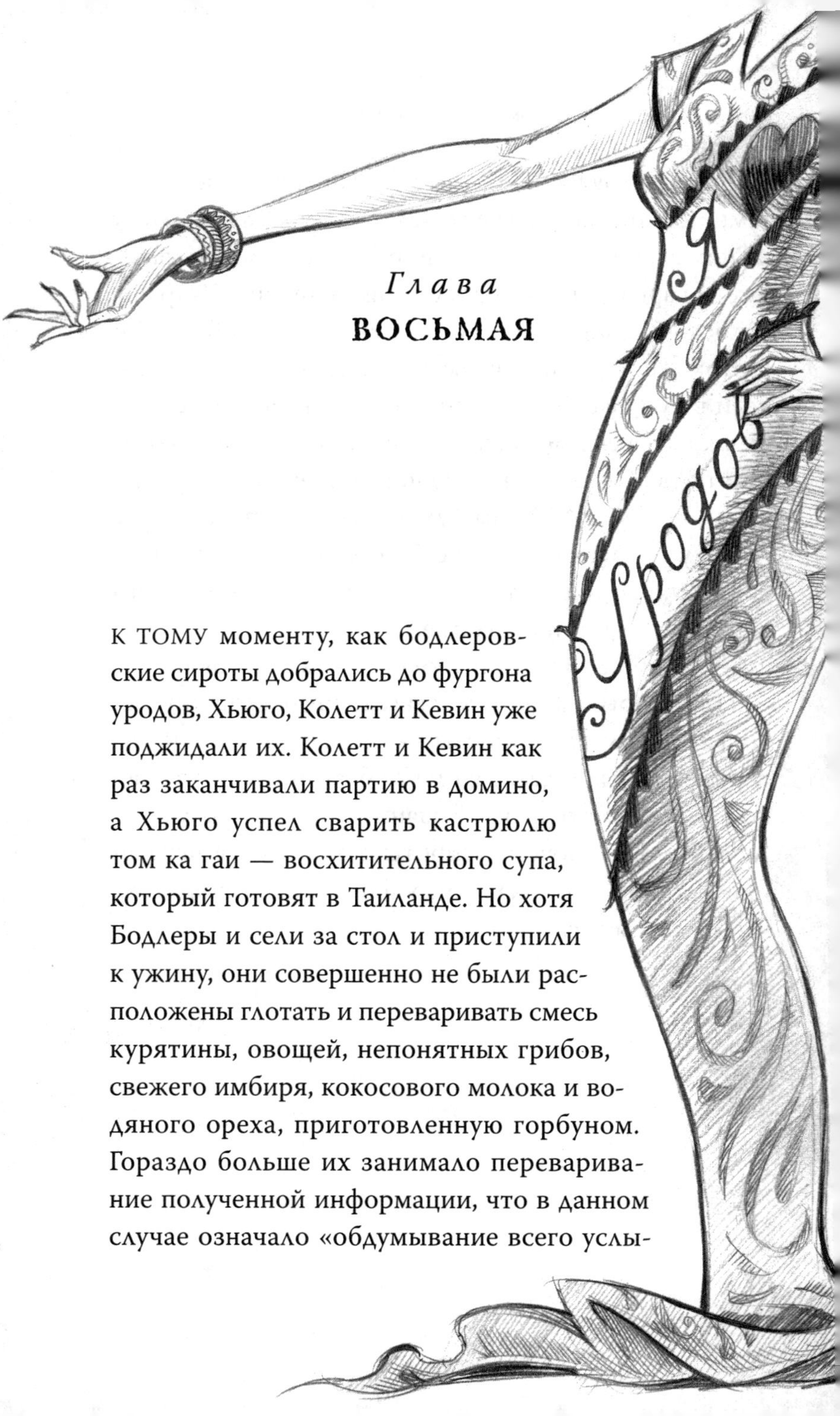

Глава
ВОСЬМАЯ

К ТОМУ моменту, как бодлеровские сироты добрались до фургона уродов, Хьюго, Колетт и Кевин уже поджидали их. Колетт и Кевин как раз заканчивали партию в домино, а Хьюго успел сварить кастрюлю том ка гаи — восхитительного супа, который готовят в Таиланде. Но хотя Бодлеры и сели за стол и приступили к ужину, они совершенно не были расположены глотать и переваривать смесь курятины, овощей, непонятных грибов, свежего имбиря, кокосового молока и водяного ореха, приготовленную горбуном. Гораздо больше их занимало переваривание полученной информации, что в данном случае означало «обдумывание всего услышанного от Мадам Лулу». Вайолет взяла в рот ложку горячего супа, но так глубоко задумалась об архиве под столом у Лулу, что даже не заметила непривычно сладкого вкуса. Клаус сжевал водяной орех, но при этом так усиленно размышлял о штабе в Мертвых горах, что не оценил его привлекательной хрустящей фактуры. А Солнышко правда наклонила миску, чтобы сделать глоток, но ее больше волновало содержимое маскировочного сундучка, и поэтому она не заметила, что полощет в супе бороду. Все трое съели суп до капли, но им так хотелось услышать что-нибудь еще от Лулу про тайну Г.П.В., что они встали из-за стола более голодными, чем до ужина.

— Что-то все сегодня притихли, — заметила Колетт, просовывая голову под мышку, чтобы оглядеть сидящих за столом. — Хьюго и Кевин, вы сегодня как в рот воды набрали, от Чабо я ни одного ворчания не услышала, да и ни от одной из голов тоже.

— Сегодня как-то нет охоты болтать, — отозвалась Вайолет, не забывая говорить самым низким голосом. — У нас есть о чем подумать.

— Еще бы! — поддержал ее Хьюго. — Я вовсе не в восторге от того, что меня завтра, может быть, съест лев.

— Я тоже, — сказала Колетт. — Зато сегодняшние зрители в упоении от предстоящего нового аттракциона. Оказывается, всем по вкусу агрессивность.

— И неряшливая манера есть. — Хьюго вытер салфеткой рот. — Интересная получается дилемма.

— Не нахожу ее интересной, — Клаус покосился в сторону своих коллег, — по-моему, она ужасная. Ведь завтра днем кого-то ждет смерть.

Он не добавил, что сами Бодлеры намерены к тому времени быть уже далеко от Карнавала Калигари, на пути к Мертвым горам, передвигаясь в изобретении, которое соорудит ранним утром Вайолет.

— Не представляю, что тут можно поделать, — сказал Кевин. — С одной стороны, я бы предпочел и дальше выступать в Шатре уродов, а не быть скормленным львам. Но с другой стороны... у меня, например, равнодействующие руки, а у Мадам Лулу, как известно, девиз «давать людям то, что они хотят», а хотят они, чтобы Карнавал был кровожадным...

— Я считаю этот девиз отвратительным, — проговорила Вайолет, и Солнышко заворчала в знак согласия. — В жизни можно делать куда более интересные вещи, а не только что-то унизительное и опасное для развлечения абсолютно незнакомых людей.

— Например? — спросила Колетт.

Бодлеры переглянулись. Они не решались раскрыть свой план коллегам из боязни, что кто-нибудь из них донесет Графу Олафу и побег сорвется. Но не могли они и проявлять полное равнодушие, зная, что их товарищей ожидает страшная участь из-за того, что Хьюго, Колетт и Кевин чувствуют себя обязанными работать в качестве уродов и вести себя в соответствии с девизом Мадам Лулу.

— Никогда не знаешь, какая работа может вдруг подвернуться, — нашлась наконец Вайолет. — Причем в любой момент.

— Ты правда так думаешь? — с надеждой спросил Хьюго.

— Да, — ответил Клаус. — Нельзя знать, когда судьба постучится в дверь.

Кевин оторвался от супа и посмотрел на Бодлеров. В глазах у него засветилась надежда.

— И какой рукой она постучится?

— Судьба может постучаться любой рукой, — ответил Клаус, и в ту же минуту послышался стук в дверь.

— Уроды, откройте!

Услышав этот нетерпеливый голос за дверью фургона, дети вздрогнули. Как вы, конечно, поняли, когда Клаус употребил выражение «Судьба постучится в дверь», он имел в виду, что его коллегам подвернется какая-то работа получше, чем прыжки в яму с голодными львами ради того, чтобы неизвестные люди получили то, что они хотят. Клаус не имел в виду, что в дверь постучится подружка отъявленного негодяя и подаст еще более опасную идею. Но, к моему огорчению, должен сказать, что именно Эсме Скволор постучалась в дверь, царапнув ее длинными ногтями:

— Открывайте! Мне надо с вами поговорить.

— Одну минутку, госпожа Скволор! — откликнулся Хьюго и направился к двери. — Постараемся соблюдать хорошие манеры, — посоветовал он остальным. — Не так часто с нами хотят побеседовать нормальные люди. Мне кажется, нам стоит наилучшим образом использовать эту возможность.

— Мы будем вести себя хорошо, — пообещала Колетт. — Я не приму ни одной диковинной позы.

— А я буду пользоваться только одной правой рукой, — добавил Кевин. — А может быть, только одной левой.

— Отлично, — одобрил Хьюго и отпер дверь.

В проеме показалась Эсме Скволор с противной улыбочкой на лице.

— Я — Эсме Джиджи Женевьев Скволор, — представилась она, как поступала, даже когда окружающие и так прекрасно знали, кто она.

Она вошла внутрь, и Бодлеры увидели, что она нарядилась соответственно, то есть надела по этому случаю особенный наряд, чтобы произвести впечатление. На ней было длинное белое платье, такое длинное, что доходило до пола и лежало вокруг ног, и казалось, Эсме стоит в большой луже молока. На груди сверкающими нитками было вышито: «Я люблю уродов», правда, слово «люблю» заменяло огромное сердце — символ, порой употребляемый людьми, которые не видят разницы между словами и формой. На одном плече у Эсме висел большой коричневый мешок, на голове красовалась странного вида круглая шляпа, из макушки которой торчала черная нитка, а спереди было изображено большое сердитое лицо. Дети предполагали, что этот наряд, вероятно, очень моден, иначе

Эсме ни за что бы не оделась так, но они не представляли, кому могло бы понравиться такое одеяние.

— Какой прелестный наряд! — сказал Хьюго.

— Спасибо, — отозвалась Эсме. Она ткнула своим длинным ногтем Колетт, и та послушно встала, уступая Эсме свой стул. — Как вы можете судить по надписи на платье, я люблю уродов.

— Правда? — сказал Кевин. — Как мило с вашей стороны.

— Вот именно, — подтвердила Эсме. — Я заказала это платье специально, чтобы показать, как я их люблю. Глядите — мешок на плече должен напоминать горб, а шляпа придает мне такой вид, будто у меня две головы, как у Беверли-Эллиота.

— Да, у вас вид и впрямь вполне уродский, — согласилась Колетт.

Эсме нахмурилась, как будто совсем не это хотела услышать.

— Ну конечно, на самом-то деле я не урод, а нормальный человек, — продолжала она, — но мне хотелось показать вам всем, как я вами восхищаюсь. А теперь, пожалуйста, дайте мне коробку пахтанья. Оно сейчас в моде.

— Пахтанья у нас нет, — ответил Кевин, — но, кажется, есть клюквенный сок. А могу сварить вам горячего шоколада. Вон Чабо научила меня добавлять корицы, получается очень вкусно.

— Том ка гаи! — протявкала Солнышко.

— Да, у нас еще есть суп, — добавил Хьюго.

Эсме бросила на Солнышко хмурый взгляд.

— Нет, спасибо, — сказала она. — Но все равно вы очень любезны. Право, уроды, вы так любезны, что я считаю вас не просто работниками на карнавале, куда я заехала погостить. Я считаю вас за моих ближайших друзей.

Бодлеры, разумеется, понимали, что ее нелепое высказывание так же фальшиво, как ее вторая голова. Однако на их товарищей оно произвело сильнейшее впечатление. Хьюго широко улыбнулся Эсме и выпрямился насколько мог, так что горб стал почти незаметен. Кевин покраснел и опустил глаза вниз, на свои руки. А Колетт совсем разволновалась и, не удержавшись, изогнула тело таким образом, что оно стало похожим и на букву «К» и на букву «З» одновременно.

— О, Эсме, — сказала она, — вы правда так считаете?

— Разумеется. — Эсме показала себе на грудь. — По мне, лучше быть тут с вами, чем с самыми знатными людьми на свете.

— Вот здорово! — сказал Кевин. — Еще ни один нормальный человек не называл меня другом.

— А как же иначе! — Эсме нагнулась и поцеловала Кевина в нос. — Все вы мои уродские друзья. И мне так грустно думать, что завтра кого-то из вас съедят львы. — Бодлеры следили, как она сунула руку в карман платья, достала белый платочек с такой же вышивкой, что и на груди, и вытерла глаза словом «уроды». — Видите, у меня даже настоящие слезы текут при мысли об этом.

— Ну, будет, будет, наш близкий друг. — Кевин похлопал ее по руке. — Не грустите.

— Ничего не могу с собой поделать. — Эсме отдернула руку, как будто боялась, что равнорукость заразна. — Но вам предоставляется благоприятная возможность, которая сделает нас всех очень-очень счастливыми.

— Благоприятная возможность? — переспросил Хьюго. — Интересно. Беверли-Эллиот как раз только что говорил о том, что благоприятный случай может подвернуться в любой момент.

— И он прав, — ответила Эсме. — Я предоставляю вам случай оставить работу в Шатре уродов и присоединиться к труппе Графа Олафа.

— А что мы конкретно будем делать? — поинтересовался Хьюго.

Эсме улыбнулась и начала перечислять положительные аспекты работы у Графа Олафа, что означает здесь «представляя возможности гораздо более благоприятными, чем они были на самом деле, подчеркивая положительные стороны и почти не упоминая отрицательных».

— Это театральная труппа, — объяснила она. — Поэтому вы будете наряжаться в разные костюмы, разыгрывать сценические этюды, а иногда совершать убийства.

— Этюды! — воскликнул Кевин, прижимая обе руки к сердцу. — Я всю жизнь мечтал играть на сцене!

— А я всегда мечтал носить театральный костюм! — присоединился к нему Хьюго.

— Но ты и так выступаешь на сцене, — возразила Вайолет, — и каждый день носишь неподходящий костюм в Шатре уродов.

— Если вы присоединитесь к нам, то будете ездить по разным увлекательным местам, — продолжала Эсме, метнув злобный взгляд на Вайолет. — Члены труппы Графа Олафа побывали и в Конечном лесу, и на берегах озера Лакримозе и повидали ворон в Городе Почитателей Ворон, хотя сидят они всегда на заднем сиденье автомобиля. А что самое главное — вы будете работать на Графа Олафа, одного из самых блестящих и красивых мужчин на земле.

— Вы в самом деле думаете, что такой нормальный мужчина, как он, захочет работать с такими уродами, как мы? — спросила Колетт.

— Конечно захочет. Графу Олафу нет дела до ваших физических недостатков, для него важно, чтобы вы повиновались его приказаниям. Сами увидите: в олафовской труппе всем без разницы, уроды вы или нет. И денег получите целое состояние. Во всяком случае, Олаф получит.

— Вау! — отозвался Хьюго. — Вот это, я понимаю, благоприятный случай!

— У меня было предчувствие, что вы обеими руками за него ухватитесь, — сказала Эсме. — Не в обиду тебе будь сказано, Кевин. А теперь, если предложение вас заинтересовало, от вас требуется только одно.

— Собеседование перед приемом на работу? — нервно спросила Колетт.

— Моим близким друзьям незачем подвергаться такой неприятности. Нет, вы должны выполнить одно простое задание. Завтра днем во время львиного шоу Граф Олаф объявит, кому из уродов прыгать в яму со львами. Но я хочу, чтобы тот, на кого падет выбор, вместо этого столкнул в яму Мадам Лулу.

В фургоне воцарилась тишина, все обдумывали услышанное.

— Вы хотите, — наконец произнес Хьюго, — чтобы мы убили Мадам Лулу?

— Не думайте об этом как об убийстве, — возразила Эсме. — Думайте как о сценическом этюде. Это явится сюрпризом для Графа Олафа и доказательством вашей храбрости и послужит основанием для вступления в его труппу.

— Столкнуть Лулу в яму со львами не кажется мне таким уж храбрым поступком, — отозвалась Колетт. — Это жестоко и нехорошо.

— Как может это быть жестоким и нехорошим, если даешь людям то, чего они хотят? — возразила Эсме. — Вы хотите вступить в труппу Графа Олафа, публика хочет видеть, как кого-то съедят львы, а я хочу, чтобы Мадам Лулу столкнули в яму. Завтра один из вас получит замечательную возможность дать всем то, чего они хотят.

— Гррр, — заворчала Солнышко, но лишь брат и сестра поняли, что она имела в виду «Всем, кроме Лулу».

— Когда вы представляете дело таким образом, — задумчиво проговорил Хьюго, — то это звучит не так уж скверно.

— Разумеется. — Эсме поправила фальшивую голову. — А кроме того, Мадам Лулу выражала горячее желание видеть, как вас всех съедят львы, так что вам должно быть приятно столкнуть ее в яму.

— Но почему вы хотите, чтобы ее сбросили в яму? — спросила Колетт.

Эсме нахмурилась:

— Граф Олаф мечтает сделать Карнавал Калигари популярным и чтоб Мадам Лулу помогала нам своим хрустальным шаром. Но, на мой взгляд, нам ее помощь не требуется. И потом, мне надоело, что мой дружок все время дарит ей подарки.

— Но, по-моему, это недостаточная причина, чтобы отдавать ее на съедение львам, — осторожно проговорила Вайолет своим измененным голосом.

— Я не удивляюсь, что такое двухголовое существо соображает крайне туго. — Эсме протянула обе руки с длиннющими ногтями и похлопала Вайолет и Клауса по щекам, покрытым шрамами. — Ну ничего, вступите в труппу Олафа, подобные уродские мысли перестанут вас волновать.

— Только подумать, — сказал Хьюго, — завтра мы перестанем быть уродами и будем подручниками Графа Олафа.

— И подручницами — вмешалась Колетт.

Эсме одарила всех широкой улыбкой, затем поднесла руку к плечу и развязала коричневый мешок.

— Чтобы отпраздновать ваше новое место работы, я принесла каждому подарок.

— Подарок каждому! — воскликнул Кевин. — Мадам Лулу ни разу нам ничего не дарила.

— Это тебе, Хьюго. — Эсме достала пальто громадного размера, и Бодлеры узнали то самое пальто, в котором крюкастый изображал консьержа. Длинные рукава закрывали тогда его крючья, и сейчас, когда Хьюго примерил пальто, оно оказалось ему впору, так как прикрывало искривленную фигуру. Хьюго поглядел в зеркало, а затем перевел радостный взгляд на своих коллег.

— Оно скрывает горб! — воскликнул он с ликованием. — Я выгляжу нормальным человеком, а не уродом!

— Вот видите? — заметила Эсме. — Граф Олаф уже делает вашу жизнь лучше. А ты, Колетт, смотри, что я принесла тебе.

Наблюдавшие за ней Бодлеры увидели, как она вытащила из мешка что-то длинное и черное — платье, которое уже попадалось им в багажнике автомобиля.

— Оно мешковатое, — пояснила Эсме, — ты сможешь в нем извиваться как угодно, и никто не заметит, что ты женщина-змея.

— Сбывается моя мечта! — воскликнула Колетт, выхватывая платье из рук Эсме. — Да за такое платье я готова сто человек спихнуть в яму со львами.

— А ты, Кевин, — сказала Эсме, — видишь этот кусок веревки? Повернись, я привяжу тебе за спину правую руку, и ты не сможешь ею действовать.

— И я стану левшой, как нормальный человек! — Кевин соскочил со стула и встал на свои обе одинаково крепкие ноги. — Ура!

И равнорукий Кевин весело повернулся к Эсме. Она привязала ему правую руку за спину, и он вмиг превратился в человека с одной полезной рукой вместо двух.

— Я и вас обоих не забыла. — И Эсме улыбнулась троим Бодлерам. — Чабо, вот тебе опасная бритва. Граф Олаф ею пользуется, когда ему для маскарада надо побриться. Мне думается, ты могла бы тоже воспользоваться ею, чтобы немного подстричь свою безобразную волчью шерсть. А тебе, Беверли-Эллиот, я дарю вот что.

Эсме отцепила с плеча мешок и с торжествующим видом протянула его старшим Бодлерам. Вайолет и Клаус заглянули в него, но увидели, что он пуст.

— Мешок отлично закроет вам одну из голов, — объяснила она, — и вы будете выглядеть как нормальный одноголовый человек, который просто положил на плечо мешок. Разве не потрясающе?

— Да, пожалуй, — промямлил Клаус своим поддельным, высоким голосом.

— Что с тобой? — удивился Хьюго. — Тебе предлагают интересную работу, дарят щедрый подарок, а обе твои головы недовольны.

— И ты, Чабо, тоже, — обратилась Колетт к Солнышку. — Я сквозь шерсть вижу, что ты не очень-то рада.

— Боюсь, от этой возможности нам придется отказаться, — проговорила Вайолет, и брат с младшей сестрой закивали, соглашаясь с ней.

— Что такое? — резко сказала Эсме.

— Тут нет ничего личного, — торопливо вставил Клаус, хотя нежелание работать на Графа Олафа было как нельзя более личным. — Предложение вступить в театральную труппу звучит, конечно, очень заманчиво, тем более что Граф Олаф такая потрясающая личность.

— Так в чем дело? — поинтересовался Кевин.

— Дело в том, — ответила Вайолет, — что мне не по душе толкать Мадам Лулу ко львам в яму.

— Как вторая голова — я того же мнения, — добавил Клаус. — И Чабо тоже с нами согласна.

— Ручаюсь, она согласна только наполовину, — предположил Хьюго. — Ее волчья половина, небось, мечтает полюбоваться, как будут поедать Мадам Лулу.

Солнышко покачала головой и заворчала как можно умильнее. Вайолет подняла ее и посадила на стол.

— Мне это кажется несправедливым, — продолжала Вайолет. — Мадам Лулу, конечно, не самая приятная из тех, кого я встречала в жизни, но все-таки мне кажется, она не заслуживает, чтобы ее сожрали.

Эсме одарила старших Бодлеров широкой фальшивой улыбкой и, нагнувшись, потрепала каждого по голове.

— Не ломайте себе голову насчет того, заслуживает она быть съеденной или нет. — Эсме улыбнулась, глядя на Чабо. — Ты ведь тоже не заслуживаешь быть получеловеком-полуволком, правда? Люди не всегда получают то, что заслуживают, — добавила она.

— И все-таки это было бы нехорошо, — проговорил Клаус.

— Я так не думаю, — возразил Хьюго. — Ведь это значит дать другим людям то, что они хотят. Так и Лулу сама говорит.

— Подумайте до утра — утро вечера мудренее, — предложила Эсме и поднялась из-за стола. — Сразу после представления Граф Олаф едет в Мертвые горы, ему там надо уладить кое-какие важные дела. И если к тому времени Мадам Лулу будет съедена, вам разрешат поехать с ним. Решайте к утру — хотите вы стать храбрыми членами театральной труппы или трусливыми уродами захудалого карнавала.

— Мне не надо дожидаться утра, — заявил Кевин.

— Мне тоже, — поддержала его Колетт. — Я принимаю решение прямо сейчас.

— Да, — согласился Хьюго. — Я тоже хочу работать у Графа Олафа.

— Рада это слышать, — отозвалась Эсме. — Может, вам удастся убедить ваших товарищей присоединиться к вам в вашем решении присоединиться ко мне для того, чтобы присоединиться к Олафу. — Она кинула презрительный взгляд на троих детей и открыла дверь фургона. Закат в Пустошах погас, и над карнавальным лагерем не осталось и следа синевы. — Поразмыслите еще, Беверли-Эллиот, и Чабо тоже. Может, бросать Мадам Лулу в яму с кровожадными львами и нехорошо, — Эсме сделала шаг наружу, и в полной темноте в своем длинном белом платье и с лишней фальшивой головой показалась детям привидением, — но если вы не присоединитесь к нам, то куда вы денетесь?

У Бодлеров не нашлось ответа на ее угрожающий вопрос. И Эсме сама ответила на него и рассмеялась долгим гадким смехом:

— Да, если вы не решитесь на нехороший поступок, то что вам останется делать?

Глава

ДЕВЯТАЯ

ЕСЛИ вас отсылают спать, говоря при этом «утро вечера мудренее», подразумевая под этим, как вы, несомненно, знаете, мол, «ложитесь спать и хорошенько подумайте, а к утру решение должно быть принято», то о сне не может быть и речи. Вы думаете над задачей всю ночь напролет, ворочаетесь с боку на бок, воображая разные ужасы и пытаясь решить, что же делать, и вряд ли это будет способствовать сну. Как раз сегодняшней ночью мне не давала покоя необходимость принять решение относительно глазной пипетки, жадного ночного сторожа и подноса, уставленного чашечками со сладким кремом, и сейчас, утром, я чувствую себя таким усталым, что с трудом печатаю эти строки.

Так было и с бодлеровскими сиротами той ночью, когда Эсме Скволор посоветовала им принять к утру решение — столкнуть ли Мадам Лулу в яму ко львам и присоединиться ли затем к труппе Графа Олафа. Дети, разумеется, вовсе не собирались вступать в шайку злодеев или сбрасывать кого бы то ни было в гибельную яму. Но Эсме задала им вопрос, что они станут делать, если не присоединятся к олафовской труппе, и именно этот вопрос и заставил детей ворочаться всю ночь напролет в гамаках, а гамак совершенно неподходящее место, чтобы в нем ворочаться. Вместо того чтобы присоединяться к Олафу, Бодлеры мечтали уехать через Пустоши в моторизованной повозке, то есть переделанной руками Вайолет тележке с «американских горок», и вместе с ними должна была ехать Мадам Лулу в своем настоящем обличье Оливии с газетным архивом из-под стола гадальной палатки. Они все отправятся в Мертвые горы в надежде найти в штабе Г.П.В. кого-то из бодлеровских родителей, причем живыми и невредимыми. Однако план был таким сложным, что дети боялись, как бы он не провалился. Вайолет размышляла об устройстве, производившем молнию, которое она собиралась превратить в ремень вентилятора, но волновалась, что у такого мотора не хватит силы, чтобы двигать тележку куда надо. Клаус волновался, что в архиве Мадам Лулу не окажется конкретных инструкций, как найти дорогу в штаб, и они заблудятся в горах, которые, по слухам, громадны, со множеством запутанных троп и полны диких зверей. Солнышко волновалась, что в Пустошах не будет вдоволь еды. И все трое волновались, что Мадам Лулу не сдержит обещания и выдаст их, когда наутро Граф

Олаф задаст ей про них вопрос. Они волновались всю ночь, и, в отличие от меня, которого повар, готовивший десерт, сумел разыскать в гостинице и постучать в окно как раз вовремя, перед рассветом, бодлеровские сироты с наступлением утра не заметили, чтобы оно стало мудренее вечера. Они лишь пришли к заключению, что их план весьма рискованный, и притом единственный, который приходит им на ум.

Когда первые солнечные лучи упали через стекло на горшки с цветами, Бодлеры потихоньку вылезли из гамаков. Хьюго, Колетт и Кевин, объявившие вечером, что готовы присоединиться к труппе Графа Олафа и им незачем ждать утра для принятия решения, спали крепким сном, как это часто бывает с людьми, которые не считают утро мудренее вечера. Они даже не проснулись, когда дети покинули фургон, чтобы приняться за исполнение своего плана.

Граф Олаф с труппой успели выкопать яму для львов вдоль полуразрушенных «американских горках», да так близко к ним, что детям пришлось ступать по самому краю, чтобы подобраться к покрытым плющом тележкам. Яма была не очень глубокой, стены достигали как раз такой высоты, чтобы сброшенный в яму не мог выбраться из нее. И не очень велика, поэтому львы теснились в ней так же, как в прицепе. Подобно бодлеровским коллегам, львам тоже, очевидно, не требовалось ночью решать проблемы, и они пока еще дремали на утреннем солнышке. В спящем состоянии львы не казались особо свирепыми. Гривы у них свалялись: видно, их давно не расчесывали. Иногда у кого-то во сне подергивалась нога, словно ему снился приятный сон о лучших днях. На их спинах и животах виднелись отчетливые шрамы — следы ударов олафовского хлыста, и Бодлерам невольно стало жаль зверей. К тому же почти все львы выглядели очень-очень худыми, как будто давно не ели как следует.

— Мне их жалко, — сказала Вайолет, разглядывая одного тощего как скелет льва. — Если верить Мадам Лулу, эти львы раньше были благородными животными, а теперь смотрите, к чему привело жестокое обращение с ними Графа Олафа.

— Они выглядят заброшенными, — Клаус заглянул в яму и грустно нахмурился, — может быть, они тоже сироты.

— А может, у них остался кто-то из родителей где-нибудь в Мертвых горах, — предположила Вайолет.

— Идасерк, — проговорила Солнышко, подразумевая нечто вроде «Может, нам когда-нибудь удастся их спасти?»

— А пока попробуем спастись сами, — со вздохом сказала Вайолет. — Клаус, давай посмотрим, нельзя ли распутать плющ на передней тележке. Нам, возможно, понадобятся две тележки — одна для пассажиров, другая для библиотеки Мадам Лулу. Солнышко, не отдерешь ли плющ со второй тележки?

— Легко, — отозвалась Солнышко, показывая зубы.

— Все фургоны имеют колеса, — заметил Клаус. — Не проще ли подсоединить к устройству, производящему молнию, один из фургонов?

— Нет, фургон чересчур велик, — возразила Вайолет. — Чтобы сдвинуть с места фургон, надо прицепить его к автомобилю или запрячь в него несколько лошадей. Счастье будет, если мне удастся привести в действие моторы тележек. Мадам Лулу сказала, что они заржавели.

— Похоже, мы сделали ставку на весьма рискованный план. — Клаус оторвал несколько стеблей плюща единственной свободной рукой. — Хотя, наверно, он не рискованнее многого другого, что мы делали, например когда украли парусную лодку.

— Или взбирались по шахте лифта, — напомнила Вайолет.

— Уэйк, — квакнула Солнышко с полным ртом листьев, но сестра с братом поняли, что́ она имела в виду: «Или притворялись хирургами».

— Вообще-то, план, может, не такой уж и рискованный, — проговорила Вайолет. — Поглядите, какие оси у этой тележки.

— Оси? — переспросил Клаус.

— Стержни, на которых сидят колеса, — объяснила Вайолет, показывая на днище тележки. — Они в отличном состоянии. Это хорошая новость — нам эти колеса очень нужны, ехать придется далеко.

Старшая из Бодлеров оторвалась от работы и бросила взгляд на горизонт. На востоке вставало солнце, скоро уже лучи начнут отражаться на зеркальцах в Гадальном шатре. Но к северу квадратными уступами возвышались Мертвые горы, больше похожие на лестницу, чем на горную цепь. На самых высоких местах виднелись пятна снега, а верхние уступы скрывались в густом сером тумане.

— Подъем займет много времени, — сказала Вайолет, — а по дороге вряд ли найдется большое количество ремонтных мастерских.

— Интересно, что мы там найдем? — сказал Клаус. — Я никогда не бывал ни в каких штабах.

— Я тоже, — отозвалась Вайолет. — Клаус, наклонись-ка со мной вместе, я хочу взглянуть на другой мотор.

— Если б мы знали побольше про Г.П.В., — проговорил Клаус, — мы бы знали, чего ожидать. Ну и как выглядит мотор?

— Неплохо. Правда, некоторые поршни совсем заржавели, но я, наверное, сумею заменить их вот этими защелками с бортов тележки. Устройство, производящее молнию, сослужит службу приводного ремня. Но нам понадобится кое-что еще вроде шнурка, проволоки, чтобы связать между собой обе тележки.

— Плющ? — предложила Солнышко.

— Хорошая идея, — одобрила Вайолет. — Стебли плюща на вид достаточно прочные. Если ты поотрываешь листья с нескольких стеблей, Солнышко, ты окажешь громадную помощь.

— А мне что делать? — осведомился Клаус.

— А ты помоги мне перевернуть тележку колесами вверх, — попросила Вайолет. — Только смотри не оступись. Не хватало еще, чтобы ты упал в яму.

— Или *кто бы то ни было* упал в яму, — подхватил Клаус. — Как ты думаешь, кто-нибудь столкнет Мадам Лулу ко львам?

— Не столкнет, если мы успеем справиться вовремя, — мрачно ответила Вайолет. — Попробуй помоги мне согнуть задвижку, Клаус, так, чтобы она вошла в паз. Нет-нет, гни в *обратную* сторону. Хотелось бы надеяться, что Эсме не заставит их столкнуть вниз кого-нибудь другого, когда мы вчетвером сбежим.

— Вполне может заставить, — отозвался Клаус, сражаясь с задвижкой. — Все-таки не понимаю, как это Хьюго, Колетт и Кевину хочется быть заодно с людьми, которые способны совершать такие поступки.

— Наверно, они рады, что кто-то обращается с ними как с нормальными людьми, — предположила Вайолет, заглядывая в яму. В этот момент один из львов зевнул, вытянул лапы и приоткрыл один сонный глаз, но, видимо, не заинтересовался тремя детьми, которые трудились поблизости. — Может, именно поэтому и крюкастый работает на Графа Олафа. А также и лысый с длинным носом. Может, когда они пытались работать где-нибудь в другом месте, над ними все смеялись.

— А может быть, им просто нравится совершать преступления, — предположил Клаус.

— Не исключено. — Вайолет сдвинула брови, всматриваясь в днище тележки. — Вот бы мне сейчас мамин ящик с инструментами. У нее там был миниатюрный гаечный ключ, я всегда им восхищалась. Он бы мне сейчас очень пригодился.

— Наверное, от мамы помощи было бы больше, чем от меня, — заметил Клаус. — Я абсолютно не разбираюсь в том, что ты делаешь.

— Ты прекрасно справляешься, — похвалила его Вайолет, — особенно если учесть, что мы с тобой в одной рубашке. Как у тебя подвигается со стеблями, Солнышко?

— Лезойнт, — ответила Солнышко, что должно было означать «Почти закончила».

— Молодец, — одобрила Вайолет и взглянула на солнце. — Не знаю, сколько у нас осталось времени. Граф Олаф, должно быть, уже в Гадальном шатре, спрашивает у хрустального шара, где мы. Надеюсь, Мадам Лулу сдержит обещание и он не получит того, что хочет. Не дашь ли мне вон тот кусок металла, Клаус? Видишь, лежит на земле? Похоже, это обломок рельса, я хочу его использовать в качестве руля.

— Лучше бы Мадам Лулу дала *нам* то, что мы хотим. — Клаус передал сестре кусок металла. — Мне бы хотелось, не блуждая по горам, узнать, жив ли кто-то из родителей.

— Мне тоже, — сказала Вайолет. — Но даже и там мы можем никого не найти. А вдруг они где-то тут, внизу, ищут нас?

— Помнишь железнодорожную станцию? — спросил Клаус, и Вайолет кивнула.

— Эзубак? — спросила Солнышко, протягивая стебли плюща. Под этим словом она разумела нечто вроде «А я не помню», хотя она и не могла никоим образом помнить, так как еще не родилась в то время, о котором вспомнили старшие. Семья Бодлер решила тогда съездить на выходные дни в виноградники, иначе говоря, на своего рода ферму, где выращивают виноград для изготовления вина. Именно эти виноградники славились виноградом с особенно восхитительным запахом. Было очень приятно устраивать пикник на полях, когда в воздухе разносился аромат винограда, а знаменитые ослы, развозившие корзины с виноградом во время уборки урожая, спали в тени виноградных лоз. Чтобы добраться до той местности, Бодлерам пришлось ехать не одним поездом, а двумя, сделав пересадку на оживленной станции недалеко от Полтривилля. В тот день, который имели в виду Вайолет с Клаусом, они потерялись в сутолоке во время пересадки. Вайолет и Клаус, тогда совсем еще дети, решили искать родителей в лавках, расположенных вокруг площади позади станции, и вскоре местный сапожник, кузнец, трубочист и компьютерщик уже помогали испуганным детям искать маму и папу. Немного погодя семья Бодлер воссоединилась, и отец дал детям ценный совет: «Если потеряли нас — стойте где стояли».

— Да, — поддержала его мама, — не ходите и не ищите нас. Мы сами придем и найдем вас.

Тогда Вайолет и Клаус торжественно пообещали так и поступать. Но обстоятельства переменились, ведь когда бодлеровские родители говорили «Если вы нас потеряли...», они имели в виду — если дети потеряли их в толпе, как случилось в тот день на станции. Несколько недель назад я побывал там, съел ланч и поговорил с сыном сапожника про то событие. Родители тогда говорили не о том случае, когда дети потеряли их во время страшного пожара, который унес по крайней мере одну жизнь. Бывают обстоятельства, когда надо стоять где стоял и то, чего ты ждешь, придет к тебе само. А бывает, когда надо отправляться в мир и найти то, что надо, самому. Подобно бодлеровским сиротам, я, бывало, оказывался в таких местах, в которых стоять где стоишь было бы крайне неразумно, потому что крайне опасно. Однажды мне пришлось стоять в универмаге, и вдруг я увидел кое-что написанное на ярлыке с ценой и понял, что надо немедленно бежать, но только в другой одежде. Как-то раз я сидел в аэропорту и вдруг услышал по громкоговорителю нечто, подсказавшее мне, что я должен лететь в тот же день, но позже и другим рейсом. И еще я стоял около «американских горок» на Карнавале Калигари и знал уже то, чего не знали Бодлеры в то тихое раннее утро. Я глядел на тележки, сплавившиеся в комок и покрытые золой; я глядел в яму, выкопанную Графом Олафом и его приспешниками, и видел кучу обгорелых костей; я рылся в осколках зеркал и хрусталя на том месте, где раньше стоял Гадальный шатер, и все мои изыскания говорили мне об одном и том же. И если бы каким-то образом мне удалось вернуться во времени назад с такой же легкостью, с какой я могу выскользнуть из моего теперешнего обличья, я бы подошел к краю ямы и поведал бодлеровским сиротам о результатах моих поисков. Но это, разумеется, невозможно. Я могу лишь выполнить свой священный долг и напечатать на машинке всю эту историю как можно лучше, всю до последнего слова.

— Стово, — произнесла Солнышко, когда старшие Бодлеры рассказали ей историю про железнодорожную станцию. Под этим она разумела нечто вроде «По-моему, нам не надо стоять где стоим. По-моему, надо бежать сию же минуту».

— Нет, пока нельзя, — сказала Вайолет. — Руль, правда, готов, и повозки накрепко привязаны друг к другу, но без приводного ремня мотор работать не будет. Лучше пойдем в Гадальный шатер и снимем устройство, производящее молнию, с потолка.

— Олаф? — вопросительно произнесла Солнышко.

— Будем надеяться, что Мадам Лулу уже отделалась от него, — ответила Вайолет, — иначе дело наше плохо. Мы должны завершить строительство средства передвижения до начала шоу, иначе придется садиться в тележки и уезжать на глазах у всех.

Из ямы донеслось негромкое рычание, и дети увидели, что все львы проснулись и с недовольным видом озираются вокруг. Некоторые попытались кружить по тесной яме, но наталкивались на других львов, что еще больше их разозлило.

— У них голодный вид, — заметил Клаус. — Наверное, представление скоро начнется.

— Аклек. — Солнышко хотела сказать «Пора идти». И Бодлеры двинулись прочь от «американских горок» в сторону Гадального шатра. Проходя по территории карнавала, дети убедились, что там набралось уже немало зрителей и некоторые при виде Бодлеров захихикали.

— Глядите-ка! — с насмешкой показал один из них на детей. — Уроды! Надо непременно зайти попозже на львиное шоу. Может, кого-то из этих съедят.

— Надеюсь, так и случится, — отозвался его спутник. — Зря, что ли, мы тащились в такую даль — через все Пустоши.

— Билетерша сказала мне, что журналистка из «Дейли пунктилио» уже пожаловала, она потом должна сообщить в газету, кого съели, — проговорил мужчина в спортивной футболке с надписью «Карнавал Калигари», видимо купленной в сувенирном фургоне.

— «Дейли пунктилио»! — воскликнула его спутница, которая шла с ним рядом. — До чего интересно! Я несколько недель читаю про этих убийц, про Бодлеров. Обожаю агрессивность!

— А кто не обожает? — отозвался мужчина. — Особенно когда она сочетается с неряшливой манерой есть.

Как раз когда Бодлеры достигли Гадального шатра, им преградил дорогу какой-то человек. Подняв глаза, дети увидели прыщи на подбородке и узнали того самого зрителя, грубияна из Шатра уродов.

— Ха, глядите-ка, кто идет, — протянул он. — Волчонок Чабо и двухголовый урод Беверли-Эллиот.

— Очень приятно вас видеть, — быстро пробормотала Вайолет. Только она хотела обойти его, как он ухватился за их с Клаусом общую рубашку, и Вайолет поневоле пришлось остановиться, чтобы мужчина не порвал рубаху и не раскрыл обман.

— А вторая голова чего молчит? — издевательским тоном спросил прыщавый. — Ему тоже приятно меня видеть?

— Да, конечно, — ответил Клаус, — но мы немного торопимся, так что извините...

— Уродов не извиняю, — заявил прыщавый. — Для них извинений нет. Почему вы не носите мешок на одной из голов? Тогда вы казались бы нормальными.

— Гррр! — огрызнулась Солнышко, приближая зубы к коленке прыщавого мужчины.

— Пожалуйста, отойдите подальше, — попросила Вайолет. — Чабо привыкла защищать нас, она может укусить, если вы подойдете слишком близко.

— Ручаюсь, против компании свирепых львов она не устоит, — отозвался прыщавый мужчина. — Прямо не могу дождаться, когда начнется шоу. И моя мать тоже ждет не дождется.

— Ты прав, родной, — проговорила пожилая женщина, стоявшая неподалеку. Она подошла ближе и наградила сына звучным поцелуем. Бодлеры обратили внимание на то, что прыщи были, очевидно, фамильной чертой. — Когда начнется шоу, уроды?

— Прямо сейчас!

Прыщавый и его мамаша обернулись на новый голос, но Бодлерам не надо было и оборачиваться: они и так знали, что голос принадлежит Графу Олафу. Негодяй стоял у входа в Гадальный шатер с хлыстом в руке, глаза его блестели особенно злобно. И хлыст, и блеск дети безошибочно узнали: хлыстом этим Граф Олаф стегал львов, чтобы они рассвирепели, как это делал накануне, а блеск этот они наблюдали бессчетное количество раз. Такой блеск появляется в глазах людей, когда они отпустили удачную шутку. Но у Олафа блеск означал, что его очередной умысел успешно претворяется в жизнь.

— Представление начнется прямо сейчас! — объявил он собравшимся вокруг зрителям. — Мне только что предсказали судьбу, я выяснил, что хотел. — Граф Олаф указал хлыстом на Гадальный шатер, а потом, повернувшись, — на замаскированных Бодлеров и ухмыльнулся, глядя на толпу. — А теперь, леди и джентльмены, пора отправляться к львиной яме, чтобы все вы тоже получили то, что хотите.

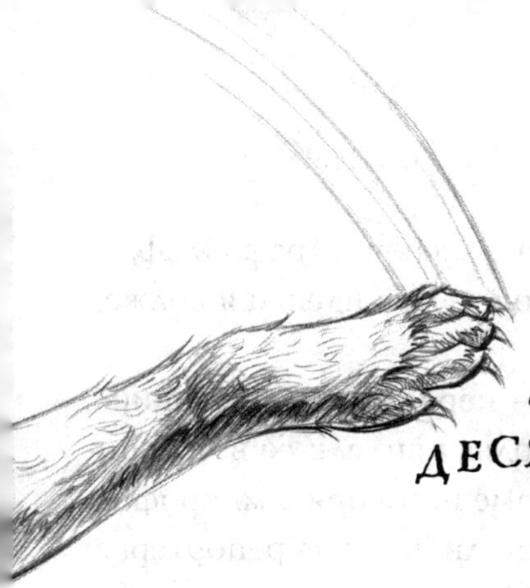

Глава ДЕСЯТАЯ

— Я СРАЗУ иду к яме! — крикнула в толпе какая-то женщина. — Надо занять место, чтобы хорошо было видно!

— Я тоже иду, — отозвался ее сосед. — Какой смысл в львином шоу, если не видеть, как львы кого-то едят.

— Да, надо поторопиться, — согласился прыщавый. — А то уже целая толпа набежала.

Бодлеровские сироты огляделись и увидели, что он прав.

Новость о львином аттракционе на Карнавале Калигари, должно быть, разнеслась за пределы Пустошей: в этот день зрителей набралось больше, чем накануне, и с каждой минутой они все прибывали и прибывали.

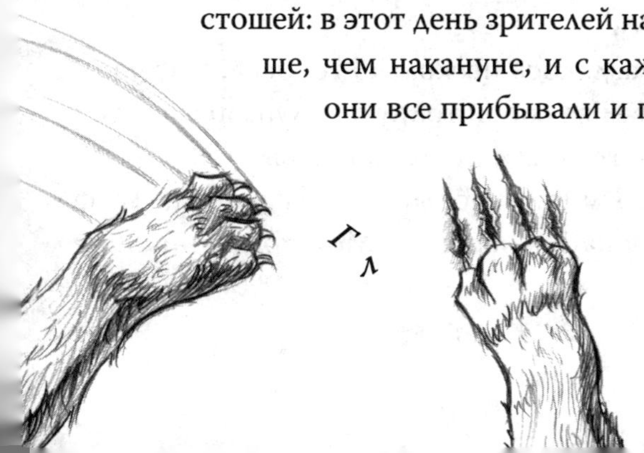

— Я сам поведу вас туда, — заявил Граф Олаф. — В конце концов, львиное шоу — моя идея, и я должен возглавлять шествие.

— Так это ваша идея? — переспросила женщина, которую дети узнали, поскольку видели ее в больнице. Она была в сером костюме и, говоря в микрофон, жевала жвачку. Дети вспомнили, что она репортерша из «Дейли пунктилио». — Мне бы хотелось написать про это в газете. Как ваше имя?

— Граф Олаф! — гордо ответил Граф Олаф.

— Я так и вижу заголовок: «Граф Олаф — автор идеи львиного шоу». Вот погодите, когда прочтут про это читатели!

— Погодите, — вмешался какой-то зритель. — Я думал, Графа Олафа убили трое детей.

— То был Граф Омар, — объяснила репортерша. — Кому и знать, как не мне. Ведь это я писала о Бодлерах для «Дейли пунктилио». Графа Омара убили трое детей Бодлеров, и они все еще на свободе.

— Ну, если когда-нибудь попадутся, — подал голос еще один зритель, — мы их бросим в львиную яму.

— Превосходная мысль, — одобрил Граф Олаф, — но до тех пор львы полакомятся одним из уродов. За мной — нас ждет зрелище агрессивности и неряшливой манеры есть!

— Ура! — раздалось несколько голосов. Олаф поклонился и повел за собой толпу к полуразрушенным «американским горкам», где ждали львы.

— Пошли со мной, уроды, — скомандовал Граф Олаф, указывая на Бодлеров. — Мои помощники ведут остальных. Все уроды должны присутствовать на церемонии избрания.

— Я их буду вести, — вызвалась Мадам Лулу на своем ломаном языке, появляясь из Гадального шатра. При виде Бодлеров глаза ее расширились, и она быстро спрятала руки за спину. — Ты ведешь толпу к яме, пожалуйста, и даешь по дороге интервью газете.

— Да-да, — поддержала ее репортерша. — Так и вижу заголовок: «Эксклюзивное интервью Графа Олафа, а не Графа Омара, который умер». Вот погодите, когда прочтут читатели «Дейли пунктилио»!

— Они прочтут обо мне с захватывающим интересом, — заявил Граф Олаф. — Хорошо, я иду с репортершей, Лулу. А ты ведешь уродов, но не отставай.

— Да, мой Олаф. Идемте со мной, мои уроды, пожалуйста. — И Лулу протянула руки Бодлерам, как будто была матерью, переводившей своих детей через улицу, а не поддельной гадалкой, ведущей их к яме со львами. Дети успели заметить, что на одной ладони у нее грязное пятно, а другая почему-то сжата в кулак. Детям не хотелось браться за ее руки и следовать к яме со львами, но вокруг было столько людей, жаждущих агрессивного зрелища, что выхода у них не было. Солнышко взялась за правую руку Лулу, Вайолет за левую, и они побрели в виде какой-то странной неуклюжей группы по направлению к разрушенным «американским горкам».

— Оли... — начал было Клаус, но, оглянувшись на толпу, сообразил, как неуместно было бы произнести вслух ее настоящее имя. — То есть Мадам Лулу, — поправился он и, перегнувшись через Вайолет, заговорил как можно тише: — Давайте идти помедленнее. Может, еще ухитримся вернуться назад, заскочить в шатер и открепить устройство для молнии.

Мадам Лулу ничего не ответила и только еле заметно покачала головой, давая понять, что сейчас не время говорить о таких вещах.

— Приводной ремень, — тихонько напомнила Солнышко, но Мадам Лулу опять молча покачала головой.

— Вы ведь сдержали свое обещание, да? — пробормотал, почти прошептал Клаус. Однако Мадам Лулу продолжала смотреть вперед, как будто не слышала. Клаус толкнул локтем старшую сестру внутри их общей рубахи. — Вайолет, — отважился произнести он ее настоящее имя, — попроси Мадам Лулу идти помедленнее.

Вайолет мельком взглянула на Клауса, потом на Солнышко, как бы желая уловить ее взгляд. Младшие Бодлеры посмотрели на старшую и увидели, что та еле заметно качнула головой, как перед этим Мадам Лулу, а потом перевела взгляд вниз, на руку гадалки, за которую держалась. Между пальцами Вайолет брат с сестрой разглядели кончик резиновой полосы, которую они тотчас узнали. То была часть устройства, производящего молнию, похожая на приводной ремень, — то есть именно та штука, которая была необходима Вайолет для того, чтобы превратить тележки с «американских горок» в средство, доставившее бы Бодлеров из Пустошей в Мертвые горы. Однако, вместо того чтобы обрадоваться при виде этого в высшей степени важного предмета в руке у Вайолет, дети испытали совсем другое, гораздо менее приятное чувство.

Если когда-либо вам случалось испытывать смутное ощущение, будто происходящее с вами уже происходило с вами раньше, то это ощущение французы называют «déjà vu». Как большинство французских выражений — например, «ennui»[1], жеманное словечко, означающее жуткую скучищу, или «la petite mort»[2], когда вам кажется, будто часть вас умерла, — выражение «déjà vu» относится к чему-то не очень приятному, и бодлеровским сиротам было действительно не очень-то приятно оказаться на краю ямы со львами и испытать тошнотворное чувство уже виденного. Пребывая в Кошмарной клинике, дети очутились в операционном зале, окруженные толпой, которая жаждала увидеть что-нибудь агрессивное, например производимую кому-то операцию. Когда дети жили в Городе Почитателей Ворон, они однажды очутились на площади, окруженные большой толпой, жаждущей увидеть что-нибудь агрессивное, например сжигание кого-то на костре. И сейчас, когда Мадам Лулу отпустила их руки, дети снова очутились перед громадной и чем-то знакомой толпой, жаждущей чего-то агрессивного. И снова Бодлеры опасались за свою жизнь.

---

[1] Скука *(фр.)*.

[2] Маленькая смерть *(фр.)*.

И снова причиной всего этого ужаса был Граф Олаф. Дети поглядели вдаль, мимо ликующей толпы и увидели тележки, подготовленные руками Вайолет для побега. Для того чтобы тележки сдвинулись с места, требовался только приводной ремень, и дети продолжили бы поиски своих родителей. Но, глядя на ту сторону ямы, на две тележки, связанные между собой стеблями плюща и приспособленные Вайолет для поездки по Пустошам, Бодлеры испытали тошнотворное чувство *déjà vu* и заподозрили, что их ожидает несчастливый финал очередного приключения.

— Добро пожаловать, леди и джентльмены, это будет самый волнующий день в вашей жизни! — провозгласил Граф Олаф и хлестнул львов, теснящихся в яме. Длинный хлыст достал до взбудораженных животных, голодные львы послушно зарычали и залязгали зубами. — Эти кровожадные звери уже готовы съесть любого урода. Кого же мы выберем?

Толпа расступилась, и появился крюкастый, за ним гуськом шли сотоварищи Бодлеров, направляясь к яме, где на краю стояли дети. Очевидно, Кевину, Колетт и Хьюго велели одеться в обычные уродские костюмы, а не в подарки Эсме. Они с боязливой улыбкой взглянули на Бодлеров, а потом нервно уставились на рычащих львов. Как только уроды заняли свои места, из толпы начали выходить сообщники Графа Олафа. Эсме Скволор в полосатом костюме и с небольшим солнцезащитным зонтиком послала улыбку зрителям и уселась на стул, принесенный лысым помощником. Он принес также длинную и довольно широкую доску и положил ее на край ямы так, чтобы она торчала над львами на манер выдающегося над бассейном трамплина для прыжков в воду. Наконец вперед выступили две женщины с напудренными лицами, они держали в руках деревянный ящичек с дырой на крышке.

— Я так рад, что сегодня последний раз надеваю эту дурацкую одежду, — пробормотал Хьюго Бодлерам, показывая на свое неуклюже сидящее пальто. — Только подумать — скоро я стану членом труппы Графа Олафа и никогда больше не буду выглядеть уродом.

— Если только вас не бросят львам, — не удержался Клаус.

— Ты шутишь? — прошептал Хьюго. — Если выбор падет на меня, я столкну в яму Мадам Лулу, как предлагала Эсме.

— Посмотрите внимательно на этих уродов, — крикнул Граф Олаф. Несколько зрителей хихикнули. — Поглядите на нелепую спину Хьюго. Подумайте, до чего глупо, что Колетт может извиваться и принимать всякие неестественные позы. Посмейтесь над нескладными равнодействующими руками и ногами Кевина. Похихикайте над двухголовым уродом Беверли-Эллиотом и похохочите до упаду над волчонком Чабо.

Толпа разразилась гоготом, люди показывали пальцем на тех, кто им казался смешнее других.

— Посмотрите на дурацкие зубы Чабо! — закричала женщина, у которой волосы были выкрашены в разные цвета. — Вид у нее самый что ни на есть смешной!

— А по-моему, Кевин смешнее! — возразил ее муж, который ради жены тоже выкрасил волосы. — Надеюсь, именно его бросят в яму. Вот смеху будет, когда он попробует отбиваться обеими руками и обеими ногами!

— А я надеюсь, это будет урод с крюками вместо рук! — заявила женщина, стоявшая позади Бодлеров. — Так будет еще агрессивнее.

— Никакой я не урод! — раздраженно огрызнулся крюкастый. — Я сотрудник Графа Олафа.

— Ой, простите, — извинилась женщина. — Тогда пусть это будет мужчина с прыщавым подбородком.

— Я — зритель! — возмутился прыщавый. — Я не урод. У меня просто кожа неважная.

— А вон та женщина в дурацком костюме? — продолжала зрительница. — Или вон тот тип с одной бровью?

— Я — подружка Графа Олафа, — сообщила Эсме, — и костюм у меня модный, а не дурацкий.

— А мне наплевать, кто тут урод, а кто нет, — выкрикнули в толпе. — Главное, увидеть, как львы будут кого-нибудь пожирать.

— Скоро увидите, — пообещал Граф Олаф. — Сейчас мы проведем отбор. Имена всех уродов написаны на бумажках и опущены в ящик, который держат эти две очаровательные дамы.

Две женщины с напудренными лицами подняли кверху ящичек и сделали реверанс.

Эсме бросила на них хмурый взгляд.

— Я не считаю их очаровательными, — заявила она, но из-за громких одобрительных криков толпы ее почти никто не расслышал.

— Сейчас я засуну туда руку, — продолжал Граф Олаф, — вытащу одну бумажку и прочту имя урода вслух. Затем названный урод пройдет по деревянной доске и спрыгнет в яму, а мы все будем наблюдать, как львы его пожирают.

— Или ее, — добавила Эсме. Она поглядела на Мадам Лулу, потом на Бодлеров, а потом на их сотоварищей. Затем она на минуту отложила зонтик, подняла кверху ладони и сделала едва заметное движение, как бы толкая что-то. Этим она хотела напомнить о своем плане.

— Или ее, — повторил Граф Олаф, с любопытством поглядев на Эсме. — Так, есть вопросы или можно начинать?

— Почему именно вы достаете бумажку с именем? — поинтересовался прыщавый мужчина.

— Потому что идея всего представления принадлежит мне, — ответил Граф Олаф.

— У меня вопрос, — сказала женщина с пестрыми волосами. — А это законно?

— Да не порти ты удовольствия, — остановил ее муж. — Ты же хотела сюда прийти и посмотреть, как львы будут есть людей, вот я и взял тебя с собой. Коли собираешься задавать всякие умные вопросы, лучше иди и жди меня в машине.

— Пожалуйста, продолжайте, ваше сиятельство, — проговорила репортерша из «Дейли пунктилио».

— И продолжаю, — отозвался Граф Олаф и еще раз хлестнул львов, прежде чем запустить руку в деревянный ящик. Взглянув с жестокой улыбкой на детей и их коллег, он долго шарил в ящике, пока наконец не вытащил записку, сложенную в несколько раз. Зрители подались вперед, чтобы лучше видеть, а Бодлеры вытянули шеи, чтобы смотреть поверх голов взрослых. Однако Граф Олаф не сразу развернул бумажку. Вместо того он поднял ее как можно выше и одарил публику широкой улыбкой. — Я буду разворачивать бумажки очень медленно, — объявил он, — чтобы продлить напряженное ожидание.

— Как мудро! — восхитилась репортерша, в возбуждении громко щелкая жвачкой. — Так и вижу заголовок: «Граф Олаф усиливает остроту ожидания».

— Я научился овладевать вниманием зрителей за долгое время моей знаменитой актерской карьеры. — Граф Олаф улыбнулся репортерше, все еще держа кверху записку. — Не забудьте написать об этом.

— Непременно, — задыхаясь, пообещала она и поднесла микрофон к его губам.

— Леди и джентльмены, — вскричал Граф Олаф, — я разворачиваю первую складку!

— Ух ты! — закричало несколько голосов. — Первая складка! Урра!

— Остается пять складок, — объявил Олаф. — Еще пять — и мы узнаем, которого урода бросят львам!

— Я так волнуюсь! — воскликнул мужчина с крашеными волосами. — Сейчас я упаду в обморок!

— Смотри не упади в яму, — отозвалась жена.

— Я разворачиваю вторую складку! — объявил Граф Олаф. — Остается всего четыре!

Львы нетерпеливо зарычали, как будто им надоела эта возня с бумажками, но толпа приветствовала усиление напряжения и, не обращая внимания на зверей, не спускала глаз с Графа Олафа, который рассылал вокруг улыбки и воздушные поцелуи.

Бодлеры перестали смотреть через головы зрителей на Олафа, который проделывал свои трюки, что означает здесь «усиливал напряженное ожидание, медленно развертывая записку, на которой было написано имя того, кому предстояло спрыгнуть в яму со львами». Они воспользовались тем, что никто на них не смотрит, и подошли друг к другу как можно ближе, чтобы никто не подслушал их разговоров.

— Как ты думаешь — могли бы мы прокрасться на другую сторону ямы, где тележки? — спросил Клаус.

— Думаю, тут слишком много народу, — ответила Вайолет. — А вот нельзя ли сделать так, чтобы львы никого не загрызли?

— Нет, уж очень они голодные. — Клаус, прищурившись, заглянул в яму на рычащих животных. — Я прочел книгу про крупных хищников из семейства кошачьих, там говорилось, что если они проголодались, то съедят кого угодно.

— А больше ты там ничего полезного для нас не вычитал?

— Пожалуй, нет. А ты можешь изобрести еще что-нибудь полезное из приводного ремня?

— Боюсь, что нет, — ответила Вайолет упавшим от страха голосом.

— Дежавю, — шепнула Солнышко, глядя вверх на старших брата и сестру. Она хотела сказать нечто вроде «Должны же мы придумать хоть что-нибудь для своего спасения. Нам не раз удавалось спастись от кровожадной толпы».

— Солнышко права, — сказал Клаус. — Когда мы находились в Кошмарной клинике, нам удалось обмануть толпу и оттянуть операцию, которую задумал сделать тебе Олаф.

— А когда мы жили в Городе Почитателей Ворон, — подхватила Вайолет, — мы узнали кое-что о психологии толпы. Это стало возможным благодаря тому, что жители жутко возбудились и перестали соображать. Но что мы можем сделать с этой толпой? Как быть сейчас?

— То же, — пробормотала Солнышко и заворчала на тот случай, если их подслушивают.

— Я снова развертываю записку, — радостно прокричал Граф Олаф.

Ну и вероятно, не требуется повторять, что он еще раз предупредил об оставшихся трех складках или что толпа снова приветствовала его криками, как будто он сделал что-то очень смелое или благородное. Мне, вероятно, не требуется сообщать вам, что он объявлял о последующих трех складках с таким торжеством, будто это были невесть какие волнующие события, или что толпа каждый раз кричала «ура!», с нетерпением ожидая агрессивных действий и неряшливой манеры есть. И мне, вероятно, не надо даже и говорить, что именно было написано на бумажке: если вы дочитали эту злополучную книгу до этого места, то, значит, хорошо знакомы с Бодлерами и уже знаете, каково их уродское везение. Люди с нормальным везением прибыли бы на карнавал с комфортом, например в двухэтажном автобусе или на слоне, и, скорее всего, получили бы массу удовольствия от карнавальных развлечений, и к концу пребывания там были бы довольны и счастливы. Но Бодлеры-то прибыли на Карнавал Калигари в багажнике автомобиля, вынуждены были надеть неудобные маскарадные костюмы, принять участие в унизительном представлении, поставили себя в опасные условия и, в полном соответствии с их уродским везением, даже не выяснили того, что хотели узнать. Так что вас, вероятно, не удивит, когда вы услышите, что на бумажке не стояло ни имени Хьюго, написанного рукой Графа Олафа, ни имени Колетт, ни Кевина, который нервно сжимал обе свои равноумелые руки, пока Олаф разворачивал последнюю складку. И вас не удивит, что, когда Граф Олаф объявил имя на записке, глаза всех присутствующих обратились на замаскированных детей. Но если вас и не удивит сообщение

Графа Олафа, то, наверное, все-таки удивит заявление одного из детей сразу после этого.

— Леди и джентльмены! — провозгласил Граф Олаф. — Сегодня львам будет брошен двухголовый урод Беверли-Эллиот.

— Леди и джентльмены, — провозгласила Вайолет Бодлер, — мы в восторге оттого, что выбор пал на нас!

Глава ОДИННАДЦАТАЯ

Я ЗНАЮ еще одного писателя, которого многие считают, как и меня, умершим. Имя его — Уильям Шекспир, и писал он пьесы четырех родов: комедии, любовные пьесы, исторические пьесы и трагедии. В комедиях персонажи, естественно, много шутят и налетают на разные предметы. В любовных пьесах люди влюбляются и даже порой женятся. В исторических пересказываются события, происходившие в действительности, как и у меня в повести о бодлеровских сиротах. В трагедиях же обычно сперва все идет вполне благо-

получно, но постепенно обстоятельства ухудшаются, и под конец всех персонажей либо убивают, либо ранят, либо причиняют им те или иные неприятности. Смотреть трагедии вообще не слишком весело — как из зала, так и находясь на сцене. Но из всех шекспировских трагедий наименьшее веселье доставляет «Король Лир», где рассказывается о короле, который сходит с ума, и о дочерях, которые в это время замышляют убить друг друга, а также некоторых других людей, действующих им на нервы. В конце пьесы один из шекспировских персонажей говорит: «...доживем мы до того, что люди станут пожирать друг друга, как чудища морские»[1], иными словами: «Как печально, что люди кончают тем, что нападают друг на друга, как будто они свирепые морские чудовища». И когда со сцены звучат эти горькие слова, зрители частенько плачут, или вздыхают, или дают себе обещание в следующий раз пойти на комедию.

С огорчением должен поведать, что история бодлеровских сирот достигла той точки, когда уместно воспользоваться удручающей шекспировской фразой, чтобы описать, как чувствовали себя бодлеровские сироты, обращаясь к толпе, собравшейся на краю ямы со львами, и пытаясь продлить историю своих приключений, не превратив ее в трагедию, хотя все вокруг, казалось, жаждали напасть друг на друга. Граф Олаф и его сообщники жаждали видеть, как Вайолет и Кла-

[1] «Король Лир» в переводе Б. Пастернака.

ус спрыгнут вниз, где их ожидала смерть от съедения, для того чтобы популярность Карнавала Калигари выросла и Мадам Лулу продолжала бы предсказывать Графу Олафу судьбу. Эсме Скволор жаждала, чтобы в яму столкнули Мадам Лулу, а тогда все внимание Олафа досталось бы только ей одной. А бодлеровские коллеги готовы были помочь Эсме в ее замыслах, так как жаждали присоединиться к олафовской труппе. Репортерша из «Дейли пунктилио» и публика жаждали видеть агрессивное поведение и неряшливую манеру есть, чтобы посещение карнавала не прошло зря. Львы же, которых били хлыстом и морили голодом, жаждали пищи.

Казалось, все представители человечества, собравшиеся в этот день около «американских горок», жаждали каких-то ужасов, и когда Вайолет с Клаусом двинулись к доске, притворяясь, будто и они жаждут того же, они все трое чувствовали себя ужасно.

— Спасибо вам, Граф Олаф, за то, что выбрали мою и другую голову первыми жертвами львиного шоу, — торжественно произнес Клаус пискливым голосом.

— Хм, на здоровье, — отозвался Граф Олаф с некоторым недоумением. — Ну, прыгайте в яму, а мы все посмотрим, как вас будут пожирать львы.

— И побыстрее! — добавил мужчина с прыщами на подбородке. — Чтоб я не зря пришел на представление!

— А разве не интереснее смотреть, если кто-то другой столкнет урода в яму, а не сам он спрыгнет? —

Вайолет лихорадочно придумывала, что сказать. — Так было бы гораздо агрессивнее.

— Гррр! — заворчала Солнышко, выражая согласие.

— А что, неплохая мысль, — задумчиво заметила одна из женщин с напудренным лицом.

— Да! Да! — закричала женщина с разноцветными волосами. — Я хочу увидеть, как двухголового урода сбросят львам!

— Согласна, — Эсме кинула злобный взгляд на двух старших Бодлеров, а потом на Мадам Лулу, — я бы тоже хотела видеть, как кое-кого сбросят в яму.

Толпа разразилась одобрительными криками, многие захлопали. Солнышко не спускала глаз с брата и сестры, которые сделали шаг к доске, нависавшей над ямой, где в ожидании томились голодные львы. Есть такие зануды, которые твердят, что, если вдруг вы оказались в трудном положении, следует остановиться и сообразить, как правильнее поступить. Но трое детей и так знали, как правильнее было бы поступить: броситься к «американским горкам», прыгнуть в тележки, пристегнуть приводной ремень и мчаться в Пустошах вместе с Мадам Лулу и ее газетной библиотекой, сперва спокойно объяснив собравшейся толпе, что кровопролитие — не лучший способ развлекаться и что Графа Олафа вместе с его труппой следовало бы немедленно арестовать. Однако в нашем безалаберном мире выпадают моменты, когда сообразить, как поступить правильно, нетрудно, но вот поступить соответственно — нет возможности, и тогда приходится поступать как-то по-другому. Трое Бодлеров, стоявших в своих маскарадных костюмах посреди толпы, которая жаждала агрессивности и неряшливого обжорства, знали, что не могут поступить правильно, но они думали, что сумеют довести толпу до белого каления и во всеобщей сумятице попытаются улизнуть. Они, правда, не были уверены, правильно ли сейчас применять свое знание психологии толпы и умение оттягивать главное событие, но других идей по спасению им в этот момент в голову не приходило. Правильно это было или нет, только план их начал срабатывать.

— Потрясающе! — возбужденно выкрикнула репортерша. — Так и вижу заголовок: «Уроды сброшены в львиную яму!» Подождите, вот прочтут это читатели «Дейли пунктилио»!

Солнышко издала самое громкое рычание, на какое была способна, и показала пальчиком на графа Олафа.

— Чабо хочет сказать на своем полуволчьем языке, что столкнуть нас в яму должен Граф Олаф. Ведь именно ему принадлежит идея львиного шоу, — объяснил Клаус.

— А ведь и правда! — воскликнул прыщавый. — Пусть Олаф столкнет Беверли-Эллиота в яму!

Граф Олаф бросил свирепый взгляд на Бодлеров, а потом оскалил свои грязные зубы в улыбке, глядя на толпу.

— Я бесконечно польщен вашим предложением, — он слегка поклонился, — но, боюсь, ничего не получится.

— Почему это? — осведомилась женщина с пестрыми волосами.

Граф Олаф с минуту помедлил, а потом издал короткое пронзительное «апчхи», такое же искусственное, как ворчание Солнышка.

— У меня аллергия на всех кошачьих, — объяснил он. — Слышите? Я уже чихаю, хотя еще не ступил на доску.

— Почему-то аллергия не мешала вам бить львов хлыстом, — заметила Вайолет.

— Верно, — вставил крюкастый. — Первый раз слышу, что у вас аллергия, Олаф.

Граф Олаф сверкнул глазами на своего пособника.

— Леди и джентльмены... — начал он, но толпа больше не желала слушать никаких речей.

— Давай толкай урода в яму, Олаф! — раздался крик, и все одобрительно зашумели.

Граф Олаф нахмурился, но все же схватил Клауса за руку и подвел старших Бодлеров к доске. Толпа вокруг ревела, львы внизу рычали. Бодлерам стало ясно, что Графу Олафу не больше их хочется приближаться к голодным львам.

— Вообще-то, сбрасывать людей в ямы не моя работа, — нервно сказал Граф Олаф, обращаясь к толпе. — Я, собственно, актер.

— У меня есть идея, — неожиданно проговорила Эсме фальшиво-сладким голосом. — Мадам Лулу, почему бы вам не пройти по доске и не столкнуть ваших уродов вниз?

— Не моя работа тоже, пожалуйста, — запротестовала Мадам Лулу, с беспокойством глядя на детей. — Я гадаю, а не сбрасываю уродов в яму.

— Не скромничайте, Мадам Лулу, — проговорил Граф Олаф с гадкой усмешкой. — Конечно, идея львиного шоу принадлежит мне, но вы самое главное лицо на этом карнавале. Займите мое место на доске, а мы все посмотрим, как кто-то будет падать в яму, где его ждет смерть.

— Какое любезное предложение! — вскричала репортерша. — Вы удивительно великодушный человек, Граф Олаф!

— Сейчас посмотрим, как Мадам Лулу сбросит Беверли-Эллиота ко львам! — закричал прыщавый, и все опять поддержали его одобрительными возгласами.

По мере того как начинала срабатывать психология толпы, возбужденные зрители становились все более управляемыми, и гадалку встретил громкий взрыв аплодисментов, когда она, нервничая, заняла место Олафа. Доска затряслась под тяжестью такого количества людей, и Бодлеры с трудом удержались на ногах. Толпа ахнула в напряженном волнении, а затем застонала, когда двум замаскированным детям удалось устоять.

— Ах, как волнующе! — взвизгнула репортерша. — Может, и Лулу тоже упадет?

— Да, — процедила Эсме, — может, и упадет.

— Мне наплевать, кто свалится! — заорал грубиян, раздосадованный задержкой зрелища агрессивности и неряшливого обжорства. Он швырнул стакан с холодным напитком в яму, облив нескольких животных. Недовольные львы зарычали. — По мне, так дамочка в тюрбане такой же урод, как двухголовый. Мне все одно, кто это будет.

— Мне тоже! — присоединился к нему зритель в шляпе, на которой красовалась надпись «Карнавал Калигари». — Прямо не терпится, чтоб шоу началось! Надеюсь, у Мадам Лулу хватит храбрости столкнуть урода в яму.

— При чем тут храбрость? — хихикнул лысый олафовский приспешник. — Все обязаны делать то, чего от них ожидают. Разве у них есть выбор?

Вайолет с Клаусом достигли конца доски. Они изо всех сил старались придумать ответ на вопрос лысого. Под ними толпились рычащие голодные львы, так тесно прижатые друг к другу, что они казались клубком когтистых лап и разинутых пастей; кругом сгрудилась ревущая людская масса, и на лицах зрителей застыли выжидающие улыбки. Бодлерам удалось-таки довести их до белого каления, но пока не представлялось никакой возможности улизнуть в сумятице, и похоже было, что благоприятный случай вряд ли представится. Вайолет с трудом повернула лицо к брату, а Клаус скосился на нее, и Солнышко разглядела слезы в глазах брата и сестры.

— Кажется, наше везение кончилось, — шепнула Вайолет.

— Головы, прекратите шептаться! — страшным голосом приказал Граф Олаф. — Мадам Лулу, сейчас же столкните их!

— Мы стараемся усилить напряжение! — в отчаянии крикнул Клаус.

— Напряжения и так хватает, — с нетерпением в голосе ответил мужчина с прыщавым подбородком. — Надоела мне вся эта тягомотина!

— И мне тоже! — закричала женщина с пестрыми волосами.

— И мне! — крикнул кто-то, стоящий поблизости. — Олаф, хлестни-ка Лулу! Живо перестанет тянуть!

— Одну минуту, пожалуйста. — Мадам Лулу сделала шаг к Вайолет и Клаусу. Доска снова закачалась, львы зарычали, надеясь наконец заполучить свой ланч. Мадам Лулу взглянула на старших Бодлеров безумным взглядом, и дети заметили, что она еле заметно пожала плечами под мерцающей тканью.

— Хватит! — крюкастый в нетерпении шагнул вперед. — Похоже, у одного меня хватит храбрости это сделать!

— Ну нет, — проговорил Хьюго, — у меня тоже хватит, да и у Колетт и Кевина тоже.

— Чтоб уроды были такими храбрыми? — фыркнул крюкастый. — Не смеши меня.

— Мы в самом деле храбрые, — настаивал Хьюго. — Граф Олаф, дайте нам это доказать, и тогда вы наймете нас на работу!

— Найму вас? — Граф Олаф нахмурился.

— Чудесная идея! — воскликнула Эсме, как будто не она сама это придумала.

— Да, — подтвердила Колетт, — нам бы так хотелось заняться чем-то другим, а этот случай дает нам чудесную возможность.

Кевин выступил вперед и вытянул обе руки.

— Я знаю, что я урод, — сказал он Олафу, — но думаю, что смог бы приносить вам такую же пользу, как человек с крюками вместо рук или ваш лысый помощник.

— Что-о-о? — вскинулся лысый. — Чтобы такой урод, как ты, приносил пользу, как я? Не мели чепухи!

— Я могу быть полезным, — настаивал Кевин. — Сейчас увидите!

— Хватит пререкаться! — раздраженно перебил их прыщавый. — Не для того я пришел на карнавал, чтоб слушать, как обсуждают свои рабочие дела.

— Вы отвлекаете меня и мою вторую голову, — своим низким, измененным голосом вмешалась Вайолет. — Давайте мы сойдем с доски и все спокойно обсудим.

— Не хочу я ничего спокойно обсуждать! — возмутилась женщина с разноцветными волосами. — Я это у себя дома могу делать.

— Вот именно, — поддакнула репортерша из «Дейли пунктилио». — «Люди спокойно обсуждают проблемы» — какой скучный заголовок! Кто-нибудь, столкните наконец кого-нибудь в яму, и мы все получим то, что хотим!

— Мадам Лулу это сделает, пожалуйста, — объявила Мадам Лулу звучным голосом и схватила Вайолет с Клаусом за рубаху.

Бодлеры подняли лица кверху и увидели слезинку, катившуюся у нее по щеке. Она нагнулась и тихо, без малейшего акцента пробормотала: «Простите меня, Бодлеры», после чего протянула руку и отобрала у Вайолет приводной ремень.

Солнышко так разволновалась, что забыла ворчать.

— Тренчет! — крикнула она, желая сказать нечто вроде «Как вам не стыдно!» Но если поддельная гадалка и испытывала в душе стыд, то никак этого не обнаружила.

— Мадам Лулу всегда говорит: всегда надо давать людям, что они хотят, — величественно произнесла она с деланым акцентом. — Она будет бросать прямо сейчас, пожалуйста.

— Не говорите глупостей! — Хьюго с энтузиазмом рванулся вперед. — Это сделаю я!

— Это ты говоришь глупости! — Колетт изогнула тело в сторону Лулу. — Это сделаю я!

— Нет, я! — закричал Кевин. — Моими обеими руками!

— Это сделаю я! — крикнул лысый, загораживая дорогу Кевину. — Не хочу я работать с уродом в одной компании!

— Это сделаю я! — крикнул крюкастый.

— Я сделаю! — закричала одна из женщин с напудренным лицом.

— Нет я! — крикнула вторая.

— У меня найдется кому это сделать! — крикнула Эсме Скволор.

Граф Олаф развернул хлыст и громко щелкнул у всех над головой. Оглушительный свист заставил толпу съежиться, что в данном случае означает «присесть и нагнуть голову, чтобы увернуться от удара».

— Тихо! — рявкнул страшным голосом Олаф. — Стыдитесь, вы все! Ведете себя как скопище детей! Я сию же минуту желаю видеть, как львы кого-то пожирают! У кого хватит смелости выполнить мой приказ, тот получит особую награду!

Речь эта, само собой разумеется, являлась очередным образцом однообразной философии Графа Олафа насчет упрямого мула, который идет в нужном направлении, если перед мордой у него держат морковку. Обещание особой награды окончательно раззадорило толпу. В мгновение ока карнавальная публика превратилась в орду добровольцев, рвущихся к яме, чтобы наконец сбросить хоть кого-то на съедение львам. Хьюго прыгнул вперед, намереваясь спихнуть Мадам Лулу, но налетел на ящик, который держали две женщины с напудренными лицами, и все трое попадали друг на друга на самом краю ямы. Крюкастый бросился вперед, чтобы схватить Вайолет и Клауса, но зацепился крюком за шнур от микрофона репортерши и безнадежно запутался. Колетт изогнула руки так, чтобы схватить Лулу за щиколотки, но вместо того нечаянно ухватила за щиколотку Эсме, и руки ее обвились вокруг высоченного каблука одного из модных туфель. Женщина с пестрыми волосами тоже решила попытать счастья и нагнулась, чтобы столкнуть старших Бодлеров, но они отступили в сторону, и женщина повалилась на своего мужа, а тот от толчка нечаянно ударил по лицу прыщавого, после чего эти трое затеяли громкую перебранку. Стоявшие вокруг (а их было немало) решили тоже принять в ней участие и, подойдя поближе, начали выкрикивать оскорбления прямо в лицо друг другу. За какие-то секунды после последнего заявления Графа Олафа Бодлеры оказались в гуще разъяренной массы людей, которые, не обращая на них внимания, орали, толкались и нападали друг на друга, подобно морским чудищам, между тем как в яме рычали в бешенстве львы.

Но тут вдруг дети услышали какие-то новые звуки, доносившиеся снизу, — жуткий треск и хруст, и звуки эти были гораздо хуже рычания зверей. Зрители перестали ссориться и стали смотреть, откуда взялись эти звуки, но Бодлеры не желали ничего видеть, они попятились подальше от жутких звуков, прижались друг к другу и крепко зажмурились. Но даже и так до них снизу доносились жуткие, страшные звуки сквозь смех и радостные крики карнавальной публики, столпившейся на краю ямы, чтобы не пропустить долгожданного зрелища. Поэтому дети отвернулись от столпотворения и так, не открывая глаз, покинули, пользуясь сумятицей, это место. С трудом пробравшись через ликующую толпу, они наконец оказались вне опасности, что в данном случае означает «подальше от „американских горок“, чтобы больше не слышать и не видеть происходящего».

Но они, конечно, все равно могли представить себе, как все там происходит, и даже я могу это себе представить, хотя и не находился рядом в то время и только читал описания происходившего. В «Дейли пунктилио» сообщалось, что первой упала Мадам Лулу, но газеты всегда полны неточностей, поэтому неизвестно, так ли было в действительности. Быть может, первой упала она, а вслед за ней лысый, а возможно, Лулу ухитрилась спихнуть лысого, когда вырывалась от него, но пошатнулась и тоже оказалась в яме. А быть может, они как раз боролись друг с другом, когда доска сильно качнулась и до обоих допрыгнули львы. Возможно, я так никогда и не узнаю этого, как, вероятно, не узнаю, куда делся приводной ремень, сколько бы я ни возвращался на Карнавал Калигари. Сперва я думал, что Мадам Лулу выронила резиновую полосу неподалеку от ямы. Однако я обыскал весь этот участок с фонариком и лопатой и никаких следов его не нашел, да и никто из посетителей карнавала, чьи дома я обыскал, явно не унесли ремень с собой в качестве сувенира. Потом я подумал, не подбросили ли его в воздух во время всей кутерьмы, а он упал, скажем, на рельсы «американских горок». Но я облазал там каждый дюйм без малейшего результата. Существует, конечно, возможность, что приводной ремень сгорел, но поскольку устройства, производящие молнию, обычно делаются из особой, несгораемой резины, то такая возможность маловероятна. В общем, должен сознаться, что не знаю наверняка, где приводной ремень, и узнать это мне, скорее всего, никогда не удастся, равно как и то, кто упал первым — лысый или Мадам Лулу. Но я склонен предполагать, что резиновая полоса сгинула там же, где и женщина, которая сняла ее с устройства для молнии и отдала бодлеровским сиротам, а потом, в последний момент, забрала обратно, — там же, где и приспешник Олафа, которому не терпелось получить особую награду. Если я зажмурю глаза, как зажмурили их Бодлеры, пока брели спотыкаясь прочь, подальше от трагических событий, то мне представляется, что приводной ремень вместе с лысым и с моей бывшей коллегой Оливией упал в яму, которую выкопал Олаф с сообщниками, и очутился в чреве зверя.

Глава ДВЕНАДЦАТАЯ

КОГДА бодлеровские сироты открыли наконец глаза, то увидели, что стоят у входа в Гадальный шатер Мадам Лулу и на них уставились буквы «Г.П.В.». Все посетители давно отправились смотреть львиное шоу, так что дети остались одни. День уже начинал клониться к вечеру, и вокруг снова не было свидетелей того, как они стояли перед входом и при этом дрожали и тихонько плакали. В прошлый раз, когда они вот так же долго не решались войти, они успели понять, что орнамент на палатке не изображение глаза, а эмблема организации, которая, возможно, могла бы оказать им помощь. Сейчас они опять стояли и смотрели, надеясь, что прямо у них на глазах опять что-то переменится и подскажет им, что делать. Но сколько они ни смотрели, ничего не менялось. На территории карнавала стояла тишина, день все так же клонился к вечеру, а эмблема на палатке все так же пялилась на плачущих Бодлеров.

— Где же, интересно, приводной ремень? — проговорила наконец Вайолет. Голос был слабый и даже хриплый, но слезы прекратились. — Интересно, упал он на землю, или залетел на рельсы «американских горок», или же очутился в чре...

— Как ты можешь сейчас думать о приводном ремне? — упрекнул ее Клаус, впрочем нисколько не сердито. Как и сестру, его все еще била дрожь внутри их общей рубахи, и он вдруг почувствовал сильную усталость, что часто бывает после того, как долго плакал.

— Это потому, что я не хочу ни о чем другом думать, — ответила Вайолет. — Не хочу думать о Мадам Лулу и львах, не хочу думать о Графе Олафе и о толпе, и я не хочу думать, правильно ли мы поступили.

— Правильно, — мягко сказала Солнышко.

— Я согласен, — подтвердил Клаус. — Мы сделали все, что могли.

— А я не уверена, — возразила Вайолет. — Я держала в руке приводной ремень. Оставалось только закончить двигатель и бежать из этого ужасного места.

— Ты все равно не закончила бы двигатель, — не согласился Клаус. — Нас окружала толпа, все мечтали увидеть, как кого-то сбросят львам. Мы не виноваты, что вместо нас упала Лулу.

— И лысый, — добавила Солнышко.

— Да, но это мы раззадорили толпу, — настаивала Вайолет. — Сперва мы оттягивали представление, а потом использовали психологию толпы и взбудоражили зрителей так, что они готовы были кого угодно сбросить в яму.

— Всю эту жуть затеял Граф Олаф, — сказал Клаус. — В падении Мадам Лулу виноват он, а не мы.

— Мы пообещали взять ее с собой, — не успокаивалась Вайолет. — Мадам Лулу сдержала свое обещание и не выдала нас Графу Олафу, а мы свое обещание не сдержали.

— Но мы пытались, — запротестовал Клаус, — пытались сдержать.

— Пытаться еще недостаточно, — опять возразила Вайолет. — Мы ведь *пытаемся* найти кого-то из наших родителей? Мы *пытаемся* побороть Графа Олафа?

— Да, — решительно произнесла Солнышко и прижалась к ноге Вайолет. Та взглянула вниз, на сестру, и глаза ее наполнились слезами.

— Почему мы здесь? — сказала она. — Мы думали, если мы замаскируемся, это поможет нам выпутаться из неприятностей. Но сейчас наше положение еще хуже, чем раньше. Мы не знаем, что означают буквы Г.П.В. Не знаем, где сникетовское досье. И не знаем, действительно ли кто-то из наших родителей жив.

— Да, кое-чего мы не знаем, — сказал Клаус, — но это не значит, что надо отчаиваться. Мы еще выясним то, чего не знаем. Мы что угодно можем выяснить.

Вайолет улыбнулась сквозь слезы:

— Ты говоришь так, будто ты исследователь.

Средний Бодлер сунул руку в карман и вытащил очки.

— Я и есть исследователь, — сказал он и шагнул ко входу в шатер. — За работу!

— Гиди! — Солнышко хотела сказать что-то вроде «Чуть не забыла про газетную библиотеку!», и она последовала за старшими в палатку.

Как только Бодлеры вошли внутрь, они поняли, что Мадам Лулу успела основательно подготовиться к побегу вместе с ними, и им стало очень грустно при мысли, что она уже никогда не вернется сюда за приготовленными вещами. Гримировальный сундучок был уложен и стоял у самой двери. Ближе к буфету стоял картонный ящик с припасами на дорогу. А на стол, кроме нового, взамен разбитого хрустального шара и деталей разобранного ею на части устройства для молнии, лежал большой обрывок бумаги, порядком потрепанный, но, как сразу увидели Бодлеры, способный им помочь.

— Это карта, — сказала Вайолет. — Карта Мертвых гор. Значит, и она была среди ее бумаг.

Клаус надел очки и внимательно всмотрелся в карту.

— Там в это время года должно быть здорово холодно, — сказал он. — Я и не подозревал, что там такая высота над уровнем моря.

— Не важно, какая высота, — прервала его Вайолет. — Ты можешь найти штаб, о котором упоминала Лулу?

— Попробую, — ответил Клаус. — Около Плоского перевала стоит звездочка. На легенде звездочкой отмечен лагерь.

— Легенда? — переспросила Солнышко.

— Вот эти мелкие знаки в углу карты называются легендой, — объяснил Клаус. — Видишь? Легенда разъясняет каждый значок, чтобы карта не была беспорядочным нагромождением знаков.

— А вот тут, на хребте Реомюра, — черный прямоугольник, — заметила Вайолет. — Видишь? К востоку.

— Черный прямоугольник означает место зимней спячки зверей, — отозвался Клаус. — В горах, видно, немало медведей. Гляди, вокруг Тихих родников пять таких мест, и настоящее скопление их на вершине Пустого пика.

— И еще вот тут, — показала Вайолет, — где Главный перекресток ветров. Тут, кажется, Мадам Лулу пролила кофе.

— Главный перекресток ветров! — повторил Клаус.

— Г.П.В.! — крикнула Солнышко.

Бодлеры впились глазами в карту. Главный перекресток ветров находился высоко в Мертвых горах, где, вероятно, было холоднее всего. Там брал начало Порченый поток и, спускаясь вниз, петлял крупными извивами через все Пустоши, уходя к морю. Зимних спячек на карте было отмечено множество. В центре же долины, где сходились вместе четыре горных прохода и где, похоже, Лулу капнула кофе, никаких отметок не было.

— Как ты думаешь, этот перекресток имеет какой-то особый смысл? — спросила Вайолет. — Или буквы «Г.П.В.» здесь опять случайное совпадение, как и повсюду, где бы мы с ними ни сталкивались?

— Я все время думал, что буква «В» происходит от слова «волонтеры», — сказал Клаус. — Ведь именно эти буквы стоят на страничке из дневников Квегмайров, и то же самое нам говорил Жак Сникет.

— Уинноу? — спросила Солнышко, желая сказать «Где же тут может быть штаб? На карте больше нет никаких пометок».

— Ну, если Г.П.В. — тайная организация, — заметила Вайолет, — тогда вряд ли ее нанесли на карту.

— Или же ее пометили каким-то тайным способом, — предположил Клаус и нагнулся пониже, изучая пятно. — Может быть, это не случайное пятно, а тайный знак. Может, Мадам Лулу нарочно капнула здесь кофе, чтобы только она одна могла найти штаб, и больше никто.

— Наверно, придется нам туда ехать, — со вздохом проговорила Вайолет, — и выяснять все на месте.

— А каким образом мы туда попадем? — спросил Клаус. — Мы же не знаем, где приводной ремень.

— Чего-то у нас, возможно, и не хватает, — возразила Вайолет, — но это не значит, что мы должны сдаться. Я сумею соорудить что-нибудь еще.

— Ты говоришь так, будто ты изобретатель, — заметил Клаус.

Вайолет улыбнулась и достала из кармана ленту.

— Я и есть изобретатель, — ответила она. — Я тут осмотрюсь, поищу, нет ли чего-нибудь полезного, чтобы использовать. А ты, Клаус, посмотри под столом газетную библиотеку.

— Тогда придется вылезти из общей одежды, — заметил Клаус, — делать разное одновременно мы не сможем.

— Ингреди, — вставила Солнышко, желая сказать «А я пока пороюсь в съедобном ящике, проверю, все ли тут есть для приготовления пищи».

— Хорошая мысль, — одобрила Вайолет. — Надо поторопиться, пока нас никто не нашел.

— Вот вы где! — раздался голос у входа, и Бодлеры вздрогнули.

Вайолет поспешно сунула ленту в карман, Клаус снял очки, и тогда только они повернулись лицом к двери, не боясь себя выдать. В дверях, обняв друг друга за талию, стояли рядышком Граф Олаф и Эсме, лица у них были усталые, но радостные, как будто это двое родителей вернулись домой после рабочего дня, а не злодей и его подружка-интриганка явились в Гадальный шатер после того, как провели весь день, организуя агрессивное зрелище. Эсме Скволор сжимала в руке букетик плюща, очевидно поднесенный ей дружком, а Граф Олаф держал в руке зажженный факел, горевший так же ярко, как его злобные глаза.

— А я-то вас обоих везде ищу, — сказал он. — Что вы тут делаете?

— Мы решили дать всем уродам возможность присоединиться к нам, — вставила Эсме, — хоть вы и не проявили большой храбрости у львиной ямы.

— С вашей стороны очень любезно пригласить нас, — быстро ответила Вайолет, — но зачем вам в труппе такие трусы, как мы?

— Отчего же? — Граф Олаф гадко улыбнулся. — Мы теряем помощников одного за другим, так что всегда полезно иметь лишнюю парочку в запасе. Я даже пригласил продавщицу из фургона с сувенирами присоединиться к нам, но она слишком озабочена своими статуэтками и шляпами и не поняла, что подвернулся благоприятный случай.

— А кроме того, — вставила Эсме, поглаживая Олафа по голове, — у вас нет выбора. Мы собираемся сжечь лагерь Карнавал Калигари подчистую, чтобы уничтожить все следы нашего пребывания. Бóльшая часть палаток уже горит, посетители и работники карнавала разбежались. И если вы не присоединитесь к нам, то куда вы денетесь?

Бодлеры в унынии переглянулись.

— Пожалуй, вы правы, — проговорил Клаус.

— Разумеется, правы, — подтвердила Эсме. — А теперь выходите отсюда и помогите нам уложить багажник.

— Погоди, — остановил ее Граф Олаф и подошел к столу. — Это что? — спросил он. — Похоже на карту.

— Это и есть карта, — признался Клаус, вздыхая. Он пожалел, что не спрятал ее в карман. — Карта Мертвых гор.

— Мертвых гор? — переспросил Граф Олаф, с жадностью разглядывая карту. — Как раз туда нам и надо! Еще Лулу говорила: если кто-то из Бодлеров-родителей жив, то прячется именно там! А штаб тут обозначен?

— Я думаю, эти черные прямоугольники и есть штаб, — сказала Эсме, заглядывая Олафу через плечо. — Уж в картах я хорошо разбираюсь.

— Нет, они означают площадку для лагеря, — поправил ее Граф Олаф, взглянув на легенду. И тут же лицо его расплылось в улыбке. — Постойте. — Он показал на пятно, которое только что рассматривали Бодлеры. — Давненько я его не видел. — И он погладил свой костлявый подбородок.

— Вот это коричневое пятнышко? — спросила Эсме. — Да ты его сегодня утром видел.

— Это пятно — специальный код, — объяснил Граф Олаф. — Меня еще в детстве учили пользоваться им на картах. Пятном отмечают какое-нибудь тайное место, и никто на него внимания не обратит.

— Никто, кроме потрясающего гения, — заключила Эсме. — Значит, мы направимся к Главному перекрестку ветров?

— Г.П.В. — Граф Олаф хихикнул. — Вполне подходит. Хорошо, пошли. Есть тут еще что-нибудь полезное?

Бодлеры кинули быстрый взгляд на стол, под которым скрывалась газетная библиотека. За черной скатертью, вышитой серебряными звездами, находилась важнейшая информация, собранная Мадам Лулу для того, чтобы давать клиентам то, что они хотят. Дети знали, что в кипах газет заключаются всевозможные секреты, и они содрогнулись при мысли, как использовал бы эти секреты Граф Олаф, если бы обнаружил их.

— Нет, — ответил, помолчав, Клаус. — Больше ничего нет.

Граф Олаф нахмурился и, встав на колени, приблизил свое лицо к лицу Клауса. Даже и без очков Клаус разглядел, что Олаф давно не мыл свою единственную бровь, и почуял его дыхание.

— Думаю, ты лжешь, — сказал злодей и помахал зажженным факелом перед носом Клауса.

— Моя вторая голова говорит правду, — вступилась за брата Вайолет.

— А это что за продукты? — И Олаф показал на картонную коробку. — Разве еду ты не считаешь полезной в долгом путешествии?

Бодлеры с облегчением перевели дух.

— Гррр! — проворчала Солнышко.

— Чабо хвалит вас за проницательность, — сказал Клаус. — И мы тоже, мы не заметили коробки.

— На то я и босс, — заявил Граф Олаф, — я проницательный, и у меня прекрасное зрение. — Он рассмеялся противным смехом и сунул в руку Клаусу факел. — А теперь ты поджигаешь палатку, а потом несешь ящик с едой к машине. А ты, Чабо, идешь со мной, уж я найду, во что тебе вонзить зубы.

— Гррр, — с сомнением заворчала Солнышко.

— Чабо предпочла бы остаться с нами, — пояснила Вайолет.

— Чихать я хотел на то, что она предпочитает, — огрызнулся Олаф и, схватив младшую из Бодлеров, поднял ее двумя руками, точно арбуз. — Давай пошевеливайся.

Граф Олаф и Эсме Скволор вышли из палатки, унося Чабо, а старшие Бодлеры остались наедине с горящим факелом.

— Сперва вынесем ящик, — решил Клаус, — а палатку подожжем снаружи. Пламя ее в один миг охватит.

— Мы в самом деле послушаемся его приказа? — Вайолет снова бросила взгляд на стол. — Возможно, в архиве Лулу нашлись бы ответы на все наши вопросы.

— Боюсь, у нас нет выбора, — ответил Клаус. — Олаф сжигает весь карнавальный лагерь. Поехать с ним — наш единственный шанс попасть в Мертвые горы. У тебя уже нет времени что-то изобрести, а у меня — просмотреть архив.

— Мы могли бы найти кого-нибудь из работников карнавала и попросить помочь нам.

— Все считают нас либо уродами, либо убийцами, — сказал Клаус. — Иногда я и сам так считаю.

— Если мы присоединимся к Олафу, — проговорила Вайолет, — мы можем еще больше стать похожи на уродов и убийц.

— Но если не присоединимся, — возразил Клаус, — то куда нам деваться?

— Не знаю, — печально ответила Вайолет. — Но ведь наше поведение нельзя считать правильным, правда?

— Опять сплошной сумбур, как говорила Оливия.

— Может, и так, — согласилась Вайолет.

Неуклюжей походкой она подошла с братом к картонному ящику и подняла его. И так — Клаус с факелом в руке — они покинули Гадальный шатер в последний раз.

Когда они вышли наружу, им показалось, что настал поздний вечер — никакой синевы знаменитых закатов Пустошей, в воздухе было черно. Но тут же Вайолет с Клаусом догадались, что воздух наполнен дымом. Оглядевшись, они увидели горящие палатки и фургоны, как и предупреждал Граф Олаф, и в небо вздымались черные столбы дыма. Последние застрявшие на карнавале посетители бежали, спасаясь от олафовского вероломства, а подальше слышался панический рев оказавшихся в ловушке львов.

— Такой вид агрессивности мне не нравится! — крикнул пробегавший мимо и кашлявший от едкого дыма прыщавый мужчина. — Мне больше нравится, когда другие подвергаются опасности!

— Мне тоже! — отозвалась репортерша из «Дейли пунктилио», бежавшая рядом с ним. — Олаф мне сказал, что пожар устроили Бодлеры! Я так и вижу заголовок: «Бодлеры продолжают преступную деятельность!»

— Что же это за дети, которые творят такие ужасы? — задал вопрос прыщавый, но ответа Вайолет с Клаусом не расслышали из-за окрика Графа Олафа.

— Эй, двухголовый урод, поторапливайся! Если сейчас же не явишься, мы уедем без тебя!

— Гррр! — в отчаянии зарычала Солнышко.

Услышав поддельный голос младшей сестры, старшие Бодлеры бросили горящий факел в Гадальный шатер и кинулись бежать на голос Олафа, даже не обернувшись. Хотя если бы они и обернулись, то ничего бы не увидели: вокруг было уже столько огня и дыма, что лишняя горящая палатка разницы не делала. Разница заключалась в одном: тогда бы они знали, что этот пожар отчасти их собственных рук дело, иначе говоря, они приняли участие в вероломстве Графа Олафа. Но хотя ни Вайолет, ни Клаус не увидели этого собственными глазами, в душе они это знали и едва ли могли когда-нибудь забыть.

Завернув за угол, старшие Бодлеры увидели, что олафовские приспешники собрались в ожидании около длинного черного автомобиля, припаркованного перед фургоном уродов. Хьюго, Колетт и Кевин уже втиснулись на заднее сиденье вместе с двумя напудренными женщинами, Эсме Скволор сидела впереди, держа Солнышко на коленях. Крюкастый взял у старших Бодлеров ящик с продуктами и бросил его в багажник, а Граф Олаф указал на прицеп хлыстом, который стал намного короче и неровным по краям.

— Вы двое поедете там, — распорядился он. — Мы прицепим фургон уродов к автомобилю.

— Разве нет места в машине? — нервно спросила Вайолет.

— Не говори ерунды, — с насмешкой отрезал крюкастый. — Там и без вас тесно. Хорошо еще Колетт может свернуться клубком и лечь у нас в ногах.

— Чабо уже сжевала часть моего хлыста, так что его мы используем вместо веревки, — продолжал Граф Олаф. — Я привяжу фургон к автомобилю двойным скользящим узлом, и мы поедем прямо на закат.

— Простите, — сказала Вайолет, — я знаю узел, который называется «язык дьявола». По-моему, он будет держать лучше.

— Если я правильно запомнил карту, — вставил Клаус, — мы должны взять курс на восток, пока не доберемся до Порченого потока, так что ехать надо в сторону, противоположную закату.

— Да, да, да, — быстро отозвался Граф Олаф. — Я это и хотел сказать. Привязывайте фургон сами, если хотите. Я пойду заводить мотор.

Олаф швырнул Клаусу веревку, а крюкастый опять нырнул в багажник и вытащил оттуда два мобильных телефона, которые дети помнили с тех пор, как жили в доме у Олафа.

— Берите один. — Крюкастый вложил трубку в руку Вайолет. — Мы позвоним, если понадобится что-то вам сообщить.

— Быстрее! — рявкнул Граф Олаф, забирая второй телефон. — От дыма уже дышать нечем.

Злодей и его сообщники забрались в машину, а Вайолет и Клаус, встав на колени, начали привязывать фургон.

— Прямо не верится, что я завязываю этот узел, чтобы помочь Графу Олафу, — проговорила Вайолет. — Такое чувство, будто я со своим изобретательским мастерством участвую в чем-то скверном.

— Мы все участвуем, — мрачно отозвался Клаус. — Солнышко использовала свои зубы, чтобы превратить хлыст в веревку, а я использовал свое умение разбираться в картах, чтобы указать Олафу верное направление.

— По крайней мере, мы тоже туда попадем, — сказала Вайолет, — а там нас, может быть, ждет кто-то из родителей. Готово, узел завязан. Лезем в фургон.

— Лучше бы мы ехали вместе с Солнышком, — вздохнул Клаус.

— Мы и едем, — отозвалась Вайолет. — Не тем способом, каким хотели, но все-таки мы попадем в Мертвые горы, а это главное.

— Будем надеяться, — пробормотал Клаус, и они с сестрой забрались в фургон уродов и закрыли за собой дверь.

Граф Олаф завел мотор, и фургон, подпрыгивая, двинулся вслед за автомобилем, удаляясь от Карнавала Калигари. Над головой у детей раскачивались гамаки, сбоку поскрипывала вешалка с одеждой, узел, завязанный Вайолет, выдержал, и машина с фургоном начали путь в том направлении, куда указал Клаус.

— Надо хотя бы устроиться поудобнее, — сказала Вайолет. — Ехать будем долго.

— По крайней мере, всю ночь, — подтвердил Клаус, — а возможно, и почти весь следующий день. Надеюсь, они сделают остановку и поделятся едой.

— Может, позднее мы приготовим горячий шоколад, — добавила Вайолет.

— С корицей. — Клаус улыбнулся, вспомнив рецепт Солнышка. — А пока чем нам заняться?

Вайолет вздохнула, они с братом уселись на стул, и Вайолет положила голову на стол. Стол слегка трясся, в то время как фургон углублялся в Пустоши. Вайолет положила мобильник рядом с комплектом домино.

— Давай просто посидим и подумаем, — предложила она.

Клаус кивнул, и оба они сидели и думали остаток вечера, а между тем автомобиль увозил их все дальше и дальше от горящего лагеря. Вайолет пыталась представить себе, как выглядит штаб Г.П.В., и надеялась, что там они обнаружат кого-то из родителей. Клаус пытался представить себе, о чем сейчас разговаривают между собой Олаф с труппой, и надеялся, что Солнышко не слишком напугана. И оба размышляли обо всем, что произошло на Карнавале Калигари, и гадали, правильно или нет они поступали. Они замаскировались, чтобы найти ответы на вопросы, но ответы сейчас горели под столом у Мадам Лулу, и газетная библиотека обратилась в золу. Они подстрекали своих сотоварищей найти себе другую работу, где бы их не считали уродами, и вот теперь те присоединились к преступной группе Графа Олафа. Они также обещали Мадам Лулу взять ее с собой, чтобы она помогла им найти Г.П.В. и снова стала благородным человеком, но она упала в яму со львами и стала их кормом. Вайолет и Клаус раздумывали над всеми своими неприятностями и гадали, вызваны ли они простым невезением, или же это отчасти дело их собственных рук. Мысли были не самые приятные, и все же сидеть вот так и думать было куда приятнее, чем скрываться и лгать и лихорадочно строить планы. Сидеть просто так и думать было спокойно, даже когда фургон слегка накренился — они достигли Мертвых гор и начали взбираться вверх. Было так спокойно просто сидеть и думать, что Вайолет и Клаусу показалось, будто они проснулись от долгого сна, когда в мобильнике вдруг раздался голос Графа Олафа.

— Вы там? — спросил Олаф. — Нажмите красную кнопку и говорите!

Вайолет протерла глаза и схватила трубку, держа ее так, чтобы брат тоже все слышал.

— Мы тут, — ответила она.

— Отлично, я как раз хочу вам сказать, что я узнал от Мадам Лулу кое-что еще.

— Что же вы узнали? — спросил Клаус.

Наступило молчание, потом дети услышали в аппарате взрыв жестокого смеха.

— Я узнал, что вы — Бодлеры! — торжествующе вскричал Граф Олаф. — Вы, трое щенков, последовали за мной и дурачили меня своими мерзкими переодеваниями. Но меня вам не перехитрить!

Олаф опять захохотал, но на фоне его смеха брат и сестра расслышали другие звуки, от которых их затрясло, как фургон: Солнышко тихонько скулила от страха.

— Не обижайте ее! — закричала Вайолет. — Не смейте ее обижать!

— Обижать? — огрызнулся Граф Олаф. — И не подумаю! Один-то ребенок, чтобы присвоить наследство, мне все-таки нужен. Сперва я должен удостовериться, что ваши родители мертвы, а затем я пущу в ход Солнышко, чтобы очень-очень разбогатеть! Нет, об этой маленькой зубастой дряни я бы не беспокоился — *пока*. На вашем месте я бы беспокоился о себе! Попрощайтесь со своей сестричкой, Бодродья!

— Но ведь фургон привязан к вам, — сказал Клаус. — Мы едем вместе.

— А вы посмотрите в окошко, — посоветовал Граф Олаф и отключил мобильник.

Вайолет с Клаусом переглянулись, а затем неуверенно поднялись и отдернули оконную занавеску. Занавеска отъехала, как будто они смотрели пьесу, и я бы на вашем месте притворился, будто не читаю книгу, а смотрю пьесу, трагедию, возможно написанную Уильямом Шекспиром, и я поскорее покинул бы театр еще до конца спектакля, пошел домой и спрятался под диван, поскольку вспомнил некое выражение. Оно, к моему великому сожалению, должно быть использовано трижды в этой истории, и третий раз будет использовано в тринадцатой главе. Глава эта очень короткая, потому что конец данной истории наступит очень быстро, и слов для описания его потребуется немного, но все же у меня возникнет необходимость третий раз употребить выражение «в чреве зверя», и вы поступите мудро, закончив чтение до начала последней главы, потому что этот раз не считается.

Глава
ТРИНАДЦАТАЯ

ОТОДВИНУВ занавеску, Вайолет и Клаус взглянули в окно и в ужасе ахнули. Впереди ехал длинный черный автомобиль Графа Олафа, следующий своим кривым, извилистым путем по дороге, которая вилась вверх, к вершинам Мертвых гор. Привязанный к бамперу, за ним следовал фургон уродов. Детям не была видна младшая сестра, затиснутая на переднем сиденье между Олафом и его злодейской подружкой, но они легко могли вообразить, как она испугана и в каком отчаянии. Но зато они увидели еще кое-что, отчего сами испугались и впали в отчаяние. Кое-что, чего они раньше и вообразить не могли.

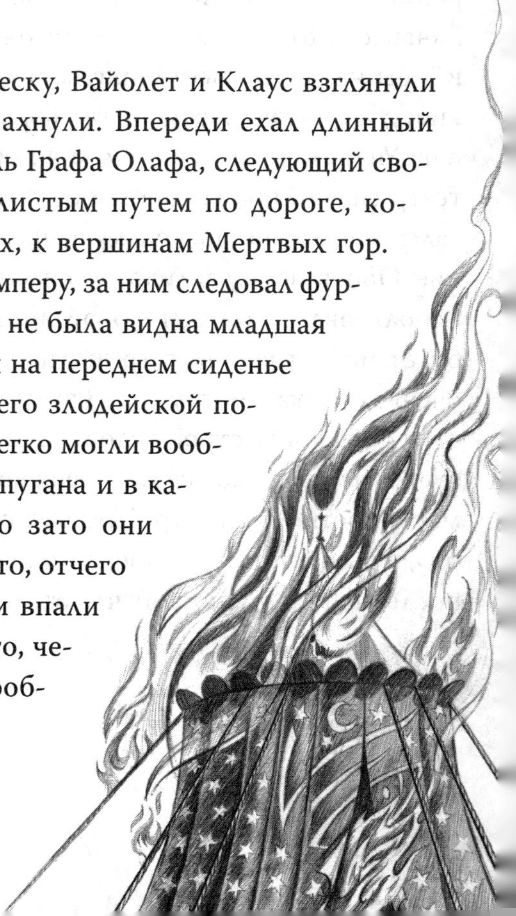

Из заднего окна автомобиля высовывался Хьюго. Его горб скрывало пальто большого размера, подаренное Эсме Сквалор, и он крепко сжимал щиколотки Колетт. Та извернула тело кольцом, так что голова ее лежала на багажнике, как раз между двумя пулевыми отверстиями, через которые в багажник поступал воздух в тот раз, когда Бодлеров везли на Карнавал Калигари. Как и ее сотоварищ, Колетт тоже крепко сжимала щиколотки Кевина, так что трое бывших работников Мадам Лулу составляли, так сказать, живую цепь. Цепь кончалась руками Кевина, сжимавшими длинный ржавый нож. Кевин поднял глаза на Вайолет и Клауса, злорадно ухмыльнулся и с размаху ударил ножом по завязанному Вайолет узлу.

«Язык дьявола» — очень крепкий узел, и при нормальных обстоятельствах потребовалось бы немало времени, чтобы нож, даже очень острый, перепилил узел. Но равная крепость рук Кевина придала ножу ненормальную, уродскую силу, и узел в одно мгновение оказался разрубленным надвое.

— *Нет!* — пронзительно закричала Вайолет.

— *Солнышко!* — завопил Клаус.

Теперь, когда их ничто не удерживало вместе, автомобиль и фургон понесло в противоположные стороны. Автомобиль продолжал подъем по виткам горной дороги, а фургон, оставшийся без тяги, покатился вниз, как скатывается грейпфрут по лестнице, если выронить его из рук. У Вайолет с Клаусом не было никаких способов остановить фургон или начать управлять им. Бодлеры опять закричали, все трое — Вайолет с Клаусом одни в дребезжащем фургоне, а Солнышко в машине, полной негодяев, а автомобиль и фургон все дальше и дальше уносило друг от друга. Но хотя при этом Граф Олаф оказывался все ближе и ближе к тому, чего хотел, а старшие Бодлеры все удалялись и удалялись от этого, детям казалось, что они все трое кончат в одном месте. Олафовский автомобиль уже исчез из виду, а фургон скакал вниз по каменистой дороге, но бодлеровским сиротам казалось, что все они мчатся прямо в чрево зверя и этот раз, к сожалению, считается в полной мере.

УРОДЫ
ПОСОБИЕ
СНЕЖНЫХ СКАУТОВ

Моему любезному издателю

Надеюсь, вам удастся это проч... Здесь стоит такой холод, что лента моей пишущей машинки время от времени...

Тут, на Главном перекрестке... дует ледяной... и результаты весьма...

Поскольку мои враги приближаются, было бы небезопасно поместить всю рукопись с описанием бодлеровских... под названием «Скользкий склон» в... Поэтому я... каждую из тринадцати глав в разные...

«Мир так...

Она даст вам ключ, которым... первую главу, а также редкую фотографию целого роя... чтобы помочь мистеру Хелквисту иллюстрировать книгу. Ни при каких обстоятельствах вы не...

...ТРИС

Помните, вы... последняя надежда на то, что история... широкой...

Со всем... нием

Л... м... ни ... ик... т

Скользкий склон

Посвящается Беатрис

Когда мы встретились, я был одинок,
а ты была безумно хороша.
Теперь же одинок безумно я.

Дорогой читатель!

Многие вещи, наподобие рукопожатий, домашних животных и сырой моркови, предпочтительнее, если они не скользкие. К сожалению, в этой книге речь идет о предметах исключительно скользких: Вайолет, Клаусу и Солнышку Бодлер досталось явно чрезмерное количество скользкости, ведь им пришлось предпринять головокружительное путешествие вверх и вниз по унылой и опасной горной цепи.

Чтобы уберечь вас от неприятных чувств, не стану вдаваться в огорчительные подробности этой истории и в особенности обойду упоминанием шифрованное сообщение, сани, хитроумную ловушку, рой снежных комаров, негодяя-интригана, труппу, состоящую из организованной молодежи, кастрюлю с крышкой и человека, которому вопреки всему удалось уцелеть при страшном пожаре.

К несчастью, я посвятил жизнь изучению и описанию душераздирающей истории сирот Бодлер. Вам же нет никакой необходимости посвящать себя подобным материям; напротив, вы вольны посвятить себя выбрасыванию этой скользкой книги в ближайший мусорный бак или глубокую яму.

С неизменным уважением,

Лемони Сникет

Глава **ПЕРВАЯ**

КАК-ТО раз мой знакомый поэт сочинил стихотворение под названием «Другая дорога»[1], где описал свое путешествие через осенний лес по дороге, на которой редко можно встретить путника. Дорога, менее

---

[1] В осеннем лесу, на развилке дорог
Стоял я, задумавшись, у поворота;
Пути было два, и мир был широк,
Однако я раздвоиться не мог,
И надо было решаться на что-то.

Я выбрал дорогу, что вправо вела
И, повернув, пропадала в чащобе.
Нехоженей, что ли, она была
И больше, казалось мне, заросла;
А впрочем, заросшими были обе.

И обе манили, радуя глаз
Сухой желтизною листвы сыпучей.
Другую оставил я про запас,
Хотя и догадывался в тот час,
Что вряд ли вернуться выпадет случай.

хоженная, казалась безопасней, но она была совсем пустынная. Поэт, очевидно, слегка нервничал, пока шел, — ведь случись что на такой малохоженой тропе, его крик о помощи вряд ли мог быть услышан путниками, находившимися в это время на дороге, чаще хоженной. Увы, сомневаться не приходится — поэта уже нет в живых.

О нашей книге, как и о покойном поэте, можно сказать, что она тоже находится на дороге малохоженой, ибо уже в самом начале мы застаем всех трех Бодлеров на пути, пролегающем через Мертвые горы. Маршрут этот отнюдь не самый популярный среди путешественников, тем более что он заканчивается у кипучих вод Порченого потока, куда далеко не всякий решится подойти близко.

Наша книга находится на малохоженой дороге еще и потому, что она не похожа на книги, читаемые широкой публикой, где непременно присутствуют занимательные и трогательные истории из жизни обаятельных детей и говорящих животных. История же, которую вы собираетесь прочесть, не принесет вам ничего, кроме нервных переживаний и страданий, а герои ее,

---

Еще я вспомню когда-нибудь
Далекое это утро лесное:
Ведь был и другой предо мною путь,
Но я решил направо свернуть —
И это решило все остальное.

Автор этого стихотворения — знаменитый американский поэт Роберт Фрост (1874–1963). На русский язык его перевел поэт Григорий Кружков.

имевшие несчастье попасть в повествование, люди скорее отчаявшиеся и обезумевшие от горя, чем обаятельные. Что касается говорящих животных, я предпочел бы их вовсе не упоминать. В силу всех этих причин я не рекомендовал бы вам читать эту печальную историю, а также бродить в одиночку по лесам. После чтения у вас непременно появится ощущение безотчетной тоски, неприкаянности и незащищенности.

Однако бодлеровским сиротам не приходилось выбирать себе дорогу. Старшие Бодлеры, Вайолет и Клаус, путешествовали в фургоне, который быстро катился вниз по склону с высокой горы. Ни четырнадцатилетняя Вайолет, ни Клаус, которому только что исполнилось тринадцать, никогда бы и представить себе не могли, что окажутся на этой горной дороге, разве что только с родителями во время школьных каникул. Но родителей после ужасного пожара, уничтожившего их дом, найти так и не удалось, хотя у детей все же было основание верить, что один из родителей не погиб в огне. К их великому огорчению, фургон быстро спускался вниз, вместо того чтобы двигаться в направлении секретного штаба в Мертвых горах, о котором они не раз слышали и надеялись попасть туда когда нибудь. Фургон несся вниз с огромной скоростью, и не было никакой возможности регулировать или остановить его движение. Вайолет и Клаус чувствовали себя беспомощными рыбешками в штормовом море, а совсем не туристами на каникулах.

Положение Солнышка Бодлер в это время было куда более отчаянным. Самая младшая из Бодлеров только еще училась разговаривать так, чтобы ее могли понимать окружающие. Поэтому она вряд ли сумела бы подобрать нужные слова, чтобы сказать, как она напугана. Солнышко ехала в большом добротном автомобиле к штабу в Мертвых горах. Однако за рулем автомобиля сидел человек, который и был причиной охватившего ее ужаса. Одни называли этого человека негодяем, а другие чудовищем, что, в общем, одно и то же. При этом все люди звали его просто Граф Олаф, пока он не напяливал на себя какие-нибудь нелепые театральные костюмы и не требовал, чтобы его величали очередным фальшивым именем. Граф Олаф по профессии был актер, но потом он почти полностью оставил свою театральную карьеру и направил все усилия на то, чтобы украсть огромное состояние Бодлеров-старших, теперь принадлежащее их детям. Желание Олафа завладеть этим наследством заставляло его строить невероятно хитрые планы, продиктованные одной лишь подлостью. Но несмотря на это, он все же умудрился завести себе подружку, гнусную, но чрезвычайно модную даму по имени Эсме Скволор. Она восседала рядом с Графом Олафом, болтала без умолку бог весть что и время от времени до боли тискала сидевшую у нее на коленях Солнышко. В автомобиле было еще несколько пособников Олафа: человек с крюками вместо рук, две женщины с густо напудренными белыми лицами, которые, по всей видимости, считали, что это им очень к лицу, а также три новых приятеля Олафа, завербованных на Карнавале Калигари.

Бодлеровские сироты тоже были на этом карнавале. Они переоделись и загримировались, притворившись, будто согласны участвовать в предательских махинациях Графа Олафа. Негодяй, однако, довольно быстро раскусил их притворство. Это означает, что он понял, кто они есть на самом деле. Он разрубил узел, связывавший фургон с автомобилем, и удержал таким образом в своих когтях Солнышко, предоставив ее сестре и брату катиться навстречу своей погибели. Солнышко, сидя на коленях у Эсме, чувствовала, как ее длинные ногти впиваются ей в плечи, и с ужасом думала о том, что же станется с ней, ее братом и сестрой. Она слышала, как постепенно стихают их отчаянные крики, пока автомобиль увозил ее все дальше и дальше от них.

— Надо остановить фургон! — закричал Клаус.

Он сразу же надел очки, словно надеялся, что острое зрение поможет ему увидеть хоть какой-нибудь просвет в их ситуации. Но даже и в самом идеальном фокусе будущее Бодлеров выглядело бы весьма мрачно.

Фургон какое-то время служил жилищем для уродов, принимавших участие в карнавальных представлениях еще до того, как они переметнулись на сторону Олафа, что означает «присоединились к шайке его подлых сообщников». И вот теперь этот маленький дом со всем его содержимым грохотал и дребезжал при каждом толчке. Клаус едва успел пригнуться, чтобы избежать удара упавшей с полки сковороды, которой пользовался горбун Хьюго, когда готовил еду. И сразу же ему пришлось убрать ноги с пола, так как совсем рядом шлепнулась коробка с домино — тем самым, в которое так любила играть женщина-змея Колетт. Он зажмурился и весь сжался, когда над его головой стал раскачиваться гамак. В этом гамаке раньше спал Кевин, который одинаково владел как правой, так и левой рукой. Кевин потом вступил в труппу Олафа, а гамак его грозил в любую минуту обрушиться, накрыв с головой Вайолет и Клауса.

Единственным светлым пятном в этой мрачной обстановке была сестра Клауса Вайолет. В данный момент Вайолет хмуро оглядывала фургон, одновременно расстегивая пуговицы на рубахе, одной на двоих. Рубаха была частью маскарадного костюма Бодлеров, придуманного для того, чтобы их никто не узнал.

— Помоги мне выбраться из этих уродских штанов, — попросил Клаус. — Нам больше не понадобится изображать двуглавое чучело. Мы, наоборот, должны быть как никогда ловкими и проворными.

Дети разом стянули с себя чудовищного размера штаны, найденные в куче театрального имущества Олафа, и теперь стояли в своей привычной одежде, слегка балансируя, чтобы не утратить равновесия в тряском фургоне. Клаус чудом увернулся от падающего горшка, но, поглядев на сестру, не мог сдержать улыбку: Вайолет, собрав на затылке волосы, подвязывала их лентой, чтобы они не лезли в глаза. Сомнений не было — она опять что-то придумала. Ее талант изобретателя не раз спасал жизнь Бодлерам, и Клаус верил, что и на этот раз сестра что-нибудь изобретет и остановит смертоносный фургон.

— Ты собираешься сделать тормоз? — спросил он.

— Пока нет. Тормоз нужен для колес. Он замедляет скорость любого транспорта. У нашего фургона колеса вращаются слишком быстро. Тут никакой тормоз не поможет. Я хочу снять со стены гамаки и использовать их как тормозной парашют.

— Тормозной парашют?!

— Тормозные парашюты немного напоминают парашюты, которые прикрепляют сзади к автомобилю, — торопливо пояснила Вайолет, так как в эту минуту на нее свалилась настенная сетка для одежды.

Приподнявшись на цыпочках, она дотянулась до гамака, где спали они с Клаусом, и ловко сняла его со стены.

— Гонщики используют тормозной парашют, чтобы быстро остановить машину, когда гонки окончены, — сказала она. — Если открыть дверь фургона и выбросить эти гамаки наружу, торможение будет довольно сильное.

— А чем я могу помочь? — спросил Клаус.

— Загляни в кладовую Хьюго, нет ли там чего-нибудь клейкого.

Когда вам велят сделать что-то необычное и при этом ничего не объясняют, трудно удержаться и не задать вопрос: «А зачем?» Но Клаус давно научился полностью доверять всему, что говорит старшая сестра. Поэтому он сразу же подошел к большому буфету, где Хьюго хранил разные приправы и специи для блюд, которые сам стряпал. Дверца буфета, как и все кругом, хлопала и ходила ходуном, будто сражалась с невидимым привидением, Клаус смотрел на буфет, но мысли его были далеко — он думал о своей маленькой сестре, которая удалялась все дальше и дальше от него. Несмотря на младенческий возраст, Солнышко последнее время явно проявляла интерес к готовке. Клаус вспомнил, как она придумала свой собственный рецепт горячего шоколада и помогла сварить очень вкусный суп, который с удовольствием ел весь фургон. Клаус придержал дверцу буфета и заглянул внутрь. Он не переставал верить, что Солнышко не погибнет и сможет в будущем развить свои кулинарные способности.

— Клаус, я не хочу подгонять тебя, но фургон необходимо остановить как можно скорее, — прервал его думы строгий голос Вайолет. — Ты нашел что-нибудь клейкое?

Клаус похлопал глазами и вернулся к созерцанию буфетных полок. Как только он стал перебирать и переставлять бесчисленные банки, коробки, бутылки со специями, из буфета прямо ему под ноги выкатился глиняный кувшин.

— Здесь полным-полно клейкого и липкого, — сказал Клаус. — Чего тут только нет: патока из жженого сахара, клеверный мед, маисовый сироп, темный пряный уксус, яблочное повидло, земляничный джем, какая-то сахарная заливка, кленовый сироп, сгущенка, обсыпка из коричного сахара, вишневый ликер, рафинированное и сверхрафинированное оливковое масло, лимонный творог, курага, манговая приправа, финиковая паста, острая горчица, фруктовые мягкие пастилки, *crema di noci*[1], консервированный виноград, тянучки, тыквенная начинка для пирога и почему-то клей. Не знаю уж, зачем Хьюго понадобилось держать клей в буфете. Скажи, что именно тебе нужно из этого набора?

— Все подряд. Найди способ смешать это вместе, пока я связываю гамаки.

Клаус поднял с пола кувшин и стал сливать в него содержимое банок и бутылок, а в это время Вайолет, усевшись на пол, стягивала узлом шнуры от гамаков, лежащие у нее на коленях. Фургон болтало все сильнее и сильнее. При каждом толчке Бодлеров мутило, как от морской болезни во время качки. Им чудилось, будто они снова пересекают бурные воды озера Лакримозе, пытаясь спасти одного из своих незадачливых опекунов. Но несмотря на хаос, творившийся кругом, через несколько минут Вайолет стояла с гамаками в руках, крепко связанными с помощью шнуров. Клаус, поглядев на сестру, поднял кувшин, до краев наполненный густой липкой массой.

---

[1] Ореховая паста *(ит.)*.

— Сейчас я распахну дверь фургона и выброшу наружу гамаки. А ты иди в передний отсек фургона. Открой там маленькое окошко и выплесни всю эту мешанину на колеса. Если гамаки сработают как тормозной парашют, а клейкая смесь облепит колеса и фургон замедлит ход, мы спасены. Мне осталось только привязать гамаки к этой круглой дверной ручке.

— «Языком дьявола»?

— «Язык дьявола» не принесет нам удачи, — сказала Вайолет, вспомнив свои эксперименты с веревками. — На сей раз я попробую «Сумак»[1]. Этот узел я сама изобрела и назвала именем моей любимой певицы. Ну вот. Теперь все в порядке. Надеюсь, больше не развяжется. — Вайолет взглянула на брата: — Ты готов? Можешь вылить свою смесь на колеса?

Клаус прошел в другой конец фургона и открыл окошко.

— Думаю, я готов, — сказал он неуверенно. — Но прежде чем мы попробуем твое изобретение, мне хотелось бы кое о чем тебя спросить.

— Если мы не испробуем его немедленно, боюсь, шанса задать мне вопрос у тебя просто не будет, — угрюмо ответила Вайолет. Она еще раз подергала узел и повернулась лицом к брату. — Давай лей! — скомандовала она и распахнула дверь фургона.

---

[1] *Има Сумак* (р. 1927) — самая известная в мире перуанская певица с голосом уникального диапазона (4 октавы, а некоторые специалисты считают даже, что 5).

Принято говорить, что если у вас есть комната, да еще с прекрасным видом, то в любой момент вы можете расслабиться и насладиться тишиной и покоем. Ну а теперь представьте себе, что эта комната — фургон, который на бешеной скорости мчится вниз по крутой извилистой дороге, а вид из него — жуткая громада гор, убегающая назад за вашей спиной все быстрее и быстрее, и к тому же ледяные горные ветры больно стегают вас по лицу и забивают дорожной пылью глаза.

Ясно, что в такой обстановке вам не удастся хотя бы чуточку расслабиться и спокойно передохнуть. Напротив, вас охватит чувство панического ужаса, какое охватило Бодлеров, когда Вайолет распахнула дверь фургона. В первую минуту дети замерли, так как фургон резко накренился. Они стояли и смотрели на странные квадратные вершины Мертвых гор, в то время как фургон подскакивал на камнях и пнях. Вайолет еще раз крикнула: «Давай!», и оба Бодлера разом взялись за работу. Высунувшись из окна, Клаус стал поливать ближайшие к окну колеса смесью патоки из жженого сахара, клеверного меда, маисового сиропа, темного пряного уксуса, яблочного повидла, земляничного джема, сахарной заливки, кленового сиропа, сгущенки, обсыпки из коричневого сахара, вишневого ликера, рафинированного и сверхрафинированного оливкового масла, лимонного творога, кураги, манговой приправы, финиковой пасты, острой горчицы, фруктовых мягких пастилок, *crema di noci*, консервированного винограда, тянучек, тыквенной начинки для пирога и конторского клея. А за это время Вайолет успела бросить за дверь фургона гамаки.

Если вам когда-либо доводилось читать о жизни бодлеровских сирот — хотя мне очень бы хотелось думать, что нет, — вас нисколько не удивит известие о том, что изобретение Вайолет сработало отлично. Гамаки мгновенно подхватил ветер и надул воздухом. Словно огромные матерчатые воздушные шары, они маячили позади фургона, замедляя его ход. Не сомневаюсь, что вы, как и любой на вашем месте, тоже сбавили бы темп, если бы пришлось бежать с тяжелым ранцем за спиной или же тащить на себе шерифа[1], вцепившегося вам в загривок.

Как только клейкая смесь пролилась на колеса, движение их тотчас же сделалось менее стремительным. Думаю, и вы бы утратили прыть, окажись у вас под ногами зыбучие пески или тесто.

Фургон катился все медленнее, колеса кружились менее и менее ожесточенно, и Бодлеры смогли ненадолго перевести дух.

— Получилось! — радостно крикнул Клаус.

— Да, но мы еще не все сделали.

Вайолет подошла к перевернутому в сутолоке вверх ногами небольшому столику. Когда Бодлеры жили в Шатре уродов, они иногда использовали этот

---

[1] Избираемое гражданами округа должностное лицо, наделенное исполнительными полицейскими полномочиями. Обычно шерифы без устали преследуют проштрафившихся граждан.

столик. За ним, например, можно было спокойно посидеть и обсудить свои дальнейшие планы. Однако здесь, в Мертвых горах, столик пригодился совсем для другой цели. Вайолет подтащила его к открытой двери фургона.

— Вот сейчас, когда фургон замедлил ход, попробуем использовать столик вместо тормоза, — сказала она.

Клаус выплеснул остатки вязкой смеси из кувшина и повернулся к сестре.

— Каким образом? — спросил он.

Однако ответ был уже не нужен. Вайолет легла на пол и, подняв столик за ножки, протолкнула его в дверь фургона и, не выпуская из рук, принялась волочить по земле. Раздались скрип, треск, и столик бешено затрясся в руках у Вайолет, но она продолжала крепко держать его, заставляя ножки процарапывать каменистую землю и все сильнее тормозить фургон. Качание из стороны в сторону стало более плавным, и падающие сверху предметы, оставшиеся от артистов карнавала, ударившись об пол, уже не разлетались на мелкие части. Издав последний стон, фургон остановился, и мгновенно наступила тишина. Высунувшись еще дальше из двери, Вайолет заклинила столиком одно из передних колес, чтобы не дать фургону снова прийти в движение, после чего поднялась на ноги и посмотрела на брата.

— Мы своего добились, — сказала она.

— Не мы, а ты, — возразил Клаус. — Это целиком твоя идея. — Он поставил кувшин на пол и обтер руки свалившимся с полки полотенцем.

— Не отставляй далеко кувшин, — предупредила Вайолет, оглядев искалеченный фургон. — Надо забрать с собой как можно больше нужных вещей. Придется что-то придумать, что-нибудь сделать, чтобы фургон двигался наверх, а не вниз, если мы хотим спасти Солнышко.

— И добраться до штаба, — добавил Клаус. — Карта, что мы нашли, осталась у Олафа, но я помню, штаб находится на Главном перекрестке ветров, у истоков Порченого потока. Там, должно быть, очень холодно.

— Да, но тут у нас полно одежды. Возьмем сейчас, сколько сможем, и снаружи, у фургона, отберем самое необходимое.

Клаус кивнул, снова подобрал с пола кувшин и несколько вещей из груды, наваленной прямо на маленькое зеркало Колетт.

Вайолет, помимо большого хлебного ножа, тащила три толстых теплых пальто и укулеле — маленькую гавайскую гитару с четырьмя струнами. Ступая по скрипучему дощатому полу, Бодлеры выбрались наружу в сплошной туман, скрывающий голый, безжизненный пейзаж. И тут только они поняли, как крупно им повезло.

Фургон остановился на самом краю уступа одной из странных квадратных вершин горного хребта. Мертвые горы здесь напоминают лестницу, вверх уходящую за облака, а вниз — в пелену густого серого тумана. Если бы фургон продолжил, не останавливаясь, свой путь, Бодлеры вверх тормашками полетели бы сквозь туман до следующей ступени лестницы где-то далеко-далеко внизу. По одну сторону фургона дети сразу же разглядели воды Порченого потока. Они были какого-то необычайного черно-серого цвета, будто речка разлившейся нефти. Медленно и лениво стекала она по склону горы.

И если бы вдруг фургон опрокинулся и покатился в сторону Порченого потока, дети захлебнулись бы в темной зловонной жиже.

— Похоже, тормоз сработал вовремя, — тихо сказала Вайолет. — Куда бы ни скатился фургон, в любом случае нам был бы конец.

Клаус кивнул в знак согласия и оглядел голые, пустынные горы вокруг.

— Трудно будет вывести отсюда фургон, — сказал он. — Придется тебе изобретать какое-то подобие руля.

— И мотора, — ответила Вайолет. — Но на это потребуется время.

— У нас нет времени. Если мы не поспешим, Граф Олаф будет уже далеко и мы никогда не найдем Солнышко.

— Мы найдем ее, — уверенно сказала Вайолет, бросив на землю вещи, которые держала в руках. — Давай вернемся в фургон и поищем...

Но Вайолет так и не успела сказать, что она хотела найти, так как ее слова были прерваны ужасающим хрустом, словно что-то где-то треснуло. Казалось, это застонал фургон, который затем медленно покатился к обрыву. Взглянув вниз, Бодлеры увидели, что колеса раздавили столик и теперь уже ничто не могло помешать движению фургона. Медленно и неуклюже он катился вперед, волоча за собой гамаки. Когда он докатился до края, Клаус нагнулся, с тем чтобы попытаться удержать фургон, но Вайолет остановила брата.

— Фургон слишком тяжелый, — сказала она. — Мы не сможем его спасти.

— Значит, нам остается стоять и смотреть, как он падает?! — закричал Клаус.

— Он потащит нас за собой.

Клаус понимал, что сестра права, но уж очень ему не хотелось расставаться с тормозным парашютом, изобретением Вайолет.

Когда сталкиваешься с неподвластной тебе ситуацией, трудно смириться с тем, что ты ничего не можешь сделать. Потому и для Бодлеров было нелегко стоять и смотреть, как фургон скатывается за край уступа. Последнее, что они слышали, был скрип задних колес о камни, а потом фургон исчез из виду в абсолютной тишине. Бодлеры прошли вперед и, дойдя до обрыва, заглянули вниз: все вокруг тонуло в тумане и фургон, призрачный прямоугольник, таял на глазах, уменьшаясь в размере.

— Почему мы не слышали, как он рухнул? — спросил Клаус.

— Тормозной парашют задерживает его. Подождем.

Не прошло и нескольких секунд, как снизу раздался глухой звук. Бум! — и фургон встретил свой роковой час.

Бодлеры ничего не видели в густом тумане, но они понимали, что фургон и все, что было в нем, погибло навсегда. И мне потом тоже ничего не удалось найти, никаких следов, хотя я много месяцев шаг за шагом обшаривал эту местность, имея при себе лишь фонарь и словарь рифм, чтобы не одичать.

Очевидно, такова уж была моя судьба — после бессчетных ночных сражений со снежными комарами и неустанной мольбы о том, чтобы не сели батарейки в фонаре, мне так и не суждено было найти ответ на некоторые мучающие меня вопросы.

Судьба похожа на малопосещаемый ресторан, набитый странными официантами, которые приносят вам то, что вы не заказывали и просто не любите.

Бодлеры были совсем юными, судьба уготовила им счастливое детство вместе с родителями в бодлеровском особняке, но теперь у них не было ни особняка, ни родителей. Когда они посещали Пруфрокскую подготовительную школу, они считали, что им надлежит окончить ее вместе с их друзьями Квегмайр, однако они давно уже не видели ни школы, ни тройняшек. И только что, какие-то минуты назад, казалось, что Бодлерам суждено угодить прямо с вершины горы в бурлящие воды Порченого потока.

Вайлет и Клаус жались друг к другу, чувствуя, как ледяной ветер с Мертвых гор задувает на малохоженой дороге, и мурашки пробегали у них по коже. Они глядели, стоя у края вершины, на темные бурлящие воды Порченого потока, потом перевели взгляд вниз, в густой туман, и наконец посмотрели друг на друга и вздрогнули: на этот раз им удалось избежать таинственных происков судьбы, но они со страхом думали о том, что ждало их впереди.

Глава вторая

ПОСЛЕДНИЙ раз взглянув на туманную вершину, Вайолет вытащила из вороха одежды одно из трех толстых пальто и надела на себя.

— Ты тоже выбери себе какое-нибудь, — посоветовала она Клаусу. — Здесь холодно, а выше будет еще холоднее. Судя по всему, штаб-квартира находится высоко в горах. Пока мы до нее доберемся, постепенно натянем на себя все, что есть, вплоть до последней нитки.

— Непонятно только, как мы туда попадем, — сказал Клаус. — Мы даже не знаем, далеко ли отсюда Главный перекресток ветров, притом что наш фургон безвозвратно погиб.

— Давай-ка лучше посмотрим, что у нас тут осталось. Может быть, я что-нибудь смастерю из того, что имеется.

— Хорошо бы, — вздохнул Клаус. — Солнышко увозят все дальше и дальше от нас, а без транспорта нам ее никогда не догнать.

Клаус разложил на земле все, что они взяли из фургона, и надел пальто, пока Вайолет перебирала вещи. Оба Бодлера быстро поняли, что в нынешнем их положении о транспорте и мечтать не приходится, имея в виду, что транспорт нельзя смастерить из одежды и разных мелких вещей, принадлежавших ранее обитателям Шатра уродов. Вайолет снова подвязала лентой волосы и, нахмурившись, смотрела на остатки спасенного ими имущества. В кучке Клауса был кувшин, все еще липкий от смеси, которую тот выплеснул на колеса, чтобы затормозить фургон, маленькое зеркало Колетт, шерстяное пончо и футболка с эмблемой Карнавала Калигари, а в кучке Вайолет — большой нож для резки хлеба, укулеле и еще одно пальто. Но даже Клаус, не столь склонный к технике, как его сестра, не верил, что всех этих вещей хватит на то, чтобы соорудить хоть какую-нибудь колымагу и переправить двоих детей через Мертвые горы.

— Я, наверное, смогла бы высечь искру, постучав друг о дружку два камня, — предложила Вайолет, оглядывая тонущие в тумане окрестные горы. — А то давай поиграем на укулеле и одновременно будем бить в глиняный кувшин. Может, кто-нибудь услышит шум и придет нам на помощь.

— Но кто его услышит? — Клаус поглядел на сгустившийся туман. — Мы не видели и намека на живое существо, пока ехали в фургоне. Путь через Мертвые горы напоминает мне стихотворение про малохоженую дорогу, которое когда-то попало мне в руки.

— А у этого стихотворения счастливый конец? — спросила Вайолет.

— Как тебе сказать? Он счастливый и в то же время несчастливый. Какой-то двусмысленный. Ну а сейчас соберем вещи и возьмем их с собой.

— Возьмем с собой? — удивилась Вайолет. — Мы даже не знаем, куда идти, не знаем, как добраться до места.

— Конечно знаем, — прервал сестру Клаус. — Порченый поток начинается с источника высоко в горах и потом, петляя, пробивается через Главный перекресток ветров, где находится штаб-квартира. Это, может быть, и не самый скорый или легкий путь, но, если подняться в горы, следуя за ручьем, он приведет нас прямо туда, куда нам надо попасть.

— На это уйдет несколько дней, — сказала Вайолет. — У нас нет карты для такого путешествия, нет еды, нет воды, нет палаток, нет спальных мешков, нет вообще никакого походного снаряжения.

— Спать можно в любом укрытии, а всю эту одежду использовать как одеяла. Я видел на карте несколько пещер, куда дикие звери приходят зимовать, — сказал Клаус.

Стоя на ледяном ветру, Бодлеры почувствовали, как по их спинам пробежала дрожь. Малоприятной казалась и сама мысль о том, что им предстоит еще много часов бродить по горам в поисках пещеры, где, закутавшись в чужую одежду, провести ночь по соседству с каким-нибудь хищником.

Детям, конечно, хотелось бы путешествовать по горам в теплом быстроходном автомобиле и в мгновение добраться до младшей сестры, вместо того чтобы искать какие-то мифические малохоженые тропы. Любое нетерпеливое желание, такое, например, как потягивать пунш из бокала или же, отбросив в сторону медвежью шкуру, получить доступ к потайной двери в полу, всего лишь способ убить время, перед тем как погасят свечки на именинном торте, разрежут и разложат по тарелкам гостям. Но Бодлеры знали, что в этом случае надо прежде всего перестать хотеть что-то несбыточное и, не медля, отправиться в дорогу. Клаус сунул зеркало Колетт и укулеле в большие, глубокие карманы пальто, а в руки взял только кувшин и пончо. Вайолет спрятала в карман хлебный нож, а из отложенных вещей захватила футболку и третье пальто. Последний раз оглянувшись на след, оставленный колесами фургона, когда он кувырком летел с вершины горы, дети двинулись вверх по течению Порченого потока.

Если вам доводилось путешествовать с кем-то из членов вашей семьи и вместе проходить большие расстояния, не секрет, что иногда вы с большой охотой разговаривали со своим спутником, а нередко хотелось и помолчать. В начале пути Бодлеры находились именно в таком молчаливом настроении. Они поднимались вверх по горным склонам в направлении штаба, до которого им не терпелось добраться как можно скорее. Они слушали вой горного ветра, низкий немелодичный звук, будто кто-то усердно свистит над горлышком пустой бутылки. Странный резкий звук издавали рыбы, головы их торчали повсюду из темных вод потока, но путешественники по-прежнему шли молча, погруженные каждый в свою думу.

Мысли Вайолет блуждали далеко — она думала о времени, проведенном с Клаусом и Солнышком в Городе Почитателей Ворон. Тогда как раз был убит таинственный человек по имени Жак Сникет, и в его убийстве обвинили детей. Им удалось избежать тюрьмы и спасти своих друзей, Дункана и Айседору Квегмайр, от когтей Графа Олафа. Но в последний момент их разлучили с двумя тройняшками, которых увез автономный летучий дом, сконструированный человеком по имени Гектор. И с той поры никто из Бодлеров больше не видел ни Гектора, ни Квегмайров. Вайолет не знала, смогли ли они избежать опасности и установить контакт с секретной организацией, которую они же и обнаружили. Организация сокращенно называлась Г.П.В. Бодлеры так и не выяснили, чем она занимается и как расшифровываются эти три буквы. Дети думали, что штаб на Главном перекрестке ветров может оказаться полезным и им удастся что-то узнать, но сейчас, когда старшие Бодлеры брели по горной дороге вдоль Порченого потока, они не были уверены, что когда-нибудь найдут ответы на мучившие их вопросы.

Клаус тоже думал о Квегмайрах, о том, как они впервые встретились с ними в Пруфрокской подготовительной школе. Многие из учеников этой школы вели себя по-свински по отношению к трем осиротевшим Бодлерам. Особенно старалась одна очень скверная девчонка по имени Кармелита Спатс, но Айседора и Дункан были бесконечно добры к ним, и вскоре Бодлеры и Квегмайры стали неразлучны, что здесь означает «стали близкими друзьями». Причиной такой тесной дружбы, очевидно, была схожесть их судеб: Бодлеры, как и Квегмайры, потеряли родителей, а Квегмайры еще и брата-тройняшку по имени Куигли. Клаус, думая об этой трагедии, даже чувствовал себя немножко виноватым из-за того, что кто-то из их родителей, возможно, остался в живых. Среди бумаг, найденных Бодлерами, была фотография родителей, стоящих рядом с Жаком Сникетом и еще каким-то незнакомым человеком. На обороте была надпись: «Основываясь на фактах, обсуждаемых на странице девять, эксперты подозревают, что в пожаре, скорее всего, уцелел один человек, однако местонахождение оставшегося в живых неизвестно». Именно этот документ и лежал у Клауса в кармане вместе с клочками записей из блокнотов Дункана и Айседоры, которые тройняшки успели передать Бодлерам.

Идя рядом с сестрой, Клаус думал о загадке Г.П.В. и о том, как самоотверженно Квегмайры старались помочь им раскрыть окружавшую их тайну. Он так глубоко погрузился в свои размышления, что не слышал Вайолет, когда та обратилась к нему с вопросом. Он с недоумением смотрел на нее, словно никак не мог стряхнуть с себя долгий путаный сон.

— Клаус, — сказала Вайолет, — когда мы были еще в фургоне, ты хотел о чем-то меня спросить, перед тем как мы собрались испробовать наше изобретение. Но я тебя тогда не могла выслушать. Что это был за вопрос?

— Не помню, — признался Клаус. — Я просто хотел что-то сказать на случай, если… ну, в общем, если у нас что-то сорвется. — Он со вздохом посмотрел на быстро темнеющее небо. — А еще я не помню, что я напоследок сказал Солнышку. Кажется, мы тогда были в палатке Мадам Лулу, а может быть, уже садились в фургон. Знал бы я, что Граф Олаф собирается увезти ее, я сказал бы ей что-нибудь очень-очень хорошее. Похвалил за сваренный ею горячий шоколад или за то, как она в маскарадном костюме замечательно сыграла свою роль, словно настоящая артистка.

— Ты ей это все скажешь, когда мы увидим ее снова.

— Надеюсь, — печально откликнулся Клаус. — Но мы так сильно отстали от Олафа с его труппой.

— Зато мы знаем, куда идти. И знаем, что ни один волосок не упадет с головы Солнышка. Граф Олаф уверен, что мы с тобой погибли в фургоне, и теперь ему нужна Солнышко, чтобы зацапать бодлеровское наследство.

— Да, скорее всего, он ее не тронет, — согласился Клаус. — Но, боюсь, она ужасно напугана. И все же, надеюсь, она верит, что мы придем за ней.

— Я тоже, — ответила Вайолет.

Некоторое время они шли молча, и тишину нарушали только ветер с гор да странное хриплое бульканье рыб.

— Мне кажется, у здешних рыб проблемы с дыханием. — Клаус указал пальцем на Порченый поток. — В этой воде, видимо, есть что-то такое, что заставляет их кашлять.

— Может быть, эта вода не всегда такого жуткого цвета. Что способно превратить нормальную воду в серо-черную слизь? — спросила Вайолет.

— Железная руда. — Клаус задумался, пытаясь вспомнить, что было об этом в книге о защите природы на больших высотах, которую он прочел в десятилетнем возрасте. — Не исключено также, что это глинистые отложения. Они разрыхляются в результате землетрясений или других геологических катастроф. Или же просто загрязнение. Вполне вероятно, что где-то неподалеку чернильная фабрика или лакричный[1] завод.

— Может быть, в Г.П.В. кто-нибудь разъяснит нам, когда мы доберемся до штаба, в чем тут дело, — сказала Вайолет.

— А может быть, один из наших родителей, — совсем тихо добавил Клаус.

— Мы не должны на это надеяться, — сказала Вайолет. — Если даже кто-нибудь из родителей и выжил

---

[1] Лакричник — растение из семейства бобовых. Порошок лакрицы используют в медицине и кулинарии, добавляя к пилюлям и специям.

после пожара, а штаб Г.П.В. действительно находится на Главном перекрестке ветров, мы все равно не знаем, увидим ли мы их, когда наконец попадем туда.

— А что плохого в том, что мы не теряем надежды? Идем вдоль Порченого Потока вслед за преступным негодяем, пытаемся спасти сестру и найти штаб секретной организации. Хотелось бы сохранить при этом хотя бы маленькую толику надежды. Именно сейчас она нам совсем не помешает.

Вайолет неожиданно остановилась:

— Лишняя одежда нам тоже не помешает. Постепенно холодает.

Клаус с готовностью протянул сестре пончо.

— Что предпочитаешь: это пончо или свою футболку? — спросил он.

— Пончо, если не возражаешь. С меня хватило Шатра уродов, и я вовсе не хочу рекламировать Карнавал Калигари.

— Я тоже не жажду. — Клаус взял у Вайолет футболку с эмблемой. — Однако есть способ этого избежать.

Он вывернул футболку наизнанку и, чтобы не снимать пальто на ледяном ветру, дующем с Мертвых гор, натянул ее сверху. Вайолет тоже накинула пончо поверх пальто, и оно нескладно повисло на ней. Бодлеры посмотрели друг на друга и не могли удержаться от улыбки — так смешно и так нелепо они выглядели.

— Это ужаснее, чем полосатые костюмы, подаренные нам Эсме Скволор! — воскликнула Вайолет.

— Или чем кусачие свитеры, которые мы носили у мистера По. — Клаус имел в виду банкира, под чьей опекой находилось состояние Бодлеров. Правда, дети давно ничего о мистере По не слышали.

— Зато тепло, — сказала Вайолет. — Станет холоднее, будем по очереди надевать третье, ничейное пальто.

— Если кто-то из родителей окажется в штабе, ни мама, ни папа ни за что не узнают нас под несколькими слоями пальто. Вместо детей — две бесформенные кучи, — сказала Вайолет.

Бодлеры смотрели на заснеженные вершины, и у обоих слегка кружилась голова, не столько от громадной высоты пиков, сколько от бесконечных вопросов, как пчелы, жужжащих в мозгу: удастся ли им добраться до Главного перекрестка ветров вдвоем, без провожатых?

Что ждет Бодлеров в Г.П.В.? Не опередит ли их Граф Олаф? Что из себя представляет штаб? Как встретят их в Г.П.В.? Успеют ли они дойти до этой штаб-квартиры раньше Олафа? Найдут ли они Солнышко? Найдут ли одного из родителей?

Вайолет и Клаус молча смотрели друг на друга, и их била дрожь, пока Клаус не нарушил молчание, задав еще один вопрос, самый невероятный из всех.

— Как ты думаешь, кто из родителей выжил? — спросил он.

Вайолет только открыла рот, чтобы ответить, как новый вопрос свалился на Бодлеров. Вопрос был ужасный, и всякий, кто решился бы задать его, потом долго бы сожалел об этом. Однажды этот вопрос задал мой брат, после чего много недель его душили кошмары. А когда этот же вопрос задал мой сослуживец, он сразу почувствовал, что из-под ног уходит почва и он летит куда-то вниз, так и не услышав ответа. Когда-то очень давно и я дерзнул, хотя и робким голосом, задать все тот же злополучный вопрос одной женщине, а она вместо ответа взяла и надела на голову мотоциклетный шлем и завернулась в красный шелковый плащ. Вопрос звучит так: «Что это за зловещее белое облако крошечных жужжащих насекомых, летящее прямо на нас?» Мне не хочется вас огорчать, но ответ заключается в следующем: «Это хорошо слаженный рой злобных насекомых, известных как снежные комары. Живут они в холодных горных районах и любят просто так, без всякого повода, жалить людей».

— Что это за зловещее белое облако крошечных жужжащих насекомых, летящее прямо на нас? — воскликнула Вайолет.

Взглянув в ту сторону, куда показывала сестра, Клаус помрачнел.

— Мне кажется, я об этом что-то читал в книге из жизни горных насекомых, но я не помню подробностей, — сказал он.

— Попытайся вспомнить, прошу тебя.

Вайолет с опаской смотрела на быстро приближающийся рой. Зловещее белое облако крошечных жужжащих насекомых появилось из-за скалистого уступа, и издали его можно было принять за начинающийся снегопад. На глазах у детей снегопад превратился в стрелу и надвинулся на них, жужжа все громче и громче, будто его кто-то чем-то разозлил.

— Это, должно быть, снежные комары, — сказал Клаус. — Они живут в холодных горных районах и умеют группироваться в рои разной формы.

Вайолет перевела взгляд с приближающегося роя на темные воды Порченого потока, а потом на крутой обрывистый пик.

— Я рада, что они хотя бы безвредные, — сказала она. — Непохоже, что нам удастся избежать встречи с ними.

— У снежных комаров есть еще какая-то особенность, но я не помню, какая именно, — сказал Клаус.

Рой подлетел совсем близко, и теперь кончик трепещущей стрелы находился всего в нескольких дюймах[1] от бодлеровских носов. Неожиданно рой остановился, не переставая раздраженно жужжать. Бодлеры пережили мучительную, напряженную минуту, лицом к лицу со снежными комарами, а затем комар, сидящий на самом кончике стрелы, изящно выпорхнул вперед и ужалил Вайолет в нос.

Она громко вскрикнула и принялась тереть розовое пятнышко на носу.

— Жжет, — пожаловалась она брату, — будто укололась булавкой.

---

[1] Единица длины, равная 2,54 см.

— Я вспомнил! — воскликнул Клаус. — Снежные комары очень злобные, им нравится жалить людей без всякого...

Однако закончить фразу Клаусу помешали снежные комары, наглядно продемонстрировав то, о чем он только что говорил. Лениво покачиваясь на горном ветру, стрела дрогнула и рассыпалась, превратившись в большой, злобно жужжащий хула-хуп. Комары были такие малюсенькие, что их и разглядеть-то было трудно, но детям казалось, что все они гнусно ухмыляются.

— Эти твари ядовитые? — спросила Вайолет.

— Не сильно. Даже если комар ужалит несколько раз, ничего страшного не случится. Только многократные укусы могут вызвать серьезные осложнения. Ой! Ой!

Какой-то комар подлетел совсем близко и ужалил Клауса в щеку, будто решил, что среднего Бодлера очень вкусно кусать.

— Говорят, если комаров не злить, они тебя не тронут. Ой! Ой! Ой! — нервно сказала Вайолет и тут же вскрикнула еще раз: — Ой!

— Скорей всего, это вранье, — сказал Клаус. — А что касается снежных комаров, я уж точно не верю. Ой! Ой! Ой!

— Что же нам теперь... Ой! Ой! — Вайолет с трудом выдавливала из себя слова.

— Я не... — пытался что-то сказать Клаус, но ничего, кроме «ой», произнести не мог.

Разговор не получился.

Кольцо снежных комаров кружило вокруг них все быстрее и быстрее. Казалось, будто Бодлеры находятся в центре маленького белого торнадо. Затем, после ряда хорошо отработанных маневров комары начали жалить Бодлеров сперва с одной стороны, потом с другой. Вайолет закричала, когда сразу несколько комаров впились ей в подбородок. Клаус закричал, когда несколько десятков комаров ужалили его в левое ухо. И оба Бодлера громко кричали, пытаясь отмахнуться от ужасных комаров, но те не отставали, а жалили детей в отмахивающиеся руки.

Снежные комары жалили их слева, жалили их справа. Они набрасывались на Бодлеров сверху, заставляя их быстро наклонять голову, набрасывались снизу, заставляя подпрыгивать на месте. И все время жужжали громче и громче, будто желали оповестить детей, какое наслаждение они получают от всего происходящего. Вайолет и Клаус закрыли глаза и стояли, прижавшись друг к другу. Они боялись двинуться, потому что в любой момент рисковали свалиться с горы в пропасть и разбиться насмерть или рухнуть в воды Порченого потока и захлебнуться в них.

— Пальто! — сумел наконец выкрикнуть средний Бодлер и выплюнул залетевшего в рот комара, пока тот не успел укусить его за язык.

Вайолет сразу поняла Клауса. Она схватила запасное пальто и накинула его на них обоих. Пальто накрыло Бодлеров сверху, как опавшее полотнище парашюта.

Снежные комары яростно жужжали, стараясь проникнуть под пальто, но у них это не очень получалось, поэтому им пришлось довольствоваться кусанием рук Бодлеров, удерживающих пальто на месте.

Вайолет и Клаус невесело взглянули друг на друга. В полумраке подпальтового пространства видно было плохо. Оба не могли удержаться, чтобы не морщиться, когда комары их кусали, но тем не менее мужественно двинулись вперед.

— Такими темпами нам никогда не добраться до Главного перекрестка ветров, — сказала Вайолет, повысив голос, чтобы перекрыть жужжание комаров. — Клаус, как нам избавиться от этих вампиров?

— Снежные комары боятся огня, — ответил Клаус. — В одной книжке я читал, что их может отогнать даже запах дыма. Но мы ведь не разведем костер под пальто.

— Ой! — Снежный комар укусил Вайолет за палец, как раз в то место, куда она уже была один раз укушена.

Внезапно сквозь выношенную ветхую ткань пальто Бодлеры увидели на склоне горы какое-то темное округлое отверстие.

— Наверное, это вход в пещеру, — сказал Клаус. — А не разжечь ли нам костер прямо там?

— Попробуем, — согласилась Вайолет. — Не потревожить бы только какого-нибудь спящего зверя.

— Мы уже и так умудрились потревожить сотни этих зверей, — сказал Клаус, едва не выронив кувшин, когда комар ужалил его в запястье. — Не думаю, что у нас есть выбор. Давай все же рискнем.

Вайолет кивнула, бросив нервный взгляд на пещеру. Воспользоваться шансом — все равно как принять ванну. Иногда после ванны делается тепло и уютно, а в другой раз кажется, будто за спиной у вас маячит нечто страшное, но вы не можете разглядеть это нечто, а потом, увидев, дико вскрикиваете и хватаетесь за единственное, что у вас есть под рукой, — резинового утенка. Бодлеры, осторожно ступая, направились к темной круглой дыре, стараясь не подходить слишком близко к острому пику, стягивая на себе пальто все туже, чтобы не дать комарам забраться внутрь. Но в данный момент высота пика или даже укусы комаров беспокоили их гораздо меньше, чем риск, на который они шли, нырнув в мрачный пещерный вход.

Понятно, что ни Вайолет, ни Клаус раньше никогда не бывали в этой пещере, и я могу с достаточной долей уверенности подтвердить, что они не были там и на обратном пути с гор, после того как снова обрели младшую сестру и узнали секрет Главного противопожарного вместилища. Тем не менее, когда Клаус и Вайолет все же рискнули и вошли в пещеру, они довольно быстро обнаружили две вещи, которые были им знакомы. Первое — это огонь. Еще стоя в проходе, они поняли, что комаров бояться больше не надо. Бодлеры сразу почуяли запах дыма и далеко в глубине пещеры увидели невысокое оранжевое пламя. Огонь, конечно, дети не могли не распознать: они помнили запах пепла на выгоревших останках бодлеровского особняка, помнили запах пламени, уничтожившего Карнавал Калигари.

Как только снежные комары метнулись прочь от входа, Бодлеры продвинулись на несколько шагов вглубь. И тут их ждала еще одна неожиданность — знакомый персонаж, но, если честно, особа, с которой они надеялись никогда в жизни больше не встретиться.

— Эй, кексолизы! — произнес голос из глубины пещеры, голос, заставивший Бодлеров пожалеть, что они не попытали счастья в другом месте.

Глава
ТРЕТЬЯ

ВАМ, быть может, и не совсем понятно, почему в двух первых главах этой книги я ничего не рассказываю о Солнышке. Но на это есть свои причины. Во-первых, трудно было что-либо узнать о Солнышкином путешествии в автомобиле Графа Олафа. Следы колес его машины давным-давно исчезли, а в Мертвых горах случилось столько снежных бурь и лавин, что почти исчезла и сама дорога. Немногие свидетели этой поездки Графа Олафа либо умерли при загадочных обстоятельствах, либо были слишком напуганы, чтобы ответить на письма, телеграммы и поздравительные открытки, которые я посылал им с просьбой дать интервью. И даже мусор, который выбрасывали из окна автомобиля Олафа — неопровержимое доказательство, что тут проезжали нехорошие люди, — был подобран с дороги задолго до того, как я начал свое расследование. Пропавший мусор — это добрый знак, поскольку он свидетельствует о том, что птицы, обитающие в Мертвых горах, вернулись в родные места и занялись ремонтом своих гнезд. Но зато все это очень затруднило выяснение всех обстоятельств путешествий Солнышка.

Все же, если вам интересно узнать, как Солнышко проводила время, пока ее брат и сестра пытались остановить фургон, поднимались вверх по течению Порченого потока и сражались со снежными комарами, то существует другая история, которую вы можете прочесть, — там описана примерно такая же ситуация. Это история Золушки. Золушка была молодой девушкой, которой пришлось жить среди дурных людей. Эти люди ругали ее и заставляли делать тяжелую, черную работу. Но потом Золушку спасла фея-крестная, которая с помощью своего волшебства смастерила для Золушки платье, чтобы та могла поехать на бал. Там она встретила прекрасного принца, вскоре вышла за него замуж, и они много лет счастливо жили в своем дворце. Если вы вместо имени Золушка подставите имя Солнышко и уберете фею, волшебное платье, бал, прекрасного принца, свадьбу и всю дальнейшую счастливую жизнь во дворце, то получите ясное представление об отчаянном положении Солнышка Бодлер.

— Я бы хотел, чтобы сиротка прекратила этот раздражающий рев, — заявил Граф Олаф, приподняв одну бровь, в то время как автомобиль делал еще один крутой поворот. — Никто не может так отравить приятную поездку, как хнычущая жертва похищения.

— Я не перестаю ее щипать, но она никак не угомонится, — пожаловалась Эсме Скволор, еще раз ущипнув Солнышко длинными, хорошо отполированными ногтями.

— Послушай, зубастая сиротка! — прорычал Олаф. Оторвав взгляд от дороги, он в упор уставился на Солнышко. — Если ты сейчас же не уймешься, я такое устрою, что потом век будешь плакать.

Солнышко жалобно всхлипнула и утерла кулачками слезы. Она действительно проплакала бóльшую часть дня, весь длинный путь, проследить который не под силу даже самому дотошному исследователю. И теперь, когда зашло солнце, она все еще не могла остановиться. Но слова Графа Олафа скорее привели ее в раздражение, нежели напугали. Тоска смертная, когда говорят, что, если ты не прекратишь плакать, тебе устроят нечто такое, отчего ты заплачешь еще сильнее. Если ты плачешь, значит тебе есть отчего. И не имеет смысла специально что-то устраивать, чтобы вызвать еще более горькие слезы. У Солнышка Бодлер хватало причин плакать. Она беспокоилась о брате и сестре, и ей хотелось узнать, удалось ли им остановить потерявший управление фургон, мчавшийся навстречу гибели. Она боялась и за себя, после того как Олаф разоблачил обман, сорвал с нее бороду и запихнул в машину на колени к Эсме. Наконец, ей было все время больно от безостановочных щипков подруги негодяя.

— Шабаш, — заявила она Эсме, имея в виду: «Хватит щипаться», но модная и очень гнусная дама только скривилась, как если бы Солнышко сморозила отчаянную глупость.

— Когда эта малютка не плачет, она разговаривает на каком-то иностранном языке. Я не разбираю ни слова из того, что она говорит, — сказала Эсме.

— Известно, что похищенные дети не большой подарок, — вступил в разговор крюкастый, которого Солнышко как-то особенно невзлюбила. — Помните, босс, когда нам в руки попали Квегмайры, они только и делали, что жаловались? Жаловались, когда мы посадили их в клетку, жаловались, когда упрятали под фонтан. Жалобы, жалобы, бесконечные жалобы. Мне так надоели эти жалобы, что я едва ли не обрадовался, когда Квегмайры удрали у нас из-под носа.

— Обрадовался?! — Граф Олаф чуть не задохнулся от ярости. — Мы как каторжные работали, чтобы украсть состояние Квегмайров, а в результате не получили ни одного сапфира. Все это было пустой тратой времени.

— Не вините себя, Олаф, — сказала одна из бледнолицых женщин с заднего сиденья. — Всякий может ошибиться.

— На этот раз ошибки не будет, — ответил Олаф. — Двое сироток где-то сейчас лежат, расплющенные под разбившимся фургоном, а третья — у Эсме на коленях. Теперь считай, что состояние Бодлеров у меня в кармане. Как только доберемся до Главного перекрестка ветров и найдем штаб-квартиру, всем нашим мытарствам конец.

— Как так? — спросил горбун Хьюго, которого наняли в труппу во время Карнавала Калигари.

— Пожалуйста, объясните заодно и мне, Граф Олаф, — попросил Кевин. Он, как и Хьюго, тоже работал на Карнавале Калигари и тоже боялся потерять работу. Прежде Кевина смущало, что у него, не как у других людей, обе руки имеют одинаковую силу, безразлично, что правая, что левая, но Эсме уговорила его присоединиться к труппе Олафа, соблазнив тем, что придумала привязать его руку за спиной так, чтобы никто не догадался, что левая ни в чем не уступает правой.

— Не забудьте, босс, мы в труппе люди новые, поэтому не всегда понимаем, что происходит, — добавил Кевин.

— Помню, когда я пришла в труппу Олафа, я слыхом не слыхивала о деле Сникетов, — сказала вторая бледнолицая женщина.

— Работая на меня, вы приобретаете опыт, — торжественно изрек Олаф, — но вы не должны надеяться на то, что я вам все буду объяснять. Я очень занятой человек.

— Не беспокойтесь, босс, я сам все им объясню, — встрял в разговор крюкастый. — Граф Олаф, как и всякий хороший бизнесмен, совершил весьма широкий круг самых разнообразных преступлений, — сказал он.

— А глупые волонтеры тут же кинулись и насобирали сотни несусветных улик, а потом все это засекретили, — перебила крюкастого Эсме. — Я пыталась объяснить людям, что преступления сейчас в большой моде, но, очевидно, это их не заинтересовало.

Солнышко смахнула еще одну слезинку и тяжело вздохнула. Она подумала, что ей легче было бы переносить щипки, чем снова слушать ахинею[1], которую несет Эсме про то, что модно и что не модно.

— Нам необходимо уничтожить все эти записи, а иначе Графа Олафа могут арестовать, — сказал крюкастый. — Есть основание думать, что часть этих материалов находится в штаб-квартире Г.П.В.

— А что означает это сокращение Г.П.В.? — раздался откуда-то снизу, с пола автомобиля голос женщины-змеи Колетт. Граф Олаф велел ей воспользоваться своими талантами и устроиться в ногах у остальных членов труппы.

— Это сверхсекретная информация, — отрезал Граф Олаф, к большому огорчению Солнышка. — Я сам раньше состоял членом этой организации, но потом решил, что гораздо интереснее работать частным образом.

— А что это значит? — спросил крюкастый.

[1] Вздор, чепуха, бессмыслица, нелепица, бредни, чушь, пошлость, глупость.

— Это значит вести преступную жизнь, — ответила за Олафа Эсме. — Сейчас это самое модное.

— Неверн, — сквозь слезы пробормотала Солнышко. Этим она хотела сказать, что работать частным образом означает работать самостоятельно, то есть одному, без группы помощников, и что «вести преступную жизнь» не имеет к этому никакого отношения. Солнышку было досадно, что окружающие ее не понимают.

— Ну вот, а теперь она бормочет, — сказала Эсме. — Именно поэтому я никогда не хотела иметь детей. Разве что в качестве прислуги.

— Эта поездка оказалась легче, чем я предполагал, — сказал Олаф. — Согласно карте, сейчас мы должны проехать еще несколько пещер.

— А поблизости от штаб-квартиры есть какой-нибудь отель? — спросила Эсме.

— Не уверен, радость моя, — ответил Олаф. — Но в моем багажнике есть две палатки. Мы разобьем лагерь на Коварной горе, на самой высокой вершине Мертвых гор.

— На самой высокой вершине? — переспросила Эсме. — Но на вершине будет очень холодно.

— Это верно, — согласился Граф Олаф, — хотя Фальшивая весна, если можно так выразиться, уже не за горами. Так что скоро станет немного теплее.

— Ну а как насчет сегодняшней ночи? — не успокаивалась Эсме. — Мне вовсе не улыбается ставить палатку на ледяном морозе. Это уж точно не модно.

Граф Олиаф посмотрел на свою подругу и рассмеялся.

— Не будь дурочкой, Эсме, — сказал он. — Кто же пошлет тебя ставить палатки? Ты посидишь в машине, в тепле и уюте, пока эта зубастая сиротка все за нас сделает.

Теперь уже смеялась вся труппа Олафа. Солнышко почувствовала, как несколько слезинок скатилось у нее по щекам, и отвернулась к окошку, чтобы их никто не заметил. Окна автомобиля были заляпаны грязью, но младшая Бодлер все же увидела странные квадратные пики Мертвых гор и черные воды Порченого потока. Автомобиль находился уже так высоко в горах, что теперь весь поток превратился в лед. Солнышко глядела на широкую полосу замерзшей черноты, и ей очень хотелось знать, где сейчас ее брат и сестра и придут ли они, чтобы спасти ее. Она вспомнила другое время, когда оказалась во власти Графа Олафа. Негодяй связал ее, запер в клетке и вывесил наружу из окна своей комнаты в башне. Это было частью его хитроумно разработанного плана и страшнейшим испытанием для маленькой девочки. Ее потом часто посещали кошмарные видения — она слышала, как поскрипывает качающаяся на неимоверной высоте клетка, и видела, как снизу, с заднего двора Графа Олафа, задрав головы, на нее смотрят брат и сестра. Но тогда, чтобы спасти ее, Вайолет смастерила абордажный крюк, а Клаус провел важные правовые изыскания и разрушил хитрые планы

Олафа. По мере того как автомобиль увозил Солнышко все дальше и дальше от сестры и брата, она, глядя на безлюдные горы, верила, что Вайолет и Клаус выручат ее и на этот раз.

— Как долго мы пробудем на Коварной горе? — спросил Хьюго.

— Естественно, до тех пор, пока мне это нужно, — ответил Граф Олаф.

— Вы скоро увидите, что наша работа требует большого терпения. Иногда приходится ждать подолгу, — вздохнул крюкастый. — Обычно я беру с собой что-нибудь для того, чтобы скоротать время. Например, колоду карт или виски.

— Это может быть скучно, а иногда даже опасно, — заметила одна из бледнолицых женщин. — Судьба нескольких наших товарищей была просто ужасной.

— Они получили по заслугам, — сказал Граф Олаф невозмутимым тоном, который показывал, как мало волновала его судьба погибших работников. — Иной раз необходимо, чтобы несколько человек погибли в огне или были съедены львами, если все это ради достижения большой цели.

— А какая это большая цель? — спросила Колетт.

— Деньги! — радостно завопила Эсме. — Деньги и личное удовлетворение. Мы можем получить и то и другое с помощью этой хныкающей сиротки, которая сидит у меня на коленях! Как только в наши руки попадет наследство Бодлеров, у нас будет достаточно денег для того, чтобы вести роскошную жизнь и спланировать еще несколько удачных преступлений.

Вся труппа зааплодировала, а Граф Олаф одарил Солнышко пренебрежительной улыбкой, но ничего не добавил, так как машина взбиралась по крутой ухабистой дороге и наконец с визгом затормозила, как раз в тот момент, когда на вечернем небе погасли последние лучи солнца.

— Ну вот мы и на месте, — сказал Граф Олаф и протянул Солнышку ключи от автомобиля. — Выходи, сиротка. Достань все из багажника и установи палатки.

— И принеси чипсов, чтобы нам тут было что погрызть, пока мы будем ждать, — добавила Эсме.

Эсме открыла дверцу автомобиля, поставила Солнышко на замерзшую землю и захлопнула дверцу снова. Порывистый ветер набросился на Солнышко и заставил ее дрожать. На самом высоком пике Мертвых гор было так холодно, что слезы замерзали прямо на щеках, образуя на лице тонкую ледяную маску. Солнышко неуверенными шагами направилась к багажнику автомобиля. У нее был соблазн удрать от Олафа, пока тот оставался в автомобиле вместе со своей труппой. Но куда она могла податься? Солнышко огляделась и не увидела никакого места, где ребенок мог бы в одиночку остаться в безопасности.

Вершина Коварной горы представляла собой плоскую квадратную площадку, и пока Солнышко шла к багажнику, она оглядела все уголки этой площадки, чувствуя, что от большой высоты у нее слегка кружится голова. С трех сторон, в дымке тумана, она видела квадратные вершины других гор, бóльшая часть которых была покрыта снегом, а между пиками извивались, пробивая себе путь, странные воды Порченого потока. Вдоль них шла каменистая дорога, по которой они приехали. Но с четвертой стороны квадратного пика Солнышко заметила нечто столь странное, что ей потребовалось время понять, что же это такое.

С самого высокого пика Мертвых гор спускалась широкая сверкающая полоса, похожая на огромный кусок сложенной складками сияющей бумаги или на крыло какой-то чудовищной птицы. Солнышко увидела, как последние лучи заходящего солнца отражаются от этой колоссальной поверхности, и постепенно поняла, что это и есть истоки Порченого потока. Подобно другим потокам, Порченый поток начинался в скалах, и в теплое время года Солнышко могла бы любоваться, как он каскадом низвергается с самого высокого пика, образуя гигантский водопад. Но сейчас время было отнюдь не теплое, и точно так же, как слезы замерзали на лице у Солнышка, водопад превратился в затвердевший скользкий спуск, который исчезал в темной бездне где-то внизу. Вид был столь зловещий, что Солнышко не сразу сообразила, почему лед был белым, а не черным, как воды Порченого потока.

«Би-би!» — прозвучал громкий гудок, которым Граф Олаф из автомобиля напоминал Солнышку

о том, что она должна делать. Солнышко поспешно открыла багажник, нашла пакет с чипсами и отнесла его в автомобиль.

— Что ты там копаешься, — сказал Олаф, вместо того чтобы сказать «спасибо». — А теперь иди и установи палатку, одну для меня и Эсме, а одну для труппы, чтобы мы могли немного поспать.

— А где будет ночевать ребенок? — спросил крюкастый. — Я не хочу, чтобы она спала в моей палатке. Я знаю, что маленькие дети могут подкрасться и украсть твое дыхание, пока ты сам спишь.

— Со мной она спать тоже не будет, — сказала Эсме. — Спать в одной палатке с ребенком не модно.

— Она не будет спать ни в той ни в другой палатке, — решил Олаф. — В багажнике есть большая кастрюля с крышкой. Она вполне может спать там.

— А для нее не опасно спать в кастрюле? — спросила Эсме. — Олаф, дорогой, если она задохнется, мы не завладеем состоянием.

— В крышке есть дырочки, так что ей будет чем дышать, а крышка предохранит ее от снежных комаров.

— Я никогда о таких комарах не слышал, — сказал Хьюго.

— Снежные комары — хорошо организованные препротивные насекомые, — объяснил Граф Олаф. — Они живут в холодных горах и очень любят жалить людей без всякой на то причины. Я всегда восхищался ими.

— Несть, — сказала Солнышко, что означало: «Я никаких таких насекомых снаружи не заметила».

Никто не обратил на нее внимания.

— А она не убежит, если останется без присмотра? — спросил Кевин.

— Не посмеет, — ответил Граф Олаф. — Но даже если она попробует, то мы легко догадаемся, куда она пошла. Мы ведь находимся на вершине. Мы сразу увидим, если непослушный ребенок исчезнет или если кто-либо придет вслед за нами. Здесь мы увидим все и всякого на мили вокруг.

— Эврика! — произнесла Солнышко раньше, чем поняла, что этого говорить не надо. Она имела в виду сказать что-то вроде: «А я как раз кое-что сообразила», но не сказала этого вслух.

— Кончай свое бормотание и берись за дело, противная девчонка! — сказала Эсме и захлопнула дверцу.

Солнышко услышала общий смех, хруст чипсов и медленно пошла к багажнику доставать палатки.

Часто бывает трудно разобраться со всеми этими тентами и распорками, когда хочешь правильно установить палатку. Именно по этой причине я всегда предпочитаю останавливаться в гостиницах или арендовать сдающийся замок, где есть надежные стены и горничная. Конечно, Солнышко испытывала дополнительные трудности оттого, что должна была все это делать одна, в темноте, и для нее все это было непривычно. Кроме того, она еще очень беспокоилась о брате и сестре. Но младшая из Бодлеров имела опыт в совершении Геракловых подвигов, то есть успешно делать невообразимо трудные вещи. Я уверен, вы знаете, если приходится делать что-то крайне трудное, чрезвычайно помогает, когда думаешь о чем-нибудь, что поддерживает тебя. Когда Солнышко оказалась, например, вовлечена в битву не на жизнь, а на смерть, она думала о брате и сестре, и это помогло ей победить отвратительную докторшу Оруэлл. Когда Солнышко выбиралась из шахты лифта в доме № 667 на Мрачном проспекте, она была мыслями со своими друзьями Квегмайр и думала о том, как спасти их, и вскоре долезла до пентхауса. Так что, когда Солнышко выгрызала зубами в замерзшей земле место для палаток, она тоже думала о чем-то вдохновляющем. Как ни странно, это было связано с тем, что сказал Олаф насчет возможности видеть все на мили и мили вокруг. По мере того как Солнышко собирала палатки и поглядывала на скользкий склон замерзшего водопада, она приняла решение не пытаться удрать от Олафа и его труппы. Ведь если с Коварной горы можно видеть всех и вся, то это означает также, что всякий, включая Вайолет и Клауса, может видеть и ее саму тоже.

Глава

ЧЕТВЕРТАЯ

ЭТА ночь была для Бодлеров черным днем. Собственно говоря, все ночи — это черные дни, поскольку ночь — это просто скверно освещенная версия дня, так как Земля все мчится и мчится вокруг Солнца, напоминая каждому из нас, что пора вылезти из постели и начать день с чашки горячего кофе или же с дешифровки секретного послания, сложенного в виде бумажного самолетика, который вылетел, к примеру, из зарешеченного окна десантно-разведывательного подразделения. Но в данном случае выражение «черный день» надо понимать как невеселое время в истории

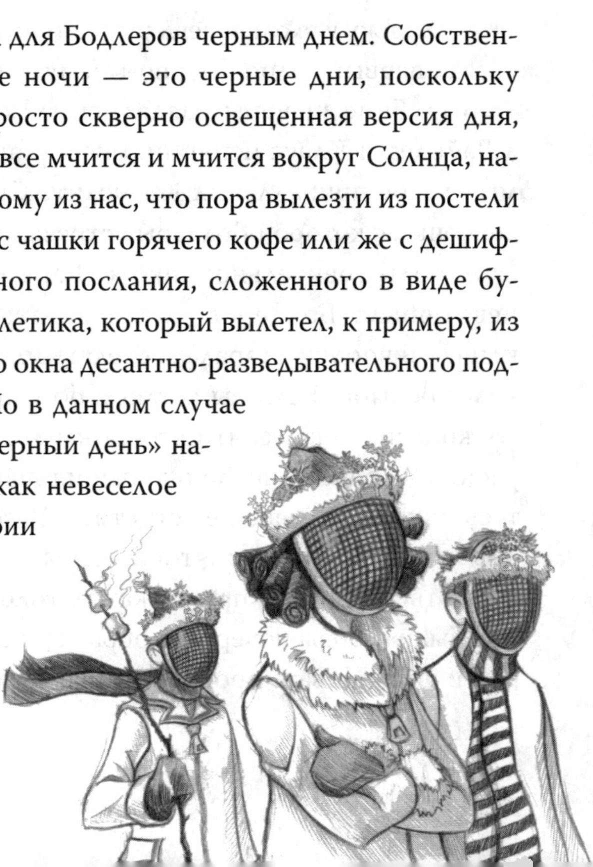

бодлеровских сирот, Г.П.В. и всех добрых, храбрых и начитанных людей во всем мире. Ясно, что Вайолет и Клаус Бодлер понятия не имели о катастрофе, разразившейся высоко в горах, в долине Главного перекрестка ветров. Они знали только, что слышат голос, который надеялись больше никогда в жизни не услышать.

— А ну, убирайтесь отсюда, кексолизы! — произнес голос. — Эта пещера — частная собственность!

— С кем это ты говоришь, Кармелита? — спросил другой голос. Голос этот был много громче и звучал так, как будто принадлежал взрослому человеку.

— Я вижу у входа в пещеру две тени, Дядя Брюс, — сказал первый голос, — и по-моему, это кексолизы!

В глубине пещеры раздалось гулкое хихиканье, а Вайолет и Клаус испуганно переглянулись. Знакомый голос принадлежал Кармелите Спатс, скверной девчонке, с которой Бодлеры встречались в Пруфрокской подготовительной школе. Кармелита сразу же невзлюбила Бодлеров, стала давать им обидные клички и вообще старалась сделать их жизнь в школе невыносимой. Если вы когда-либо учились в школе, то, конечно, знаете, что всегда найдется один такой ученик, которого после окончания школы вы надеетесь никогда больше не встретить. У старших Бодлеров и без этой малоприятной особы хватало проблем в Мертвых горах, и при звуках ее голоса они совсем уже были готовы повернуть обратно к снежным комарам и попробовать пробиться сквозь их рой снаружи.

— Две тени? — повторил второй голос. — Представьтесь, пожалуйста.

— Мы путешественники! — крикнула Вайолет. — Мы заблудились и попали в рой снежных комаров. Позвольте нам немного здесь передохнуть, пока запах дыма не отгонит комаров, и тогда мы уйдем своей дорогой.

— Исключено! — ответила Кармелита, голос которой прозвучал еще противнее, чем обычно. — Здесь разбили лагерь Снежные скауты на пути к празднику Фальшивой весны. Они избирают меня королевой. И никакие кексолизы нам не нужны — только испортят все удовольствие!

— Тише, тише, Кармелита, — отозвался голос взрослого человека. — Снежные скауты отличаются гостеприимством, ты же помнишь? Это ведь часть алфавитной речовки Снежного скаута. И с нашей стороны будет актом гостеприимства предложить странникам убежище в нашей пещере.

— А я не желаю быть гостеприимной! — заявила Кармелита. — Я королева Фальшивой весны и могу делать все, что хочу!

— Положим, ты еще не королева Фальшивой весны, Кармелита, — раздался спокойный голос какого-то мальчика. — Ты не королева до тех пор, пока мы не спляшем вокруг Весеннего шеста. Так что заходите, путники, и подсаживайтесь к огоньку. Мы рады оказать вам гостеприимство.

— Молодец, мальчик, — сказал голос взрослого человека. — Ну-ка, Снежные скауты, давайте-ка все вместе произнесем алфавитную речовку Снежного скаута!

В ту же минуту пещера огласилась множеством голосов, звучавших в унисон, что здесь означает «одновременно декламировавших перечень совершенно разрозненных слов».

— Снежные скауты, — декламировали Снежные скауты, — активны, бесстрашны, выносливы, гостеприимны, добры, естественны, жизнерадостны, застенчивы, искренны, красноречивы, любознательны, молчаливы, неутомимы, основательны, послушны, разумны, спокойны, толковы, упорны, филантропичны, хитры, целеустремленны, человечны, шаловливы, щеголеваты, энергичны, юны и явственны — всегда, каждое утро, каждый полдень, каждую ночь и весь день напролет!

Бодлеры взглянули друг на друга в недоумении. Как и большинство речовок, алфавитная речовка Снежных скаутов не имела особого смысла, и Вайолет и Клаус попытались представить себе, как это скауты могут быть спокойными и молчаливыми и в то же время шаловливыми и красноречивыми или как все эти дети могут не быть юными, даже если захотят. Они не могли понять, почему речовка требовала воплощать в себе все эти качества «каждое утро», «каждый полдень» и «каждую ночь», а кроме того, еще и «весь день напролет» и как человек может быть явственным. Но у них не было возможности слишком долго удивляться, потому что, покончив с речовкой, Снежные скауты сделали глубокий вдох и издали протяжный завывающий звук, словно бы подражая ветру снаружи, и это было еще более странно.

— Моя любимая часть, — сказал голос взрослого человека, когда звук совсем замер. — Ничего нет лучше, чем закончить алфавитную речовку Снежных скаутов воем снежного вихря. Ну а теперь, путники, подойдите сюда, чтобы мы могли вас разглядеть.

— Прикроем лица, — прошептал Клаус сестре. — А то вдруг Кармелита нас узнает!

— А другие скауты, возможно, видели наши фото в «Дейли пунктилио», — сказала Вайолет и накрыла голову капюшоном. «Дейли пунктилио» была та газета, где напечатали статью, в которой Бодлеров обвиняли в убийстве Жака Сникета. Статья была, конечно, совершенно вздорная, но, похоже, все на свете ей поверили и искали Бодлеров, чтобы отправить их в тюрьму. Однако, когда брат и сестра направились в сторону голосов, они поняли, что не только они скрывали свои лица.

Дальняя часть пещеры была похожа на круглую комнату с очень высоким потолком и неровными скальными стенами, которые мерцали в оранжевых отблесках огня. Вокруг костра сидели человек пятнадцать-двадцать, и все они снизу вверх смотрели на Бодлеров. Сквозь неплотную ткань своих капюшонов дети разглядели, что один из сидящих был значительно выше остальных, — вероятно, это и был Брюс. Он кутался в нелепое клетчатое пальто, а в руке держал большую сигару. На противоположной стороне круга сидел кто-то в толстом шерстяном свитере с большими карманами, а остальные Снежные скауты были одеты в ослепительно-белую униформу, застегнутую спереди на молнию сверху донизу и с длинными стегаными рукавами, украшенными эмблемами снежинок всевозможных форм и размеров. Сзади на униформе Бодлеры прочли слова алфавитной речовки, отпечатанные большими розовыми буквами, а на головах у всех были белые повязки. Из них во все стороны торчали крохотные пластиковые снежинки, и морозными буквами было написано «Бррр!».

Но Вайолет и Клаус не смотрели ни на пластиковый снегопад на головах Снежных скаутов, ни на слова «активны, бесстрашны, выносливы, гостеприимны, добры, естественны, жизнерадостны, застенчивы, искренны, кротки, любознательны, молчаливы, неутомимы, основательны, послушны, разумны, спокойны, толковы, упорны, филантропичны, хитры, целеустремленны, человечны, шаловливы, щеголеваты, энергичны, юны и явственны — всегда, каждое утро, каждый полдень, каждую ночь и весь день напролет!» на спине униформы, которая была почти на всех. Они смотрели на темные круглые маски, которые закрывали лица скаутов. Маски были все в маленьких дырочках, совсем как те, которыми пользуются в фехтовании, виде спорта, в котором люди сражаются на рапирах — ради развлечения, за свою честь или чтобы спасти загнанного в угол писателя. Но в мерцающих отсветах пещеры дырочек Бодлеры не видели, и им казалось, что лиц у Брюса и Снежных скаутов просто нет, а на их месте повыше шеи зияют дыры.

— А вы, кексолизы, забавно выглядите, — сказал один из скаутов, и Бодлеры тотчас поняли, за какой маской скрывалась Кармелита Спатс. — У вас лица совсем закрыты!

— Мы очень застенчивые, — ответила как всегда быстро соображавшая Вайолет. — Серьезно, мы такие застенчивые, что почти никогда не открываем лиц.

— Тогда вы нам как раз очень подходите, — сказал Брюс из-за своей маски. — Меня зовут Брюс, но вы можете называть меня Дядя Брюс, хотя я вам почти наверняка не настоящий дядя. Снежные скауты приглашают вас, путники! Все мы тут застенчивые, а также активные, бесстрашные, выносливые, гостеприимные...

Все остальные Снежные скауты тут же присоединились к произнесению речовки, и Бодлерам пришлось прослушать весь абсурдный список еще раз, а в это время скаут в свитере встал и направился к ним.

— У нас там есть запасные маски, — произнес он тихонько и указал на большую кучу обмундирования, лежавшую около очень длинного деревянного шеста. — Они защитят вас от снежных комаров, когда вы выйдете наружу. Берите, надевайте.

— Спасибо, — поблагодарила его Вайолет, когда скауты пообещали быть добрыми, естественными и жизнерадостными.

Они с братом схватили по маске и надели их под своими капюшонами, так что к моменту, когда скауты присягали быть энергичными, юными и явственными, Бодлеры стали такими же безликими, как и все остальные в пещере.

— Замечательно, ребята! — сказал Брюс, когда завывание, изображавшее снежную бурю, затихло и клятва закончилась. — А почему бы вам не вступить в Снежные скауты? Мы — молодежная организация для тех, кто хочет радоваться жизни и узнавать новое. Сейчас мы отправились в поход Снежных скаутов. Мы собираемся пройти всю дорогу до Коварной горы, чтобы отпраздновать Фальшивую весну.

— А что такое Фальшивая весна? — спросила Вайолет, присаживаясь между братом и скаутом в свитере.

— Только кексолиз может не знать, что такое Фальшивая весна, — сказала Кармелита голосом, в котором звучало презрение. — Это когда весной становится тепло, а потом снова очень холодно. Мы отмечаем ее особым танцем — вертимся вокруг Весеннего шеста! — Она показала на деревянный шест, и Бодлеры увидели, что у всех Снежных скаутов были ярко-белые варежки, все до одной украшенные буквой «В». — А когда танец кончается, мы выбираем лучшего Снежного скаута и коронуем ее в королевы Фальшивой весны. На этот раз ей стану я. То есть это всегда я!

— Просто потому, что Дядя Брюс твой настоящий дядя, — сказал один из Снежных скаутов.

— Нет, не поэтому! — возразила Кармелита. — Это потому, что я самая активная, бесстрашная, выносливая, гостеприимная, добрая, естественная, жизнерадостная, застенчивая, искренняя, красноречивая, любознательная, молчаливая, неутомимая, основательная, послушная, разумная, спокойная, толковая, упорная, филантропичная, хитрая, целеустремленная, человечная, шаловливая, щеголеватая, энергичная, юная и явственная — всегда, каждое утро, каждый полдень, каждую ночь и весь день напролет!

— А как человек может быть явственным? — не удержался от вопроса Клаус.

— Дядя Брюс не мог придумать другого прилагательного, которое бы начиналось на «я», — пояснил Снежный скаут в свитере тоном, который показывал, что он сам считает это объяснение не слишком убедительным.

— Тогда, может, лучше подойдет слово «ясноокие»? — предложил Клаус. — Это слово означает...

— Нельзя менять слова в алфавитной речовке Снежного скаута! — перебил его Брюс и поднес сигару к лицу, словно собираясь курить ее через маску. — Весь смысл организации Снежных скаутов состоит в том, что они все время делают одно и то же. Мы празднуем Фальшивую весну на Коварной горе у истока Порченого потока каждый год. Моя племянница Кармелита Спатс снова и снова становится королевой Фальшивой весны. И каждый раз мы останавливаемся в этой пещере, чтобы рассказывать скаутские истории.

— Я читал, что в пещеры Мертвых гор забираются звери, которые впадают в зимнюю спячку, — сказал Клаус. — Вы уверены, что останавливаться тут безопасно?

Снежный скаут, на котором вместо униформы был свитер, быстро повернулся к Бодлерам, как если бы хотел что-то сказать, но Брюс ответил раньше.

— Сейчас это не опасно, ребята, — сказал он. — Несколько лет назад в этих горах водились медведи. Медведи были такие умные, что их тренировали как солдат. Но они куда-то исчезли, и никто не знает почему.

— Не медведи, а пантеры, — сказал скаут в свитере, но сказал так тихо, что Бодлерам пришлось наклониться к нему, чтобы ничего не упустить. — И они были вовсе не солдатами. Пантеры были сыщиками — гарнизоном пантер-волонтеров.

Он повернулся так, что его маска была обращена прямо на брата и сестру, и дети поняли, что он, должно быть, разглядывал их через дырочки.

— Гарнизоном пантер-волонтеров, — повторил скаут в свитере, и у детей перехватило дыхание.

— Ты сказал... — начала было Вайолет, но скаут в свитере лишь помотал головой, словно намекая, что продолжать небезопасно.

Вайолет взглянула на брата, а затем на скаута, явно желавшего разглядеть под масками их лица. Первые буквы в словосочетании «гарнизон пантер-волонтеров», несомненно, соответствовали аббревиатуре Г.П.В., названию той организации, которую и разыскивали Бодлеры. Неужели это просто совпадение, как уже не раз случалось? Или этот таинственный скаут подавал им какой-то знак?

— Не знаю, дети, о чем вы там шепчетесь, — сказал Брюс, — но немедленно перестаньте. Сейчас не время для разговоров. Сейчас время для скаутских историй, когда один Снежный скаут рассказывает другим Снежным скаутам свою историю. А затем мы все будем есть пастилу, пока не затошнит, и пойдем спать на горе одеял, как делаем каждый год. Пусть-ка наши новенькие расскажут нам историю!

— Нет уж, первую историю расскажу я! — захныкала Кармелита. — В конце концов, я же королева Фальшивой весны!

— Но ведь путники наверняка расскажут нам что-нибудь замечательное, — сказал скаут в свитере. — Я бы очень хотел услышать головокружительно поэтичную версию!

Клаус увидел, что его сестра подняла руки к голове, и улыбнулся. Он знал, что у Вайолет была привычка стягивать волосы лентой. Это помогало ей думать, но, когда на голове маска, сделать это невозможно. Оба Бодлера поспешно пытались найти способ пообщаться с таинственным скаутом и были так поглощены своими мыслями, что едва ли слышали, как оскорбляла их Кармелита Спатс.

— Нечего рассиживаться, кексолизы! — заявила Кармелита. — Если хотите рассказать историю, так рассказывайте!

— Извините, у нас позади горькое печальное восхождение, и поэтому хорошую историю нам придумать трудно, — проговорила Вайолет, стараясь как можно тщательнее подбирать слова.

— Я не знал, что у вас был такой трудный день, — сказал скаут в свитере.

— Еще какой, — ответил Клаус. — Мы весь день ничего не ели, кроме горелых переперченных ватрушек.

— А еще эти снежные комары, — добавила Вайолет. — Они вели себя как гадкие писклявые вампиры!

— Когда они жужжат на разные голоса, — добавил Клаус, — то скорее напоминают гнусавую помятую валторну.

— Или грамотно подпорченную виолончель, как мне кажется, — подхватил скаут в свитере и кивнул маской Бодлерам, как будто хотел сказать, что уловил смысл их последних фраз.

— В жизни не слыхала такой скучной истории! — заявила Кармелита Спатс. — Дядя Брюс, скажи этим двоим, что они оба кексолизы! — Ну, знаешь ли, так разговаривать не очень-то гостеприимно, — ответил Брюс, — но должен заметить, что история, которую вы рассказали, действительно была малоинтересной. Когда Снежные скауты рассказывают истории, они пропускают скучные подробности и рассказывают только то, что действительно интересно. Тогда история оказывается активной, бесстрашной, выносливой, гостеприимной, доброй, естественной, жизнерадостной, застенчивой, искренней, красноречивой, любознательной, молчаливой, неутомимой, основательной, послушной, разумной, спокойной, толковой, упорной, филантропичной, хитрой, целеустремленной, человечной, шаловливой, щеголеватой, энергичной, юной и явственной — всегда, каждое утро, каждый полдень, каждую ночь и весь день напролет!

— Я покажу этим кексолизам, как рассказывают интересные истории! — заявила Кармелита. — Однажды я проснулась, глянула в зеркало и увидела там самую миленькую, хорошенькую, самую замечательную девочку на всем белом свете. Я надела любимое розовое платье, чтобы выглядеть еще красивее, и помчалась в школу, где моя учительница сказала, что в жизни не видела никого очаровательнее меня, и дала мне в качестве особого подарка леденец.

На этом месте я прерву свой рассказ и позаимствую одну идею, что здесь означает «присвою себе мысль, которая пришла в голову кому-то другому». Например, если кто-то скажет вам, будто лучший способ писать благодарственные письма состоит в том, чтобы после каждого письма вознаградить себя пирожным, то вы можете позаимствовать его идею, поставив рядом с собой тарелку с пирожными, которые остались от вашего дня рождения, когда принято дарить подарки. Если какая-нибудь девушка скажет вам, будто лучший способ улизнуть незамеченной из дому поздно ночью — это удостовериться, что все спят крепким сном, тогда вы можете позаимствовать ее идею, подмешав каждому порцию снотворного в послеобеденную чашечку кофе, прежде чем спускаться вниз по плющу, который вьется за окном вашей спальни. Ну а если вы читали эту жалкую историю, то, оказавшись в следующий раз в подобном положении, можете позаимствовать идею из «Скользкого склона» и использовать разные клейкие вещества, а также тормозной парашют, чтобы притормозить несущийся фургон, а затем, спасаясь от холода, добыть из него всякой теплой одежды и найти пещеру, полную Снежных скаутов, собравшихся вокруг огня, в то время когда снаружи кишмя кишат снежные комары.

Я же позаимствую идею у Брюса — ведь это он предложил, чтобы тот, кто рассказывает свою историю, рассказывал только все самое интересное, а все скучное пропускал. Само собой разумеется, старшие Бодлеры с удовольствием бы пропустили занудную часть собственной истории, так как им очень хотелось поскорее покинуть пещеру и возобновить поиски своей сестры. Но Вайолет и Клаус понимали, что им не следует уходить из пещеры, не поговорив с таинственным мальчиком в свитере, а поговорить с ним на глазах у Брюса и остальных Снежных скаутов им не удастся. Поэтому они сидели у костра, пока Кармелита Спатс все рассказывала и рассказывала, какая она хорошенькая, и ладненькая, и миленькая и как каждый встречный заверял ее, что она необычайно привлекательна. И хотя Бодлеры вынуждены были выслушивать все эти скучные детали ее рассказа, вам это уж вовсе ни к чему. Поэтому я пропущу все утомительные подробности бесконечного рассказа

Кармелиты и бессмысленную речовку, которую Брюс заставил всех повторить еще не раз, а заодно и ужин, состоявший из пастилы, который скауты разделили с братом и сестрой. Я также опущу описание того, как неудобно было Вайолет и Клаусу отворачиваться от скаутов, приподнимать маски, чтобы запихивать в рот пастилу, а потом снова закрывать лица из опасения, что их могут узнать. После длинного и утомительного путешествия дети предпочли бы более основательный ужин и не такой сложный способ съесть его, но отказаться от пастилы они не могли. Поэтому им пришлось терпеливо ждать, пока события этого вечера не пройдут своим чередом и пока все остальные скауты наконец не устанут и не устроятся на своих одеялах вокруг Весеннего шеста. Даже когда Брюс, вместо того чтобы пожелать всем спокойной ночи, предложил скаутам еще раз произнести алфавитную речовку, Вайолет и Клаус не решились встать и поговорить со скаутом в свитере, опасаясь, что их подслушают. Поэтому им пришлось ждать еще несколько часов, пока огонь не погас и пещера не заполнилась храпом спящих скаутов. Я же позаимствую идею у вожатого скаутов и перейду прямо к следующему интересному эпизоду, случившемуся очень поздно ночью, когда как раз и случаются самые интересные события многих историй, которых люди часто вовсе не замечают именно потому, что в это время крепко спят в своих постелях либо прячутся в чулане горчичной фабрики, предназначенном для хранения швабр, переодевшись совком для мусора, чтобы обмануть бдительность ночной сторожихи.

Царила глубокая ночь, вернее, самая черная часть этого черного дня, и было так поздно, что Бодлеров после утомительного дня почти что сморил сон. Но как раз тогда, когда брат и сестра готовы были вот-вот уснуть, они почувствовали, как чья-то рука тронула их за плечи. Они мигом сели и увидели перед собой маску скаута в свитере.

— Идемте, Бодлеры, — сказал мальчик очень тихим голосом. — Я знаю короткую дорогу в штаб.

И, согласитесь, это был весьма неожиданный поворот нашей истории.

Глава
ПЯТАЯ

КОГДА у вас в голове роятся вопросы и вам внезапно предоставляется возможность их задать, вопросы тут же начинают тесниться и распихивать друг друга, словно пассажиры в переполненном поезде, подъезжающем к большой станции. Когда Брюс и Снежные скауты уснули, у двух старших Бодлеров наконец появилась возможность поговорить с таинственным скаутом в свитере, но то, что они хотели спросить, судя по всему, у них в голове безнадежно перепуталось.

— Откуда... — начала Вайолет, однако вопрос «Откуда ты узнал, что мы Бодлеры?» натолкнулся на вопрос «А ты кто?» и, отшатнувшись, упал на вопросы «Ты тоже член Г.П.В.?» и «Что означает сокращение Г.П.В.?»

— Ты знаешь... — произнес Клаус, однако вопрос «Ты знаешь, где наша сестра?» налетел на вопрос «Ты знаешь, жив ли кто-то из наших родителей?», который и так уже сражался с вопросами «Как нам попасть в штаб?» и «Удастся ли нам с сестрами когда-нибудь найти безопасное место и поселиться там, избавившись от постоянной угрозы со стороны Графа Олафа и его труппы, которые измышляют все новые планы захвата состояния Бодлеров?», хотя средний Бодлер понимал, что ответить на последний вопрос едва ли вообще удастся.

— Не сомневаюсь, у вас много вопросов, — прошептал скаут, — но здесь поговорить не удастся. Брюс спит очень чутко, а он и так причинил Г.П.В. много бед. Поэтому ни к чему ему знать и другие наши тайны. Я обещаю, вы получите ответы на все вопросы, но сначала нам надо попасть в штаб. Пойдемте со мной.

Не произнеся больше ни слова, скаут в свитере повернулся, и Бодлеры увидели, что на спине у него висит рюкзак с эмблемой, которая уже встречалась им на Карнавале Калигари. На первый взгляд эта эмблема была просто изображением глаза. Дети, однако, обнаружили, что, если приглядеться повнимательнее, можно различить хитроумно скрытые в рисунке буквы

«Г.П.В.» Скаут двинулся прочь, и брат с сестрой как можно тише выбрались из-под одеял и последовали за ним. К удивлению Бодлеров, скаут повел их не к выходу из пещеры, а к ее дальней стене, где раньше был костер Снежных скаутов. Теперь там осталась лишь груда серой золы, правда еще совсем теплой, а в воздухе висел запах дыма. Скаут в свитере вытащил из кармана фонарик.

— Мне пришлось подождать, пока костер не потухнет, чтобы показать вам кое-что, — прошептал он и, с опаской оглянувшись на спящих скаутов, зажег фонарик и посветил им вверх. — Глядите.

Вайолет и Клаус подняли головы и увидели, что в потолке зияет дыра, в которую может пролезть человек. В дыру тянулись последние струйки дыма от кострища.

— Труба, — шепнул Клаус. — А я все думал, как так получается, что дым не заполняет всю пещеру?

— Официально это называется Главная противопожарная вертикаль, — объяснил скаут. — Она служит и трубой, и тайным ходом. Она ведет из этой пещеры на Главный перекресток ветров. Если мы по ней взберемся, то будем в штабе через несколько часов и нам не придется совершать восхождение на гору. Много лет назад в трубе был металлический шест, чтобы в случае опасности соскользнуть по нему и спрятаться в пещере. Теперь шеста нет, но в стенах хода должны быть выемки для рук и ног, чтобы можно было взобраться по ним до самого верха. — Скаут посветил фонариком на стену пещеры, и взгляду Бодлеров действительно предстали два ряда небольших выемок, в которые было очень удобно ставить ноги и за которые можно было прекрасно цепляться руками.

— Откуда ты все это знаешь? — спросила Вайолет.

Скаут секунду глядел на нее, и Бодлерам показалось, что он улыбается под маской.

— Я прочитал об этом, — ответил он, — в книге, которая называлась «Любопытные явления в Мертвых горах».

— Знакомое название, — заметил Клаус.

— Наверняка, — кивнул скаут. — Я взял эту книгу в библиотеке доктора Монтгомери.

Доктор Монтгомери был одним из первых опекунов Бодлеров, и при упоминании его имени Вайолет и Клаус поняли, что у них есть еще несколько вопросов.

— А когда... — начала Вайолет.

— А почему... — начал Клаус.

— Кармелита... — оборвал Бодлеров и скаута третий голос — голос Брюса, который от их шепота начал просыпаться.

Дети на миг застыли, но Брюс перевернулся на другой бок и, глубоко вздохнув, снова уснул.

— Поговорим, когда попадем в штаб, — прошептал скаут. — В Главной противопожарной вертикали очень гулкое эхо, поэтому лезть придется, соблюдая абсолютное молчание, иначе эхо разбудит Брюса и Снежных скаутов. Внутри очень темно, и выемки в стене придется искать ощупью, а воздух будет дымный. Но если масок не снимать, они профильтруют воздух и дышать будет легче. Я полезу первым и покажу дорогу. Готовы?

Вайолет и Клаус посмотрели друг на друга. Хотя их лиц за масками не было видно, но и брат, и сестра понимали, что они ничуть не готовы. Им вовсе не казалось таким уж безопасным следовать за совершенно незнакомым человеком по тайному ходу посреди гор в штаб, в существовании которого они даже не были уверены. В последний раз, когда они согласились предпринять рискованное путешествие, у них похитили маленькую сестру. Что же может случиться на этот раз — ведь они окажутся в дымной темной норе наедине с таинственной фигурой в маске?

— Я понимаю, Бодлеры, причину ваших колебаний, — сказал скаут в свитере. — Ведь столько людей причинили вам зло.

— Назови хоть какую-нибудь причину, по которой мы можем тебе доверять, — попросила Вайолет.

Скаут на секунду опустил голову, а потом повернулся к Бодлерам.

— Когда вы говорили с Брюсом о речовке Снежных скаутов, один из вас упомянул слово «ясноокий». А это слово означает «ясноглазый».

— Он прав, — шепнул Клаус сестре.

— Я понимаю — обширный словарный запас еще не гарантирует того, что я хороший человек, — продолжал мальчик. — Но зато это означает, что я много читал. А мой опыт подсказывает, что начитанные люди реже бывают злодеями.

Вайолет и Клаус переглянулись. Ни того ни другого слова скаута под маской не убедили. Разумеется, на свете много злодеев, которые много читали, и много очень добрых людей, которые, видимо, нашли более подходящий способ коротать досуг. Однако Бодлеры понимали, что в словах мальчика есть доля истины. Они были вынуждены признать, что предпочитают попытать счастья в компании незнакомца, которому известно значение слова «ясноокий», а не покидать пещеру одним в надежде на чудо. Поэтому брат и сестра снова повернулись к скауту, кивнули масками и последовали за ним к выемкам в стене, проверив, на месте ли все то, что они взяли из фургона. Лезть оказалось неожиданно легко, и вскоре Бодлеры вслед за таинственным скаутом углубились в дымную темноту потайного хода.

Главная противопожарная вертикаль, соединявшая штаб в Мертвых горах с пещерой гарнизона пантер-волонтеров, была некогда одной из самых ревностно хранимых тайн в мире. Если кому-то понадобилось бы ею воспользоваться, ему пришлось бы правильно ответить на множество вопросов, касающихся силы тяжести, повадок хищных животных и главных тем русских романов, так что даже местоположение хода было известно лишь немногим. До путешествия Бодлеров ходом не пользовались много лет — с тех самых пор, когда один мой соратник забрал оттуда металлический шест, который был ему нужен для строительства подводной лодки. Так что вполне уместно назвать Главную противопожарную вертикаль малохоженой дорогой — даже менее хоженной, чем дорога через Мертвые горы, с которой началась эта книга.

У старших Бодлеров была веская причина пойти по малохоженой дороге, — ведь они спешили попасть в штаб и спасти сестру из лап Графа Олафа. Однако у вас никакой причины нет ступать на малохоженую дорогу и по доброй воле читать остаток этой горестной главы, описывающей путь Вайолет и Клауса сквозь темноту и дым. Даже в маске дышать воздухом, засоренным пеплом от костра Снежных скаутов, было очень тяжело, и Бодлерам приходилось изо всех сил сдерживаться, чтобы не кашлянуть. Они понимали, что кашель породит эхо, которое разнесется вниз по тайному ходу и разбудит Брюса. Но у вас-то ведь нет необходимости изо всех сил продираться сквозь мое печальное описание подобных ужасов. От пауков не укрылось, что выемками в стенах давно не пользуются, и они переселились туда во множестве, превратив их в паучьи кондоминиумы. К счастью, вы не должны читать о том, что происходит, когда пауки просыпаются, заподозрив приближение к их новому дому чьей-то руки или ноги. Бодлеры взбирались вслед за скаутом все выше и выше, а сверху врывался сильный морозный ветер с горы, и трое подростков отчаянно цеплялись за выемки, надеясь, что ветер не сбросит их обратно на пол пещеры. Но если Бодлеры считали своим долгом карабкаться вверх весь остаток того мрачного дня, чтобы как можно скорее добраться до штаба, то я считаю своим долгом закончить описание этого пути, чтобы мой отчет о деле Бодлеров был предельно точным и полным. У вас же нет необходимости дочитывать конец данной главы, поскольку это принесет вам очень мало радости. Описание путешествия Бодлеров по малохоженой дороге продолжается на следующей странице, но я умоляю вас не путешествовать вместе с ними. Вместо этого можете позаимствовать страничку из книги Брюса и начать читать дальше с главы шестой и найти там отчет о мытарствах Солнышка Бодлер у Графа Олафа, причем под словом «мытарства» я здесь понимаю возможность подслушать планы негодяев во время приготовления еды для театральной труппы. Вы можете перейти сразу к главе седьмой, где старшие Бодлеры попадают в место расположения штаба Г.П.В. и выясняют, кто был тот замаскированный незнакомец, который привел их туда. А можете вместо этого ступить на дорогу весьма хоженную: вообще отказаться читать эту книгу, которая сделает вас хотя и человеком начитанным, но несчастным и негодующим.

Путешествие Бодлеров вверх по Главной противопожарной вертикали было столь мрачным и опасным, что недостаточно просто написать: путешествие Бодлеров вверх по Главной противопожарной вертикали было столь мрачным и опасным, что недостаточно просто написать: путешествие Бодлеров вверх по Главной противопожарной вертикали было столь мрачным и опасным, что недостаточно просто написать: путешествие Бодлеров вверх по Главной противопожарной вертикали было столь мрачным и опасным, что недостаточно просто написать: путешествие Бодлеров вверх по Главной противопожарной вертикали было столь мрачным и опасным, что недостаточно просто написать: «Дорогая сестра, я пошел на громадный риск, решив спрятать письмо в одной из моих книг, но я уверен, что даже самые меланхоличные и начитанные люди в мире сочтут мой отчет о жизни троих несовершеннолетних Бодлеров даже ужаснее, нежели я обещал, и посему эта книга останется стоять на библиотечных полках, совершенно никому не нужная, дожидаясь, когда ты откроешь ее и найдешь это письмо. В качестве дополнительной меры безопасности я включил в книгу предупреждение о том, что остаток главы содержит описание горестного путешествия Бодлеров вверх по Главной противопожарной вертикали, поэтому у того, у кого хватит храбрости прочитать подобное описание, вероятно, достанет отваги и на то, чтобы прочитать мое письмо к тебе.

Я наконец узнал, где находится улика, которая меня реабилитирует, что здесь означает «докажет властям, что во всех многочисленных поджогах виновен Граф Олаф, а не я». Предположение, которое ты высказала много лет назад на том пикнике, оправдалось: чайный сервиз — лучшее место, чтобы в случае опасности спрятать какой-нибудь небольшой особо ценный предмет. (Кстати, второе предположение, которое ты высказала на пикнике — что простая комбинация ломтиков манго, черной фасоли и мелко нарезанного сельдерея в сочетании с черным перцем, лимонным соком и оливковым маслом может оказаться прекрасной холодной закуской, — тоже оправдалось.)

Сейчас я направляюсь на Главный перекресток ветров, чтобы продолжить изыскания по делу Бодлеров. Надеюсь также наконец заполучить вышеупомянутую улику. Счастье мое, разумеется, не вернешь, но можно, по крайней мере, восстановить доброе имя. От места, где располагался штаб Г.П.В., я поеду прямиком в отель «Развязка». Прибуду я туда… впрочем, указывать дату было бы неразумно, но тебе будет нетрудно вспомнить, когда день рождения Беатрис. Жди меня в отеле. Постарайся снять для нас номер без уродливых штор».

С любовью,

Lemony Snicket

P. S. Если заменить нарезанный сельдерей кокосовой стружкой, будет не менее вкусно.

Глава
ШЕСТАЯ

В ТОТ ранний утренний час, когда старшие Бодлеры искали опору под ногами, взбираясь по Главной противопожарной вертикали, — а я от души надеюсь, что читать описание этого пути вы не стали, — младшей Бодлер пришлось искать совершенно другую опору. Долгая холодная ночь на Коварной горе Солнышку не понравилась. Если вам случалось спать на высочайшей горной вершине в кастрюле под крышкой, вы и сами знаете, как неудобно там лежать — даже в том случае, когда внутри нашлось полотенце, которое можно приспособить вместо одеяла. Всю эту ночь пронизывающие горные ветры задували в крошечные отверстия в крышке, и в кастрюле было настолько холодно, что острые зубы Солнышка так и стучали, больно прикусывая ей губы и производя оглушительный шум, при котором спать было абсолютно невозможно. А когда первые лучи солнца наконец проникли под крышку и воздух в кастрюле согрелся и можно было вздремнуть, Граф Олаф вышел из палатки и сбросил крышку с кастрюли, чтобы отдать Солнышку утренние распоряжения.

— Просыпайся, гроза стоматолога! — закричал он.

Солнышко приоткрыла один усталый глаз и обнаружила, что прямо перед ней находятся ноги негодяя, в частности его левая щиколотка с татуировкой, отчего младшая Бодлер пожалела о том, что вообще открыла глаза. На щиколотке у Олафа было вытатуировано изображение глаза, и Солнышку подумалось, что этот глаз наблюдал за всеми злоключениями Бодлеров — с того страшного дня на Брайни-Бич, когда дети узнали, что их дом сгорел. Время от времени Олаф пытался прятать это изображение от представителей власти, и те не узнавали злодея, поэтому дети сами научились разоблачать его. Несмотря на все его смехотворные обличья, Бодлеры начали замечать изображения глаза и в других местах, например в приемной злой гипнотизерши-оптиметриста, на сумочке Эсме Скволор, на стене карнавального фургона и на цепочке, украшавшей шею Мадам Лулу. Казалось даже, будто этот глаз подменил собою глаза родителей Вайолет, Клауса и Солнышка, но вместо того, чтобы оберегать детей и заботиться об их благополучии, глаз бессмысленно пялился на них, словно бы ему не было никакого дела до несчастий сирот и он не мог ничего для них сделать. Приглядевшись, можно было различить скрытые в изображении глаза буквы «Г.П.В.», и это напомнило Солнышку о всех страшных тайнах, которые окружали троих детей, и о том, насколько далеки сироты от того, чтобы распутать стянувшие их непостижимые тенёта[1]. Однако прямо с утра трудно думать о тайнах и загадках, особенно когда на тебя кричат, и Солнышко решила все-таки послушать, что ей говорит похититель.

— Будешь, сиротка, готовить для нас и убирать, — заявил Граф Олаф. — Начнешь с приготовления завтрака. У нас впереди трудный день, и хороший завтрак придаст мне и моей труппе сил, необходимых для совершения неописуемых злодеяний.

— Плака? — спросила Солнышко, что означало нечто вроде «Как же мне приготовить завтрак на вершине открытой всем ветрам горы?», однако Граф Олаф лишь гнусно ухмыльнулся.

— Плохо, что мозги у тебя меньше зубов, мартышка, — сказал он. — Несешь всякую ерунду, как всегда.

Солнышко вздохнула, сожалея о том, что на вершине Коварной горы нет никого, кто понимал бы ее слова.

— Перевед, — возразила она, подразумевая «Если вы чего-то не понимаете, это не значит, что это ерунда».

— Ну вот, опять болтаешь, — сказал Олаф и бросил ей ключи от машины. — Доставай из багажника продукты — и вперед!

---

[1] Переносное значение старинного названия сети для ловли зверей.

Тут Солнышку пришла в голову одна мысль, которая несколько ее воодушевила.

— Секреслов, — произнесла она, что на ее языке означало «Раз уж вы меня не понимаете, я, само собой, могу говорить все, что пожелаю, а вам и в голову не придет, что я имею в виду».

— Надоели мне твои дурацкие высказывания, — бросил Граф Олаф.

— Руммель, — ответила Солнышко, что означало «Мне представляется, что вам срочно нужна ванна, а одеты вы крайне нелепо».

— Помолчи хоть секунду! — приказал Граф Олаф.

— Корнеплод, — сообщила Солнышко, что означало «Вы нехороший, злой человек, который ни капельки не заботится об окружающих».

— Заткнись! — взревел Граф Олаф. — Заткнись и иди готовить!

Солнышко выбралась из кастрюли и встала на ноги, глядя на заснеженную землю, но так, чтобы негодяй не заметил, как она улыбается. Насмешничать нехорошо, но Солнышку показалось, что подшутить над столь злым и гнусным человеком, как Граф Олаф, не так уж и дурно, и пружинистым шагом направилась к автомобилю Графа Олафа. Это выражение здесь означает «неожиданно бодро и весело для человека, оказавшегося в когтях безжалостного негодяя на вершине горы, где было настолько холодно, что даже ближайший водопад промерз до основания».

Однако стоило Солнышку Бодлер открыть багажник, как улыбка сошла с ее лица. В обычных обстоятельствах хранить еду в автомобильном багажнике небезопасно, поскольку некоторые продукты без холодильника портятся. Однако, как обнаружила Солнышко, на Коварной горе температура упала настолько низко, что продукты, наоборот, замерзли. Все они были покрыты тонкой корочкой инея, и Солнышку пришлось забраться внутрь и стирать этот иней голыми руками, чтобы разобраться, какой завтрак можно приготовить для труппы Олафа. В багажнике обнаружились богатейшие запасы, которые Олаф украл из лагеря карнавала, но для плотного завтрака они не годились. Под гарпунной пушкой прятались банка кофе в зернах и промерзший брикет шпината, но размолоть кофе было нечем. Возле корзины для пикников и большого пакета грибов нашелся кувшин апельсинового сока, но он оказался у самой пробоины от пули, и сок смерзся в ледяную глыбу. А когда Солнышко отодвинула в сторону три куска холодного сыра, большую банку каштанов и баклажан размером с нее саму, то нашла баночку ежевичного варенья и батон, из которого можно было наделать тостов, хотя батон был такой холодный, что напоминал скорее полено, нежели то, что едят на завтрак.

— Вставайте!

Солнышко выглянула из багажника и увидела, что Граф Олаф кричит у входа в одну из палаток, которые ей пришлось поставить.

— Вставайте и одевайтесь к завтраку!

— Неужели нельзя поспать еще десять минут? — проныл человек с крюками. — Мне снился такой славный сон — будто я чихаю, не прикрывая носа и рта, и всех заражаю гриппом!

— Ни за что! — ответил Граф Олаф. — У меня для вас куча работы!

— Олаф! — укоризненно протянула Эсме Скволор, выбираясь из палатки, в которой ночевала вместе с Графом Олафом. Волосы у нее были накручены на бигуди, а одета она была в длинный халат и пушистые тапочки. — Мне же надо подумать, что надеть! Жечь штабы без актуального в нынешнем сезоне наряда немодно!

Солнышко в багажнике ахнула. Она знала, что Олафу не терпится добраться до штаба Г.П.В., чтобы заполучить какие-то неопровержимые улики, но ей не приходило в голову, что охоту за уликами он будет сочетать со своей обычной пироманией. Это слово как известно означает «нездоровая любовь к пожарам, плод расстроенного ума».

— Не понимаю, зачем тебе такая прорва времени, — буркнул в ответ подруге Граф Олаф. — Я вот недели напролет хожу в одном и том же, когда не надо маскироваться, а при этом смотри, как хорош. Ну что ж, думаю, несколько минут перед завтраком у тебя есть. Когда в рабах у тебя младенцы, приходится мириться с медленным обслуживанием. — Олаф шагнул к автомобилю и поглядел на Солнышко, которая по-прежнему сидела в багажнике с батоном в руках.

— Поторапливайся, ты, большеротая, — зарычал он на Солнышко. — Мне нужен сытный завтрак, чтобы разогнать кровь в это прохладное утро.

— Невозмо! — воскликнула Солнышко. Словом «невозмо» она хотела сказать «Чтобы приготовить завтрак без электричества, мне нужен костер, а ожидать, что маленькая девочка сумеет сама разжечь костер на вершине заснеженной горы, до невозможности жестоко и до жестокости невозможно!».

Однако Олаф только лишь нахмурился.

— Твоя младенческая болтовня меня положительно раздражает, — заметил он.

— Гигиена, — отозвалась Солнышко, чтобы облегчить душу. Она имела в виду нечто вроде «К тому же вам следует стыдиться, что вы недели напролет носите одно и то же и сами не стираете свою одежду, не моетесь».

Но Олаф сердито глянул на нее и пошел обратно в палатку.

Солнышко еще раз посмотрела на продукты и постаралась все хорошенько обдумать. Даже если бы она была постарше и могла сама разжечь огонь, она все равно не стала бы этого делать, так как побаивалась пламени после пожара в особняке Бодлеров. Однако, подумав о пламени, уничтожившем их дом, Солнышко вспомнила и о том, что как-то раз сказала ей мама. Тогда они обе были на кухне: мама готовила праздничный обед, а Солнышко снова и снова бросала на пол вилку, чтобы изучить звон, который при этом слышался. Обед должен был вот-вот начаться, и мама Солнышка делала салат из черной фасоли, ломтиков манго и мелко нарезанной зелени, смешанной с черным перцем, соком лайма и оливковым маслом.

— Рецепт несложный, Солнышко, — говорила мама, — но если красиво разложить салат на парадных тарелках, все подумают, будто я трудилась весь день напролет. В кулинарии красиво подать блюдо не менее важно, чем вкусно его приготовить.

Вспомнив мамины слова, Солнышко открыла корзину для пикников, которая нашлась в багажнике Олафа, и обнаружила внутри набор дорогих тарелок, украшенных знакомым изображением глаза, и небольшой чайный сервиз. Тогда она закатала рукава — здесь это выражение означает «решительно сосредоточилась на выполнении задания, но закатывать рукава на самом деле не стала, потому что на высочайшей вершине Мертвых гор было очень холодно» — и взялась за готовку.

— Эти одеяла я постелю вместо скатерти, — донесся до Солнышка голос Графа Олафа, перекрывавший стук ее зубов.

— Отлично придумано, — послышался ответ Эсме. — Завтракать *al fresco* сейчас очень модно.

— А что это значит? — спросил Олаф.

— Разумеется, это значит «на природе», — объяснила Эсме. — Модно есть на открытом воздухе.

— Я и сам это знал, — буркнул Олаф. — Просто решил тебя проверить.

— Эй, босс! — крикнул из соседней палатки Хьюго. — Колетт не хочет делиться зубной нитью!

— От зубной нити нет никакого проку, — заметил Граф Олаф, — разве что нужно удавить человека с очень слабой шеей.

— Сделай одолжение, Кевин, — попросил человек с крюками, пока Солнышко пыталась открыть кувшин с апельсиновым соком. — Помоги причесаться. С крюками это как-то не выходит.

— А я завидую твоим крючкам, — ответил Кевин. — Без рук вообще гораздо лучше, чем с двумя одинаково сильными руками.

— Смешно даже слушать! — обиделась одна из женщин с напудренным лицом. — Мне с моим белым лицом приходится несравнимо хуже!

— Но у тебя-то лицо белое потому, что ты пудришь его, — возразила Колетт, а Солнышко тем временем выбралась из багажника и опустилась на колени прямо в снег. — Ты и сейчас пудришься.

— Неужели обязательно каждое утро ссориться? — спросил Граф Олаф, спиной вперед выбираясь из палатки с одеялом, покрытым изображениями глаз. — Эй, кто-нибудь, возьмите одеяло и накройте стол вон на том плоском камне.

Хьюго вышел из палатки, улыбаясь своему новому боссу.

— С радостью, — заверил он.

Эсме переоделась в ярко-красный комбинезон, тоже вышла на воздух и обняла Олафа.

— Сложи одеяло большим треугольником, — велела она. — Теперь так модно.

— Да, мадам, — отозвался Хьюго. — Позвольте заметить, у вас очень красивый комбинезон.

Подруга злодея покружилась, чтобы продемонстрировать наряд со всех сторон. Солнышко подняла голову от стряпни и заметила, что на спине комбинезона рядом с изображением глаза вышита буква «Б».

— Рада, что тебе нравится, Хьюго, — сказала она. — Краденый.

Граф Олаф посмотрел на Солнышко и быстро заслонил собой подругу.

— Ты на что это пялишься, а, зубастая? — спросил он. — Завтрак готов?

— Почти, — ответила Солнышко.

— От этого младенца толку никогда не добьешься, — заявил Хьюго. — Вот уж воистину карнавальный урод!

Солнышко вздохнула, однако труппа Олафа так глумливо загоготала, что вздоха никто не услышал. Гнусные сотоварищи злодея понемногу потянулись от палаток к плоскому камню, который Хьюго застелил одеялом. Одна из женщин с напудренным лицом взглянула на Солнышко и украдкой улыбнулась ей, но никто не предложил младшей Бодлер ни помочь ей приготовить завтрак, ни даже поставить на стол разрисованные глазами тарелки. Более того, негодяи столпились вокруг камня, болтая и хохоча, и предоставили Солнышку осторожно нести им завтрак, сервированный на большом подносе в форме глаза — этот поднос нашелся на дне корзины для пикников. И хотя Солнышку по-прежнему было страшно находиться в плену у Графа Олафа и тревожно за брата и сестру, она даже немного возгордилась, увидев, как Олаф и его труппа смотрят на поданную еду.

Солнышко не забыла, что говорила ее мама о важности сервировки, и, несмотря на тяжелые обстоятельства, сумела приготовить прекрасный завтрак. Во-первых, она открыла кувшин апельсинового сока и выскребла его содержимое чайной ложкой, так что получилась миска апельсиновых льдинок. Она разложила их горками по тарелкам, приготовив таким образом холодный вкусный апельсиновый лед — это блюдо принято подавать на роскошных банкетах и балах-маскарадах. Во-вторых, Солнышко тщательно сполоснула рот талой водой и разжевала кофейные зерна, а потом, разложив жеваный кофе по чашкам, взяла еще талой воды и залила его, приготовив холодный кофе — вкуснейший напиток, который мне довелось отведать в Таиланде, куда я прибыл брать интервью у одного таксиста. Кроме того, младшая Бодлер сунула холодный батон под рубашечку, чтобы согреть его, а когда он оттаял настолько, что его можно было есть, положила по ломтику на каждую тарелку, взяла чайную ложечку и намазала ломтики ежевичным вареньем. Солнышко постаралась придать варенью форму глаза, чтобы порадовать негодяев, которым предназначался завтрак. В качестве последнего штриха она взяла букетик плюща — его Граф Олаф недавно подарил своей подруге — и поставила в небольшой молочник, входивший в чайный сервиз. Молока в запасе не оказалось, и букетик служил центром композиции, что здесь означает «был тем украшением, которое ставят в середине стола, зачастую с целью отвлечь внимание от поданных блюд». Разумеется, в меню завтраков *al fresco*, сервированных на ветреных вершинах гор, редко входят апельсиновый лед и холодный кофе, а прежде чем мазать ломтики хлеба вареньем, их по традиции поджаривают, но у Солнышка не было ни огня, ни кухонного оборудования, и тем не менее она сделала все возможное в этих условиях и имела право ожидать, что Олаф и его труппа по достоинству оценят ее старания.

— Кофелед, апельсин, тосты, — объявила Солнышко.

— Это еще что такое? — подозрительно спросил Граф Олаф, заглянув в чашку. — На вид будто бы кофе, но он промерз до дна!

— А это что за оранжевая каша? — подозрительно протянула Эсме. — Я хочу роскошной модной еды, а не какую-то горстку льдинок!

Колетт взяла с тарелки кусок хлеба и подозрительно оглядела его.

— Тосты совсем холодные, — сказала она. — А разве можно есть холодные тосты?

— Нет, конечно, — ответил Хьюго. — Этот младенец наверняка хочет нас отравить!

— Вообще-то, кофе совсем неплох, хотя и крепковат, — сказала одна из женщин с напудренным лицом. — Передайте мне, пожалуйста, сахар.

— Сахар?! — так и взорвался Граф Олаф. Он вскочил, схватился за скатерть и изо всех сил дернул, так что все труды Солнышка пошли насмарку. Еда, напитки и посуда так и разлетелись во все стороны, и Солнышку пришлось пригнуться, чтобы не получить по голове шальной вилкой. — Да этому жуткому завтраку не помогут даже груды сахара! — проревел он и нагнулся, заглянув своими сверкающими глазами прямо Солнышку в лицо. — Я велел тебе приготовить славный горячий завтрак, а ты подсовываешь мне отвратительную холодную ерунду! — проорал он, выпуская изо рта зловонные облачка пара. — Неужели ты не понимаешь, как высоко мы забрались, ты, саблезубый папуас? Если я сброшу тебя с Коварной горы, ты разобьешься вдребезги!

— Олаф! — одернула его Эсме. — Ты меня поражаешь! Неужели ты не понимаешь, что, если мы сбросим Солнышко с горы, наследства Бодлеров нам не видать как своих ушей? Ради нашей главной цели нужно, чтобы Солнышко была жива!

— Да-да, ты права, — поспешил согласиться Граф Олаф. — Я вовсе не собираюсь сбрасывать сироту с горы. Просто хотел ее припугнуть. — Он жестко ухмыльнулся и повернулся к человеку с крюками. — Иди к замерзшему водопаду, — велел он, — и проткни крюком дыру во льду. В Порченом потоке полно лосося. Налови рыбы на всех, а младенца мы заставим ее приготовить, и у нас наконец-то будет нормальная еда.

— Отлично придумано, Олаф, — ответил крюкастый, вставая и направляясь к обледенелому склону. — Находчивости у вас столько же, сколько и ума.

— Сакесуши, — тихо заметила Солнышко, что значило «Не думаю, что сырой лосось придется вам по вкусу».

— Прекрати лепетать и вымой посуду, — приказал Олаф. — Она вся перемазана твоей мерзостной едой.

— Знаете, Олаф, дело, конечно, не мое, но, может быть, стоит поручить готовку кому-то другому? — сказала одна из женщин с напудренным лицом, та, которая просила сахар. — Наверное, такому маленькому ребенку трудно приготовить горячий завтрак без огня.

— Но ведь огонь здесь есть, — послышался глубокий низкий голос, и все обернулись посмотреть, кто это.

Быть окруженным зловещей аурой — все равно что держать дома хорька: такое не каждый день встретишь, а если встретишь, сразу захочется спрятаться под кофейный столик. Зловещая аура — всего-навсего особое ощущение, возникающее в присутствии некоторых людей. Но лишь немногие злы настолько, что аура, которая их окружает, сразу ощутима. Так, например, зловещая аура Графа Олафа была настолько сильна, что все трое Бодлеров почувствовали ее при первой же встрече. Однако многие другие люди так и не поняли, с каким мерзавцем имеют дело, даже когда Граф Олаф, угрожающе сверкая глазами, оказывался с ними лицом к лицу. Но когда на высочайшую вершину Мертвых гор прибыли два гостя, не заметить их зловещую ауру было невозможно. Увидев их, Солнышко ахнула. Эсме Скволор содрогнулась под комбинезоном. Труппа Олафа, все до единого, кроме человека с крюками, который был поглощен ловлей лосося и поэтому, к счастью для себя, пропустил появление гостей, опустили глаза на заснеженную землю, чтобы больше не смотреть на вновь прибывших. Даже сам Граф Олаф, казалось, занервничал, когда некий мужчина, некая женщина и их зловещая аура стали понемногу приближаться к нему. И даже я по прошествии столь долгого времени так отчетливо ощущаю эту ауру, просто описывая ее, что не осмеливаюсь привести здесь имена этих людей и предпочитаю называть их так, как говорят о них те немногие, кто отваживается их упомянуть, — «мужчина с бородой, но без волос» и «женщина с волосами, но без бороды».

— Рады видеть тебя, Олаф, — продолжил глубокий голос, и Солнышко обнаружила, что голос принадлежит женщине чрезвычайно вероломного вида. Облачена женщина была в костюм, сшитый из необычного ярко-синего блестящего материала и украшенный двумя большими простеганными оплечьями. Женщина тащила за собой деревянные сани — это слово здесь означает средство транспорта на полозьях, способное вместить сразу несколько человек, — которые оглушительно скребли по промерзшей земле. — Я боялась, Олаф, что ты попался властям.

— А ты прекрасно выглядишь, — сказал мужчина с бородой, но без волос. Одет он был в точности так же, как и женщина с волосами, но без бороды, однако голос у него оказался сиплый, словно он кричал часы напролет и теперь почти не мог говорить. — Давно не виделись. — И мужчина улыбнулся Олафу ледяной улыбкой, которая была холоднее горной вершины. Затем остановился и помог женщине прислонить сани к тому самому камню, на котором Солнышко подавала завтрак. Младшая Бодлер увидела, что сани украшены знакомым изображением глаза и оснащены кожаными ремнями.

Граф Олаф покашлял в кулак, как иногда делают, если не знают, что сказать.

— Привет, — несколько нервно проговорил он. — Вы что-то говорили про огонь, я не ослышался?

Мужчина с бородой, но без волос и женщина с волосами, но без бороды переглянулись и одновременно рассмеялись, отчего Солнышку пришлось закрыть уши ладонями.

— Разве вы не заметили, что тут нет снежных комаров? — спросила женщина с волосами, но без бороды.

— Заметили, — отозвалась Эсме. — Но я решила, что снежные комары больше не в моде.

— Не говори глупостей, Эсме, — сказал мужчина с бородой, но без волос. Он нагнулся и поцеловал Эсме руку, отчего подруга злодея вздрогнула, — Солнышко это ясно видела. — Комаров нет, потому что они чуют запах дыма.

— А я ничего не чую, — удивился Хьюго.

— Ну, если бы ты был крошечным насекомым, ты бы и чувствовал по-другому, — ответила женщина с волосами, но без бороды. — Если бы ты был снежным комаром, то уловил бы запах дыма от штаба Г.П.В.

— Мы оказали тебе любезность, Олаф, — сказал мужчина. — Мы сожгли все дотла.

— Ойнет! — закричала, не сдержавшись, Солнышко. Этим «ойнет!» она хотела сказать нечто вроде «Я от души надеюсь, что это неправда, потому что мы с братом и сестрой хотели попасть в штаб Г.П.В., распутать все тайны и, быть может, разыскать одного из наших родителей». Но она вовсе не собиралась говорить это вслух.

Гости опустили глаза и поглядели на младшую Бодлер, распространив зловещую ауру и на нее.

— Что это? — спросил мужчина с бородой, но без волос.

— Это младшая Бодлер, — ответила Эсме. — Остальных двоих мы уничтожили, а эту оставили при себе для мелких поручений, пока не сумеем завладеть бодлеровским состоянием.

Женщина с волосами, но без бороды кивнула.

— Держать малолетних слуг очень утомительно, — заметила она. — У меня был слуга-малолетка — очень давно, еще до раскола.

— До раскола? — переспросил Олаф, и Солнышко пожалела, что здесь нет Клауса, так как она не знала, что означает слово «раскол». — И вправду давным-давно. Тот малолетка наверняка уже вырос.

— Не обязательно. — Женщина снова рассмеялась, а ее спутник наклонился и внимательно оглядел Солнышко. Смотреть в глаза мужчине с бородой, но без волос Солнышко не могла и поэтому стала разглядывать его сверкающие туфли.

— Так, значит, это Солнышко Бодлер, — проговорил мужчина странным сиплым голосом. — Что ж. Я премного наслышан об этой маленькой сиротке. Бед от нее едва ли не больше, чем от ее родителей. — Он снова выпрямился и посмотрел на Олафа. — Но справляться с бедами мы умеем, верно ведь? Огонь — лучшее в мире средство от любой беды!

Он захохотал, и женщина с волосами, но без бороды тоже захохотала. Граф Олаф тоже разразился нервным хохотом, а потом наградил свою труппу свирепым взглядом, и труппа сразу тоже захохотала, а Солнышко оказалась в середине кольца громадных хохочущих негодяев.

— Это было просто чудесно, — сказала женщина с волосами, но без бороды. — Сначала мы сожгли кухню. Потом столовую. Потом гостиную, центр маскировки, кинозал и конюшни. Затем мы двинулись в гимнастический зал и в тренажерный центр, в гараж и во все шесть лабораторий. Мы сожгли спальни и учебные классы, комнату отдыха, театр и концертный зал, а еще музей и стойку с мороженым. Потом мы сожгли репетиционные студии, испытательные центры и бассейн, а это было совсем не просто. Потом мы сожгли все ванные и, наконец, вчера вечером библиотеку Г.П.В. Это понравилось мне больше всего — кругом книги, книги, книги, и все как одна превращаются в пепел, и теперь уж никто не сможет их прочитать. Жаль, что тебя там не было, Олаф! Мы каждое утро разжигали пожар, а каждый вечер праздновали — откупоривали бутылку вина и играли в настольные игры. Почти месяц не снимали огнеупорных костюмов. Чудное было время!

— А почему вы жгли штаб по частям? — полюбопытствовал Граф Олаф. — Если я что-нибудь жгу, то уж разом всё...

— Мы не могли сжечь штаб разом, — ответил мужчина с волосами, но без бороды. — Нас бы заметили. Не забывай, нет дыма без огня.

— Но ведь если вы жгли штаб, комнату за комнатой, все волонтеры наверняка спаслись! — воскликнула Эсме.

— Их там уже не было, — объяснил мужчина и поскреб затылок — там, где могли быть волосы. — Штаб был пуст. Словно они откуда-то знали, что мы вот-вот появимся. Ну, всех все равно не победишь.

— Может, нам удастся поймать кого-то, когда мы сожжем лагерь карнавала, — заметила женщина низким глубоким голосом.

— Лагерь карнавала? — нервно переспросил Олаф.

— Да, конечно, — подтвердила женщина и поскребла там, где у нее могла бы быть борода. — Члены Г.П.В. спрятали важную улику в статуэтку, которую продали на Карнавале Калигари, так что нам надо будет его сжечь.

— А я его уже сжег, — сказал Граф Олаф.

— Целиком? — удивилась женщина.

— Целиком, — нервно улыбнулся Олаф.

— Поздравляю, — промурлыкала женщина. — А ты, Олаф, лучше, чем я думала.

Граф Олаф явно успокоился, как будто не знал, чего ждать от этой женщины — похвалит она его или обругает.

— Это все ради главной цели, — заметил он.

— У меня есть для тебя награда, Олаф, — сказала женщина.

Солнышко увидела, как она, пошарив в кармане костюма, вынула из него перевязанную толстой веревкой стопку бумаги. Бумага была совсем истертая, словно много раз переходила из рук в руки и ее без конца перепрятывали, а может быть, даже делили на несколько частей, возили по городу в конных повозках, а потом снова складывали вместе — в полночь, в книжной лавке, замаскированной под кафе, замаскированное под магазин спортивных товаров. Глаза Графа Олафа засверкали и вытаращились, а грязные пальцы потянулись к бумаге, точно это было состояние Бодлеров.

— Сникетовское досье! — приглушенным шепотом проговорил он.

— Целиком, — подтвердила женщина. — Все до единого чертежи, карты и фотографии из единственного досье, которое может привести нас всех за решетку.

— Целиком, кроме, разумеется, тринадцатой страницы, — пояснил мужчина. — Мы же знаем, что Бодлеры украли эту страницу из Кошмарной клиники.

Гости уставились на Солнышко Бодлер, которая вся съежилась от ужаса.

— Суршми, — пробормотала она. Ей хотелось сказать нечто вроде «У меня ее нет, она у моих брата и сестры», но переводчик оказался ни к чему.

— Бумага была у старших сирот, — сказал Олаф, — но я совершенно уверен, что они погибли.

— Тогда все наши трудности развеялись вместе с дымом, — сказала женщина с волосами, но без бороды.

Граф Олаф схватил досье Сникета и прижал его к груди, словно это был новорожденный младенец, хотя злодей был не из тех, кто стал бы нежно относиться к новорожденным детям.

— Это лучшая награда в мире, — сказал он. — Пойду прочитаю его прямо сейчас.

— Мы прочитаем его вместе, — возразила женщина с волосами, но без бороды. — В нем раскрываются тайны, о которых нужно знать нам всем.

— Но сначала я хочу подарить кое-что и твоей подруге, Олаф, — сказал мужчина с бородой, но без волос.

— Мне? — спросила Эсме.

— Я нашел это в одной из комнат штаба, — объяснил мужчина. — Никогда ничего подобного не видел, но с тех пор, как я был волонтером, много воды утекло. — И он с хитрой улыбкой вытащил из кармана небольшую пурпурную трубочку.

— Это что? — спросила Эсме.

— Думаю, сигарета, — ответил мужчина.

— Сигарета! — обрадовалась Эсме, улыбнувшись даже шире, чем Олаф. — Как это модно!

— Надеюсь, тебе понравится, — сказал мужчина. — Попробуй. У меня тут достаточно спичек.

Мужчина с бородой, но без волос поджег кончик пурпурной трубочки и протянул ее подруге Олафа, а та схватила ее и сунула в рот. В воздухе разлился резкий запах, словно от пригорелых овощей, и Эсме Скволор закашлялась.

— В чем дело? — низким голосом спросила женщина. — Я думала, тебе нравится то, что сейчас в моде.

— Нравится, — кивнула Эсме и закашлялась еще сильнее.

Солнышко вспомнила о мистере По, который вечно кашлял в свой платок, а Эсме все кашляла и кашляла и наконец уронила пурпурную трубочку на землю, где из нее повалил густой пурпурный дым.

— Я люблю сигареты, — объяснила она мужчине с бородой, но без волос, — но предпочитаю длинные мундштуки, потому что мне совсем не нравится вкус и запах, и к тому же курить очень вредно.

— Сейчас речь не об этом, — нетерпеливо сказал Граф Олаф. — Пошли ко мне в палатку, прочитаем досье. — И он направился к палатке, но остановился и свирепо глянул на сотоварищей, которые потянулись за ним. — А вы тут ни при чем, — заявил он. —

В этом деле раскрываются тайны, о которых вам знать не положено.

Зловещие гости засмеялись, забрались в палатку вслед за Эсме и Графом Олафом и опустили полог. Солнышко стояла вместе с Хьюго, Колетт, Кевином и двумя женщинами с напудренными лицами и молча глядела им вслед, выжидая, когда развеется зловещая аура.

— Что это за люди? — спросил крюкастый, и все обернулись и увидели, что он вернулся с рыбалки. С его крюков свисало по четыре лосося, с которых капала вода Порченого потока.

— Не знаю, — ответила одна из женщин с напудренным лицом. — Но я от них начинаю ужасно нервничать.

— Если они друзья Графа Олафа, — спросил Кевин, — то они такие же скверные, как он, или еще хуже?!

Труппа переглянулась, но отвечать на вопрос человека с равнодействующими руками никто не стал.

— А что имел в виду тот человек, когда говорил «Нет дыма без огня»? — спросил Хьюго.

— Не знаю, — сказала Колетт.

Подул холодный ветер, и Солнышко увидела, как Колетт изогнулась настолько причудливо, что стала почти словно дым пурпурной трубочки, которую курила Эсме.

— Забудьте о подобных вопросах, — сказал крюкастый. — У меня другой вопрос: как ты, сиротка, собираешься приготовить лососину?

Крюкастый выжидательно глядел на Солнышко, однако младшая Бодлер ответила ему не сразу. Солнышко задумалась, и то, над чем она задумалась, преисполнило бы Вайолет и Клауса гордостью за нее. Клаус гордился бы ею, потому что она задумалась над выражением «Нет дыма без огня» и о том, что бы оно могло означать. А Вайолет гордилась бы Солнышком, потому что младшая Бодлер думала еще и о лососях, которых принес человек с крюками, и о том, что бы такое изобрести, чтобы выпутаться из беды. Солнышко смотрела на крюкастого и думала изо всех сил, и у нее было такое чувство, словно ее брат и сестра здесь, рядом, — Клаус помогает ей понять, что значит это выражение, а Вайолет — кое-что изобрести.

— А ну, девчонка, отвечай, младенец! — зарычал человек с крюками. — Что ты собираешься нам приготовить из этой рыбы?

— Гриль! — ответила Солнышко — как будто бы на вопрос ответили сразу трое Бодлеров.

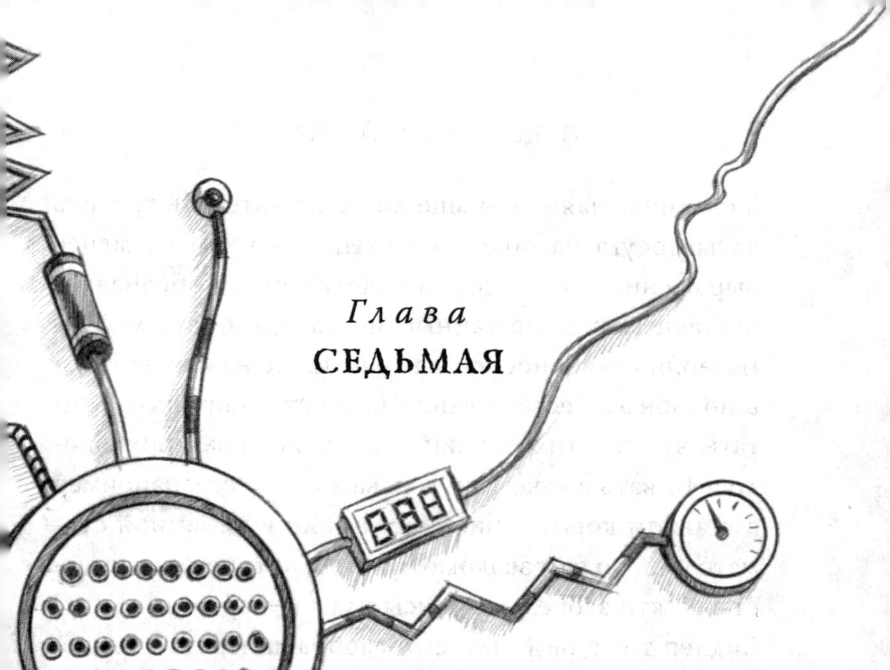

Глава

СЕДЬМАЯ

ОДИН мой знакомый написал роман под названием «За кулисами власти». В нем разные люди задаются вопросом, почему мир полон скверны и опасностей, и спрашивают друг друга, есть ли еще на свете те, у кого хватит достоинства и прямоты, чтобы не дать планете скатиться в бездну отчаяния. Я несколько лет не брал в руки этого романа, поскольку с меня было довольно всех этих разговоров о том, что мир полон скверны и опасностей, и о том, есть ли еще на свете те, у кого довольно достоинства и прямоты, чтобы не дать планете скатиться в бездну отчаяния, и мне вовсе не хотелось тратить часы досуга на подобное чтение, но тем не менее выражение «за кулисами власти» стало обозначать негласные и даже тайные места, где обсуждаются материи судьбоносной важности. Не важно, есть ли в подобных местах кулисы или нет, — принято считать, что там тихо и таинственно. Если вам приходилось бывать в каком-нибудь важном месте, например в главном корпусе библиотеки или в приемной стоматолога, то вам знакомо чувство, которое охватывает тех, кто забрел за кулисы власти. Вайолет и Клаус Бодлер тоже ощутили его, взобравшись по Главной противопожарной вертикали и вслед за загадочным скаутом в свитере выбравшись в тайный проход. Брат и сестра даже сквозь маски чувствовали, что находятся в важном месте, хотя на вид это был всего лишь сумрачный извилистый коридор с небольшим зарешеченным окошком в потолке, сквозь которое лился утренний свет.

— Сюда выходит дым от костра Снежных скаутов, — прошептал загадочный скаут, указав на потолок. — Эта решетка ведет в самую середину Главного перекрестка ветров, так что все ветра сразу развеивают дым. Г.П.В. не хочет, чтобы кто-нибудь заметил этот дым.

— Нет дыма без огня, — сказала Вайолет.

— Это правда, — кивнул скаут. — Стоит кому-нибудь увидеть дым, поднимающийся над самыми вершинами гор, и он сразу заподозрит неладное и решит разведать, в чем дело. Я даже обнаружил одно устройство, которое работает именно по этому принципу. — Он порылся в рюкзаке и вытащил небольшую прямоугольную коробочку, набитую небольшими пурпурными трубочками, — в точности такой мужчина с бородой, но без волос угостил Эсме Скволор.

— Спасибо, я не курю, — сказала Вайолет.

— Я тоже, — ответил скаут. — Только это не сигареты. Это горючие пурпурные возжигатели. Стоит зажечь такую трубочку, и поднимется темно-пурпурный дым, так что другие волонтеры поймут, где ты находишься.

Клаус взял у скаута коробочку и, прищурясь в полумраке, оглядел ее.

— Я уже видел такую коробочку — в ящике папиного стола, — сказал Клаус. — Я искал там ножик для открывания писем. Я еще подумал, что это очень странно: ведь папа не курил.

— Наверное, он их прятал, — предположила Вайолет. — Но почему надо было держать это в тайне?

— Но ведь и общество тоже тайное, — заметил скаут. — Мне было очень трудно разузнать, где находится его штаб.

— И нам тоже, — подтвердил Клаус. — Мы разыскали его на зашифрованной карте.

— Мне пришлось нарисовать собственную карту, — сказал скаут и сунул руку в карман свитера. Он зажег фонарик, и Бодлеры увидели записную книжку в темно-лиловом переплете.

— Что это? — спросила Вайолет.

— Записная книжка, — ответил скаут. — Когда я обнаруживаю что-то интересное или важное, то сразу же записываю. Получается, что все важные сведения хранятся в одном месте.

— Надо мне тоже завести такую книжку, — сказал Клаус. — А то бумажки уже в карманы не помещаются.

— Опираясь на сведения, почерпнутые из книги доктора Монтгомери и некоторых других сочинений, мне удалось нарисовать карту, по которой можно отсюда выйти. — Скаут открыл лиловую записную книжку, пролистал несколько страничек и нашел небольшой, но изящный план пещеры, Главной противопожарной вертикали и коридора, в котором находились старшие Бодлеры и их загадочный друг. — Вот поглядите, — сказал он, проводя пальцем вдоль коридора. — Здесь проход разделяется надвое.

— Какая прекрасная карта, — сказала Вайолет.

— Спасибо, — отозвался скаут. — Я увлекаюсь картографией уже довольно давно. Смотрите: если мы пойдем налево, то попадем в небольшое помещение, в котором хранят сани и спортивное снаряжение, — по крайней мере, так говорится в газетной заметке, которая попала мне в руки. А если мы пойдем направо, то упремся в Глагольно перекрытый вход, который должен вести в штабную кухню. Можем попасть туда, как раз когда вся организация будет завтракать.

Бодлеры переглянулись сквозь маски, и Вайолет положила руку на плечо брату. Они не осмелились высказать вслух надежду на то, что один из родителей может оказаться прямо за углом.

— Идем, — шепнула Вайолет.

Скаут молча кивнул и повел Бодлеров по коридору, где с каждым шагом, казалось, все сильнее и сильнее холодало. От Брюса и Снежных скаутов они ушли уже настолько далеко, что можно было не шептаться, однако все трое, шагая по сумрачному кривому коридору, молчали, ощущая закулисье власти. Наконец они уперлись в металлическую дверь со странным устройством вместо ручки. Устройство это несколько напоминало громадного паука, от которого во все стороны разбегались извитые провода, только вместо головы у паука была клавиатура от пишущей машинки. Несмотря на то что Вайолет не терпелось попасть в штаб, ее изобретательский ум заинтересовался загадочным устройством, и она наклонилась поглядеть, что это такое.

— Подожди, — сказал скаут в свитере, останавливая ее протянутой рукой. — Это кодовый замок. Если мы не сможем подобрать код, то не сумеем попасть в штаб.

— А как он работает? — спросила Вайолет, поеживаясь от холода.

— Точно не знаю, — признался скаут и снова вытащил записную книжку. — Но эта дверь называется Глагольно перекрытый вход, так что…

— Так что замок открывается словами, — закончил Клаус. — Ведь глагол — не только часть речи, которая обозначает действие или состояние, но и слово вообще.

— Конечно, — кивнула Вайолет. — Видите, эти витые провода уходят под дверные петли? Петли не повернутся, пока не напечатаешь на клавиатуре нужную последовательность букв. Букв больше, чем цифр, поэтому подобрать буквенный код труднее.

— Об этом я читал, — подтвердил скаут, глядя на страничку в записной книжке. — Нужно напечатать три условных словосочетания подряд. Каждый сезон словосочетания меняются, так что волонтеры вынуждены держать в голове уйму информации. Первое, что надо напечатать, — это имя ученого, который широко известен как первооткрыватель силы тяжести...

— Это просто, — сказала Вайолет и отстучала «С-э-р-и-с-а-а-к-н-ь-ю-т-о-н» — имя ученого-физика, которым она восхищалась с раннего детства. Едва она напечатала последнюю букву, как внутри клавиатуры раздалось приглушенное позвякивание, словно бы устройство разогревалось.

— Второе — латинское название пантер-волонтеров, — продолжал скаут. — Ответ я нашел в «Любопытных явлениях в Мертвых горах». Они называются *Panthera Leo*. — Он склонился над клавиатурой и напечатал «P-a-n-t-h-e-r-a-L-e-o». Раздалось тихое жужжание, и дети увидели, что провода у петель еле заметно задрожали.

— Начинает открываться, — сказала Вайолет. — Надеюсь, у меня будет возможность изучить это изобретение.

— Давайте сначала попадем в штаб, — возразил Клаус. — Какое третье словосочетание?

Скаут со вздохом перевернул страничку в записной книжке.

— Точно не знаю, — признался он. — Один волонтер сказал мне, что это главная тема романа Льва Толстого «Анна Каренина», но у меня еще не было случая прочесть эту книгу.

Вайолет знала, что ее брат улыбнулся, хотя его лица не было видно под маской. Она вспомнила события одного лета — это было давным-давно, когда Клаус был совсем маленький, а Солнышко еще даже не родилась. Каждое лето их мама читала какую-нибудь длинную-предлинную книгу и шутила, что в жару ей нравится только одно физическое упражнение — поднимать тяжелые книги. В то лето, о котором думала Вайолет, миссис Бодлер решила прочитать «Анну Каренину», а Клаус просиживал у мамы на коленях все долгие часы, когда она читала. Средний Бодлер тогда еще не очень хорошо умел читать, но мама помогала ему разобраться с длинными словами и время от времени объясняла повороты сюжета. И таким образом, Клаус вместе с мамой прочел историю госпожи Карениной, чей возлюбленный обращался с нею настолько дурно, что она была вынуждена броситься под поезд. Бóльшую часть того лета Вайолет провела за изучением законов термодинамики и за постройкой миниатюрного вертолета, который она собрала из взбивалки для яиц и старой медной проволоки, но старшая Бодлер не сомневалась, что Клаус вспомнит главную тему романа, который он прочитал, сидя на коленях у мамы.

— Главная тема «Анны Карениной», — сказал он, — заключается в том, что сельская жизнь, построенная по простым морально-этическим законам, несмотря на однообразие, для человека предпочтительнее безоглядного погружения в пучины страсти, которое ведет исключительно к трагедии.

— Это очень длинная тема, — покачал головой скаут.

— Это очень длинная книга, — ответил Клаус. — Но я могу работать быстро. Мы с сестрой однажды буквально в одну секунду напечатали длинную телеграмму.

— Жаль, что она не дошла по назначению, — тихо заметил скаут, но средний Бодлер уже вовсю стучал по клавишам.

Когда Клаус напечатал «сельская жизнь», что здесь означает «жизнь помещика в глубинке», провода начали извиваться, словно черви на тропе после дождя, а к тому времени, как Клаус напечатал «морально-этическим», что здесь означает «нравственным», дверь затряслась, словно нервничала не меньше, чем Бодлеры. Наконец Клаус отстучал «к-т-р-а-г-е-д-и-и», и трое детей сделали шаг назад, но дверь не открылась, а, наоборот, прекратила трястись, провода замерли и настала мертвая тишина.

— Не открывается, — сказала Вайолет. — Наверное, у «Анны Карениной» Льва Толстого другая главная тема.

— Судя по всему, устройство работало до последнего слова, — заметил скаут.

— Может быть, механизм заело, — предположила Вайолет.

— А может быть, безоглядное погружение в пучины страсти ведет к чему-нибудь другому, — сказал скаут, и отчасти этот загадочный человек был прав.

Безоглядное погружение в пучины страсти — выражение, относящееся к людям, следующим велениям собственного сердца, и, подобно людям, которые следуют велениям собственного разума, или людям, которые следуют советам окружающих, или людям, которые следуют указаниям таинственного незнакомца в синем плаще, люди, безоглядно погружающиеся в пучины страсти, достигают самых разнообразных результатов. Например, если вам когда-либо случится читать книгу под названием «Библия», то вы найдете там историю об Адаме и Еве, которые безоглядно погрузились в пучины страсти и в результате впервые в жизни облачились в одежду, чтобы покинуть сад, где они обитали, поскольку там завелись змеи. Другая прославленная пара, безоглядно погрузившаяся в пучины страсти, — Бонни и Клайд, — обнаружила, что такой ход позволил им сделать успешную, хотя и краткую карьеру в деле ограбления банков. Что же касается меня самого, то те несколько раз, когда я безоглядно погружался в пучины страсти, кончались всякого рода неприятностями — от клеветнического обвинения в поджоге до сломанной запонки, которую мне так и не удалось починить. Однако в данном конкретном случае, когда Бодлеры стояли у Глагольно перекрытого входа, рассчитывая попасть в штаб Г.П.В., спасти сестричку и выяснить, действительно ли один из их родителей остался в живых, прав оказался не скаут в свитере, а Бодлеры, поскольку в романе Льва Толстого «Анна Каренина» безоглядное погружение в пучины страсти привело, как сказал Клаус, исключительно к трагедии, а механизм, как сказала Вайолет, заело, и через несколько секунд дверь с долгим зловещим скрипом распахнулась. Дети шагнули за порог, щурясь от неожиданно яркого света, — и окаменели. Если вы дочитали горестную историю Бодлеров до этого места, то не будете удивлены, узнав, что штаба Г.П.В. на Главном перекрестке ветров в Мертвых горах более не существовало, но Вайолет и Клаус, само собой, собственной истории не читали. Они жили в собственной истории, и частью их истории оказалось то, что их замутило от ужаса при виде открывшейся им картины.

Глагольно перекрытый вход не вел в кухню — больше не вел. Шагнув за порог вслед за таинственным скаутом, Бодлеры оказались на краю чего-то, на первый взгляд похожего на просторное поле, поросшее черными погибшими злаками и расположенное в долине столь же ветреной, сколь и ее название. Но мало-помалу они разглядели обугленные руины роскошного громадного здания, которое некогда стояло там, где теперь стояли дети. Рядом, перед остатками кухонной плиты, валялась груда столовых приборов, уцелевших при пожаре, а с другой стороны, словно охраняя обугленное пепелище кухни, высился холодильник. Неподалеку виднелась груда горелой древесины, некогда бывшая большим обеденным столом, а на ее вершине торчал, словно крошечное деревце, оплавленный канделябр. В отдалении дети увидели загадочные очертания других предметов, уцелевших в огне: тромбон, маятник напольных часов, нечто похожее на перископ или, может быть, подзорную трубу, ложку для мороженого, одиноко венчавшую груду пепла, покрытую коркой жженого сахара, и железную арку, украшенную надписью «Библиотека Г.П.В.». Но за нею не было ничего, кроме бесконечного нагромождения обугленного мусора. Зрелище было удручающее, и у Клауса и Вайолет возникло чувство, словно они остались одни в мире, лежащем в руинах. Из всего, что они видели, огонь не затронул лишь отвесную белую стену за холодильником — она уходила вверх, насколько хватало глаз. Бодлерам потребовалось несколько секунд, чтобы сообразить, что это замерзший водопад, который скользким склоном высился до самого источника Порченого потока на Коварной горе. Склон сверкал такой белизной, что рядом с ним пепелище штаба казалось еще чернее.

— Наверное, тут было очень красиво, — дрожащим голосом произнес скаут в свитере. Он направился к водопаду, с каждым шагом поднимая облака черной пыли. — Я читал, что здесь было большое окно. —

Он взмахнул рукой в перчатке так, словно окно было на месте. — Когда наступала ваша очередь готовить, можно было глядеть в окно, нарезая овощи или подогревая соус. Этот вид был призван навевать покой. А прямо за окном находился механизм, который превращал часть воды из озерца в пар. Пар поднимался вверх и окутывал штаб, так что его не было видно под покровом тумана.

Бодлеры подошли к скауту и посмотрели на замерзшее озерцо у подножия водопада. От озерца отходили два рукава — слово это здесь означает ответвления реки или ручья, которые расходятся в разные стороны и огибают руины штаба, а затем, извиваясь, исчезают в Мертвых горах. Вайолет и Клаус печально глядели на ледяные черно-серые изгибы, которые они заметили, когда шли вдоль Порченого потока.

— Это был пепел, — тихо проговорил Клаус. — Пепел от пожара падал в озеро у подножия водопада, а поток его уносил.

Вайолет поняла, что разговор о потоке ей перенести легче, чем страшное огорчение.

— Но ведь озерцо промерзло до дна, — возразила она. — Поток ничего не мог унести.

— Наверное, когда это случилось, озеро оттаяло, — ответил Клаус. — Его растопил пожар.

— Ужасное, должно быть, было зрелище, — сказал скаут в свитере.

Вайолет и Клаус застыли рядом с ним, представив себе геенну — что здесь означает ужасный пожар, уничтоживший тайный штаб высоко в горах. Они так и слышали звон лопающегося в окнах стекла и потрескивание пламени, пожирающего все на своем пути. Им так и чудился густой запах черного дыма, поднимающегося к небесам и черной пеленой затягивающего солнце, и так и виделось, как падают с пылающих полок, рассыпаясь в прах, книги в библиотеке. Дети не могли представить себе только одного — кто был в штабе, когда начался пожар, и кому пришлось выбегать на мороз, чтобы спастись от огня.

— Как вы думаете, — робко начала Вайолет, — кто-то из волонтеров...

— Судя по всему, здесь никого не было, — быстро сказал скаут.

— Но мы же точно не знаем! — воскликнул Клаус. — Может быть, кто-то из уцелевших сейчас находится здесь?!

— Эй! — закричала Вайолет, оглядывая угли. — Э-ге-гей!

Глаза у нее были полны слез, ведь она звала тех, кого рядом совершенно точно не было. Старшая Бодлер чувствовала себя так, словно звала их с того самого ужасного дня на пляже и словно они давно уже должны были откликнуться на ее зов. Она вспоминала, как звала их — еще когда жила с братом и сестрой в особняке Бодлеров. Иногда она звала их, когда хотела показать новое изобретение. Иногда она звала их, чтобы сообщить, что она уже дома. А иногда она звала их просто потому, что хотела узнать, где они. А часто

Вайолет всего-навсего хотелось их увидеть и почувствовать, что, пока они рядом, она в безопасности.

— Мама! — звала Вайолет Бодлер. — Папа!

Ответа не было.

— Мамочка! — звал Клаус. — Папочка!

Бодлеры не слышали ничего, кроме воя всех ветров перекрестка и долгого скрипа закрывшегося за ними Глагольно перекрытого входа. Они обнаружили, что дверь замаскирована под скалу, так что они даже не видели, откуда пришли, и не знали, как туда вернуться. Они оказались совсем-совсем одни.

— Я знаю, мы все надеялись найти в штабе людей, — тихо произнес скаут в свитере, — но мне кажется, здесь никого нет. По-моему, мы тут совершенно одни.

— Это невозможно! — закричал Клаус, и Вайолет услышала, что он плачет. Клаус порылся под многочисленными слоями одежды и вытащил из кармана страницу тринадцать из дела Сникета, которую держал при себе с тех пор, когда Бодлеры обнаружили ее в Кошмарной клинике. На этой странице была фотография их родителей, стоявших рядом с Жаком Сникетом и еще одним человеком, которого Бодлеры не опознали, а над фотографией было написано предложение, которое Клаус читал столько раз, что выучил наизусть. — «Основываясь на фактах, обсуждаемых на странице девять, — прочел он, захлебываясь слезами, — эксперты подозревают, что в пожаре, скорее всего, уцелел один человек, однако местонахождение оставшегося в живых неизвестно». — Клаус подошел к скауту и потряс страницей у него перед лицом. — Мы думали, что оставшийся в живых находится здесь! — закричал он.

— Я думаю, что один оставшийся в живых действительно находится здесь, — тихо ответил скаут и наконец снял маску, чтобы показать лицо. — Я Куигли Квегмайр, — сказал он. — Я остался в живых, когда пожар уничтожил мой дом, и надеялся найти здесь моих брата и сестру.

Глава
ВОСЬМАЯ

НЕВЕРОЯТНО, но факт: люди очень часто говорят заведомые глупости. Если у вас, к примеру, спросят, как вы поживаете, вы, скорее всего, машинально ответите: «Спасибо, хорошо», хотя на самом деле только что провалили экзамен или едва уцелели после нападения на вас бешеного быка. Если ваш приятель твердит, что не понимает, куда запропастились его ключи, и уже повсюду искал, можете быть уверены, смотрел он не повсюду, а лишь кое-где. Однажды я сказал женщине, которую очень любил: «Не сомневаюсь, что скоро все неприятности кончатся и мы с тобой будем жить долго и счастливо», хотя на самом деле я подозревал, что дальше все будет только хуже. Вот и двое старших Бодлеров, стоя лицом к лицу с Куигли Квегмайром,

неожиданно для себя обнаружили, что говорят заведомые глупости.

— Ты же погиб! — воскликнула Вайолет и стянула маску, чтобы видеть его как следует.

Однако перед ними стоял именно Куигли, хотя раньше Бодлеры с ним не встречались. Он был настолько похож на Дункана и Айседору, что сомнений не оставалось: это мог быть только третий тройняшка Квегмайр.

— Ты же сгорел вместе с родителями! — воскликнул Клаус, но, снимая маску, он знал, что это не так. Куигли даже улыбался Бодлерам совершенно такой же улыбкой, как и его брат и сестра.

— Нет, — ответил Куигли. — Я уцелел и с тех пор ищу своих брата и сестру.

— Но как тебе это удалось? — спросила Вайолет. — Дункан и Айседора говорили, что дом сгорел дотла!

— Так оно и было, — грустно кивнул Куигли. Он посмотрел на замерзший водопад и тяжело вздохнул. — Видимо, я должен начать с самого начала. Я сидел в семейной библиотеке и изучал карту Конечного леса, когда услышал звон стекла и крики. В комнату вбежала мама и сказала, что в доме пожар. Мы попытались выйти через парадный вход, но в вестибюле было так дымно, что мама повела меня обратно в библиотеку и подняла угол ковра. Под ним оказался потайной лаз. Мама велела мне ждать внизу, пока она не приведет брата и сестру, и оставила меня в темноте. Я слышал, как дом рушится у меня над головой, слышал чьи-то быстрые шаги и крики брата и сестры. — Куигли положил маску на землю и посмотрел на двоих Бодлеров. — Но мама так и не пришла, — продолжал он. — И никто не пришел, а когда я попытался открыть люк, оказалось, что сверху его чем-то придавило и он не поддавался.

— А как же ты выбрался? — спросил Клаус.

— Ушел, — объяснил Куигли. — Когда стало ясно, что за мной никто не придет, я ощупал стены, и оказалось, что это был подземный ход. Идти было все равно больше некуда, так что я встал и пошел по проходу. В жизни мне не было так страшно, как тогда, когда я шел по темному ходу, который мои родители держали в тайне. Я понятия не имел, куда он приведет.

Бодлеры переглянулись. Они подумали о тайном ходе, который обнаружили под фундаментом своего дома, когда находились под опекой Эсме Скволор и ее мужа.

— И куда же он вел? — спросила Вайолет.

— В дом какого-то герпетолога, — ответил Куигли. — В конце хода была потайная дверь, которая вела в громадную комнату, целиком застекленную. В комнате было множество пустых клеток, но было ясно, что когда-то в ней находилась громадная коллекция змей.

— Мы там тоже были! — в изумлении воскликнул Клаус. — Это же дом Дяди Монти! Он был нашим опекуном, пока не приехал Граф Олаф, переодетый...

— ...ассистентом, — закончил Куигли. — Я знаю. Там стоял его чемодан.

— Под нашим домом тоже был тайный ход, — сказала Вайолет. — Но мы его нашли, только когда уже жили у Эсме Скволор.

— Везде тайны, — отозвался Куигли. — Наверное, свои тайны есть у чьих угодно родителей. Надо только знать, где искать.

— Но зачем было нашим родителям — и твоим тоже — рыть под своими домами ходы, которые ведут в роскошный многоквартирный дом и в жилище герпетолога? — спросил Клаус. — Это какая-то бессмыслица!

Куигли со вздохом положил свой рюкзак на пепел рядом с маской.

— Бессмыслицы кругом много, — заметил он. — Я надеялся найти здесь ответы на все вопросы, а теперь не знаю, удастся ли мне вообще их найти. — Он достал лиловую записную книжку и открыл ее на первой странице. — Могу рассказать вам, что у меня тут записано.

Клаус слегка улыбнулся Куигли и полез в карманы за всеми своими бумажками.

— Расскажи нам все, что знаешь, — сказал он, — и мы тоже расскажем тебе все, что знаем. А вдруг нам вместе удастся ответить на наши вопросы?

Куигли кивнул, и трое детей уселись на то, что некогда было полом кухни. Куигли открыл рюкзак и, вытащив оттуда пакет соленого миндаля, пустил его по кругу.

— После подъема по Главной противопожарной вертикали вы, наверное, проголодались, — сказал он. — Я-то точно проголодался. Так на чем я остановился?

— На Змеином Зале, — ответила Вайолет. — В конце подземного хода.

— Некоторое время ничего не происходило, — продолжал Куигли. — На пороге дома лежал номер «Дейли пунктилио» со статьей о пожаре. Оттуда я и узнал, что мои родители погибли. Я прожил в доме один-одинешенек несколько дней. Мне было очень грустно и очень страшно, а что делать, я не знал. Наверное, ждал, что придет герпетолог, и тогда собирался объявиться и выяснить, друг ли он моим родителям и не может ли чем-нибудь мне помочь. В кухне было полно еды, так что голодать не приходилось, а спал я у подножия лестницы, чтобы не пропустить, когда кто-нибудь войдет.

Бодлеры сочувственно кивали, а Вайолет утешительно погладила Куигли по плечу.

— Когда мы услышали, что случилось с нашими родителями, то были в таком же состоянии, — сказала Вайолет. — Я даже не помню, что мы делали и что говорили.

— И тебя никто не искал? — спросил Клаус.

— В «Дейли пунктилио» напечатали, что я тоже погиб, — ответил Куигли. — В статье говорилось, что моих брата и сестру отправили в Пруфрокскую подготовительную школу, а имуществом моих родителей распоряжается шестой по важности финансовый советник в городе.

— Эсме Сквомор, — в один голос сказали Вайолет и Клаус, что здесь означает «с глубоким отвращением и в унисон».

— Верно, — подтвердил Куигли. — Но эта часть истории меня не интересовала. Я твердо решил добраться до школы и найти брата и сестру. В библиотеке доктора Монтгомери я разыскал атлас и изучал его, пока не обнаружил Пруфрокскую подготовительную школу. Она оказалась недалеко, так что я стал собирать в дорогу припасы из того, что нашлось в доме.

— А тебе не пришло в голову обратиться к властям? — спросил Клаус.

— Кажется, соображал я тогда плохо, — признался Куигли. — Я мог думать только о том, чтобы найти брата и сестру.

— Ну конечно, — сказала Вайолет. — А что было потом?

— Мне помешали, — продолжал Куигли. — Как раз когда я паковал в сумку атлас, в дом кто-то вошел. Это был Жак Сникет, хотя я, конечно, его не знал. Но он знал, кто я такой, и был ужасно рад, что я остался в живых.

— А почему ты решил, что ему можно доверять? — спросил Клаус.

— Понимаете, он знал о подземном ходе, — ответил Куигли. — И вообще он очень много знал о моей семье, хотя не видел моих родителей несколько лет. И...

— И? — нетерпеливо произнесла Вайолет.

Куигли ей улыбнулся.

— И он оказался очень начитанным, — сказал он. — Он и к доктору Монтгомери пришел прочесть что-то в его библиотеке. Жак сказал, что где-то в доме хранится папка с важными документами и что ему нужно пожить здесь несколько дней, чтобы найти ее и завершить расследование.

— Так что в школу он тебя не отвез, — догадалась Вайолет.

— Он сказал, что мне лучше не попадаться никому на глаза, — объяснил Куигли. — И еще сказал, что входит в тайное общество и что мои родители тоже в него входили.

— Г.П.В., — проговорил Клаус, и Куигли кивнул.

— Дункан и Айседора хотели рассказать нам о Г.П.В., но случая так и не представилось, — заметила Вайолет. — Мы даже не знаем, как расшифровывается это сокращение.

— По-разному, — отозвался Куигли, перелистывая записную книжку. — Почти все, чем пользуется это тайное общество, — от Главного перекрестка ветров до Глагольно перекрытого входа, — начинается на эти же буквы.

— Но что это за общество? — спросила Вайолет. — Что такое Г.П.В.?

— Жак мне не сказал, — ответил Куигли. — Но я думаю, это означает Группа Пожарных-Волонтеров.

— Группа Пожарных-Волонтеров, — повторила Вайолет и повернулась к брату: — А что это значит?

— В некоторых общинах нет государственной пожарной службы, — объяснил Клаус, — поэтому, когда надо тушить пожар, полагаются на волонтеров.

— Это я знаю, — отмахнулась Вайолет. — Но какое отношение пожарники-волонтеры имеют к нашим родителям, Графу Олафу и вообще всему, что с нами произошло? Я всегда думала, что стоит нам выяснить значение этих букв, и мы разгадаем все тайны, но мне по-прежнему ничего не понятно!

— Ты что, думаешь, что наши родители тайно тушили пожары? — спросил Клаус.

— Но почему они держали это в тайне? — спросила Вайолет. — И зачем тогда было устраивать под домом подземный ход?

— Жак говорил, что подземные ходы строили члены тайного общества, — ответил Куигли. — В чрезвычайной ситуации они могли бежать в безопасное место.

— Но ведь ход, который обнаружили мы, соединял наш дом с домом, где жила Эсме Скволор! — возразил Клаус. — Какое же это безопасное место?

— Что-то произошло, — сказал Куигли. — Произошло что-то такое, отчего все изменилось. — Он пролистал несколько страничек в записной книжке и нашел то, что искал. — Жак Сникет назвал это «раскол», но я не понимаю, что здесь означает это слово.

— Раскол, — объяснил Клаус, — это разделение некогда единой группы людей на две или больше оппозиционных фракций. Это как крупный спор, в котором каждый присоединяется к той или иной стороне.

— Тогда понятно, — сказал Куигли. — Судя по тому, что говорил Жак, общество охватил хаос. Волонтеры, работавшие бок о бок, стали врагами. Некогда безопасные места стали опасными. Шифры у сторон были одни и те же и маскировка тоже. Даже символы Г.П.В. некогда отражали общие для всех благородные цели. Но теперь все обратилось в дым.

— Но отчего же возник этот раскол? — спросила Вайолет. — За что все борются?

— Не знаю, — вздохнул Куигли. — Жаку было некогда мне объяснять.

— А чем он был занят? — спросил Клаус. — Искал вас, — ответил Куигли. — Он показал мне фотографию вас троих — вы ждали кого-то на пристани на каком-то озере — и спросил меня, не видел ли я вас. Он знал, что вас отдали под опеку Графа Олафа, и слышал обо всех ужасах, которые с вами приключились. Он знал, что вы поселились у доктора Монтгомери. Он даже знал о некоторых твоих изобретениях, Вайолет, и о твоих исследованиях, Клаус, и о зубных подвигах Солнышка. Он хотел вас найти, пока не поздно.

— Поздно — для чего? — уточнила Вайолет.

— Не знаю, — снова вздохнул Куигли. — Жак провел в доме доктора Монтгомери много времени, но был так занят своим расследованием, что ничего мне не объяснял. Он ночи напролет читал и записывал что-то в записную книжку, а потом весь день спал или исчезал на несколько часов. А потом сказал, что должен расспросить какого-то человека в городе под названием Полтривилль, ушел и не вернулся. Я ждал его возвращения несколько недель. Я читал книги в библиотеке доктора Монтгомери и завел себе собственную записную книжку. Поначалу мне не удавалось найти никаких сведений о Г.П.В., но я записывал все, что могло пригодиться. Я прочитал, наверное, несколько сотен книг, но Жак так и не вернулся. Но вот однажды утром случилось сразу два события, после чего я решил больше не ждать. Первым была статья в «Дейли пунктилио», в которой говорилось, что моих брата и сестру похитили из школы. Я понял, что обязан что-то предпринять. И не мог ждать ни Жака Сникета, ни кого-либо другого.

Бодлеры медленно кивнули.

— А какое было второе событие? — спросила Вайолет.

Куигли немного помолчал, нагнулся и, подобрав с земли горсть пепла, просеял его между обтянутыми перчатками пальцами.

— Я почувствовал запах дыма, — сказал он, — а когда открыл дверь в Змеиный Зал, то увидел, что кто-то разбил стеклянный потолок и бросил в библиотеку факел, и начался пожар. В несколько минут огонь охватил весь дом.

— А-а, — тихо произнесла Вайолет. Слово «А-а» обычно обозначает нечто вроде «Я тебя слушаю, но мне не очень интересно», но в этом случае старшая Бодлер, разумеется, имела в виду нечто совсем другое, но это нечто довольно трудно определить. Она имела в виду «Мне грустно слышать, что дом Дяди Монти сгорел», но это не все. Своим «А-а» Вайолет пыталась описать печаль по поводу всех тех пожаров, которые привели Куигли, Клауса и ее саму сюда, в Мертвые горы, и заставили усесться в кружок и постараться разгадать окружающие их тайны. Говоря «А-а», Вайолет думала не только о пожаре в Змеином Зале, но и о пожарах, уничтоживших и дом Бодлеров, и дом Квегмайров, и Кошмарную клинику, и Карнавал Калигари, и штаб Г.П.В., где вокруг детей еще витал запах дыма. Из-за мыслей обо всех этих пожарах у Вайолет возникло такое чувство, словно весь мир сгорел и теперь ни ей с братом и сестрой, ни другим достойным людям уже не найти подлинно безопасного места.

— Опять пожар, — пробормотал Клаус, и Вайолет поняла, что он думает о том же самом. — И куда же ты отправился, Куигли?

— Единственное место, которое пришло мне в голову, — это Полтривилль, — ответил Куигли. — Ведь когда я последний раз видел Жака, он сказал, что направляется именно туда. Я подумал, что найду его там и узнаю, не поможет ли он мне спасти Дункана и Айседору. Атлас доктора Монтгомери подсказал мне, как туда попасть, но идти пришлось пешком, так как я боялся, что всякий, кто предложит меня подвезти, может оказаться врагом. Когда я наконец туда добрался, прошло много времени, но едва я вошел в город, как увидел странное здание, которое выглядело как татуировка на щиколотке Графа Олафа. Я решил, что это безопасное место.

— Офис доктора Оруэлл! — воскликнул Клаус. — Какое же это безопасное место?!

— Клауса там загипнотизировали, — объяснила Вайолет. — А Граф Олаф переоделся...

— ...регистратором, — закончил за нее Куигли. — Знаю. Поддельная табличка с именем по-прежнему стояла на его конторке. В кабинете никого не было, но я сразу понял, что Жак там побывал, потому что на конторке лежало несколько бумажек, исписанных его почерком. Из этих заметок и из тех сведений, которые я вычитал в книгах доктора Монтгомери, я и узнал о штабе Г.П.В. Поэтому я снова не стал дожидаться Жака и отправился искать тайное общество. Я решил, что это лучший способ спасти моих брата и сестру.

— И ты в одиночку отправился в Мертвые горы? — спросила Вайолет.

— Не совсем в одиночку, — ответил Клаус. — У меня был рюкзак, который оставил Жак, а в нем — горючие пурпурные возжигатели и много других полезных предметов, а еще моя записная книжка. А потом я наткнулся на Снежных скаутов и понял, что если я смешаюсь с ними, то так будет проще всего добраться до Коварной горы. — Он перевернул страницу в записной книжке и просмотрел свои заметки. — В книге «Любопытные явления в Мертвых горах», которую я прочел в библиотеке доктора Монтгомери, была глава, где речь шла о Главной противопожарной вертикали и о Глагольно перекрытом входе.

Клаус посмотрел Куигли через плечо, чтобы прочесть его заметки.

— Мне тоже следовало бы прочитать эту книгу, когда была такая возможность, — заметил он, покачав головой. — Если бы мы знали о Г.П.В., когда жили у Дяди Монти, то сумели бы избежать всех последовавших за этим бед.

— Когда мы жили у Дяди Монти, — напомнила ему Вайолет, — мы были заняты тем, чтобы избежать козней Графа Олафа, и времени на какие-либо исследования у нас просто не было.

— У меня-то было достаточно времени на исследования, — сказал Куигли, — но я все равно не нашел ответов на те вопросы, которые меня интересовали. Я не нашел Айседору и Дункана, и я до сих пор не знаю, где же Жак Сникет.

— Он погиб, — очень тихо произнес Клаус. — Его убил Граф Олаф.

— Так и думал, что ты это скажешь, — вздохнул Куигли. — Когда он не вернулся, я сразу понял, что случилось что-то ужасное. А как же мои брат и сестра? Вы про них что-нибудь знаете?

— Они в безопасности, Куигли, — ответила Вайолет. — Во всяком случае, мы так думаем. Мы спасли их из лап Графа Олафа, и они сбежали с человеком по имени Гектор.

— Сбежали? — переспросил Куигли. — Куда?

— Мы не знаем, — признался Клаус. — Гектор построил автономный летучий дом, работающий по принципу нагретого воздуха. В воздухе его держат воздушные шары, и Гектор уверял, что дом никогда не спустится на землю.

— Мы тоже пытались убежать, — добавила Вайолет, — но Графу Олафу удалось нас остановить.

— Так вы не знаете, где они? — спросил Куигли.

— К сожалению, нет, Куигли, — ответила Вайолет и погладила его по руке. — Но ведь Дункан и Айседора — люди очень отважные. Им удалось уцелеть даже в плену у Графа Олафа, и при этом они делали записи о его планах и пытались передать эти сведения нам.

— Вайолет права, — сказал Клаус. — Я уверен, где бы твои брат и сестра ни были, они продолжают изыскания. И в конце концов они догадаются, что ты жив, и тоже будут тебя искать.

Бодлеры переглянулись и вздрогнули. Они говорили о родственниках Куигли, но чувство у них было такое, словно они говорят о своей семье.

— Я не сомневаюсь, если ваши родители живы, они тоже вас ищут, — сказал на это Куигли, как будто прочитав их мысли. — И Солнышко. Вы знаете, где она?

— Где-то неподалеку, — сказала Вайолет. — Она у Графа Олафа, а он тоже хотел найти штаб.

— Может быть, Олаф здесь уже побывал, — заметил Куигли, оглядывая руины. — Может быть, он-то и поджег штаб.

— Вряд ли, — возразил Клаус. — У него не было времени на то, чтобы все сжечь. Он непрестанно у нас на виду. К тому же мне кажется, что здание сгорело по частям, а не разом.

— Почему ты так думаешь? — спросил Куигли.

— Оно было очень большое, — ответил Клаус. — Если бы загорелся весь штаб одновременно, дым заволок бы все небо.

— Да, правда, — согласилась Вайолет. — Такое количество дыма породило бы массу подозрений.

— Нет дыма без огня, — сказал Куигли.

Вайолет и Клаус посмотрели на своего друга, собираясь кивнуть в знак согласия, но Куигли глядел не на Бодлеров. Он глядел мимо, на замерзшее озерцо и два замерзших рукава, куда выходили когда-то огромные окна кухни Г.П.В. и где я некогда нарезал капусту брокколи, а женщина, которую я любил, готовила к ней пряный арахисовый соус. Затем третий Квегмайр показал в небо, где мы с моими соратниками часто видели орлов-волонтеров, способных заметить дым с огромного расстояния.

В тот день орлов над Мертвыми горами не было, но когда Вайолет и Клаус поднялись и посмотрели туда, куда показывал Куигли, они увидели нечто примечательное. Когда Куигли сказал «Нет дыма без огня», он имел в виду вовсе не теорию разрушения штаба Г.П.В., выдвинутую Клаусом. Он говорил о пурпурном дымке, который поднимался в небо с Коварной горы — с самой вершины скользкого склона.

Глава
ДЕВЯТАЯ

ДВОЕ старших Бодлеров на миг замерли рядом с Куигли, глядя на пурпурный султан — это слово здесь означает загадочное облачко пурпурного дыма. После длинного поразительного рассказа Куигли о том, как он уцелел при пожаре и что он узнал о Г.П.В., Вайолет и Клаусу даже не верилось, что перед ними очередная тайна.

— Это горючий пурпурный возжигатель, — объяснил Куигли. — Кто-то подает нам знак с вершины водопада.

— Да, — отозвалась Вайолет. — Но кто бы это мог быть?

— Может быть, это уцелевший в пожаре волонтер, — предположил Клаус. — Он хочет выяснить, нет ли поблизости других волонтеров.

— А может быть, это засада, — сказал Куигли. — Может, волонтеров специально заманивают на гору, чтобы схватить их. Не забывайте, что условные сигналы Г.П.В. используют обе враждующие стороны.

— Вряд ли это условные сигналы, — заметила Вайолет. — Мы понимаем, что кто-то пытается выйти с нами на связь, но не имеем ни малейшего представления, кто это и что он говорит.

— Это очень похоже на то, — задумчиво протянул Клаус, — как Солнышко разговаривает с теми, кто не очень хорошо с ней знаком.

Вспомнив о Солнышке, Бодлеры тут же почувствовали, как скучают по ней.

— Кто бы там ни был, волонтер или засада, это наш единственный шанс найти сестру, — сказала Вайолет.

— Или моих брата и сестру, — подхватил Куигли.

— Давайте пошлем ответный сигнал, — предложил Клаус. — Куигли, у тебя еще остались такие горючие пурпурные возжигатели?

— Конечно, — ответил Куигли, доставая из рюкзака коробку пурпурных трубочек. — Но Брюс нашел у меня спички и отобрал их, ведь спички не игрушка.

— Отобрал? — переспросил Клаус. — Неужели он враг Г. П. В.?

— Если бы всякий, кто говорит, что спички не игрушка, был врагом Г.П.В., — с улыбкой сказала Вайолет, — у нас не было бы ни шанса остаться в живых.

— Но как же мы их зажжем без спичек? — спросил Куигли.

Вайолет сунула руку в карман. Перевязать волосы лентой было непросто, ведь все ветра Главного Перекрестка Ветров дули во всю мочь, но в конце концов ей удалось убрать волосы с глаз, и все шарики и ролики ее изобретательного мозга задвигались, когда она уставилась на таинственный дымок.

Но знак, разумеется, подавали не волонтеры, и засады на водопаде не было. Это было дитя с необычайно острыми зубами и манерой говорить, которую некоторые собеседники находили туманной. Например, когда Солнышко Бодлер сказала «Гриль!», труппа Графа Олафа решила, что она просто болтает, а вовсе не объясняет, как она намерена приготовить лососей, которых поймал крюкастый. Слово «гриль» обозначает жареную рыбу, а это великолепный способ насладиться вкусом свежепойманного лосося, особенно если в распоряжении повара есть соответствующие ингредиенты — здесь это слово означает «белый хлеб, сливочный сыр, нарезанный ломтиками огурец, черный перец и каперсы, которые можно есть вместе с жареной рыбой, из-за чего она превращается в настоящий деликатес». К тому же, если делаешь рыбу-гриль, поднимается дым, и по этой самой причине Солнышко избрала именно этот способ приготовления лососей, а не стала мариновать их несколько дней в сложной смеси специй или сервировать их на японский манер — то есть красиво нарезать и подавать сырыми. Помня о том, что Граф Олаф сказал, будто с горы, на которую он привел Солнышко, видно все и вся, младшая из Бодлеров решила, что пословица «Нет дыма без огня» должна сослужить ей добрую службу. Пока Вайолет и Клаус у подножия замерзшего водопада слушали невероятную повесть Куигли, Солнышко старалась поскорее приготовить гриль и подать знак брату и сестре, находившимся, как она надеялась, неподалеку. Сначала она сунула горючий пурпурный возжигатель — который она, как и все на горе, приняла за сигарету, — в кучку сухой травы, чтобы было побольше дыма. Затем она затащила на огонь кастрюлю, служившую ей постелью, и положила в нее лососину. В мгновение ока рыба, которую поймал человек с крюками, начала аппетитно шкварчать на медленном жаре тлеющей пурпурной трубочки, и в небо над Коварной горой поднялось большое облако пурпурного дыма. Солнышко смотрела на сигнальный султан и не могла сдержать улыбку. Когда ее в прошлый раз разлучили с братом и сестрой, ей пришлось просто сидеть в клетке и ждать, когда ее найдут и вызволят, но с тех пор она выросла и могла принять деятельное участие в борьбе с Графом Олафом и его труппой, и при этом у нее еще оставалось время приготовить вкусное блюдо из свежепойманных лососей.

— Вкусно пахнет, — сказала одна из женщин с напудренным лицом, подойдя к кастрюле. — Признаться, поначалу я сомневалась, что младенец способен готовить еду, но твой рецепт жареной рыбы, кажется, и вправду хорош.

— Она как-то назвала это блюдо, — заметил крючастый, — но я забыл как.

— Гриль, — ответила Солнышко, но никто ее не расслышал, потому что Граф Олаф в сопровождении Эсме и двух зловещих гостей с криком выскочил из своей палатки. Олаф сжимал в руках папку с досье Сникета и глядел на Солнышко сверху вниз сверкающими глазами.

— Немедленно погаси огонь! Чтобы ни облачка дыма! — приказал он. — Я думал, ты запуганная сиротка-пленница, но начинаю склоняться к мысли, что ты шпионка!

— Что ты хочешь сказать, Олаф? — спросила вторая женщина с напудренным лицом. — Она просто разожгла костер сигаретой Эсме, чтобы приготовить нам рыбу.

— Дым могут увидеть! — провозгласила Эсме, словно бы и не курила самолично несколько минут назад. — Нет дыма без огня!

Мужчина с бородой, но без волос взял горстку снега и швырнул на костер, погасив горючий пурпурный возжигатель.

— Кому это ты сигналы подаешь, детка? — спросил он своим странным сиплым голосом. — Если ты шпионка, то мы сбросим тебя с горы!

— Гу-гу, — ответила Солнышко, что означало нечто вроде «Я намерена притвориться беспомощным младенцем, а не отвечать на ваш вопрос».

— Видите? — сказала женщина с напудренным лицом, тревожно глядя на мужчину с бородой, но без волос. — Она всего лишь беспомощный младенец.

— Возможно, — кивнула женщина с волосами, но без бороды. — К тому же сбрасывать младенцев с горы без крайней необходимости не следует.

— От младенцев бывает польза, — согласился Граф Олаф. — По правде говоря, я собирался пополнить труппу молодежью. Молодежь не станет жаловаться на то, что приходится выполнять мои приказы.

— Но мы тоже никогда не жалуемся, — удивился крюкастый. — Лично я всеми силами стараюсь услужить.

— Хватит болтать, — заявил мужчина с бородой, но без волос. — Нам еще нужно многое продумать, Олаф. Я располагаю некоторыми сведениями, которые помогут вам набрать в труппу новых членов, а согласно материалам дела Сникета, волонтеры могут собираться еще в одном убежище.

— Последнем, — уточнила зловещая женщина. — Надо его найти и сжечь.

— А когда мы это сделаем, — подхватил Граф Олаф, — исчезнет последнее свидетельство наших планов. О реакции властей можно будет больше не беспокоиться.

— А где это последнее убежище? — спросил Кевин.

Олаф открыл рот, чтобы ответить, но тут женщина с волосами, но без бороды остановила его быстрым жестом, подозрительно взглянув на Солнышко.

— Только не при зубастой сиротке, — сказала она своим низким-низким голосом. — Стоит ей узнать, что мы замышляем, и она никогда больше не сможет уснуть, а нам нужна малолетняя служанка, полная сил и энергии. Отошлите ее, и мы тогда спокойно обсудим наши планы.

— Разумеется, — кивнул Олаф, нервно улыбаясь зловещим гостям. — Эй, сиротка, иди в машину и почисти салон — там налипло много крошек от чипсов. Тебе придется для этого как следует подуть.

— Футиль, — ответила Солнышко, что значило нечто вроде «это задание абсолютно невыполнимо», однако она заковыляла к машине, а труппа Олафа расхохоталась и сгрудилась вокруг плоского камня, чтобы послушать о новых планах.

Проходя мимо потухшего костра и кастрюли, в которой ей предстояло провести следующую ночь, Солнышко печально вздохнула, полагая, что ее затея с сигналом провалилась. Однако, взглянув вниз с вершины, она заметила нечто, заставившее ее воспрянуть духом, и оно здесь означает такой же султан пурпурного дыма, поднимающийся от самого подножия склона. Младшая из Бодлеров посмотрела на дым и улыбнулась. «Бодлеры», — подумала она. Конечно, Солнышко не знала, что знаки ей подают именно Вайолет и Клаус, но надеялась, что это они, и одной надежды хватило, чтобы подбодрить ее, когда она открыла дверь машины и принялась дуть на картофельные крошки, которыми Олаф с приятелями засыпали всю обивку.

А у подножия замерзшего водопада старшие Бодлеры не ощутили и малой толики этого воодушевления — они стояли рядом с Куигли и глядели, как тает на вершине горы пурпурный дымок.

— Кто-то потушил горючий пурпурный возжигатель, — сказал Куигли, держа пурпурную трубочку на отлете, чтобы не надышаться дымом. — Как вы думаете, что бы это значило?

— Не знаю, — со вздохом ответила Вайолет. — Не сработало.

— Сработало! — воскликнул Клаус. — И еще как! Ты же заметила, как полуденное солнце отражается от замерзшего водопада, и это навело тебя на мысль использовать научные принципы конвергенции и рефракции света — как на озере Лакримозе, когда мы сражались с пиявками. И точно так же ты поймала солнечные лучи, применив зеркальце Колетт, и отразила их на кончик горючего пурпурного возжигателя, и мы сумели зажечь его и подать знак.

— Клаус прав, — подтвердил Куигли. — Сработать лучше просто не могло.

— Спасибо, — отозвалась Вайолет, — только я не это имела в виду. Я хотела сказать, что мы по-прежнему не знаем, кто там наверху и почему они подавали нам знаки, а теперь знаки прекратились, и мы не знаем, как это понимать.

— Может быть, нам тоже следует потушить наш горючий пурпурный возжигатель, — предположил Клаус.

— Может быть, — согласилась Вайолет. — А может быть, нам следует забраться на вершину водопада и самим посмотреть, кто там.

Куигли нахмурился и вытащил записную книжку.

— Забраться на самую высокую гору можно только по тропе, которой ходят Снежные скауты. Нам надо вернуться через Глагольно перекрытый вход, спуститься по Главной противопожарной вертикали обратно в пещеру гарнизона пантер-волонтеров, снова смешаться со скаутами и долго-долго карабкаться в гору...

— Это не единственная дорога к вершине, — с улыбкой заметила Вайолет.

— Нет, единственная, — возразил Куигли. — Посмотри по карте.

— Посмотри на водопад, — ответила Вайолет, и все трое подняли глаза на сверкающий склон.

— Уж не хочешь ли ты сказать, — произнес Клаус, — будто думаешь, что сможешь изобрести устройство, которое поднимет нас на замерзший водопад?

Но Вайолет уже снова подвязывала волосы, чтобы не падали на глаза, и оглядывала развалины штаба Г.П.В.

— Мне нужно то укулеле, которое мы забрали из фургона, — сказала она Клаусу, — и вон тот полурасплавленный канделябр, который торчит из-под обеденного стола.

Клаус вынул укулеле из кармана пальто и вручил его сестре, а затем направился к столу, чтобы вытащить из-под него странный оплавившийся предмет.

— Если тебе не нужна дальнейшая помощь, — сказал он, — я бы, пожалуй, пошел в бывшую библиотеку посмотреть, не уцелели ли какие-нибудь документы. Ведь нам все равно стоит получить из штаба как можно больше информации.

— Правильно, — кивнул Куигли и полез в рюкзак. Оттуда он достал записную книжку — совсем как у него самого, только в синей обложке. — У меня тут запасная записная книжка, — сказал он. — Может быть, тебе будет интересно завести собственную записную книжку?

— Разумеется! Как это мило с твоей стороны, — ответил Клаус. — Я запишу все, что обнаружу. Пошли вместе?

— Я лучше останусь, — решил Куигли, взглянув на Вайолет. — Я много слышал о чудесных изобретениях Вайолет Бодлер и хотел бы посмотреть на нее в деле.

Клаус кивнул и пошел к железной арке, которая вела в сгоревшую библиотеку, а Вайолет, залившись краской, наклонилась за сохранившейся при пожаре вилкой.

Едва ли не самое печальное в деле Бодлеров — это что Вайолет так и не удалось познакомиться с одним моим знакомым по имени С. М. Корнблат, который бóльшую часть жизни провел, работая инструктором-механиком в штабе Г.П.В. на Главном перекрестке ветров. Мистер Корнблат был человеком тихим и замкнутым — замкнутым настолько, что никто не подозревал ни кто он, ни откуда, ни даже что скрывается за С. или М., а свободное время он предпочитал проводить, запершись в спальне, где писал странные рассказы, или печально глядя в кухонные окна. Привести мистера Корнблата в хорошее расположение духа не мог никто, кроме исключительно способного студента-механика. Если какой-нибудь юноша выказывал интерес к глубоководному радару, мистер Корнблат снимал очки и улыбался. Если какая-нибудь девушка приносила ему собственноручно собранный строительный пистолет, мистер Корнблат хлопал в ладоши от восторга. А если какие-нибудь двойняшки спрашивали, как правильно припаять медную проволоку, он вынимал из кармана бумажный кулек и угощал фисташками всех, кто бы ни случился поблизости. Поэтому стоит мне подумать о том, как Вайолет Бодлер стояла среди руин штаба Г.П.В., осторожно снимая струны с укулеле и сгибая вилки пополам, мне видится мистер Корнблат — хотя ни его самого, ни его фисташек давно уже нет с нами: вот он поворачивается от окна, улыбается изобретательнице Бодлер и говорит: «Подите-ка сюда, Беатрис! Только поглядите, что делает эта девочка!»

— Что ты делаешь? — спросил Куигли.

— Устройство, которое поможет нам подняться на вершину водопада, — ответила Вайолет. — Жаль, что здесь нет Солнышка. Она бы так ловко перекусила своими зубами струны от гавайской гитары...

— Может быть, у меня кое-что найдется, — сказал Куигли, роясь в рюкзаке. — Когда я был в кабинете доктора Оруэлл, то нашел накладные ногти. Оттенок ярко-красного выбран просто ужасный, зато они острые.

Вайолет взяла у Куигли ноготь и внимательно его осмотрела.

— Наверное, их носил Граф Олаф, когда переодевался регистраторшей Ширли. Как странно: все это время ты шел за нами по пятам, а мы даже не знали, что ты жив!

— А я знал, что вы живы, — отозвался Куигли. — Жак Сникет рассказал мне о тебе, о Клаусе, о Солнышке и даже о ваших родителях. Он был с ними близко знаком еще до твоего рождения.

— Да, наверное, — кивнула Вайолет, перепиливая струны от укулеле. — На той фотографии, которую мы нашли, были мои родители с Жаком Сникетом и еще с одним человеком...

— Возможно, это брат Жака, — сказал Куигли. — Жак говорил, что работал над важным делом с двумя своими родственниками...

— Над досье Сникета, — подтвердила Вайолет. — Мы надеялись найти его здесь.

Куигли снова поглядел на замерзший водопад.

— Может быть, тот, кто подавал нам знаки, знает, где оно, — предположил он.

— Скоро узнаем, — ответила Вайолет. — Сними, пожалуйста, ботинки.

— Ботинки? — переспросил Куигли.

— Водопад наверняка очень скользкий, — объяснила Вайолет, — поэтому я привяжу согнутые вилки струнами от укулеле к носкам ботинок, чтобы сделать кошки из вилок. Еще по вилке мы возьмем в руки. Зубцы у вилок почти такие же острые, как Солнышкины зубы, так что кошки из вилок при каждом шаге легко будут впиваться в лед, и мы сможем сохранять равновесие.

— А канделябр зачем? — спросил Куигли, расшнуровывая ботинки.

— Буду простукивать им лед, — объяснила Вайолет. — Движущийся поток воды, вроде водопада, редко промерзает насквозь. На этом склоне наверняка есть участки, прикрытые лишь тонкой коркой льда, особенно во время Фальшивой весны. Если мы вонзим вилки в лед, а там вода, мы сорвемся и упадем. Поэтому перед каждым шагом я буду простукивать лед канделябром, чтобы нащупать участки сплошного льда, по которым можно карабкаться.

— Кажется, путь будет нелегким, — заметил Куигли.

— Не сложнее, чем лезть вверх по Главной противопожарной вертикали, — возразила Вайолет, привязывая вилку на ботинок Куигли. — Это узел «Сумак», так что будет держаться. А теперь оснастим ботинки Клауса, и тогда…

— Извини, что перебиваю, но, мне кажется, это важно, — сказал Клаус, и Вайолет обернулась и увидела, что ее брат вернулся. В одной руке у него была синяя записная книжка, а в другой — крошечный обгорелый клочок бумаги.

— Я нашел эту бумажку в груде пепла, — сказал Клаус. — Наверное, что-то важное.

— А что там написано? — спросила Вайолет.

— «При ...горании, которое способно привести к разрушению убеж... — прочитал Клаус, — ...теры должны прибегнуть к главному противопожарному в..., которое соответственным образом держат в тайне».

— Но это же бессмыслица! — воскликнул Куигли. — Думаешь, это шифр?

— Вряд ли, — не согласился Клаус. — Часть предложения сгорела, поэтому нужно сначала прочитать оставшийся текст, а уже потом догадываться, что это значит. «...горании», судя по всему, — конец слова «возгорании», которое значит просто пожар, а «убеж...», очевидно, начало слова «убежище», которое здесь означает безопасное место. Так что целиком первая часть предложения звучит примерно так: «В случае возгорания, которое способно привести к разрушению убежища».

Вайолет поднялась и взглянула ему через плечо.

— «...теры» — это, наверное, «волонтеры», а вот что значит «прибегнуть»?..

— «Воспользоваться», — подсказал Клаус. — Вот ты, например, прибегла к укулеле и вилкам. Понимаешь? Тут, наверное, написано, что, если безопасное место сгорит, они оставят какое-то послание... в главном противопожарном в...

— Ведре? — предположил Куигли. — Водосборе?

— Вторнике? — протянула Вайолет. — Вампире?

— Тут говорится, что его соответственным образом держат в тайне, — указал Клаус. — А это значит, что место, где хранится послание, посторонним не известно. Если бы речь шла, к примеру, о главном противопожарном водопаде, это бы значило, что сообщение спрятано в водопаде. Только спрятать что-то в водопаде очень трудно, и вряд ли волонтеры стали это делать. Где же еще можно было оставить сообщение так, чтобы оно не сгорело?

— Сгорело все, — вздохнула Вайолет. — Только поглядите на штаб. Тут ничего толком не осталось, разве что вход в библиотеку и...

— ...и холодильник, — закончил Клаус. — Холодильник начинается на «х», — засомневалась Вайолет.

— Волонтеры оставили сообщение в единственном противопожарном вместилище, — объяснил Клаус уже на полпути к холодильнику. — Они точно знали, что холодильник ни в каком огне не сгорит.

— И что их враги вряд ли додумаются туда заглянуть! — обрадовался Куигли. — Ведь в холодильнике редко хранят действительно важные вещи!

Само собой, высказывание Куигли нельзя назвать безусловно истинным. В холодильник, как и в конверт, в полую статуэтку или в гроб, можно положить все, что угодно, и это может оказаться насущно необходимым в зависимости от того, как складываются ваши сиюминутные обстоятельства. Например, в холодильнике может храниться пузырь со льдом, который окажется насущно необходимым, если вы ранены. В холодильнике может храниться бутылка воды, которая окажется насущно необходимой, если вы умираете от жажды. Или в холодильнике может храниться корзинка клубники, которая окажется насущно необходимой, если какой-нибудь маньяк скажет вам: «Если вы немедленно не дадите мне корзинку клубники, я стукну вас вот этой огромной палкой!» Но когда Бодлеры и Куигли Квегмайр открыли холодильник, они не увидели там ничего, что могло бы помочь тому, кто ранен, умирает от жажды или спасается от помешанного на клубнике маньяка с огромной палкой, — вообще ничего сколько-нибудь важного. В холодильнике было почти пусто: там нашлась лишь всякая всячина, которую часто хранят в холодильниках, а используют редко, — в том числе баночка горчицы, миска оливок, три банки разного варенья, бутылка лимонного сока и одинокий корнишон в стеклянном кувшине.

— Тут ничего нет, — сказала Вайолет.

— Посмотри в ящике, — посоветовал Куигли, указывая на выдвижной ящик внизу холодильника, в котором обычно держат овощи и фрукты.

Клаус выдвинул ящик и вытащил из него огромный пучок какой-то зелени с кудрявыми листочками.

— Пахнет петрушкой, — заметил Клаус. — И вон ее сколько! А свежая-то какая!

— Громадный петрушечный веник, — пробормотал Куигли.

— Опять тайны, — вздохнула Вайолет, и на глазах у нее показались слезы. — Ничего у нас нет, кроме тайн. Мы не знаем, где Солнышко. Мы не знаем, где Граф Олаф. Мы не знаем, кто подавал нам знаки с вершины водопада и что нам пытались сказать, а теперь еще и пучок таинственной свежей петрушки в ящике таинственного холодильника. Я устала от тайн. Пусть нам кто-нибудь поможет!

— Мы и сами поможем друг другу, — возразил Клаус. — У нас есть твои изобретения, карты Куигли и мои исследования.

— И все мы очень начитанны, — добавил Куигли. — Этого достаточно, чтобы разгадать любую тайну.

Вайолет снова вздохнула и пнула что-то, лежавшее на обугленной земле. Это была фисташковая скорлупка, опаленная пламенем пожара, который уничтожил штаб.

— Как будто мы уже члены Г.П.В., — сказала она. — Подаем знаки, разгадываем шифры и находим загадочные предметы на пожарище...

— Как ты думаешь, гордились бы нами наши родители, — спросил Клаус, — если бы знали, что мы пошли по их стопам?

— Не знаю, — ответила Вайолет. — Ведь они держали Г.П.В. в тайне.

— Может быть, собирались рассказать нам когда-нибудь потом, — предположил Клаус.

— Или надеялись, что мы никогда не догадаемся, — возразила Вайолет.

— Я тоже все время об этом думаю, — сказал Куигли. — Если бы можно было вернуться в ту минуту, когда мама показала мне потайной ход под библиотекой, я бы спросил у нее, почему она хранила все эти секреты.

— Тайны, тайны, — грустно отозвалась Вайолет и посмотрела на скользкий склон.

Дело шло к вечеру, и замерзший водопад сверкал в меркнущем свете все слабее и слабее, словно бы время, оставшееся на то, чтобы взобраться на вершину и посмотреть, кто подает им знаки, стремительно уходило.

— Каждый из нас должен заняться разгадкой той тайны, которую ему разгадать легче всего, — сказала она. — Я заберусь на водопад и раскрою тайну Горючего Пурпурного Возжигателя, узнав, кто там и что ему нужно. Ты, Клаус, останься здесь, раскрой тайну главного противопожарного вместилища и попробуй понять, что за сообщение оставили волонтеры.

— А я помогу вам обоим, — подхватил Куигли, доставая свою лиловую записную книжку. — Книжку я оставлю Клаусу — вдруг она окажется ему полезной. А сам взберусь на водопад вместе с тобой, Вайолет, на случай, если тебе понадобится моя помощь.

— Ты уверен? — спросила Вайолет. — Ты столько уже сделал для нас, Куигли. Не надо больше рисковать жизнью.

— Если ты решишь отделиться от нас и отправиться искать брата и сестру, мы совсем не обидимся, — добавил Клаус.

— Какие глупости! — ответил Куигли. — Ведь эта тайна, какой бы она ни была, — наша общая. Разумеется, я буду вам помогать.

Бодлеры поглядели друг на друга и улыбнулись. В этом мире так редко приходится встречать человека, достойного доверия, который к тому же готов тебе помочь, и если удается найти такого человека, на душе становится тепло и уютно, даже если стоишь посреди открытой всем ветрам долины высоко в горах. А когда друг бодлеровских сирот тоже улыбнулся им в ответ, на миг показалось, будто все тайны уже разгаданы, хотя Солнышка по-прежнему с ними не было, а Граф Олаф по-прежнему гулял на свободе, и от заброшенного штаба Г.П.В. по-прежнему оставалось одно пепелище. И только уверенность в том, что нашелся такой человек, как Куигли Квегмайр, преисполнила Клауса и Вайолет ощущением, словно все шифры обрели смысл и все знаки легко прочитались.

Вайолет шагнула вперед, решительно постукивая по земле кошками-вилками, и взяла Куигли за руку.

— Спасибо за волонтерскую помощь, — сказала она.

Глава

ДЕСЯТАЯ

ВАЙОЛЕТ и Куигли осторожно прошли через замерзший пруд и наконец достигли низа водопада.

— Удачи! — крикнул им Клаус, который стоял у входа в сгоревшую библиотеку. Он тщательно протирал очки, как часто делал перед серьезными научными исследованиями.

— И тебе удачи! — ответила Вайолет, перекрывая вой горного ветра, и, оглянувшись на брата, вспомнила, как они с Клаусом пытались остановить летевший с горы фургон. Тогда Клаус хотел что-то ей сказать — на случай, если тормозной парашют и клейкая смесь не помогут. Сейчас, когда Вайолет предстояло взобраться на замерзший водопад и оставить брата на пепелище Г.П.В., у нее появилось такое же чувство. — Клаус... — произнесла она.

Клаус надел очки и улыбнулся сестре самой отважной своей улыбкой.

— Скажи то, что ты хочешь сказать, когда вернешься! — крикнул он.

Вайолет кивнула и постучала канделябром по льду. Она услышала глухое «Тум!», словно стучала по чему-то очень плотному.

— Начнем здесь, — сказала она Куигли. — Пристегни ремни.

Выражение «пристегни ремни», как вам, не сомневаюсь, известно, не всегда означает «закрепи какие-то ремни пуговицами, молниями, кнопками, крючками, пряжками и прочей галантереей». Иногда оно означает «приготовься к чему-то, что может оказаться трудным», а карабкаться по замерзшему водопаду посреди ветреной долины при помощи одного лишь канделябра и нескольких умело пристроенных вилок двум детям и вправду было очень трудно. У Вайолет и Куигли ушло несколько минут на то, чтобы приноровиться к изобретению Вайолет и втыкать вилки в лед настолько, чтобы не сорваться, но не настолько глубоко, чтобы застрять в замерзшем водопаде навсегда, и когда им обоим удавалось найти твердую опору, Вайолет тянулась как можно дальше вверх и простукивала лед канделябром, чтобы найти следующее надежное место. Первые несколько шагов они боялись, что взбираться по обледенелому склону таким образом будет просто невозможно, но время шло, и новоявленным альпинистам удавалось все лучше и лучше приспособиться к кошкам-вилкам и альпенштоку-канделябру, и в конце концов стало ясно, что изобретательские таланты Вайолет снова оказались на высоте, что здесь означает «помогли Вайолет Бодлер и Куигли Квегмайру взобраться на замерзший водопад после того, как они пристегнули ремни для трудного восхождения».

— Твое изобретение прекрасно работает, — крикнул снизу Вайолет Куигли. — Эти кошки-вилки просто чудо.

— Они действительно работают, — согласилась Вайолет, — однако давай пока не будем радоваться. Лезть еще далеко.

— Моя сестра как-то написала про это двустишие, — сказал Куигли и прочитал стихи Айседоры:

Станешь ликовать на полпути —
До конца рискуешь не дойти.

Вайолет улыбнулась и вытянула руку, чтобы простучать лед над головой.

— Айседора — хороший поэт, — заметила она, — и ее стихи не раз оказывались нам очень кстати. Когда мы были в Городе Почитателей Ворон, она натолкнула нас на мысль о том, где они с братом находятся, зашифровав сообщение в серии двустиший.

— Интересно, научилась она этому способу шифровки у Г.П.В. или сама придумала? — сказал Куигли.

— Не знаю, — задумчиво ответила Вайолет. — Они с Дунканом первыми рассказали нам о Г.П.В., но мне никогда не приходило в голову, что они могут входить в эту организацию. Однако, когда я об этом думаю, мне кажется, что этот шифр похож на тот, который использовала Тетя Жозефина. И та и другая зашифровали секретное послание в записке и ждали, когда мы догадаемся, что оно там есть. Может быть, все они были волонтерами. — Она вытащила левую кошку-вилку из ледяной стены и вонзила ее на несколько дюймов выше. — Может быть, все наши опекуны были членами Г.П.В. — на той или на другой стороне.

— Как-то не верится, что нас всегда окружали люди, исполняющие секретные поручения, а мы об этом даже не догадывались, — сказал на это Куигли.

— Как-то не верится, что мы карабкаемся по замерзшему водопаду в Мертвых горах, — ответила Вайолет, — тем не менее это так. Послушай, Куигли, видишь тот уступ, куда воткнута моя левая вилка? Он достаточно прочный, мы можем посидеть там вдвоем и перевести дух.

— Хорошо, — кивнул Куигли. — У меня в рюкзаке есть мешочек морковки, и мы можем перекусить, чтобы восстановить силы.

Тройняшка взобрался туда, где уже сидела Вайолет, — на небольшой уступ размером едва ли с диванчик — и придвинулся поближе к ней. Альпинисты увидели, что взобрались даже выше, чем думали. Черное пепелище штаба виднелось далеко внизу, а Клаус казался лишь крошечным бугорком возле маленькой железной арки. Куигли вручил спутнице морковку, и Вайолет принялась задумчиво ее грызть.

— Солнышко любит сырую морковку, — вздохнула она. — Надеюсь, где бы она ни была, ее хорошо кормят.

— Надеюсь, что моих брата и сестру тоже кормят хорошо, — сказал Куигли. — Папа всегда говорил, что хорошая еда очень воодушевляет.

— Мой папа тоже всегда так говорил! — Вайолет удивленно обернулась к Куигли: — А вдруг и это тоже какой-то шифр?

Куигли понуро пожал плечами. С зубцов вилок срывались маленькие кусочки льда из водопада, и ветер уносил их прочь.

— Получается, что мы никогда по-настоящему не знали собственных родителей, — сказал Куигли.

— Мы их знали, — возразила Вайолет. — Просто у них были кое-какие тайны, вот и все. Тайны есть у всех.

— Ты права, — согласился Куигли. — Но они могли хотя бы раз упомянуть, что являются членами тайной организации со штабом в Мертвых горах.

— Вероятно, они не хотели, чтобы мы узнали о таком опасном месте, — сказала Вайолет, глядя с уступа вниз. — Хотя если кому-то нужно спрятать штаб, лучше места, чем эти горы, не найти. Если не считать пожарища, вид здесь очень неплохой.

— И правда неплохой, — кивнул Куигли. Однако глядел он вовсе не на вид, открывавшийся у него под ногами. Глядел он на Вайолет Бодлер, сидевшую рядом с ней.

Трое Бодлеров потеряли в жизни многое. Конечно, они потеряли родителей и потеряли дом — в ужасном пожаре. Они потеряли множество опекунов — опекуны либо погибали от рук Графа Олафа, либо оказывались скверными опекунами, быстро терявшими интерес к троим детям, которым некуда было податься. Они потеряли и достоинство, ведь для маскировки им приходилось носить дурацкие маскарадные костюмы, а недавно потеряли и друг друга. Похищенная Солнышко вела чужое хозяйство на вершине замерзшего водопада, а Вайолет и Клаус изучали тайны Г.П.В. у его подножия. Однако Бодлеры потеряли и еще одну очень важную вещь — личную жизнь, что здесь означает «время, когда они предоставлены самим себе и никто не смотрит на них и не вмешивается в их занятия», хотя сами они об этом почти не говорили. Если вы не отшельник и не один из пары сиамских близнецов, вам, вероятно, приятно бывает иногда передохнуть от общества родственников и насладиться одиночеством — возможно, вместе с другом или спутником, а может быть, в своей комнате или в железнодорожном вагоне, куда вы сумели проникнуть без билета. Однако с того ужасного дня на Брайни-Бич, когда туда пришел мистер По и сообщил Бодлерам, что их родители погибли, личной жизни у троих детей фактически не было. От крошечной темной спальни, где сиротам приходилось ночевать, когда они жили у Графа Олафа, до битком набитого фургона на Карнавале Калигари — с учетом всех кошмарных мест в промежутке, — жизнь Бодлеров была так отчаянно ужасна, что у них не находилось ни секунды на личную жизнь.

Поэтому, пока Вайолет и Куигли отдыхают еще несколько минут на уступе посреди замерзшего водопада, я воспользуюсь возможностью подарить им немного личной жизни и не стану описывать больше ничего из того, что произошло между двумя друзьями в тот холодный день. Разумеется, в моей личной жизни тоже бывали минуты, писать о которых я не намерен, как бы дороги они мне ни были, и старшей Бодлер я окажу ту же любезность. Я расскажу вам о том, что спустя некоторое время двое молодых людей возобновили восхождение, что день понемногу склонялся к вечеру и что на лицах Вайолет и Куигли, когда они простукивали лед канделябром-альпенштоком и вонзали в него кошки-вилки, подбираясь все ближе

к высочайшей вершине гор, играли тайные улыбки. В жизни Вайолет Бодлер было так мало личного, что я предоставлю ей право сохранить некоторые важные для нее воспоминания в сердце, а не делить их с моими потрясенными рыдающими читателями.

— Мы почти на месте, — сказала Вайолет. — Солнце садится, и почти ничего не видно, но мне кажется, мы вот-вот окажемся на вершине.

— Просто не верится, что мы взбирались целый день, — заметил Куигли.

— Вовсе не целый день, — возразила Вайолет. — Этот склон не выше, чем дом номер шестьсот шестьдесят семь по Мрачному проспекту. Нам пришлось и вправду очень долго подниматься и спускаться по шахте лифта, когда мы пытались спасти твоих брата и сестру. Надеюсь, это путешествие окажется более удачным.

— Я тоже надеюсь, — сказал Куигли. — Как ты думаешь, что будет на вершине?

— Ключ! — раздалось в ответ.

— Мне тебя не слышно из-за ветра, — сказал Куигли. — Что ты сказала?

— Я ничего не говорила, — торопливо произнесла Вайолет. Прищурившись, она поглядела вверх, стараясь хоть что-то увидеть в последних лучах заката и едва отваживаясь надеяться, что расслышала правильно.

Слово «ключ» — одно из самых многозначных слов нашего языка, и если открыть хороший словарь и посмотреть его длинную-длинную статью, можно прийти к выводу, что слово «ключ» — это вовсе не слово, а просто сочетание звуков, которые значат все, что угодно, в зависимости от того, кто их произносит. Например, если слово «ключ» произносит архитектор, то оно означает камень в виде клина, который кладут в верхнюю часть арки, чтобы она не развалилась, прежде чем набежавшие орды варваров ее разломают. Если слово «ключ» произносит землевладелец, это тоненькая струйка воды, бьющая из-под земли, или такая кованая железная загогулина, которой отпирается дверь его усадьбы. Механик назовет этим словом другую железную загогулину, которой можно, к примеру, что-нибудь отвинтить или завести. Телеграфист счел бы, что ключ — это та кнопка, которую он нажимает день-деньской, чтобы передавать шифрованные сообщения. Для генерала ключ — это город или крепость, которые непременно надо захватить, чтобы завладеть всей территорией противника. В другое время даже Вайолет сказала бы, что ключ — это слово или предмет, при помощи которого можно наконец разгадать загадку Г.П.В., но сейчас она не думала ни об арках, ни о варварах, ни даже о шифрованных сообщениях и захвате территории противника. Вайолет передвинула свои кошки-вилки как можно выше, чтобы вылезти на вершину, увидела, как закатные лучи отражаются от целого ряда острых зубов, и поняла, что на этот раз слово «ключ» означает «Я знала, что вы меня найдете!», и произнесла его Солнышко Бодлер.

— Ключ! — снова сказала Солнышко.

— Солнышко! — закричала Вайолет.

— Ш-ш-ш-ш! — сказала Солнышко.

— Что происходит? — спросил Куигли, который отстал от Вайолет на несколько вилкошагов.

— Это Солнышко! — ответила Вайолет, подтянулась и вспрыгнула на вершину, где и увидела маленькую сестру — та стояла у машины Графа Олафа и улыбалась от уха до уха.

Не говоря ни слова, сестры Бодлер кинулись друг другу в объятия, причем Вайолет старалась не поцарапать Солнышко вилками. Когда Куигли долез до вершины и, выбравшись наверх, прислонился к покрышке колеса, сестры Бодлер улыбались друг другу со слезами на глазах.

— Я знала, что мы снова увидимся, Солнышко! — говорила Вайолет. — Знала — и все!

— Клаус? — спросила Солнышко.

— Он цел, невредим и находится поблизости, — ответила Вайолет. — Он тоже был уверен, что мы тебя найдем.

— Ключ, — согласилась Солнышко, но тут она заметила Куигли и изумленно вытаращила глаза. — Квегмайр? — пораженно спросила она.

— Да, — ответила Вайолет. — Это Куигли Квегмайр, Солнышко. Оказалось, что он не погиб при пожаре.

Солнышко подковыляла к Куигли и пожала ему руку.

— Он привел нас в штаб по карте, которую сам начертил, — представляешь, Солнышко?

— Аригато, — кивнула Солнышко, что приблизительно означало «Я ценю твою помощь, Куигли».

— Это ты подавала нам знаки? — спросил Куигли.

— Ага, — ответила Солнышко. — Гриль.

— Неужели Граф Олаф заставлял тебя готовить? — удивилась Вайолет.

— Ваккурум, — подтвердила Солнышко.

— Олаф даже велел ей почистить машину от крошек, а для этого надо было изо всех сил дуть! — перевела Вайолет Куигли.

— Какая чушь! — воскликнул Куигли.

— Золушка, — пожаловалась Солнышко. Это значило нечто вроде «мне приходилось вести все хозяйство и при этом постоянно терпеть унижения», но у Вайолет не хватило времени это перевести, потому что послышался скрипучий голос Графа Олафа.

— Ты где, малявка? — спросил он, добавив к перечню оскорблений обидное обращение. — Я тут придумал тебе еще кое-какие задания!

Трое детей в панике переглянулись.

— Прятать, — шепнула Солнышко, так что переводить ничего не пришлось.

Вайолет и Куигли оглядели пустынный пейзаж, раздумывая, где бы укрыться, но спрятаться было абсолютно негде.

— Под машину, — велела Вайолет, и они с Куигли забрались под длинный черный автомобиль, такой же грязный и вонючий, как и его владелец.

Старшая Бодлер, будучи изобретателем, много раз исследовала самодвижущиеся механизмы, но никогда не видела, чтобы машину доводили до такого отчаянного состояния, что здесь означает приведение нижней части автомобиля в такой скверный вид, что на Вайолет и ее спутника вовсю капало масло. Однако у Вайолет и Куигли не было ни секунды, чтобы подумать о возможных неудобствах. Едва они успели убрать от посторонних глаз кошки-вилки, как появились Граф Олаф со своей свитой. Двум волонтерам из-под машины было видно только татуировку негодяя на грязной щиколотке над левым ботинком и пару невероятно стильных бальных туфелек с блестками, украшенных нарисованными глазами, — эти туфли могли принадлежать только Эсме Скволор.

— Сегодня с самого утра мы ели только жареного лосося, а уже время ужинать, — сказал Граф Олаф. — Иди-ка готовить, сиротка.

— Завтра праздник Фальшивой весны, — сообщила Эсме, — а сейчас очень модно устраивать в честь Фальшивой весны торжественный ужин.

— Слыхала, зубастая? — спросил Олаф. — Моя подруга желает стильный ужин. За работу!

— Олаф, ты нам нужен! — произнес очень низкий голос, и Вайолет с Куигли увидели, как рядом с негодяем и его подругой появились две пары зловещих черных туфель. При виде этих туфель Олаф и Эсме нервно заерзали.

Внезапно под машиной ощутимо похолодало, и Вайолет пришлось прижать ноги к шинам, чтобы они, дрожа, не начали стучать по днищу и злодеи ее не услышали.

— Да, Олаф, — сказал сиплый голос мужчины с бородой, но без волос, хотя его самого Вайолет с Куигли не видели. — Утром мы первым делом займемся осуществлением плана по новобранцам, так что нам нужна твоя помощь, чтобы расстелить по земле сеть.

— Разве вы не можете попросить кого-нибудь из наших работников? — спросила Эсме. — У нас есть человек с крюками, две женщины с напудренными лицами и три урода, которых мы подобрали на карнавале. Всего получается восемь человек, включая вас самих. Зачем же *нам* расстилать эту сеть?

Четыре черных башмака шагнули к стильным туфелькам Эсме и к татуировке Олафа.

— Вы это сделаете, — сказала женщина с волосами, но без бороды, — потому что я так велю.

Настала длинная зловещая пауза, а потом Граф Олаф издал коротенький тонкий смешок.

— Тогда конечно, — заметил он. — Пошли, Эсме. Младенцу мы поручения выдали, так что тут нам все равно делать нечего.

— Это правда, — согласилась Эсме. — По правде говоря, я подумывала снова покурить, потому что мне скучно. У тебя еще остались те пурпурные сигареты?

— К сожалению, нет, — ответил мужчина с бородой, но без волос, уводя негодяев от машины. — Я нашел только одну.

— Плохо, — сказала Эсме. — Вкус и запах мне не нравятся, и курить очень вредно, но сигареты сейчас в большой моде, и я бы хотела покурить.

— Может быть, на пепелище штаба остались еще сигареты, — подумала вслух женщина с волосами, но без бороды. — Только в золе ничего найти невозможно. Мы провозились несколько дней, но сахарницу так и не отыскали.

— Не при младенце, — быстро перебил ее Олаф, и четыре пары туфель удалились.

Вайолет и Куигли оставались под машиной, пока Солнышко не сказала «Костклир», что означало что-то вроде «Уже можно вылезать».

— Какие это были ужасные люди, — содрогнулся Куигли, отряхивая с куртки грязь и копоть. — Прямо мороз по коже.

— Вокруг них действительно какая-то зловещая аура, — шепотом согласилась Вайолет. — Ноги с татуировкой — это был Граф Олаф, а туфельки с блестками — Эсме Скволор, а остальные два кто?

— Поджоги, — буркнула Солнышко. Она имела в виду нечто вроде «Я не знаю, но именно они сожгли штаб Г.П.В.», и Вайолет быстро объяснила это Куигли.

— Клаус обнаружил важное сообщение, оно уцелело в огне, — сказала Вайолет. — Не сомневаюсь, Солнышко, когда мы с тобой окажемся у подножия водопада, он уже разгадает, что оно значит. Пошли.

— Ного, — ответила Солнышко, что значило «Не думаю, что мне следует вас сопровождать».

— Но почему же? — спросила Вайолет.

— Унасанк, — сказала Солнышко.

— Солнышко говорит, что негодяи упоминали еще одно убежище, где могут собраться волонтеры, — объяснила Вайолет Куигли.

— А ты знаешь, где это? — спросил Куигли.

Солнышко покачала головой.

— Делолаф, — заметила она.

— Но если досье Сникета попало к Графу Олафу, — сказала Вайолет, — как ты собираешься узнать, где это безопасное место?

— Матахари[1], — ответила Солнышко, что значило нечто вроде «Если я останусь тут, то смогу пошпионить за негодяями и все разведать».

— Ни за что, — сказала Вайолет, переведя это Куигли. — Тебе нельзя здесь оставаться, Солнышко, это опасно. Хватит и того, что Олаф заставил тебя готовить.

— Гриль, — уточнила Солнышко.

— А что ты собираешься приготовить на ужин по случаю Фальшивой весны?

Солнышко улыбнулась сестре и направилась к багажнику. Вайолет и Куигли услышали, как она роется в оставшихся продуктах, но сидели так, чтобы ни Олаф, ни его сотоварищи их не заметили. Когда Солнышко вернулась, на лице у нее сияла победная улыбка, а в охапке она несла брикет мороженого шпината, пакет грибов, банку каштанов и огромный баклажан.

— Салат! — воскликнула она, что означало нечто вроде «всевозможные овощи с грибами».

---

[1] *Мата Хари* (1876—1917) — известная международная шпионка начала XX века.

— Удивительно, что ты можешь поднять такой баклажан, не то что его приготовить, — сказала Вайолет. — Он, наверное, весит столько же, сколько ты.

— Подслужин, — ответила Солнышко. Она имела в виду «прислуживать труппе за ужином — блестящая возможность подслушать их разговоры», что Вайолет и перевела, впрочем крайне неохотно.

— Мне кажется, это опасно, — сказал Куигли.

— Конечно опасно, — ответила Вайолет. — Кто знает, что они учинят, если поймают Солнышко на месте преступления.

— Гу-гу-га-га, — возразила Солнышко, что значило «меня не поймают, потому что все думают, будто я беспомощный младенец».

— Мне кажется, твоя сестра права, — сказал Куигли. — Все равно нести ее вниз по водопаду небезопасно. Ведь у нас и так заняты и руки, и ноги. Пусть Солнышко попытается разгадать тайну, которая, скорее всего, поддастся именно ей, а мы пока что разработаем план спасения.

Вайолет покачала головой.

— Не хочу оставлять сестру, — сказала она. — Бодлерам нельзя разлучаться.

— Клаус, — указала Солнышко.

— Если есть еще какое-то место, где собираются волонтеры, — сказал Куигли, — нам надо разузнать, где это. А Солнышко может это выяснить, но только если останется здесь.

— Я не хочу оставлять маленькую сестричку на вершине горы, — упиралась Вайолет.

Солнышко бросила овощи на землю и с улыбкой подошла к сестре.

— Я не мала, — сказала она и обняла Вайолет.

Это было самое длинное предложение из всех, которые до сих пор говорила младшая Бодлер, и Вайолет, сверху вниз взглянув на сестру, поняла, что это правда. Солнышко и вправду была уже совсем не младенец. Она стала просто девочкой, которая обладала необычайно острыми зубами, выдающимися кулинарными способностями и возможностью пошпионить за компанией негодяев и раздобыть насущно необходимые сведения. За то время, когда троих сирот постигли тридцать три несчастья, Солнышко вышла из младенчества, и хотя Вайолет было немного грустно об этом думать, она гордилась сестрой и тоже ей улыбнулась.

— Наверное, ты права, — сказала Вайолет. — Ты больше не младенец. Но будь осторожна, Солнышко. Ты маленькая девочка, а маленьким девочкам опасно шпионить за негодяями. И помни, Солнышко, — мы под самым водопадом. Если мы тебе понадобимся, просто подай нам знак.

Солнышко открыла рот, чтобы ответить, но не успела она произнести и звука, как трое детей услышали из-под машины Олафа долгое ленивое шипение, словно там пряталась какая-нибудь змея доктора Монтгомери. Машина чуть дернулась, и Вайолет показала Куигли на одну из шин, которая совсем сдулась.

— Наверно, я проткнула ее кошками-вилками, — сказала Вайолет.

— Не то чтобы это был хороший поступок, — ответил Куигли, — но мне почему-то совсем не жалко.

— Как там наш ужин, зуболицая? — донесся, перекрывая свист ветра, жестокий голос Графа Олафа.

— Думаю, нам лучше уйти, пока нас не обнаружили, — шепнула Вайолет, снова обнимая сестру и целуя ее в макушку. — Мы скоро увидимся, Солнышко.

— До свидания, Солнышко, — сказал Куигли. — Я так рад, что нам наконец удалось познакомиться. И большое тебе спасибо за то, что ты помогаешь нам найти последнее безопасное для волонтеров место.

Солнышко Бодлер взглянула на Куигли, а потом на старшую сестру и одарила обоих широкой счастливой улыбкой, показав все свои впечатляющие зубы. Ей пришлось столько времени провести в обществе негодяев, и теперь она была рада побыть с людьми, по достоинству ценившими ее способности, благодарившими ее за труды и понимавшими ее манеру выражаться. Несмотря на то что Клаус остался у подножия водопада, Солнышко чувствовала, что снова счастлива в кругу семьи и что ее пребывание в Мертвых горах, весьма вероятно, кончится хорошо. Разумеется, она заблуждалась, но пока что младшая Бодлер улыбалась тем, кто тревожился о ней, — с одним из них она только что познакомилась, а вторую знала всю жизнь, — и ей казалось, будто она даже стала выше ростом.

— Счаст, — сказала девочка, и все, кто ее слышал, поняли, чего она им желает.

Глава
ОДИННАДЦАТАЯ

ЕСЛИ вы когда-нибудь увидите картинку, где изображен человек, которого осенила блестящая мысль, вы, вероятно, заметите, что над его головой нарисована лампочка. Разумеется, когда кого-то осеняет, лампочка в воздухе возникает далеко не всегда, однако изображение лампочки у кого-то над головой стало своего рода символом раздумий, — совершенно так же, как изображение глаза, к несчастью, стало символом преступлений и гнусного поведения, а вовсе не единства, не противопожарной безопасности и не начитанности.

Когда Вайолет и Куигли спустились обратно по скользкому склону замерзшего водопада, при каждом шаге вонзая в лед кошки-вилки, они посмотрели вниз и в последних

лучах заходящего солнца увидели Клауса. Он держал над головой фонарик, чтобы помочь альпинистам не сбиться с пути, но вид у него был такой, словно его осенила блестящая мысль.

— Наверное, он нашел фонарик на пепелище, — сказал Куигли. — Такой же фонарик дал мне Жак.

— Надеюсь, ему удалось расшифровать тайну главного противопожарного вместилища, — ответила Вайолет и постучала канделябром у себя под ногами. — Осторожно, Куигли. Лед здесь тонкий. Лучше обойти это место.

— На пути вниз лед вообще стал тоньше, — заметил Куигли.

— Неудивительно, — сказала Вайолет. — Ведь мы его исковыряли вилками. Когда придет Фальшивая весна, этот склон наполовину растает.

— Надеюсь, что, когда придет Фальшивая весна, мы уже будем на пути к последнему убежищу, — отозвался Куигли.

— И я надеюсь, — прошептала Вайолет, и они не произнесли больше ни слова, пока не добрались до подножия водопада и не перебрались по льду туда, где стоял Клаус, освещая им путь своим фонариком.

— Рад, что вы целы, — сказал Клаус, взмахнув фонариком в сторону руин столовой. — Мне показалось, что лезть вам было очень скользко. Холодает, но можно устроиться за входом в библиотеку — ветра там почти нет.

Однако Вайолет настолько не терпелось рассказать брату о том, что они обнаружили наверху, что она не стала ждать.

— Там Солнышко! — сообщила она. — Солнышко наверху. Это она нам сигналила.

— Солнышко? — обрадовался Клаус, и глаза у него стали круглые, а улыбка — широкая. — Как она туда попала? У нее все хорошо? Почему вы не взяли ее с собой?

— У нее все хорошо, — заверила его Вайолет. — Она в плену у Графа Олафа, но у нее все хорошо.

— Он ее не обижает? — встревожился Клаус.

Вайолет помотала головой.

— Нет, — ответила она. — Только заставил ее заниматься готовкой и уборкой.

— Но она же совсем младенец! — ужаснулся Клаус.

— Уже нет, — сказала Вайолет. — Мы с тобой, Клаус, даже не заметили, как она выросла. Разумеется, для того чтобы делать всю грязную работу, она еще мала, но из-за всех наших несчастий она перестала быть младенцем.

— Подслушивать она уже может, — подтвердил Куигли. — Она уже разузнала, кто сжег штаб Г.П.В.

— Это два ужасных человека, мужчина и женщина, от которых исходит зловещая аура, — объяснила Вайолет. — Их даже Граф Олаф побаивается.

— А что они все делают там, наверху? — спросил Клаус.

— У них там злодейский съезд, — ответил Куигли. — Мы слышали, как они говорили про план по новобранцам и какую-то сеть.

— Как-то это неприятно звучит, — заметил Клаус.

— Больше того, Клаус, Граф Олаф заполучил досье Сникета и что-то знает про местоположение последнего тайного убежища, где еще может собираться Г.П.В. Потому-то Солнышко и осталась наверху. Если она подслушает, где это убежище, мы поймем, куда отправиться, чтобы встретиться с оставшимися волонтерами.

— Надеюсь, у нее все получится, — кивнул Клаус. — А иначе то, что мне удалось выяснить, окажется бесполезным.

— А что ты выяснил? — спросил Куигли.

— Сейчас покажу, — ответил Клаус и повел всех в бывшую библиотеку, где Вайолет сразу заметила следы его работы.

Темно-синяя записная книжка была раскрыта, и несколько страниц в ней сплошь покрывали записи. Рядом лежало несколько обгоревших клочков бумаги, придавленных закопченной чашкой, которая служила Клаусу пресс-папье, и было аккуратным полукругом выставлено все содержимое холодильника: баночка горчицы, миска оливок, три банки варенья и большой пучок петрушки. Бутылка лимонного сока и одинокий корнишон в большой стеклянной банке виднелись в стороне.

— Это исследование — одно из самых трудных в моей жизни, — сказал Клаус, присаживаясь возле записной книжки. — Юридическая библиотека судьи Штраус была совсем непонятная, а грамматическая библиотека Тети Жозефины — скучная, но со сгоревшей библиотекой Г.П.В. дела обстоят куда сложнее. Даже если бы я знал, какую именно книгу искать, вероятно, от нее остался один пепел.

— А нашел ли ты что-нибудь о главном противопожарном вместилище? — спросил Куигли, устраиваясь рядом.

— Сначала ничего не выходило, — начал рассказывать Клаус. — Клочок бумаги, который вывел нас на холодильник, был погребен под огромной грудой пепла, и у меня ушло много времени на то, чтобы ее переворошить. Но в конце концов я нашел одну страничку вроде бы из той же книги. — Он взял записную книжку и поднял фонарик, чтобы посветить на страницы. — Бумага была такая ветхая, — продолжал он, — что я сразу же переписал все слова в мою записную книжку. Они кое-что объясняют.

— Прочти, — попросила Вайолет, и Клаус подчинился ей, что здесь означает «ответил согласием на просьбу Вайолет и прочитал вслух весьма сложный отрывок, попутно объясняя, что прочитанное означает».

— «Главное противопожарное вместилище, — прочел он, — предназначено для передачи экстренных сообщений посредством набора эзотерических продуктов в холодильнике. Волонтеры понимают, когда шифр задействован, по наличию во вместилище громадного пет...» — Клаус поднял голову от книжки. —

Тут предложение обрывается, однако я предполагаю, что «громадный пет...» — это начало словосочетания «громадный петрушечный веник». Если в холодильнике находится громадный петрушечный веник, значит там зашифровано какое-то сообщение.

— Это я понимаю, — сказала Вайолет, — но при чем тут «эзотерические»?

— Мне кажется, что в данном случае это слово означает те продукты, которые редко используются и которые лежат в холодильнике подолгу, — ответил Клаус.

— Вроде горчицы или варенья, — кивнула Вайолет. — Понятно.

— «Получатель сообщения должен сначала найти собственные инициалы, как об этом пишет, например, один поэт-волонтер», — продолжал Клаус. — А дальше тут стихи:

Темнейшее из трех варений
Укажет верно направленье.

— Такие двустишия пишет моя сестра! — обрадовался Куигли.

— Наверное, это стихотворение сочинила все-таки не она, — возразила Вайолет. — Его, должно быть, сложили, когда Айседоры еще не было на свете.

— Я тоже об этом подумал, — сказал Клаус, — но именно поэтому мне стало интересно, кто же научил Айседору сочинять двустишия. Может быть, какой-нибудь волонтер?

— Когда мы были маленькие, она училась у кого-то стихосложению, но я ее учителя не видел. Я занимался картографией.

— И твои познания в картах и привели нас в штаб, — заметила Вайолет.

— А твой дар изобретателя помог вам взобраться на Коварную гору, — добавил Клаус.

— А твои исследовательские способности нам очень на руку именно сейчас, — улыбнулась Вайолет. — Такое чувство, будто нас всему этому специально учили, а мы и сами об этом не подозревали!

— Никогда не считал картографию уроком, — сказал Куигли. — Мне просто нравилось этим заниматься!

— Меня поэзии и вовсе не учили, — отозвался Клаус, — но мне кажется, что тут говорится, будто внутри банки с самым темным вареньем спрятано имя того человека, которому предназначено послание.

Вайолет поглядела на три банки варенья.

— Абрикосовое, клубничное и ежевичное, — сказала она. — Самое темное — ежевичное.

Клаус кивнул и отвернул крышку с банки ежевичного варенья.

— Загляните, — предложил он и зажег фонарик, чтобы Вайолет и Куигли было хорошо видно. Кто-то ножом нацарапал на варенье две буквы: «Ж» и «С».

— Ж. С., — проговорил Куигли. — Жак Сникет!

— Но ведь послание не может быть адресовано Жаку Сникету! — воскликнула Вайолет. — Он же погиб!

— А вдруг тот, кто оставлял сообщение, этого не знал? — сообразил Клаус и стал читать свои записи дальше: — «Для того чтобы сделать объявление о сборе, при необходимости используется выверенный условный календарь, основанный на плодах. Понедельник обозначается одн...» Тут все снова обрывается, но мне кажется, что эти оливки — шифрованный способ сообщить, на какой день назначен сбор: понедельник — одна оливка, вторник — две и так далее.

— А сколько их в миске? — уточнил Куигли.

— Четыре, — ответил Клаус, наморщив нос. — Мне не хотелось их даже пересчитывать. С тех пор как Скволоры поили нас водными мартини, вкус оливок меня как-то не привлекает.

— Четыре оливки — это четверг, — сказала Вайолет.

— А сегодня пятница, — заметил Куигли. — До сбора волонтеров остается меньше недели.

Бодлеры закивали в ответ, и Клаус снова открыл записную книжку.

— «Любые приправы и пряности, — прочел он, — следует снабжать кодированными этикетками, отсылающими волонтеров к стихотворным шифрам».

— Что-то я не понимаю, — растерялся Куигли.

Клаус со вздохом потянулся за горчицей.

— Это место действительно сложное. Горчица — это приправа, и получается, что она должна отсылать нас к каким-то стихам.

— Каким образом горчица может отослать нас к стихам? — спросила Вайолет.

Клаус улыбнулся.

— Я долго ломал себе голову, — сказал он, — но в конце концов решил посмотреть на состав. И вот послушайте: «Уксус, горчичный порошок, соль, куркума, последний катрен одиннадцатой части „Сада Прозерпины“ Алджернона Чарлза Суинберна[1] и двунатриевый кальций — консервант, идентичный натуральному». Катрен — это четверостишие. Видите, ссылка на стихи оказалась спрятана в список ингредиентов!

— Отлично придумано, — похвалила Вайолет. — Состав продуктов никто никогда не читает. А стихи-то ты не нашел?

Клаус, нахмурившись, поднял чашку.

— Я нашел обугленный деревянный указатель «Поэзия», а под ним оказалась груда бумажного пепла, в которой обнаружился один-единственный клочок со стихами, и это как раз было последнее четверостишие одиннадцатой части «Сада Прозерпины» Алджернона Чарлза Суинберна.

— Как удачно, — удивился Куигли.

— Чуточку слишком удачно, — заметил Клаус. — Ведь библиотека сгорела дотла, и из всех стихов уцелел ровно тот отрывок, который нам нужен. Таких совпадений не бывает. — Он вынул клочок бумаги и показал его Вайолет и Куигли. — Как будто кто-то заранее знал, что мы будем его искать.

---

[1] Суинберн Алджернон Чарлз (1837–1909) — английский поэт.

— О чем же тут говорится? — спросила Вайолет.

— Не слишком веселое четверостишие, — вздохнул Клаус и наклонил фонарик, чтобы прочитать стихи:

Отжив, смежим мы веки,
Чтоб не восстать вовеки,
Все, как ни вьются, реки —
Вольются в океан[1].

Дети вздрогнули и поближе придвинулись друг к другу. Стемнело, и они не видели ничего, кроме фонарика Клауса. А если вам когда-нибудь случалось сидеть в темноте с фонариком, у вас наверняка возникало ощущение, что за границами круга света кто-то крадется, а стихи о смерти в таких случаях самочувствия не улучшают.

— Жалко, что тут нет Айседоры, — проговорил Куигли. — Она бы нам объяснила, что означают эти стихи.

— Все, как ни вьются, реки — вольются в океан, — повторила Вайолет. — Как вы думаете, вдруг это про последнее убежище?

— Не знаю, — ответил Клаус. — А больше ничего полезного для нас я не нашел.

— А при чем тут корнишон и лимонный сок? — спросила Вайолет.

Клаус покачал головой, хотя сестра едва различала его в темноте.

---

[1] Пер. М. А. Донского.

— Это тоже относится к посланию, — ответил он, — но все остальное сгорело. В библиотеке я больше ничего стоящего не обнаружил.

Вайолет взяла у брата клочок бумаги и посмотрела на стихи.

— Тут еще какие-то очень бледные буквы, — сказала она. — Кто-то что-то написал карандашом, но так бледно, что не прочесть.

Куигли полез в рюкзак.

— Я забыл, что фонариков у нас два, — сказал он и посветил на бумагу и вторым фонариком тоже.

И правда — там оказались слова, написанные карандашом и еле-еле различимые на полях у последнего четверостишия одиннадцатой части. Вайолет, Клаус и Куигли склонились как можно ниже, чтобы прочитать слово. Ночной ветер шелестел хрупкой бумажкой, и дети дрожали, отчего фонарики тряслись, но вот наконец свет упал прямо на катрен, и стало видно, что там написано.

— «Сахарница», — хором прочитали дети и переглянулись.

— Что это значит? — удивился Клаус.

Вайолет вздохнула.

— Помнишь, когда мы прятались под машиной, кто-то из негодяев что-то говорил про сахарницу? — спросила она Куигли.

Куигли кивнул и вытащил лиловую записную книжку.

— Жак Сникет тоже как-то раз упоминал сахарницу, когда мы были в библиотеке доктора Монтгомери. Он сказал, что непременно нужно ее найти. Я специально написал это слово в самом верху одной странички в книжке, чтобы потом хватило места для любых сведений о местонахождении сахарницы. — И он повернул страницу так, чтобы Бодлерам было видно — она пуста. — Так я ничего и не разузнал, — закончил он.

Клаус нахмурился.

— Кажется, чем больше мы узнаём, тем больше обнаруживается загадок. Мы добрались до штаба Г.П.В. и расшифровали сообщение, а всего-то и узнали, что где-то есть последнее убежище и там в четверг соберутся волонтеры.

— Если Солнышко выяснит, где это убежище, нам этого хватит, — заверила его Вайолет.

— Но как же нам забрать Солнышко от Графа Олафа? — спросил Клаус.

— У нас же есть кошки-вилки, — напомнил Куигли. — Заберемся еще раз наверх и улизнем, забрав Солнышко с собой.

Вайолет покачала головой:

— Стоит им заметить, что Солнышка нет, как нас тут же обнаружат. С Коварной горы видно все на много миль окрест, а противник безнадежно превосходит нас числом.

— Это так, — признал Куигли. — Нас только четверо, а негодяев десять человек. Как же мы собираемся спасать Солнышко?

— Олаф заполучил человека, которого мы любим, — задумчиво протянул Клаус. — Если мы захватим в плен что-то, что любит он, можно будет поторговаться за Солнышко. Что любит Граф Олаф?

— Деньги, — ответила Вайолет.

— Пожары, — добавил Куигли. — Денег у нас нет, — рассудил Клаус, — а за пожар Граф Олаф не отдаст нам Солнышко. Должно быть что-то такое, что он действительно любит, — что-то, от чего он чувствует себя счастливым и без чего ему будет очень плохо.

Вайолет и Куигли с улыбкой переглянулись.

— Граф Олаф любит Эсме Скволор, — сказала Вайолет. — Если бы мы захватили Эсме в заложницы, можно было бы поторговаться с Графом.

— Конечно, только Эсме у нас нет, — возразил Клаус.

— Зато мы можем ее захватить, — сказал Куигли, и все умолкли.

Разумеется, заложников берут только негодяи, даже если для этого есть весомые причины, и если захватишь заложника, от этого можно почувствовать себя негодяем. В последнее время Бодлерам случалось и скрывать свои лица под масками, и устраивать пожар на карнавале, и от этого они все чаще и чаще чувствовали себя негодяями. Но такого негодяйства, как захват заложников, Вайолет и Клаус себе еще не позволяли, и при взгляде на Куигли они поняли, что и ему ужасно неловко сидеть в темноте и строить злодейские планы.

— И как нам это сделать? — уточнил Клаус.

— Надо заманить ее к нам, — решила Вайолет, — и устроить ей ловушку.

Куигли записал что-то в книжку.

— Можно применить горючие пурпурные возжигатели, — предложил он. — Эсме считает, что это сигареты, а сигареты, по ее мнению, сейчас в моде. Если мы зажжем здесь несколько Возжигателей, она услышит запах и спустится...

— И что потом? — спросил Клаус.

Вайолет поежилась от холода и сунула руки в карманы. Пальцы нащупали большой хлебный нож, о котором она совсем забыла, а потом — то, что она и искала. Вайолет достала ленту из кармана и подвязала ею волосы, чтобы не падали на глаза. Ей даже не верилось, что свои изобретательские таланты она употребляет для того, чтобы изобрести ловушку.

— Самая простая ловушка, — произнесла она, — это ловчая яма. Нужно вырыть глубокую яму и прикрыть ее обугленными досками, чтобы Эсме ее не заметила. Стоит ей ступить на доски, они сломаются, и...

Вайолет смолкла, не закончив фразу, однако в свете фонариков ей было видно, что и Клаус, и Куигли закивали.

— Охотники уже тысячу лет делают такие ловушки, чтобы ловить диких зверей, — сказал Клаус.

— Как-то от этого не легче, — понурилась Вайолет.

— А как нам вырыть такую яму? — спросил Куигли.

— Ну, лопат у нас нет, так что копать придется руками, — рассудила Вайолет. — И еще надо будет чем-то поднимать землю на поверхность.

— У меня есть кувшин из фургона, — вспомнил Клаус.

— И еще надо как-то сделать так, чтобы самим не остаться на дне, — добавила Вайолет.

— У меня в рюкзаке есть веревка, — сказал Куигли. — Можно привязать ее к арке и так выбраться из ямы.

Вайолет пощупала землю. Она была холодная, но податливая, и Вайолет поняла, что яму они выкопают без особых усилий.

— А хорошо ли мы поступаем? — спросила Вайолет. — Как вы думаете, что сделали бы родители, окажись они на нашем месте?

— Наших родителей здесь нет, — твердо ответил Клаус. — Не исключено, что они и были на нашем месте, но сейчас их здесь нет.

Дети снова притихли и старались думать изо всех сил — насколько это было возможно в холоде и темноте. Решить, как правильно поступить в той или иной ситуации, — все равно что решить, как одеться на праздник. Понятно, чего на праздник надевать не следует, — скажем, водолазный костюм или пару больших подушек, — но вот решить, что нужно надеть, гораздо труднее. Например, вы сочтете уместным облачиться в костюм цвета морской волны, однако на месте окажется, что такие же костюмы надели еще несколько человек и вас примут за другого и закуют в наручники. Или вам захочется надеть любимые туфли, но во время праздника начнется наводнение, и туфли будут безнадежно испорчены. Иногда хорошо надеть на праздник новенькие блестящие доспехи, но может оказаться, что еще несколько человек одеты так же, и начнется наводнение, и вы утонете, потому что вас примут за другого, и тогда вы пожалеете, что не остановили свой выбор на водолазном костюме. Беда в том, что никогда нельзя понять, правильно ли вы одеты, пока праздник не закончится, а к тому времени уже поздно передумывать и переодеваться, и именно поэтому в мире полным-полно людей в жуткой одежде, которые творят жуткие вещи, а волонтеров так мало, что они не в состоянии с этим совладать.

— Не знаю, правильно ли мы поступаем, — проговорила Вайолет, — но Граф Олаф взял в плен Солнышко, и, чтобы его одолеть, нам придется взять в плен кого-то другого.

Клаус торжественно кивнул.

— Попробуем одолеть негодяя негодяйским способом. С волками жить — по-волчьи выть. Закон джунглей.

— Тогда пора начинать, — сказал Куигли и поднялся. — Когда взойдет солнце, можно будет снова зажечь горючие пурпурные возжигатели с помощью зеркала, как мы делали, когда подавали знаки Солнышку.

— Если мы хотим, чтобы яма была готова к рассвету, — рассудила Вайолет, — надо копать всю ночь.

— Где же мы будем копать? — спросил Клаус.

— У самого входа, — решила Вайолет. — И когда Эсме подойдет поближе, можно будет спрятаться за арку.

— Как же мы узнаем, что она попалась, если мы ее не увидим? — спросил Куигли.

— Зато услышим, — ответила Вайолет. — Дерево затрещит, а Эсме, наверное, поднимет крик.

Клаус вздрогнул.

— Неприятный будет шум.

— Мы вообще оказались в неприятной ситуации, — напомнила старшая Бодлер, и она была права.

Было совсем не приятно стоять на коленях у входа в сгоревшую библиотеку и голыми руками раскапывать грязь и пепел при свете двух фонариков и под свист всех ветров Главного Перекрестка. Вайолет и ее брату было совсем не приятно носить грязь в липком кувшине, пока Куигли привязывал к арке веревку, чтобы спускаться в яму, а яма становилась все глубже и глубже, словно огромная черная пасть, готовая их проглотить. Было совсем не приятно даже прерывать работу и грызть морковку для подкрепления сил или глядеть на сверкающие в лунном свете белые очертания замерзшего водопада и представлять себе, как Эсме Скволор, соблазнившись дымом горючих пурпурных возжигателей, подбирается к сгоревшему штабу и оказывается в плену. Но самым неприятным была вовсе не холодная грязь, не леденящий ветер и даже не усталость. Самым неприятным было то, что и оба

Бодлера, и их новый друг понимали, что готовят злодейство. Брат и сестра вовсе не были уверены, что их родители или другие волонтеры пошли бы на рытье глубокой ямы, чтобы захватить заложника и обменять его на того, кто попал в плен к негодяю, — но ведь пожар унес столько тайн Г.П.В., что сказать ничего наверняка было невозможно, и эта неопределенность росла с каждым кувшином грязи, и с каждым разом, когда они выбирались наружу по веревке, и с каждой обугленной доской, которой они прикрывали яму, чтобы скрыть ее от посторонних глаз.

Когда на туманном горизонте показались первые лучи утреннего солнца, старшие Бодлеры подняли глаза на водопад. Они знали, что на вершине Мертвых гор засела компания негодяев, и надеялись, что Солнышку удастся выяснить у них, где же находится последнее убежище. Но когда Вайолет и Клаус опустили глаза и посмотрели на дело рук своих, на глубокую-глубокую яму, которую Куигли помог им выкопать, они уже не знали, не засела ли вторая компания негодяев и у подножия скользкого склона. И когда три новоявленных волонтера глядели на злодейскую ловушку, которую они устроили, их не покидало ощущение, что теперь они и сами злодеи, и думать об этом было очень-очень неприятно.

Глава
ДВЕНАДЦАТАЯ

НЕ ТАК давно в шведском городе Стокгольме бандиты грабили банк и захватили заложников. Несколько дней грабители

и пленники прожили бок о бок, что здесь означает «были окружены полицией, которая засела снаружи, а потом сумела схватить бандитов и отправить их в тюрьму». Однако, когда заложников наконец освободили, власти обнаружили, что они подружились с бандитами. С тех пор для того, чтобы описать человека, который подружился с тем, кто взял его в заложники, и употребляется выражение «стокгольмский синдром».

Однако существует и другое выражение, которое описывает куда более распространенную ситуацию — когда пленник не становится другом подобных людей, а считает их негодяями и с каждой минутой презирает их все больше и больше, отчаянно выжидая, не представится ли возможность спастись. Это выражение — «синдром Коварной горы», и именно с этим явлением столкнулась Солнышко Бодлер, глядя вниз с вершины замерзшего водопада и обдумывая сложившуюся ситуацию.

Девочка провела очередную бессонную ночь в кастрюле под крышкой, отмыв ее растопленным снегом. Конечно, Солнышку было холодно, потому что ветры Мертвых гор проникали в кастрюлю сквозь отверстия в крышке, и конечно, Солнышку было больно, потому что зубы у нее стучали от холода и прикусывали губы, но дело было не только в этом: Солнышку было досадно. Младшей Бодлер, несмотря на ее разведывательные способности, не удалось подслушать разговоры негодяев и выяснить, где находится последнее убежище, в котором должны были встретиться члены Г.П.В., как не удалось и узнать ничего нового об ужасном плане по новобранцам, который разработали мужчина с бородой, но без волос, и женщина с волосами, но без бороды. Когда труппа собралась на скале пообедать, они все это обсуждали, но стоило Солнышку подобраться поближе, чтобы услышать их разговоры, негодяи косились на нее и меняли тему беседы. Солнышку казалось, что единственной ее удачей на сегодня был ужин, который она приготовила и который труппе понравился. Когда она подала злодеям блюдо с фальшивым весенним салатом, никто не стал жаловаться, и все до единого взяли себе добавки.

Однако во время ужина от внимания Графа Олафа и его сотоварищей ускользнула одна очень важная деталь, и Солнышко была этому очень рада. В ознаменование Фальшивой весны младшая Бодлер приготовила, как и обещала брату и сестре, всевозможные овощи с грибами. В ее рецепт входили пакет грибов, банка каштанов и брикет мороженого шпината, и чтобы разморозить шпинат, Солнышку пришлось сунуть его под рубашечку. Однако в последний момент Солнышко решила не класть в свой салат громадный баклажан. Когда Вайолет отметила, что баклажан, наверное, весит не меньше Солнышка, младшую Бодлер посетила блестящая мысль и она не стала крошить баклажан зубами на мелкие кусочки, а спрятала его за сдутой шиной автомобиля Графа Олафа, а теперь, когда встало солнце и негодяи начали обычную утреннюю перебранку, девочка выволокла баклажан и покатила его к кастрюле. Катя баклажан, Солнышко посмотрела на замерзший водопад, с виду казавшийся все менее и менее замерзшим. Она знала, что внизу находятся ее брат и сестра, а также Куигли, и, хотя она их не видела, ей было приятно думать, что они рядом и, если план сработает, скоро она будет с ними.

— Что ты там делаешь, девчонка?

Солнышко едва успела затолкнуть баклажан под крышку кастрюли, как услышала голос одной из приспешниц Олафа. У палатки стояли, потягиваясь на утреннем солнышке, две женщины с напудренными лицами.

— Синенький, — ответила Солнышко, что значило «Я придумала план, в котором задействован этот баклажан, и запросто могу вам об этом рассказать, потому что вы все равно не понимаете ни слова из того, что я говорю».

— Болтает, — со вздохом сказала вторая белолицая женщина. — Я начинаю думать, что Солнышко действительно беспомощный младенец, а вовсе не шпионка.

— Гу-гу-га... — начала Солнышко, но не успела она произнести последнее «га», как полог палатки Графа Олафа откинулся.

Негодяй и его подруга стояли в лучах утреннего солнца и явно предвкушали, что новый день — суббота — станет для них очень важным. Одеты они были парадно, иначе говоря, напялили на себя такие странные наряды, что младшая Бодлер от изумления даже забыла договорить последнее «га». Как ни удивительно, Граф Олаф даже умылся и облачился в новенький, с иголочки костюм, на первый взгляд сшитый из материи в горошек. Однако, хоть и не сразу, Солнышко увидела, что каждая горошинка — это на самом деле крошечный глаз, в точности такой же, как татуировка Олафа, значок Г.П.В. и прочие глаза, отравившие жизнь Бодлеров с того ужасного дня на пляже, поэтому смотреть на новый костюм Графа Олафа для нее было все равно что смотреть на целую толпу негодяев, каждый из которых глядит в ответ на младшую Бодлер. Но как бы ужасен ни был вкус Графа Олафа, туалет Эсме Скволор был еще кошмарнее. Солнышко не могла припомнить, чтобы ей приходилось видеть столь огромное платье, и не понимала, как такое количество ткани умещалось в палатке и как после этого там еще осталось место для двух спящих негодяев. Платье было сделано из множества слоев блестящей ткани всевозможных оттенков желтого, оранжевого и красного, изрезанных в виде острейших треугольников, так что слои словно бы впивались друг в друга, а от плеч платья затейливыми изгибами вздымалось черное кружево. Платье было такое громоздкое и вычурное, что Солнышко не представляла, как его вообще можно носить, но когда подруга злодея сделала еще один шаг из палатки, все стало ужасающе ясно. Эсме Скволор нарядилась огромным костром.

— Какое славное утро! — прокаркал Граф Олаф. — Только подумайте — к вечеру в моей труппе будет неслыханно много новичков!

— И они нам пригодятся, — согласилась Эсме. — Мы все вместе будем трудиться на общее благо — сожжем дотла последнее убежище!

— Только представлю себе отель «Развязка» в огне — и становится так радостно, что хочется откупорить бутылку вина! — провозгласил Граф Олаф, и Солнышко прикрыла рот руками, чтобы негодяи не услышали, как она ахнула. Она поняла, что отель «Развязка» и есть последнее убежище! Олаф в возбуждении непреднамеренно выдал это название, что здесь означает «произнес его, несмотря на то что младшая Бодлер находилась рядом».

— Только представлю себе, как в небо взмоют все орлы, и становится так приятно, что хочется закурить модную пурпурную сигарету! — провозгласила Эсме и нахмурилась. — Только у меня ни одной не осталось. Экая неудача.

— Прошу меня извинить, ваше эсмечество, — сказала одна из белолицых женщин, — но у подножия водопада я вижу пурпурный дымок.

— Правда? — взволнованно откликнулась Эсме и посмотрела туда, куда указывала приспешница Олафа.

Солнышко тоже посмотрела туда и увидела знакомый султан пурпурного дыма. В лучах восходящего солнца султан становился все выше и выше. Младшая

Бодлер не могла понять, зачем брат и сестра подают ей знаки и что они хотят ей сказать.

— Странно, — заметил Олаф. — Вообще-то, в штабе гореть вроде больше нечему.

— Только погляди, сколько дыма, — алчно проговорила Эсме. — Наверное, там целая пачка этих сигарет. Денек даже лучше, чем я думала!

Граф Олаф улыбнулся, а потом повернул голову и впервые заметил Солнышко.

— Пусть-ка младенец слазает вниз и принесет тебе сигареты, — распорядился он.

— Дасэр! — воскликнула Солнышко.

— А вдруг она заберет все сигареты себе? — прошипела Эсме, сердито глядя на девочку. — Я лучше сама.

— Но если ты полезешь вниз, у тебя уйдет на это несколько часов, — возразил Олаф. — Разве ты хочешь пропустить выполнение плана по новобранцам? Я так люблю, когда люди попадаются в мои ловушки!

— Я тоже, — согласилась Эсме. — Не беспокойся, Олаф. Я живенько обернусь. Лазать я не собираюсь. Возьму сани и съеду с водопада — никто и моргнуть не успеет.

— Эх! — не сдержалась Солнышко. Она имела в виду нечто вроде «Я тоже собиралась поступить именно так», но ее снова никто не понял.

— Замолчи, зубастая, и прочь с дороги! — велела Эсме.

Она промчалась мимо младшей Бодлер, и Солнышко поняла, что к подолу платья подруги злодея пришито что-то такое, отчего оно на ходу потрескивает, так что Эсме была похожа на костер не только с виду, но и на слух. Послав Графу Олафу воздушный поцелуй, Эсме схватила сани, принадлежащие мужчине с бородой, но без волос, и женщине с волосами, но без бороды.

— Я мигом, дорогой, — сказала она. — Вели младенцу лечь поспать, чтобы она не видела, что мы затеваем.

— Эсме права, — заявил Олаф, глядя на Солнышко с жестокой улыбкой. — Забирайся в кастрюлю. Ты такая беспомощная уродина, что на тебя и смотреть-то противно.

— Золотые слова, красавчик, — закивала Эсме и злобно захихикала, усаживаясь в сани на вершине водопада. Две белолицые женщины бросились ей услужить и подтолкнули сани, а Солнышко послушалась Эсме и исчезла с глаз Олафа.

Нетрудно догадаться, что взрослую женщину в пышнейшем платье, похожем на костер, съезжающую в санях от источника Порченого потока к двум его рукавам и замерзшему озерцу у подножия водопада, невозможно не заметить даже издалека. Вайолет первой увидела яркое пятно, мчащееся по склону, и наклонила зеркальце Колетт, при помощи которого она снова ловила солнечные лучи, чтобы зажигать горючие пурпурные возжигатели, которые она сложила горкой прямо перед ловчей ямой. Морщась от резкого запаха дыма, Вайолет обернулась к Клаусу и Куигли, которые укладывали поперек ямы последнюю обгорелую доску, чтобы ловушка стала окончательно незаметной.

— Глядите, — сказала Вайолет, указывая на спускавшуюся фигуру.

— Думаешь, это Эсме? — спросил Клаус.

Вайолет прищурилась на летящие сани.

— Наверняка. Ведь никто, кроме Эсме Скволор, не наденет такого наряда, — рассудила она.

— Давай-ка спрячемся за аркой, пока она нас не заметила, — сказал Куигли.

Бодлеры согласно кивнули и осторожно направились ко входу в библиотеку, тщательно обойдя ловчую яму.

— Хорошо, что яму больше не видно, — сказал Клаус. — Ее чернота напоминала мне ужасную шахту лифта в доме номер шестьсот шестьдесят семь по Мрачному проспекту.

— Сначала Эсме заманила туда твоих брата и сестру, а потом и нас, — объяснила Вайолет Куигли.

— А теперь мы говорим «с волками жить — по-волчьи выть» и заманиваем ее саму, — смущенно сказал Куигли.

— Об этом лучше не думать, — вздохнула Вайолет, хотя мысли о нечестности ловушки тоже не покидали ее. — Солнышко скоро будет с нами, а остальное не важно.

— Посмотрите-ка, — сказал Клаус, кивая на арку. — Раньше я этого не замечал.

Вайолет и Куигли подняли головы, посмотрели, куда он указывает, и обнаружили сверху, прямо под крупными буквами «Библиотека Г.П.В.» три крошечных слова.

— «Здесь царит покой», — прочитал Куигли. — Как вы думаете, что это значит?

— Наверное, это что-то вроде девиза, — решил Клаус. — В Пруфрокской подготовительной школе над входом тоже был вырезан девиз: *Memento mori*.

Вайолет покачала головой.

— Мне кажется, дело не в этом, — сказала она. — Когда я слышу эту фразу, мне что-то вспоминается, но едва-едва.

— Здесь и вправду спокойно, — задумчиво произнес Клаус. — С тех пор как мы тут очутились, мы не видели ни единого снежного комара.

— Разве ты не помнишь, что их отпугивает запах дыма? — спросил Куигли.

— Конечно помню, — ответил Клаус и выглянул в арку, чтобы поглядеть на приближавшуюся Эсме. Яркое пятно достигло уже середины водопада и направлялось прямо к ловчей яме. — Дыма от пожара было столько, что теперь комары, наверное, сюда вообще не вернутся.

— Но ведь без снежных комаров лососи в Порченом потоке могут оголодать. Они же питаются снежными комарами. — Куигли полез в карман и открыл книжку. — А без лососей оголодают орлы в Мертвых горах. Разрушение штаба Г.П.В. может привести к куда более гибельным последствиям, чем я думал раньше.

Клаус встрепенулся.

— Когда мы шли вдоль Порченого потока, пепла в воде было столько, что рыбы даже кашляли, — сказал он. — Помнишь, Вайолет?

Он повернулся к сестре, но она его едва слушала. Она все еще не сводила глаз с арки, стараясь припомнить, откуда она знает эти слова.

— Они так и звучат у меня в ушах, — проговорила Вайолет. — «Здесь царит покой». — Она прикрыла глаза. — Наверное, это было очень давно, еще до твоего рождения, Клаус.

— Может быть, кто-то тебе это сказал, — предположил Куигли.

Вайолет изо всех сил пыталась что-то вспомнить, но воспоминания были туманны, словно горы. Ей виделось лицо матери и отец, который стоял рядом в костюме, таком же черном, как пепелище штаба Г.П.В. Губы их шевелились, но разобрать слова Вайолет не удавалось. Как она ни старалась, память была нема, будто могила.

— Нет, мне их не говорили, — произнесла наконец Вайолет. — Мне их пели. Кажется, мои родители давным-давно пропели мне слова «Здесь царит покой», но почему — я не знаю. — Она открыла глаза и посмотрела на брата и на друга.

— Кажется, мы делаем что-то не то, — сказала она.

— Но мы же решили, что по закону джунглей с негодяем будем бороться его же негодяйскими методами, — возразил Куигли.

Вайолет кивнула и сунула руку в карман, снова наткнувшись на хлебный нож. Она подумала о темной яме и о том, как закричит Эсме, когда туда свалится.

— Знаю, что решили, — ответила она. — Но если Г.П.В. и вправду означает Группу Пожарных-Волонтеров, то эта организация создана для того, чтобы бороться с пожарами, а не зажигать их. Поэтому волонтеры наверняка не одобрили бы нашей идеи — ведь если бы они попытались тушить пожары огнем, весь мир давно бы сгорел.

— Я понимаю, что ты хочешь сказать, — кивнул Куигли. — Если девиз Г.П.В. — «Здесь царит покой», то нам не подобает совершать неподобающие поступки наподобие устройства ловушек — даже для негодяев.

— Когда я заглянул в ловчую яму, — тихо заметил Клаус, — то вспомнил одно соображение, которое прочитал в книге знаменитого философа. Он говорит, что если собираешься бороться с чудовищами, надо постараться самому не превратиться в чудовище. А если долго глядеть в бездну, бездна тоже начинает глядеть в тебя. — Клаус посмотрел на сестру, а потом на приближающуюся Эсме, а потом на обгорелые доски, прикрывавшие западню. — Бездна — та же яма, — продолжал он. — Мы устроили для Эсме бездну, чтобы она в нее свалилась. Как чудовища.

Куигли записал слова Клауса в свою записную книжку.

— А что случилось с этим философом? — спросил он.

— Умер, — ответил Клаус. — Я думаю, Вайолет, ты права. Мы же не хотим быть такими же чудовищами и негодяями, как Граф Олаф.

— Что же нам делать? — спросил Куигли. — Солнышко по-прежнему в плену у Графа Олафа, а Эсме вот-вот будет здесь. Если мы не найдем выхода из положения прямо сейчас, будет поздно.

Едва тройняшка закончил эту фразу, до детей донеслось кое-что, из-за чего они едва не заключили, будто уже опоздали. Клаус, Вайолет и Куигли, притаившись за аркой, услышали грубый скрежет — сани доехали до низа водопада и резко остановились, а с губ Эсме Скволор сорвался победный смешок. Три волонтера высунулись из-за арки и увидели, как подруга злодея вылезает из санок, алчно улыбаясь. Но как только Эсме оправила громадное платье-костер и шагнула к дымящимся Горючим Пурпурным Возжигателям, Вайолет на нее больше не смотрела. Вайолет смотрела на землю в нескольких шагах перед собой. Там лежали три круглые темные маски — их там бросили, оказавшись у развалин штаба, Вайолет, Клаус и Куигли. Тогда они решили, что маски им больше не понадобятся, но теперь старшая Бодлер поняла, что ошибалась. И когда Эсме сделала еще шаг к ловушке, Вайолет бросилась к маскам, поспешно натянула одну из них и выскочила из убежища под потрясенными взглядами брата и друга.

— Стойте, Эсме! — закричала она. — Тут ловушка!

Эсме застыла на месте и с любопытством посмотрела на Вайолет.

— Ты кто такая? — спросила она. — Зачем так наскакивать? Какое злодейство!

— Я волонтер, — ответила Вайолет.

Губы Эсме, густо намазанные оранжевой помадой в тон платью, искривились в усмешке.

— Волонтеров тут нет, — заявила она. — От штаба камня на камне не осталось!

Клаус взялся за маску следующим и тоже вышел навстречу Эсме Сквалор.

— Пусть наш штаб разрушили, — сказал он, — но дело Г.П.В. живет!

Эсме сердито взглянула на брата с сестрой, словно не знала, пугаться ей или нет.

— Может, и живет, да проживет недолго, — нервно ответила она. Платье у нее потрескивало. Злодейка сделала еще шаг к ловушке. — Вот сейчас я до вас доберусь...

— Нет! — закричал Куигли и выскочил из-за арки, тоже натянув маску и стараясь не упасть в собственноручно вырытую яму. — Не подходите, Эсме! Еще шаг — и вы свалитесь в нашу ловушку!

— Вы притворяетесь, — проговорила Эсме, однако с места не тронулась. — Просто вы хотите оставить все сигареты себе.

— Это не сигареты, — ответил Клаус, — а мы не лжецы! Стоит вам ступить на доски — и вы провалитесь в очень глубокую яму!

Эсме с подозрением взглянула на него. Она весьма осмотрительно — что здесь означает «не свалившись в очень глубокую яму» — нагнулась, отодвинула одну доску и посмотрела в ловушку, которую устроили дети.

— Ну и ну, — сказала она. — Вы и вправду вырыли ловушку. Разумеется, я ни за что бы в нее не попалась, но, должна признать, яму вы выкопали что надо.

— Мы хотели вас поймать, — объяснила Вайолет, — чтобы в обмен на вас выторговать Солнышко Бодлер. Но...

— Но у вас не хватило духу дойти до конца, — с насмешливой улыбкой продолжила за нее Эсме. — Вы, волонтеры, не способны на решительные поступки.

— Ничего себе решительный поступок — заманить человека в ловчую яму! — воскликнул Куигли. — Это же злодейство!

— Не будь ты дураком, — ответила Эсме, — ты бы понял, что решительный поступок и злодейство — это примерно одно и то же.

— Он не дурак! — вспылила Вайолет. Разумеется, она понимала, что обижаться на столь смехотворную особу не стоит, но ей так нравился Куигли, что она не могла вынести, когда его обзывали грубыми словами. — Он привел нас к штабу по карте, которую сам начертил!

— Он такой начитанный! — добавил Клаус.

Услышав эти слова, Эсме запрокинула голову и расхохоталась так, что потрескивающие слои ее громадного платья заколыхались.

— Начитанный! — повторила она подчеркнуто гнусным тоном. — Начитанность в этом мире еще никому не помогла! Много лет назад мне велели целое лето читать «Анну Каренину», но я сразу поняла, что эта дурацкая книжка мне ни к чему, и бросила ее в камин! — И она со смешком нагнулась и подобрала еще несколько обугленных дощечек, а потом отшвырнула их в сторону. — Только поглядите на свой драгоценный штаб, вы, волонтеры! От него ничего не осталось, прямо как от моей книжки. А теперь поглядите на меня! Я красива, я элегантна, я курю сигареты! — Она снова захохотала и стала глумливо тыкать в детей пальцем. — Если бы вы не потратили кучу времени, уткнувшись носами в книжки, вы бы уже заполучили обратно вашего драгоценного младенца!

— Мы и так ее получим, — твердо ответила Вайолет.

— Правда? — насмешливо спросила Эсме. — И как вы намерены это сделать?

— Я намерена поговорить с Графом Олафом, — сказала Вайолет. — А он отдаст ее мне.

Эсме опять запрокинула голову и захохотала, однако энтузиазма в ее голосе поубавилось.

— Что ты имеешь в виду? — поинтересовалась она.

— То, что сказала, — отозвалась Вайолет.

— Гммм, — подозрительно протянула Эсме. — Дайте-ка подумать. — И подруга злодея зашагала туда-сюда по замерзшему пруду, а ее громадное платье потрескивало с каждым шагом.

Клаус наклонился к уху сестры.

— Что ты делаешь? — спросил он. — Ты что, серьезно считаешь, что мы сможем простыми уговорами добиться, чтобы Граф Олаф отдал нам Солнышко?!

— Не знаю, — шепнула Вайолет, — но это все равно лучше, чем заманивать врага в ловушку.

— Не стоило рыть эту яму, — согласился Куигли, — только мне кажется, что идти прямо в руки Графу Олафу тоже не стоит.

— На то, чтобы снова взобраться на Коварную гору, понадобится время, — рассудила Вайолет. — Пока долезем, что-нибудь да придумаем.

— Надеюсь, — кивнул Клаус, — но если мы ничего не придумаем...

Клаусу не удалось сказать, что произойдет, если они ничего не придумают, так как Эсме захлопала в ладоши, чтобы привлечь внимание детей.

— Если вы и вправду хотите поговорить с моим другом, — заявила она, — то я могу привести вас к нему. Если бы вы были хоть чуточку поумнее, то поняли бы, что он у вас прямо под носом.

— Мы знаем, где он, Эсме, — заверил ее Клаус. — Он на вершине водопада, у источника Порченого потока.

— Тогда вы, наверное, знаете, как туда попасть, — сказала Эсме. Вид у нее был глуповатый. — Сани вверх по склону не ездят, так что я, честно говоря, не понимаю, как туда добраться.

— Она придумает, — сказал Куигли, показывая на Вайолет.

Вайолет улыбнулась своему другу, благодаря его за поддержку, и закрыла глаза под маской. Она снова услышала песню, которую ей пели, когда она была совсем крошкой. Вайолет уже придумала, как троим детям вместе с Эсме подняться по склону, однако, размышляя о путешествии, она вспомнила о песне, о которой не вспоминала много лет. Не исключено, что и вам пели эту песню, когда вы были маленькими, — быть может, желая вас убаюкать, развлечь во время долгой автомобильной поездки или научить секретному шифру. Песня называется «Итци-Паучонок», и печальней этой песни на свете не сыщешь. В ней рассказывается о том, как некий паучок пытается взобраться по водосточной трубе, но стоит ему достичь середины, как его смывает поток воды — не то начинается дождь, не то кто-то злонамеренно включает кран, а в последних строках песни паучок решает снова влезть по трубе, и, скорее всего, его снова смоет водой.

В последний раз взбираясь по замерзшему водопаду, Вайолет Бодлер не могла не вспомнить о бедном паучке. Бок о бок с нею по склону карабкались Куигли и Клаус, а за собой они тащили Эсме Скволор вместе с ее санями. Приладив две последние вилки к ботинкам Клауса, Вайолет велела спутникам обвязать кожаные ремни санок вокруг пояса и тянуть подругу злодея за собою по льду. Добираться таким образом до вершины Коварной горы было сущим мучением, особенно после того, как трое детей всю ночь не спали, выкапывая ловчую яму, к тому же вполне могло случиться так, что стекавшая по льду вода Порченого потока смоет их, словно того паучка из песенки, которую слышала Вайолет, когда была маленькой девочкой. После того как по склону дважды вскарабкались на кошках-вилках, проехались на санях и посветили на него ярким солнцем Фальшивой весны, лед стал тонким и хрупким и после каждого шага слегка дрожал. Было ясно, что склон измучен не меньше, чем сами альпинисты, а лед скоро совсем растает.

— Н-но! — кричала Эсме из санок. Этим криком подбадривают вьючных лошадей, но восхождение он ничуть не облегчал.

— Хорошо бы она замолчала, — прошептала под маской Вайолет.

Она постучала по склону канделябром, и кусочек льда откололся и упал на пепелище штаба. Вайолет поглядела ему вслед и вздохнула. Ей никогда не увидеть штаб Г.П.В. во всем его великолепии. И никому из Бодлеров это не удастся. Вайолет никогда не узнает, как приятно было готовить в кухне обед, глядя на два рукава Порченого потока и болтая с прочими волонтерами. Клаус никогда не узнает, как приятно было отдохнуть в тишине и покое библиотеки и изучать тайны Г.П.В., устроившись в удобном кресле и положив ноги на пуфик с такой же обивкой. Солнышку никогда не удастся включить проектор в кинозале, попрактиковаться в искусстве ношения фальшивых усов в учебном центре маскировки или посидеть в гостиной за чаем, лакомясь миндальным печеньем по рецепту моей бабушки. Вайолет не придется ставить химические опыты ни в одной из шести лабораторий, Клаусу — упражняться на брусьях в гимнастическом зале, а Солнышку — готовить для тренеров по плаванию десерты со жженым сахаром. И никому из Бодлеров не доведется познакомиться с лучшими и самыми любимыми волонтерами — ни с инструктором-механиком С. М. Корнблатом, ни с доктором Айзеком Ануистлом, ни с тем храбрым волонтером, который выбросил сахарницу из кухонного окна, чтобы она не погибла в огне, и смотрел, как она уплывает по рукаву Порченого потока. Ничего подобного Бодлерам не суждено увидеть, как мне не суждено ни увидеть снова мою обожаемую Беатрис, ни достать из холодильника корнишон, который я там оставил, и поместить его на должное место в зашифрованный сэндвич. Разумеется, Вайолет не знала, сколько всего ей не доведется изведать, однако, глядя вниз на обширное пепелище штаба, она не могла избавиться от чувства, что все путешествие в Мертвые горы оказалось столь же бессмысленным, сколь бессмысленным было стремление наверх маленького паукообразного, песня о котором ей никогда не нравилась.

— Н-но! — снова закричала Эсме, ехидно хихикая.

— Эсме, пожалуйста, перестаньте, — попросила Вайолет, нетерпеливо обернувшись. — Ваше дурацкое «н-но» только мешает нам лезть.

— Если мы будем лезть помедленнее, это может оказаться нам на руку, — прошептал сестре Клаус. — Чем больше времени отнимет у нас восхождение, тем лучше мы сможем обдумать, что сказать Графу Олафу.

— Можно сказать ему, что он окружен, — предложил Куигли, — или что все волонтеры на свете готовы арестовать его, если он не отпустит Солнышко.

Вайолет покачала маской.

— Он нам не поверит, — сказала она, вонзая кошку-вилку в лед. — Ведь с вершины Коварной горы ему видно все и вся. Он сразу поймет, что, кроме нас, тут нет волонтеров.

— Но что-то мы наверняка можем сделать! — воскликнул Клаус. — Неужели мы затеяли это путешествие зря?

— Конечно не зря! — ответил Куигли. — Мы нашли друг друга и разгадали некоторые тайны, которые не давали нам покоя.

— Но хватит ли этого, чтобы одолеть всех негодяев на вершине? — проговорила Вайолет.

Вопрос Вайолет был не из простых, и ни Клаус, ни Куигли не знали ответа на него, поэтому, вместо того чтобы строить предположения — что здесь означает «продолжать тратить силы на его обсуждение», — они решили удвоить усилия, что здесь означает «в молчании продолжить трудное восхождение до самого источника Порченого потока». Выбравшись на плоскую вершину, они сели на краю и стали изо всех сил тянуть за кожаные ремни. Втащить Эсме Скволор и сани по склону и выволочь их на Коварную гору было так трудно, что дети не замечали, кто стоит рядом, пока не услышали прямо за спиной знакомый скрипучий голос.

— Кто это сюда лезет? — свирепо спросил Граф Олаф.

Дети, едва дыша после восхождения, обернулись и увидели злодея — он стоял возле своего длинного черного автомобиля в компании двоих жутких сотоварищей и подозрительно глядел на волонтеров в масках.

— Мы думали, что вы придете сюда по тайной тропе, а не станете карабкаться по склону, — сказал мужчина с бородой, но без волос.

— Нет-нет-нет! — быстро ответила Эсме. — Это не те, кого мы ждем. Это волонтеры, которых я встретила в штабе.

— Волонтеры? — удивилась женщина с волосами, но без бороды, но голос у нее был не такой низкий, как обычно.

Негодяи глядели на детей, нахмурившись так же растерянно, как и Эсме, словно не знали, глумиться над ними или бояться их, а крюкастый, две женщины с напудренными лицами и три бывших артиста карнавала сбежались поглядеть, почему их негодяйский начальник вдруг замолчал. Хотя Бодлеры очень устали, они быстро отвязали от поясов кожаные ремни и вместе с Куигли обернулись к врагам. Разумеется, сиротам было очень страшно, но оказалось, что если лица скрыты под масками, можно беспрепятственно высказать свою точку зрения, то есть обратиться к Графу Олафу и его сотоварищам так, словно сиротам вовсе не страшно.

— Мы устроили ловушку, чтобы поймать вашу подругу, Граф Олаф, — сказала Вайолет, — но не захотели становиться такими же чудовищами, как вы.

— Врут они всё! — завизжала Эсме. — Они хотели заграбастать себе все сигареты, а я их поймала и заставила втащить меня вверх по водопаду, будто лошадок!

Средний из Бодлеров не стал слушать чепуху, которую несла подруга злодея.

— Мы пришли за Солнышком Бодлер и без нее не уйдем, — твердо сказал Клаус.

Граф Олаф нахмурился и поглядел на них сверкающими глазами, словно хотел разглядеть, кто таится под масками.

— А почему вы полагаете, будто я отдам вам пленницу только потому, что вы так велели? — спросил он.

Вайолет принялась лихорадочно соображать, оглядывая окрестности в поисках подсказки. Граф Олаф наверняка был уверен, будто трое в масках — это члены Г.П.В., и Вайолет не сомневалась, что стоит ей найти нужные слова, и Графа Олафа удастся победить, не став при этом такой же злодейкой, как и он сам. Но ни самой Вайолет, ни ее брату и другу, стоявшим рядом в молчании, не удавалось найти эти слова. Их продувало ветрами Мертвых гор, и Вайолет сунула руки в карманы, снова наткнувшись пальцем на длинный хлебный нож. Ей уже начало казаться, что лучше было бы поймать Эсме в ловушку. Граф Олаф понемногу перестал хмуриться, и губы его начали кривиться в победной усмешке, но едва он открыл рот, собравшись заговорить, как Вайолет заметила две вещи, которые придали ей надежды. Она увидела, во-первых, две записные книжки — одна глубокого оттенка лилового цвета, а другая — темно-синего: эти книжки виднелись из карманов Клауса и Куигли и в них были записаны все сведения о Г.П.В., которые только удалось найти в сгоревшей библиотеке штаба. Во-вторых, на глаза ей попалась посуда, расставленная на плоском камне, служившем труппе Графа Олафа столом. Солнышко заставили вымыть эту посуду, оттирая ее подтаявшим снегом, а теперь она разложила ее под лучами солнца Фальшивой весны. Вайолет увидела стопку блюдец, украшенных знакомым изображением глаза, ряды чашек и крошечный сливочник. Но в чайном сервизе не хватало одного предмета, и именно поэтому Вайолет повернулась к Графу Олафу, улыбаясь под маской.

— Вы отдадите нам Солнышко, потому что мы знаем, где находится сахарница, — сказала она.

Глава ТРИНАДЦАТАЯ

ГРАФ Олаф ахнул и уставился на Бодлеров и их спутника, очень высоко задрав свою единственную бровь, и глаза у него сверкали ярче прежнего.

— Где она?! — проговорил он жутким свистящим шепотом. — Отдайте ее мне!

Вайолет покачала головой, радуясь, что лицо у нее скрыто под маской.

— Сначала вы отдадите нам Солнышко Бодлер, — сказала она.

— Ни за что! — ответил негодяй. — Без этого зубастого отродья мне никогда не удастся завладеть состоянием Бодлеров. Сию же секунду отдайте сахарницу, а не то я сброшу вас с горы — всех троих!

— Но ведь если вы сбросите нас с горы, то никогда не узнаете, где спрятана сахарница! — возразил Клаус. Разумеется, он не добавил, что Бодлеры понятия не имеют, где находится эта сахарница и почему вообще о ней столько разговоров.

Эсме Сквалор зловеще шагнула к своему другу, шурша по холодной земле потрескивающим платьем-костром.

— Эта сахарница нам очень нужна! — воскликнула она. — Отпусти девчонку. Мы придумаем другой способ завладеть состоянием.

— Нет, наша главная цель — состояние, — заявил Олаф. — Нам нельзя ее отпускать.

— Нет, наша главная цель — сахарница! — возразила, хмурясь, Эсме.

— Нет, состояние! — прошипел Олаф.

— Сахарница! — твердила Эсме.

— Состояние!

— Сахарница!

— Состояние!

— Сахарница!

— Хватит! — велел мужчина с бородой, но без волос. — Мы вот-вот приведем в действие план по новобранцам! А вы готовы проспорить весь день напролет!

— Мы не собираемся спорить весь день напролет, — робко ответил Граф Олаф. — Всего несколько часов...

— А мы вам говорим — хватит! — велела женщина с волосами, но без бороды. — Тащите сюда свою малолетку!

— Немедленно тащите младенца! — приказал Граф Олаф двум женщинам с напудренными лицами. — Она спит в кастрюле!

Две белолицые женщины вздохнули, но послушно побежали к кастрюле и подняли ее, словно поварихи, вынимающие что-то из духовки, а вовсе не приспешницы негодяя, получившие приказ привести пленника, а зловещие гости полезли за пазуху и вытащили то, что висело у них на шее. Вайолет и Клаус были немало удивлены, увидев два сверкающих серебряных свистка — в точности таких же, как у Графа Олафа, когда он притворялся учителем в Пруфрокской подготовительной школе.

— Глядите, волонтеры, — проговорил хриплым голосом зловещий мужчина, и таинственные негодяи подули в свистки.

Внезапно дети услышали громкий шелест, словно все ветры Мертвых гор перепугались не меньше, чем Вайолет, Клаус и Куигли, и стало очень темно, словно солнце тоже надело маску. Однако стоило детям посмотреть наверх, и они поняли, что у шелеста и внезапной темноты есть причины куда более необычные, чем испуганный ветер и солнце под маской.

В небе над Мертвыми горами кишмя кишели орлы. Их были многие сотни, и они молчаливыми кругами летали высоко над зловещими негодяями. Прилетели они настолько быстро, что было понятно — гнездятся они где-то неподалеку, и их наверняка долго дрессировали, иначе они не были бы так жутко молчаливы. Одни из них на вид были очень старые — такие старые, что летали в небесах еще тогда, когда родители Бодлеров сами еще были детьми. Другие на вид были совсем молодые — словно едва вылупились из яйца, но были уже приучены слушаться пронзительного свиста. Но все они казались совершенно измученными, будто предпочли бы оказаться где угодно, только бы не слушаться приказов столь гнусных людей.

— Только поглядите на этих тварей! — воскликнула женщина с волосами, но без бороды. — После раскола, волонтеры, вы можете заполучить в свое распоряжение вьючных ворон и дрессированных рептилий!

— Уже нет, — возразил Граф Олаф. — Все рептилии, кроме одной...

— Не перебивайте! — перебила его женщина с волосами, но без бороды. — Можете заполучить вьючных ворон, зато в нашем распоряжении остаются два самых могучих вида млекопитающих — орлы и львы!

— Орлы — не млекопитающие! — сердито воскликнул Клаус. — Они птицы!

— Они рабы, — сказал мужчина с бородой, но без волос, и два негодяя полезли в карманы и вытащили два длинных гнусных хлыста.

Вайолет и Клаус сразу увидели, что они в точности такие же, как тот хлыст, которым Граф Олаф усмирял львов на Карнавале Калигари. Таинственные негодяи с подобающими зловещими ухмылками щелкнули хлыстами в воздухе, и с неба спланировали четыре орла, приземлившись на странные стеганые подушки на плечах злодеев.

— Орлы будут делать все, что мы им прикажем, — заявила женщина с волосами, но без бороды. — А сегодня они обеспечат нам величайший триумф. — Она развернула хлыст и показала на землю вокруг своих ног, и только тогда дети заметили расстеленную на земле громадную сеть, покрывающую почти всю вершину. — По моему знаку орлы поднимут сеть с земли и унесут в небо, а в сети будет находиться компания молодых людей, уверенных, что они отправились в горы праздновать приход Фальшивой весны.

— Снежные скауты! — потрясенно произнесла Вайолет.

— Мы изловим этих сопляков в форме всех до единого, — принялся похваляться негодяй с бородой, но без волос, — и каждому из них будет предоставлена восхитительная возможность примкнуть к нам.

— Они на это ни за что не согласятся, — сказал Клаус.

— Согласятся, — возразила женщина с волосами, но без бороды. — Ведь они станут или новобранцами, или нашими пленниками. Одно несомненно: мы сожжем все дома их родителей — все до единого.

Бодлеры вздрогнули, и даже Графу Олафу, казалось, стало не по себе.

— Разумеется, — быстро добавил он, — мы делаем это главным образом для того, чтобы заполучить их состояния.

— Разумеется, — подхватила Эсме, нервно хихикнув. — Мы получим состояния Спатсов, Корнблатов, Уиннипегов и прочих. Я смогу позволить себе пентхаусы во всех домах, оставшихся после пожара!

— А как только вы нам скажете, где находится сахарница, — сказал мужчина с бородой, но без волос, — так можете убираться, волонтеры, вместе с вашим младенцем. Или все-таки лучше примкнете к нам?

— Нет, спасибо, — поклонился Куигли. — Нам это неинтересно.

— Интересно вам или нет — роли не играет, — заявила женщина с волосами, но без бороды. — Посмотрите, в каком положении вы оказались. Нас неизмеримо больше. Куда бы мы ни отправились, везде нас ждут новые соратники, которые так и рвутся нам поспособствовать.

— У нас тоже есть соратники, — храбро ответила Вайолет. — Как только мы вызволим Солнышко, мы встретимся с другими волонтерами в последнем убежище и расскажем им о вашем кошмарном замысле!

— Поздно, волонтеры! — победно воскликнул Граф Олаф. — Вот мои новобранцы!

Негодяй с жутким хохотом показал на каменистую тропку, и старшие Бодлеры поглядели за закрытую кастрюлю, которую несли две женщины с напудренными лицами, и увидели, как на вершину, выстроившись в две колонны, идут Снежные скауты в форме, больше похожие на яйца в картонной упаковке, чем на детей на марше. Судя по всему, скауты сообразили, что в этой части Мертвых гор снежных комаров нет, и сняли маски, так что Вайолет и Клаус тут же заметили Кармелиту Спатс, которая стояла во главе одной из колонн, напялив на себя диадему, — а слово «диадема» здесь означает «небольшая корона, которую дали гадкой маленькой девочке, несмотря на то что у этой девочки нет никаких заслуг». Кармелита глупо ухмылялась от уха до уха. Рядом с ней, во главе второй колонны, стоял Брюс, держа в одной руке Весенний шест, а в другой — большую сигару. Его лицо показалось Вайолет и Клаусу знакомым, однако злодейский план по новобранцам настолько тревожил брата и сестру, что они не стали задумываться, откуда они знают Брюса.

— А вы что тут делаете, кексолизы? — закричала Кармелита отвратительным голосом. — Я — королева Фальшивой весны, и я приказываю вам убираться отсюда!

— Тише, тише, Кармелита, — стал успокаивать ее Брюс. — Я уверен, что эти люди оказались здесь для того, чтобы отметить твой праздник. Давай постараемся проявить жизнерадостность. И вообще давай будем активны, бесстрашны, выносливы...

Скауты стали повторять за Брюсом смехотворную речовку, но Бодлеры сразу поняли, что у них недостанет терпения выслушать весь алфавитный список до конца.

— Брюс, — поспешно перебила Вайолет, — эти люди здесь вовсе не для того, чтобы отметить приход Фальшивой весны. Они собираются похитить всех Снежных скаутов.

— Что? — переспросил Брюс с улыбкой, словно старшая Бодлер удачно пошутила.

— Это ловушка, — сказал Клаус. — Прошу вас, уводите отсюда скаутов.

— Не обращайте внимания на этих трех дураков в масках, — поспешил вмешаться Граф Олаф. — Им в голову ударил горный воздух. Подойдите еще на несколько шажков, и начнем праздновать.

— Мы рады проявить жизнерадостность, — закивал Брюс. — Ведь мы активны, бесстрашны, выносливы, гостеприимны...

— Хватит! — воскликнула Вайолет. — Вы что, не видите сеть на земле? И орлов в небе?!

— Сеть — украшение, — сказала Эсме, выдавив из себя улыбку, фальшивую, как весна. — А орлы — это местная фауна.

— Пожалуйста, выслушайте нас! — взмолился Клаус. — Вам грозит ужасная опасность!

Кармелита уставилась на Бодлеров и поправила диадему.

— С чего это я должна слушать чужаков-кексолизов вроде вас? — спросила она. — Вы такие дураки, что даже маски не сняли, хотя тут нет ни одного снежного комара!

Вайолет и Клаус переглянулись сквозь маски. Кармелита говорила с ними очень грубо, но они не могли не признать, что в ее словах есть доля правды. Бодлеры не могли никого убедить, что говорят правду, пока лица у них были закрыты без всякой необходимости. Им вовсе не хотелось жертвовать своей маскировкой и выдавать себя Графу Олафу и его труппе, но нельзя же было ставить под удар всех Снежных скаутов и спокойно смотреть, как их похищают, — даже в обмен на спасение сестры. Бодлеры кивнули друг другу, а потом посмотрели на Куигли, который тоже кивнул им, а потом трое детей подняли руки и сняли маски — ради главной цели.

Граф Олаф открыл рот от изумления.

— Ты же погибла! — сказал он старшей Бодлер, хотя и понимал, что его слова просто смехотворны. — Ты вместе с Клаусом разбилась в фургоне!

Эсме глядела на Клауса, и вид у нее был такой же ошарашенный, как у ее друга.

— Ты тоже погиб! — воскликнула она. — Ты же упал с горы!

— А ты из тех двойняшек! — сказал Олаф Куигли. — Тебя вообще давно нет на свете!

— Я жив, — возразил Куигли, — и я не двойняшка.

— Но ты и не волонтер, — ухмыльнулся Граф Олаф. — Все вы не члены Г.П.В. Вы просто сборище мерзких сирот.

— Но тогда у нас нет ни малейших причин трястись над этим глупым младенцем, — прогудела своим низким-низким голосом женщина с волосами, но без бороды.

— Точно, — согласился Граф Олаф и повернулся к двум женщинам с напудренными лицами. — Сбросьте девчонку с горы! — приказал он.

Вайолет и Клаус закричали от ужаса, но две женщины с напудренными лицами только посмотрели сначала на кастрюлю, которую они держали в руках, а потом друг на друга. А затем они медленно перевели взгляд на Графа Олафа, но не двинулись с места.

— Вы что, не слышали? — спросил Граф Олаф. — А ну, сбросьте девчонку с горы!

— Нет, — ответила одна из женщин с напудренным лицом, и старшие Бодлеры с облегчением поглядели на нее.

— Нет?! — изумленно взвизгнула Эсме Скволор. — Как это — нет?

— Нет — значит нет, — сказала женщина с напудренным лицом, а ее спутница кивнула.

Они вместе поставили кастрюлю на землю. Вайолет и Клаус очень удивились, потому что кастрюля осталась неподвижной, и решили, что их сестренка так перепугалась, что даже не может вылезти.

— Не желаем мы больше участвовать в ваших злодействах, — сказала вторая женщина с напудренным лицом и вздохнула. — Некоторое время нам нравилось смотреть на огонь и дым, но теперь с нас хватит.

— Нам уже не кажется, что пожар в нашем доме — простая случайность, — добавила первая женщина. — А ведь в этом пожаре у нас погибла сестра, Олаф.

Граф Олаф ткнул в женщин длинным костлявым пальцем.

— Сию же секунду исполняйте мои приказы! — закричал он, но его бывшие приспешницы только помотали головой, отвернулись и пошли прочь от негодяя.

Все стоявшие на горе молча глядели, как две женщины с напудренными лицами прошли мимо Графа Олафа, мимо Эсме Скволор, мимо двух зловещих негодяев с орлами на плечах, мимо двоих Бодлеров и Куигли Квегмайра, мимо крюкастого и бывших артистов карнавала и мимо Брюса, Кармелиты Спатс и прочих Снежных скаутов и наконец дошли до скалистой тропы и начали спускаться с Коварной горы.

Граф Олаф открыл рот, испустил ужасающий рык и запрыгал по сети.

— Как вы смеете уходить от меня, вы, напудренные! — завопил он. — Я вас найду и своими руками сотру в порошок! Я вообще все, что угодно, могу сделать своими руками! Я работаю в одиночку и могу самостоятельно сбросить этого младенца с горы! — И он с гнусным хихиканьем поднял закрытую кастрюлю и направился к краю полузамерзшего водопада.

— Не смейте! — закричала Вайолет.

— Солнышко! — закричал Клаус.

— Прощайтесь с младенцем, Бодлеры! — проговорил Граф Олаф и растянул губы в победной усмешке, демонстрируя все свои гнилые зубы.

— Я не младенец! — послышался знакомый голосок из-под длинного черного автомобиля негодяя, и старшие Бодлеры с гордостью и облегчением увидели, как Солнышко выбирается из-за шины, которую проткнула Вайолет, и бежит в объятия старших брата и сестры.

Клаусу пришлось снять очки и вытереть слезы радости, которые навернулись ему на глаза от долгожданной встречи с маленькой девочкой — его сестрой.

— Я не младенец! — повторила Солнышко, победоносно поворачиваясь к Олафу.

— Как так вышло? — изумился Олаф, однако, сняв крышку с кастрюли, он увидел, как так вышло, поскольку находившийся внутри предмет примерно того же веса и размера, что и младшая Бодлер, младенцем тем не менее не являлся.

— Бабгануш! — воскликнула Солнышко, что означало нечто вроде «Я выдумала план спасения с помощью баклажана. Он оказался даже полезнее, чем я думала», и переводить это не потребовалось, потому что огромный овощ вывалился из кастрюли и с громким «бах!» шлепнулся к ногам Олафа.

— День не задался! — закричал негодяй. — Я склоняюсь к мысли, что умывание было пустой тратой времени!

— Не терзайтесь так, босс, — вмешалась Колетт, скручиваясь от сочувствия. — Не сомневаюсь, что из этого баклажана Солнышко приготовит нам что-нибудь восхитительное!

— Точно, — сказал человек с крюками. — Она превратилась в превосходного повара. Фальшивый весенний салат был просто чудо, да и лосось на гриле удался на славу.

— На мой вкус, там не хватало петрушки, — заметил Хьюго, но трое воссоединившихся Бодлеров не слушали этих вздорных разговоров и обернулись к Снежным скаутам.

— Ну, теперь вы нам верите? — спросила Вайолет Брюса. — Неужели вы не видите, что этот человек — ужасный негодяй, который хочет вам зла?

— Разве ты нас не помнишь? — спросил Клаус у Кармелиты Спатс. — Граф Олаф лелеял страшные планы еще в Пруфрокской подготовительной школе, и он лелеет страшные планы и сейчас тоже!

— Еще бы я вас не помнила! — заверещала Кармелита. — Вы те самые сироты-кексолизы, из-за которых у директора Ниро были такие неприятности! А теперь вы пытаетесь испортить мой праздник! Ну-ка, дай-ка мне Весенний шест, Дядя Брюс!

— Тише, тише, Кармелита, — сказал Брюс, но Кармелита уже выхватила Весенний шест у него из рук и затопала прямо по сети к источнику Порченого потока.

Мужчина с бородой, но без волос и женщина с волосами, но без бороды щелкнули жуткими хлыстами и приложили сверкающие свистки к губам, однако Бодлеры понимали, что они не собираются поднимать ловушку, пока в нее не попадутся остальные скауты.

— Я короную себя королевой Фальшивой весны! — возвестила Кармелита, дойдя до самого края вершины Коварной горы.

С мерзким победным смешком она распихала Бодлеров локтями и воткнула Весенний шест в полузамерзший водопад. Раздался медленный громкий треск, и Бодлеры, посмотрев вниз, увидели, как по самой середине водопада к замерзшему пруду и двум рукавам Порченого потока медленно ползет глубокая трещина. Бодлеры в ужасе застыли. Хотя трещал только лед, казалось, будто вся гора раскалывается надвое и скоро раскол постигнет весь мир.

— Чего уставились? — насмешливо спросила Кармелита. — Сейчас всем положено исполнить в мою честь танец!

— Правильно, — одобрил Граф Олаф. — Давайте-ка все сделаем шаг вперед и спляшем в честь этой прелестной девчушки!

— А что, мне нравится, — сказал Кевин, направляясь прямо в сеть во главе своих коллег. — Ведь у меня тоже есть пара крепких ног!

— А вам надо быть жизнерадостными! Ведь это ваши слова, Дядя Брюс? — напомнил человек с крюками.

— Разумеется, — кивнул Брюс, пыхнув сигарой. Казалось, он рад, что споры прекратились и что скаутам наконец можно делать то, что они делают каждый год. — Ну что, Снежные скауты, давайте-ка повторим алфавитную речовку Снежного скаута, танцуя вокруг Весеннего шеста.

Скауты радостно последовали за Брюсом к шесту, выкрикивая на ходу:

— Снежные скауты активны, бесстрашны, выносливы, гостеприимны, добры, естественны, жизнерадостны, здоровы, искренны, красноречивы, любознательны, молчаливы, неутомимы, основательны, послушны, разумны, спокойны, толковы, упорны, филантропичны, хитры, целеустремленны, человечны, шаловливы, щеголеваты, энергичны, юны и явственны — всегда, каждое утро, каждый полдень, каждую ночь и весь день напролет!

Само собой разумеется, в речовке как таковой ничего плохого нет — это всего-навсего набор слов, которые кажутся вам важными, созданный, чтобы напоминать о том, как следует идти по жизни. Если вам, к примеру, представляется, что начитанные люди менее прочих склонны творить зло, и если мир, полный людей, сидящих себе смирно с хорошими книжками в руках, для вас притягательней, нежели мир, полный раскола, сирен и прочего шума и беспокойства, тогда всякий раз, входя в библиотеку, можно твердить про себя, что здесь царит покой, и это будет чем-то вроде речовки, напоминающей о том, что чтение — главная цель. Если же вам думается, будто всех начитанных людей надо сжигать, а их состояния присваивать, можно к любому приказу, который вы отдаете своим сотоварищам, добавлять речовку о сладости и красоте огня. Однако, какую бы речовку вы себе ни избрали, при ее составлении следует учитывать два основных соображения. Во-первых, речовка должна иметь смысл, так что если в нее входит слово «явственный», то имеется в виду, что особое значение придается отчетливости и недвусмысленности, что само по себе неплохо, но слово «явственный» не может относиться к человеку. Во-вторых, речовка непременно должна быть относительно короткой, так что, если группа негодяев заманивает вас в ловушку, состоящую из сети и дрессированных измученных орлов, у вас останется больше времени для спасения.

К несчастью, алфавитная речовка Снежных скаутов не отвечала ни одному из этих требований. Когда они клялись быть явственными, человек с бородой, но без волос щелкнул в воздухе хлыстом, и орлы, которые сидели на плечах у негодяев, забили крыльями и, вцепившись когтями в толстые оплечья, подняли обоих злодеев высоко в воздух, а когда речовка закончилась и все Снежные скауты глубоко вздыхали, чтобы изобразить шум снежного вихря, женщина с волосами, но без бороды поднесла к губам свисток и издала долгий свист, который Бодлеры помнили еще с тех пор, как их заставляли бегать кругами в Пруфрокской подготовительной школе. Трое Бодлеров и Куигли стояли и смотрели, как остальные орлы стремительно планируют к земле, хватают сеть и, напряженно хлопая крыльями, поднимают в воздух всех, кто на ней оказался, — так можно убрать со стола тарелки, просто подняв скатерть за углы. Если вы прибегнете к столь необычному методу уборки со стола, вас, скорее всего, выставят из ресторана или отправят в вашу комнату, и результаты подобного поступка на Коварной горе были не менее разрушительными. В считаные секунды все Снежные скауты и все сотоварищи Олафа оказались плотно упакованы в поднебесном мешке, который несли орлы. Избежать участи новобранцев удалось лишь одному человеку, кроме, разумеется, Бодлеров и Куигли Квегмайра, — это была Кармелита Спатс, которая осталась стоять рядом с Графом Олафом и его подругой.

— Что происходит? — спросил Брюс, глядя из сети на Графа Олафа. — Что вы сделали?

— Я одержал победу, — ответил Граф Олаф. — Я снова одержал победу! Давным-давно я обманом выудил у вас коллекцию рептилий, которая была мне нужна для личных целей! — Тут Бодлеры потрясенно переглянулись, внезапно осознав, где видели Брюса. — А теперь я выманил у вас коллекцию детей!

— И что теперь с нами будет? — испуганно спросил один из Снежных скаутов.

— А мне наплевать, — заявил другой Снежный скаут, которого, видимо, уже поразил стокгольмский синдром. — Мы каждый год залезаем на Коварную гору и делаем одно и то же! Хоть бы в этом году все изменилось!

— А меня-то почему зачислили в новобранцы? — спросил крюкастый, и Бодлеры увидели, как он одним крюком лихорадочно пытается разорвать сеть. — Я же и так уже работаю на вас!

— Не бойся, крючок, — глумливо ответила Эсме. — Все ради главной цели!

— Н-но! — воскликнул человек с бородой, но без волос, щелкая хлыстом в воздухе.

Орлы, вскрикивая от ужаса, потащили сеть по небу прочь от Коварной горы.

— Олаф, вызнай у этих гнусных сирот, где находится сахарница, — велела женщина с волосами, но без бороды. — До встречи в последнем убежище!

— Теперь, когда у нас в распоряжении орлы, — хрипло прорычал зловещий мужчина, — мы можем наконец добраться до автономного летучего дома и уничтожить его вместе с волонтерами!

Бодлеры ахнули и в ужасе уставились на Куигли. Ведь не было никаких сомнений в том, что злодей говорит о том устройстве, которое создал Гектор в Городе Почитателей Ворон и при помощи которого удалось спастись Дункану и Айседоре.

— Счастливо оставаться! — издевательски воскликнула женщина с волосами, но без бороды, и орлы унесли ее прочь.

Граф Олаф пробормотал что-то себе под нос, а потом повернулся и грозно двинулся на Бодлеров.

— Мне нужен один из вас, чтобы выяснить, где же сахарница, и завладеть вашим состоянием, — проговорил он, ярко сверкая глазами. — Только вот кто?

— Это трудный вопрос, — подхватила Эсме. — Держать служанку-младенца было восхитительно. Но ведь если разбить очки Клауса и глядеть, как он на все натыкается, будет тоже очень забавно!

— Зато у Вайолет волосы самые длинные! — встряла Кармелита, и Бодлеры отступили к расколотому водопаду. Куигли тоже — он оказался у них за спиной. —

Ее можно за них все время дергать, а если станет скучно, то привязывать к волосам всякую всячину!

— И то и другое будет просто замечательно! — похвалил Кармелиту Граф Олаф. — Я и забыл, какая ты прелестная девчушка. Хочешь к нам примкнуть?

— Примкнуть к вам? — переспросила Кармелита.

— Взгляни, какое стильное у меня платье, — сказала Кармелите Эсме. — Если ты к нам примкнешь, я накуплю тебе всяких модных нарядов!

Кармелита явно задумалась и посмотрела сначала на детей, а потом на двух негодяев, которые стояли рядом с ней и гнусно улыбались. Трое Бодлеров обменялись с Куигли взглядами, полными ужаса и отчаяния. Брат и сестра помнили, как чудовищно вела себя Кармелита в школе, но им и в голову не приходило, что она может захотеть примкнуть к еще более чудовищной компании.

— Не верь им, Кармелита! — сказал Куигли и вытащил из кармана лиловую записную книжку. — Они сожгут дом твоих родителей! У меня здесь все записано!

— Чему ты поверишь, Кармелита, — дурацкой записной книжке или словам взрослого человека? — спросил Граф Олаф.

— Погляди на нас, прелестная девчушка, — сказала Эсме, потрескивая подолом красно-оранжево-желтого платья. — Разве мы похожи на людей, которым нравится жечь дома?

— Кармелита! — закричала Вайолет. — Не слушай их!

— Кармелита! — закричал Клаус. — Не помогай им!

— Кармелита! — закричала Солнышко, что означало нечто вроде «Ты собираешься сделать чудовищный шаг!»

— Кармелита, — тошнотворно-приторным голосом сказал Граф Олаф. — Давай-ка ты сама выберешь, кто из сирот останется в живых, столкнешь остальных с утеса, и мы все вместе отправимся в симпатичную гостиницу.

— У нас нет дочки, так что ты нам ее заменишь, — проворковала Эсме, поглаживая диадему Кармелиты.

— Или что-то в этом роде, — добавил Олаф с таким видом, что сразу становилось ясно — он предпочтет заполучить приспешницу, а не дочь.

Кармелита бросила еще один взгляд в сторону Бодлеров, а потом улыбнулась негодяям снизу вверх.

— А вы правда думаете, что я прелестная? — спросила она.

— Я думаю, что ты абсолютно прелестная, бесподобная, восхитительная, грандиозная, дивная, естественная, живенькая, запредельно прелестная, изумительная, красивая, ласковая, милая, неотразимая, обворожительная, прелестная, решительно прелестная, сладенькая, таинственная, упоительная, фантастическая, художественная, целесообразная, чудесная, шикарная, щедрая, экстраординарная, ювелирная и явно прелестная! — продекламировала Эсме. — Каждое утро, каждый полдень, каждый вечер и весь день напролет!

— Не слушай ее! — взмолился Куигли. — Человек не может быть целесообразным!

— А мне все равно! — ответила Кармелита. — Вот сейчас спихну с водопада этих кексолизов и начну дивную новую модную жизнь!

Бодлеры вместе с Куигли снова шагнули назад, обменявшись паническими взглядами. Над головой у них слышались орлиные крики — птицы уносили новобранцев все дальше и дальше. За спиной у сирот все ветры Главного перекрестка выли в долине, где люди, погубившие родителей Бодлеров и Квегмайров, сожгли штаб Г.П.В. Вайолет сунула руку в карман за лентой, пытаясь представить себе, какое изобретение помогло бы им оказаться подальше от таких злобных людей и отправиться на встречу с друзьями-волонтерами в последнее убежище. Пальцы Вайолет снова наткнулись на хлебный нож, но она не знала, стоит ли доставать оружие и грозить негодяям насилием, или же от этого она станет такой же негодяйкой, как те люди, которые на нее сейчас смотрели.

— Бедняжечки Бодлеры, — глумливо протянул Граф Олаф. — Лучше сдавайтесь, нас гораздо больше.

— Ничего подобного, — возразил Клаус. — Нас четверо, а вас трое.

— Я — королева Фальшивой весны, и меня надо считать за троих, — ответила Кармелита. — Так что нас гораздо больше, ясно вам, кексолизы?

Конечно, это была очередная чушь, сорвавшаяся с языка жестокосердной девчонки, но даже если бы это была не чушь, далеко не всегда важно, кого больше, а кого меньше. Например, когда Вайолет и Клаус добирались до Главного перекрестка ветров, их было гораздо меньше, чем снежных комаров, однако им все равно удалось разыскать Куигли Квегмайра, взобраться по Главной противопожарной вертикали в штаб и обнаружить спрятанное в холодильнике сообщение. Солнышко на вершине Коварной горы оказалась совсем одна против всех негодяев, однако ей удалось не просто уцелеть, но и выяснить, где находится последнее убежище, а также выдумать несколько новых кушаний — простых и вместе с тем вкусных. А членов Г.П.В. всегда было гораздо меньше, чем всевозможных злодеев, поскольку злых и алчных людей, судя по всему, становится все больше, а библиотеки все горят и горят, и тем не менее волонтерам удалось сохраниться, что здесь означает «тайно встречаться, общаться при помощи шифровок и собирать важные данные, чтобы расстраивать планы врагов». Не всегда так уж важно, чтобы по вашу сторону раскола оказалось больше народу, чем по противоположную, и поэтому, когда Бодлеры и Куигли сделали еще один шаг назад, они знали, что важно, а что не важно.

— Цветик! — воскликнула Солнышко, что означало: «В некоторых случаях местоположение определенного объекта имеет куда большее значение, нежели то, кого больше, а кого меньше», и была права.

Негодяи только и успели, что изумленно ахнуть, как Вайолет уселась в сани, схватив кожаные ремни,

Куигли сел ей за спину и обхватил ее за пояс, Клаус сел сразу за ним и обхватил за пояс его, и еще осталось место как раз для маленькой девочки, так что Солнышко села за спину брата и крепко вцепилась в него, а Вайолет оттолкнулась от вершины Коварной горы, и четверо детей понеслись вниз. Даже если их было меньше, это оказалось не важным. Важно было лишь то, что им удалось избежать чудовищного конца, съехав по остаткам скользкого склона, точно так же, как вам удастся избежать чудовищного конца «Скользкого склона», закрыв эту книгу и предпочтя ей другую, в которой злодеи не кричат дурными голосами на детей, пытающихся спастись.

— Мы вас догоним, Бодлеры! — закричал дурным голосом Граф Олаф, когда сани полетели к Главному перекрестку ветров, подскакивая на камнях и разбрызгивая воду с подтаявшим льдом.

— Ничего он нас не догонит, — сказала Вайолет. — Я же продырявила шину вилкой, помнишь?

Куигли кивнул.

— К тому же ему придется ехать по дороге, — заметил он. — На автомобиле по водопаду не съедешь.

— Как только съедем вниз, надо будет сразу же отправляться в путь, — продолжила Вайолет. — Тогда нам, может быть, удастся первыми достичь последнего убежища.

— Подслушала! — воскликнула Солнышко. — Отель «Развязка»!

— Умница, Солнышко! — гордо ответила Вайолет, подтягивая ремни, чтобы сани обогнули большую трещину. — Я не сомневалась, что из тебя получится отличная шпионка!

— Отель «Развязка», — повторил Куигли. — Кажется, на одной из моих карт было такое обозначение. Когда доберемся до низа, надо будет проверить по записной книжке.

— Брюс! — воскликнула Солнышко.

— Это тоже следует записать в наши книжки, — согласился Клаус. — Этот Брюс появился в доме доктора Монтгомери под конец нашего пребывания. Он говорил, что готовит коллекцию рептилий Дяди Монти для отправки в герпетологическое общество.

— Ты думаешь, он действительно член Г.П.В.? — спросила Вайолет.

— Наверняка утверждать нельзя, — ответил Куигли. — Нам удалось раскрыть громадное количество тайн, но мы все равно еще многого не знаем. — Он задумчиво вздохнул и поглядел на стремительно приближавшееся пепелище штаба. — Мои брат и сестра...

Однако Бодлеры так и не узнали, что хотел сказать Куигли о своих брате и сестре, поскольку именно в этот миг сани заскользили по подтаявшей части водопада, несмотря на то что Вайолет отчаянно пыталась рулить при помощи кожаных ремней, и начали бешено крутиться. Дети закричали, а Вайолет изо всех сил вцепилась в ремни, но они порвались прямо у нее в руках.

— Рулевой механизм сломался! — крикнула Вайолет. — Наверное, ремни перетерлись, потому что мы тащили по склону Эсме Скволор!

— Ай-я-яй! — завопила Солнышко, что значило нечто вроде «Не нравится мне все это».

— На такой скорости, — объяснила Вайолет, — доехав до замерзшего пруда, сани не остановятся. Если мы не затормозим, то попадем в яму, которую сами и вырыли!

Сани так крутились, что Клаусу стало нехорошо и он закрыл глаза.

— Что же нам делать? — спросил он.

— Тормози ботинками! — воскликнула Вайолет. — Может, кошки-вилки нас остановят!

Старшие Бодлеры поспешили вытянуть ноги и вонзили привязанные к башмакам вилки в остатки льда на склоне. Куигли последовал их примеру, а Солнышку, у которой кошек-вилок, само собой, не было, оставалось лишь слушать шлепанье и скрежет вилок по тающему льду. Сани еле заметно затормозили.

— Этого мало! — воскликнул Клаус.

Сани продолжали вертеться, но ему удалось различить яму, которую они выкопали, прикрытую тонким слоем обгоревших досок, — четверо детей стремительно неслись к подножию водопада, и яма все приближалась.

— Премоляр? — спросила Солнышко, что значило нечто вроде «Не следует ли мне вонзить в лед еще и зубы?»

— Стоит попробовать, — ответил Клаус, однако, когда младшая Бодлер нагнулась и вонзила зубы в тающий лед, Бодлеры сразу поняли, что пробовать даже не стоило, поскольку сани как ни в чем не бывало продолжали вертеться и неслись к подножию водопада.

— И этого тоже мало! — огорчилась Вайолет и стала изо всех сил напрягать изобретательские способности, вспоминая, как остановила фургон, когда они с братом спасались от автомобиля Графа Олафа.

Никаких предметов, достаточно больших, чтобы послужить парашютом, под рукой не оказалось, и старшей Бодлер стало жаль, что с ними нет Эсме Скволор, — тогда сани можно было бы остановить при помощи громадного кострообразного платья. Не было у них и патоки из жженого сахара, клеверного меда, маисового сиропа, темного пряного уксуса, яблочного повидла, земляничного джема, сахарной заливки, кленового сиропа, сгущенки, обсыпки из коричного сахара, вишневого ликера, рафинированного и сверхрафинированного оливкового масла, лимонного творога, кураги, манговой приправы, финиковой пасты, острой горчицы, фруктовых мягких пастилок, crema di noci, консервированного винограда, тянучек, тыквенной начинки для пирога и конторского клея, а также других липких и клейких веществ. Но тут Вайолет вспомнила, как сделала якорь из столика, сунула руку в карман и поняла, что следует предпринять.

— Держитесь! — воскликнула она, однако сама держаться не стала.

Бросив рваные ремни, она схватила длинный хлебный нож и вытащила его наконец из кармана. Нож пролежал там всего несколько дней, однако Вайолет казалось, будто с тех пор, как она взяла нож в фургоне, прошла целая вечность, и еще ей казалось, что каждые несколько минут она трогала его зазубренное лезвие, думая, как бы победить оставшихся наверху злодеев, но самой злодейкой не стать. Однако теперь она наконец поняла, каким образом нож может спасти их всех и никому не повредить. Стиснув зубы, Вайолет высунулась из крутящихся санок и изо всех сил вонзила лезвие в лед на скользком склоне.

Кончик лезвия попал в трещину, возникшую от удара Весеннего шеста Кармелиты, а затем нож ушел в лед по рукоять, и как раз в этот миг сани долетели до низа. Раздался поразительный звук — ничего подобного Бодлерам в жизни не доводилось слышать: нечто вроде сочетания хлопанья огромного окна и низкого пушечного буханья. Нож расширил трещину, и с громоподобным треском остатки льда разлетелись на мельчайшие осколки — вилки, солнце, зубы и сани одержали наконец верх над водопадом. Раздалось оглушительное «плюх!», воды Порченого потока хлынули по склону, и секунду спустя оказалось, что Бодлеры находятся вовсе не на поверхности замерзшего пруда у подножия необычно изогнутой льдины, а просто внизу водопада, а на голову им хлещут тысячи галлонов воды. Сироты едва успели глубоко вдохнуть, и сани ушли под воду. Сестры и брат держались крепко, но тут старшая Бодлер почувствовала, как две руки соскальзывают с ее пояса, и когда деревянные сани вынырнули, Вайолет окликнула потерянного друга.

— Куигли! — закричала она.

— Вайолет! — услышали Бодлеры голос тройняшки, но было поздно — сани уплывали по одному из рукавов. Клаус показал назад, и детям удалось различить за завесой брызг очертания их друга. Куигли удалось вцепиться в обломок доски, которую вода смыла с пепелища, — это было нечто вроде балясины: такие обычно подпирают перила, без которых очень трудно подняться в обсерваторию по узкой лестнице. Поток уносил балясину вместе с Куигли по второму рукаву Порченого потока.

— Куигли! — снова закричала Вайолет.

— Вайолет! — послышался сквозь рев водопада ответный крик Куигли. Бодлеры видели, как он отчаянно машет им записной книжкой. — Жди меня! Жди меня в...

И больше Бодлеры ничего не услышали. Порченый поток, внезапно оттаявший с приходом Фальшивой весны, унес сани и балясину прочь друг от друга по разным рукавам. Бодлеры еще успели увидеть темно-лиловую обложку записной книжки, но тут Куигли завернул за излучину потока, а Бодлеры — за другую излучину, и тройняшка исчез из виду.

— Куигли! — еще раз закричала Вайолет, и из глаз у нее полились слезы.

— Он жив, — сказал Клаус, придерживая сестру за плечо, чтобы она не потеряла равновесия в качающихся санях. Вайолет не знала, плачет ли ее брат, или лицо у него просто забрызгано водой. — Он жив, а это самое важное.

— Бестрепет, — заметила Солнышко, имея в виду нечто вроде «У Куигли Квегмайра достало сил и находчивости, чтобы не погибнуть в пожаре, уничтожившем его дом. Я не сомневаюсь, что и сейчас он тоже уцелеет».

Но Вайолет была невыносима мысль о том, что у нее отняли нового друга, едва они успели познакомиться поближе.

— Нам нужно его подождать, но где — неизвестно! — сказала она.

— Наверное, он собирается найти своих брата и сестру, пока их не обнаружили орлы, — предположил Клаус. — Правда, мы не знаем, где они.

— Отель «Развязка»? — уточнила Солнышко. — Г.П.В.?

— Клаус, — сказала Вайолет, — ты же знаешь, к каким выводам пришел Куигли. Скажи, эти два рукава где-нибудь еще встретятся?

— Не знаю, — покачал головой Клаус. — Карты рисовал Куигли, а не я.

— Годо, — подтвердила Солнышко, что означало «Нам неизвестно, куда идти, и нам неизвестно, как туда добраться».

— Но кое-что нам все-таки известно, — утешил ее Клаус. — Мы знаем, что кто-то оставил сообщение для Ж. С.

— Жака? — вопросительно произнесла Солнышко.

Клаус кивнул.

— И еще мы знаем, что в сообщении говорится о встрече, назначенной в четверг в последнем убежище.

— Матахари, — сказала Солнышко, и Клаус с улыбкой усадил ее поближе к середине санок, чтобы она не упала в воду.

— Да, — сказал Клаус. — Благодаря тебе мы знаем, что последнее убежище — это отель «Развязка».

— Но где он, мы не знаем, — печально отозвалась Вайолет. — Мы не знаем, где искать волонтеров и остались ли вообще в живых какие-то члены Г.П.В. Мы даже не знаем в точности, что же означает Г.П.В. и действительно ли погибли наши родители. Куигли был прав. Нам удалось раскрыть громадное количество тайн, но мы все равно еще многого не знаем.

Ее брат и сестра грустно кивнули, и если бы я был тогда с ними, а не опоздал настолько, что не застал Бодлеров, я бы тоже кивнул. Даже писатель вроде меня, посвятивший жизнь расследованию тайн, окружающих дело Бодлеров, многого не знает. Например, я не знаю, что случилось с двумя женщинами с напудренными лицами, которые решили покинуть Графа Олафа и уйти в самостоятельное путешествие вниз по Мертвым горам. Одни говорят, что они и по сей день белят лица и поют печальные песни в самых унылых концертных залах. Другие полагают, что они поселились в окрестностях гор и пытаются выращивать ревень на сухой неплодородной почве. А третьи утверждают, что спуск по Мертвым горам стоил им жизни и что в одной из пещер в странных квадратных скалах покоятся их косточки. И хотя я терпеливо сидел в зрительном зале, одну за другой выслушивая душераздирающие песни, и ел самый гадкий ревень на свете, и носил специалистке по скелетам косточку за косточкой, пока эта дама не заявила, что мое присутствие лишает ее радости жизни, и не попросила больше не приходить, мне так и не удалось выяснить, какая участь постигла этих двух женщин. И, как я вам уже говорил, я не знаю, где искать останки фургона. И вот, добравшись до последней статьи словаря рифм и выяснив, какие слова рифмуются с «ящуром», я начал подумывать о том, что стоит прекратить поиски разбитого транспорта и отказаться от этой части расследования. И я не нашел ни следа холодильника, служившего, как догадались Бодлеры, главным противопожарным вместилищем, несмотря на упорные слухи, гласящие, что он находится в пещере в Мертвых горах или участвует в представлениях в самых унылых концертных залах.

Но хотя я столь многого не знаю, несколько тайн мне все же удалось разгадать, и, в частности, мне достоверно известно, куда отправились бодлеровские сироты, когда покрытые пеплом воды Порченого потока унесли их сани с Мертвых гор, в точности как сахарницу, которую один волонтер выбросил в окно, чтобы спасти от пожара. Но хотя я точно знаю, куда отправились Бодлеры, и даже могу проложить их маршрут на карте, которую нарисовал один из самых одаренных юных картографов нашего времени для того, чтобы описать этот маршрут, были писатели и получше меня. Я знавал писателя, который сумел бы рассказать о пути троих сирот изысканно и точно, но он мертв, как и автор «Другой дороги». Однако еще при жизни он прославился как очень хороший поэт, хотя некоторым представляется, будто его религиозные произведения не отличаются гуманностью. Звали его Алджернон Чарлз Суинберн, и последнее четверостишие одиннадцатой части его «Сада Прозерпины» прекрасно описывает чувства детей, когда эта глава их жизни подходила к концу и начиналась новая. Первая часть четверостишия гласит:

Отжив, смежим мы веки,
Чтоб не восстать вовеки,

и действительно, те взрослые, которых Бодлеры знали и которые погибли, например Жак Сникет или их отец, никогда не восстанут. А во второй части четверостишия говорится, что

Все, как ни вьются, реки —
Вольются в океан.

Эти стихи несколько сложнее, ведь многие стихи вообще похожи на тайные коды, и, чтобы разгадать их подлинный смысл, приходится очень внимательно их изучать. Разумеется, настоящий поэт вроде сестры Куигли Айседоры сразу понял бы, что означают эти строчки, но у меня на эту разгадку ушло некоторое время. Однако в конце концов мне стало ясно, что под словом «реки» здесь подразумевается Порченый поток, который действительно «вьется», раздваиваясь на извилистые рукава, а слово «океан» обозначает последнее убежище, в котором могут встретиться все волонтеры, в том числе и Куигли Квегмайр. Но, как верно подметила Солнышко, Бодлерам было неизвестно, куда идти, и неизвестно, как туда добраться, хотя поток, в котором они оказались, неизбежно принесет их туда, и это единственное, в чем я по-настоящему уверен.

Моему любезному издателю

Приношу глубокие извинения за столь мокрое, водянистое письмо. Боюсь, что и чернила, которыми я пользуюсь, тоже разведены. В данном случае это означает, что они целиком пропитались соленой океанской водой и горючими слезами автора. Мне трудно вести расследование на борту поврежденной подводной лодки, где также пришлось некоторое время провести и Бодлерам. Теперь мне остается лишь только уповать на то, что текст письма не будет размыт водой до неузнаваемости.

Остаюсь Гр. Гром

ТРИДЦАТЬ ТРИ НЕСЧАСТЬЯ
ЛЕМОНИ СНИКЕТ

© Meredith Heuer

ЛЕМОНИ СНИКЕТ опубликовал свою первую книгу в 1999 году, и с тех пор он ни разу не спал спокойно. Некогда он был лауреатом нескольких престижных премий, а сейчас на его счету несколько побегов из ничем не отличающихся друг от друга тюрем. Еще в раннем возрасте мистер Сникет освоил мастерство обивки мебели. И эта способность пригодилась ему в жизни сильнее, чем кто-либо может себе представить. Вы можете связаться с ним, заглянув на сайт: www.lemonisnicket.com.

БРЕТТ ХЕЛКВИСТ родился в Ганадо, в штате Аризона, вырос в Ореме, в штате Юта, а сейчас живет в Нью-Йорке. Он усердно учился, чтобы стать художником, но никогда не переставал задаваться вопросом, как сложилась бы его жизнь, ступи он на более безопасную стезю, например пирата. Несмотря на возможные риски, он продолжает создавать необычные иллюстрации по мотивам странных изысканий Лемони Сникета.

СОДЕРЖАНИЕ

Литературно-художественное издание
Для среднего школьного возраста

Лемони Сникет

Тридцать три несчастья

Том 3
Превратности судьбы

Ответственный редактор *Анастасия Бутина*
Художественный редактор *Виктория Манацкова*
Технический редактор *Валентин Бердник*
Корректор *Лариса Ершова*
Компьютерная верстка *Валентина Бердника*

Главный редактор *Александр Жикаренцев*

ООО «Издательская Группа „Азбука-Аттикус"» —
обладатель товарного знака АЗБУКА®
115093, г. Москва, Павловская ул., д. 7, эт. 2, пом. III, ком. № 1

Филиал ООО «Издательская Группа „Азбука-Аттикус"»
в Санкт-Петербурге
191123, Санкт-Петербург, Воскресенская наб., д. 12, лит. А

ЧП «Издательство „Махаон-Украина"»
Тел./факс: (044) 490-99-01. E-mail: sale@machaon.kiev.ua

Знак информационной продукции
(Федеральный закон № 436-ФЗ от 29.12.2010 г.): 12+

Товар соответствует требованиям ТР ТС 007/2011 «О безопасности продукции, предназначенной для детей и подростков».

Подписано в печать 20.05.2019. Формат издания 84 × 108 1/32.
Печать офсетная. Усл. печ. л. 33,6. Тираж 4000 экз. Заказ № 4016/19.
Дата изготовления 10.06.2019.
Срок службы (годности): не ограничен.
Условия хранения: в сухом помещении.

Отпечатано в России.

Отпечатано в соответствии с предоставленными материалами
в ООО «ИПК Парето-Принт». 170546, Тверская область,
Промышленная зона Боровлево-1, комплекс № 3А
www.pareto-print.ru

C-DKB-23939-01-R